2014

上海口岸年鉴

shanghai kouan nianjian

上海市口岸服务办公室
上海口岸联合会 编

9 月 12 日，上海市政府召开 2014 年上海口岸工作领导小组会议

6 月 18 日，上海国际贸易“单一窗口”上线运行

上海市口岸办领导赴浦东机场口岸通关服务中心海关出口、进口报关大厅调研

上海口岸单位门户网站信息交互工作会议

洋山保税港区扩区通过国家正式验收

2014 年上海口岸新春团拜会举行

上海海关工作人员开展总单拆分模式快件中转集拼业务

上海海关为归国文物“明成化斗彩鸡缸杯”提供通关便利

检验检疫部门对来自境外输入自贸区的货物施行“免签”政策

检验检疫工作人员对来自疫区航班进行检疫

7 月 31 日，上海海事局驻自贸区政务服务窗口正式运行

上海海事局海事执法人员现场宣传亚信会水上交通管控措施

上海边检总站与相关单位开展海上联合检查执法演练

自助查验通道适用范围扩大后使用自助通道入境的旅客们顺利通关

海通洋山汽车滚装码头现场

上海松江出口加工区 A 区新卡口

上海临港产业区港口发展有限公司

水域介绍 Harbor Waters Introduction

码头前沿设计水深11.7米，布置3个5万吨级通用船泊位和1个7万吨级滚装舶位，后沿设计水深8.3米，布置5个1万吨级通用杂货船舶位。码头水域部分总体呈“L”形平面布置，引桥长968米，宽25米，为双向六车道设计，码头长760米，宽60米。码头前沿荷载3吨/m²。

陆域介绍 Introduction Of Land Yard

陆域堆场配套一期23万平米，堆场荷载能力为8-10吨/㎡。陆域堆场二期规划36万平米。

港区堆场主要为钢材堆场、重大件堆场、汽车堆场，并配备40吨轨道式龙门起重机进行货物堆拆垛、装卸车作业。上海南港目前规划建设多个具备不同功能的仓库。

吊装能力介绍 Hoisting Capacity

码头前沿配备3台轨距16米的40T-40M全变幅门座式起重机，后沿配备1台轨距10.5米的25T-28M全变幅门座式起重机，周边码头拥有两台700吨起重机可供使用。陆域重件堆场配置40T-40M全变幅门座式起重机，并配置各规格型号的轮胎吊、叉车、牵引车等装卸设备。码头预计将在明年配备桥吊。

业务范围 Business Scope

港口公司依托上海临港产业区，是承担港区的开发建设、经营管理的专业公司，致力于为广大客户提供重大件、件杂货、汽车、集装箱等多品种货物的装卸、中转、仓储、分送一体化港口物流服务。

件杂货专用库以及特种箱仓库占地面积均为1.1万㎡。另外港区在建一个保税仓库，可为客户提供保税仓储服务。

港区汽车处理量将达11.77万辆，仓储处理能力为4.3万吨，检测线建成后近期年处理能力为 4万辆。

联系方式：
021-38298811
码头地址：
上海市浦东新区
层林路58号
邮编：201308

富有活力、拥有实力、积聚潜力、彰显魅力

—— 上海青浦工业园区　产城融合的新地标、示范区、集聚区

上海青浦工业园区于1995年11月25日经上海市人民政府批准成立，是上海市九大市级工业开发区之一。园区规划面积16.1平方公里，东至油墩港、南至上达河、西至青赵路、北至北青公路，地处上海通往江苏、浙江两省的交汇点，且位于长三角"之"字型经济圈的交接处，是长三角制造业产业带的中心，具有承东启西、东联西进产业带的枢纽作用和对长三角、华东地区的辐射作用。

园区经过19年的发展，基础设施配套完善，实现"九通一平"。园区大力发展以"财智集聚、功能多元、生态和谐"为目标的总部基地，重点围绕总部经济、软件信息服务业、先进制造业等开展招商引资，形成"以二促三"和"以三带二"的互动发展格局。形成了以德国海德堡印刷设备为代表的印刷传媒产业，以日立电梯设备为代表的精密机械产业，以腾讯云计算中心、日本NEC光电为代表的电子信息产业，以高田汽配为代表的汽车零部件产业，以美国英威达、日本尤尼佳为代表的纺织新材料产业。园区为青浦区首次成功引进日本尤妮佳、日本天田等2家中国区总部。美国派克、汉尼芬、南大苏富特等9个项目获得上海市高新技术产业化认定。园区综合实力、社会形象不断提升，连续两年被评为"上海市品牌园区"。

中建港务建设有限公司

中建港务建设有限公司(原上海港务工程公司)创建于1953年,并于2013年2月28日由中国建筑股份有限公司与上海国际港务(集团)股份有限公司共同合资组建,是一家以港航施工为主体的综合性建筑施工企业,是上海市高新技术企业。拥有港口、房建等多项施工总承包一级资质、钢结构、地基等多项施工专业承包资质。曾先后荣膺全国五一劳动奖状、全国优秀施工企业、全国用户满意施工企业、上海市质量管理奖、上海市重大工程立功竞赛金杯公司五连冠、上海市文明单位等称号,是中国工程建设社会信用AAA级企业、上海市合同信用AAA级企业。

公司拥有架高100米中"建桩7号"打桩船(在建),架高88米"洋山号"打桩船、500吨起重船等水上作业核心设备以及年生产能力8万立方米的混凝土预制构件厂、10万米PHC管桩生产线和年生产量8万吨的螺旋钢管制造厂,具备完善的水上生产能力。

近年来,公司更是以主力军的身份承建了洋山深水港工程、外高桥港区工程、曹妃甸首钢京唐钢铁码头工程等上海市或外省市重大(重点)工程。多次荣获"鲁班奖"、"詹天佑奖"、"国家优质工程奖"、等多项国家省部级以上荣誉。

当前,拥有60年光辉历程的中建港务站上了历史发展的新起点,将以乘风破浪之势,加快建设港航为主,多元发展的国内知名综合性施工企业,以更加专业的施工,更加优质的服务,为中国乃至世界的水工工程事业做出更大的贡献。

DHL — 面向世界的物流企业

DHL是全球物流业的领导者和面向世界的物流企业。DHL在国际快递、空运、海运、公路和铁路运输、合同物流及国际邮政服务方面为客户提供专业化的服务。DHL的服务网络遍及全球220多个国家和地区。目前，DHL在全球拥有285,000名员工，精通国际快递业务并熟悉当地情况，为客户提供品质卓越的服务，并满足客户对于供应链的各项需求。DHL积极担当企业社会责任，开展多种支持环境保护、灾害管理和教育的项目。

中外运-敦豪国际航空快递有限公司

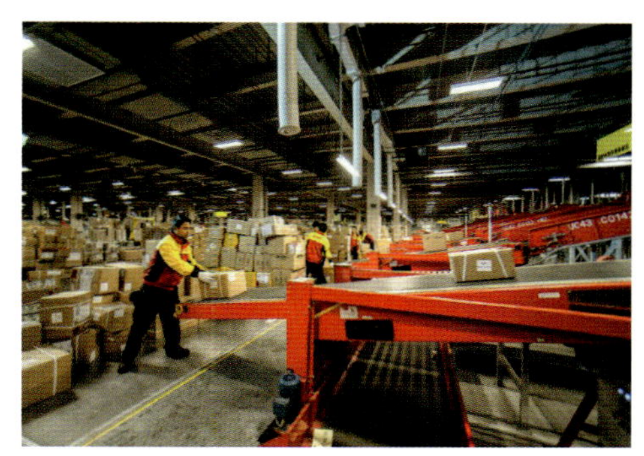

中外运敦豪是中国成立最早、经验最为丰富的国际航空快递领导者。创建于1986年，中外运敦豪由德国邮政敦豪DPDHL和中国对外贸易运输集团总公司各注资一半成立，专注发展限时递送服务、全球范围的文件、包裹快递。目前，中外运敦豪已经成功的建立了中国最大的快递服务网络，拥有超过6,000名专注于国际快递各项业务的最专业的员工，服务覆盖全国400个城市，国内航空快递服务可直达其中131个主要城市，网络已经遍及中国95%的人口聚集区和经济中心城市，在全国各主要城市已建立超过100家分公司和近200间办公设施。每周使用超过500架次商业航班和专机。

DHL北亚枢纽

2012年7月12日， 全球领先的快递及物流公司DHL在上海浦东国际机场举行盛大开幕仪式，正式启用其耗资1.75亿美元的北亚枢纽。这是DHL在亚洲最大的快递转运中心，占地88，000平方米（面积约相当于13个足球场大小），面积为55,000平方米的主体建筑配备了长达6公里的输送带和分拣机组成的先进自动化分拣系统，其最大处理能力可达到每小时20,000件包裹及20,000份文件。

北亚枢纽的落成使DHL亚洲多枢纽网络更加完善。DHL分布在上海、香港、曼谷、新加坡等四个亚太地区的枢纽，将遍布于亚太地区70多个DHL快递口岸紧密地连接在一起。DHL亚太区完善的基础设施网络由40余架执飞40个国家和地区的DHL专用飞机，以及每天超过690架次的商业航班所服务。

目前，DHL北亚枢纽已建立了同香港、大阪、东京以及DHL全球枢纽莱比锡和辛辛那提的直航连接。DHL广泛分布的网络使业务更快地通往国际市场。与位于香港的DHL中亚枢纽形成有益补充，北亚枢纽为客户提供了北亚地区间更短的运输线路，将可实现最多缩短四小时的飞行时间，客户能享受到更晚取件、更早送达的优质服务。

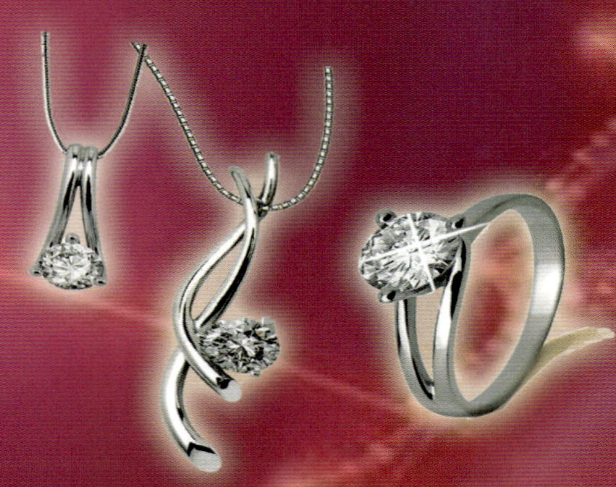

上海老凤祥钻石加工中心有限公司

上海老凤祥钻石加工中心有限公司前身是上海钻石厂，一个有着近一个世纪的历史，专业从事钻石产品设计、鉴定、加工并且多次荣获国家、部、市级奖项的企业。1997年改制为多元投资、国有控股责任有限公司，现有职工200多人，注册资金3500万元，是国内钻石行业研发、制作高档首饰钻石、精密钻石工具的龙头企业。“老凤祥”牌首饰钻石、钻石饰品佰受市场青睐，钻石工具产品被广泛应用于机械制造、仪电仪表、汽车制造、航空航天、国防科研、医学生物等行业。公司不仅拥有上市股份公司雄厚的资金实力，更拥有钻石加工生产的强大技术力量和销售网络，拥有自己的进出口贸易公司，是中国钻石加工最具权威的企业之一。

企业通过ISO9001质量认证，年销售额8.8亿，“老凤祥”牌首饰钻石、钻石工具具有自己的专利技术并被认定为全国钻石产品质量放心、用户满意、消费者首选品牌。企业被列为上海市价格诚信单位，企业为国家高新技术企业。

上海老凤祥钻石加工中心有限公司在创建过程中，得到了国内外同行的支持和合作，在进一步改革发展过程中，公司仍然热忱地期望同国内外同行、客商及广大消费者建立广泛的联系、交流和合作。

上海港国际客运中心

【国客中心口岸邮轮游客出入境人数】

2011 年，受东日本大地震所引发的海啸和核危机影响，国客中心日韩航线受到一定的影响，全年靠泊各类船舶 195 航次，同比 2010 年下降了 6%；2011 年完成出入境总人数 207540 人，同比 2010 年降了 27%。其中，入境人数 105074 人，同比 2010 年下降了 28%；出境人数 102466 人，同比 2010 年下降了 26%。

【包船业务】

2011 年，上海港国际客运中心向 COSTA 邮轮公司包船运作了 3 个航次。其中台湾 2 航次，上海–舟山–冲绳 1 航次，出入境游客共计 3700 余人。10 月 12 日~17 日上海港国客中心首开了上海—舟山—石垣岛—那霸六天五晚的包船航线，运营取得圆满成功，有 1267 名游客参与其中。这是上海港国客中心继 2010 年 10 月以来的第四次包船，在国内港航界和邮轮界，取得了一定的声誉，促进了国内各港口之间的交流与合作。经过台湾和日本冲绳航次的成功运营，检验了上海港国客中心的市场销售能力、航线策划能力、产品定价能力等，扩大了"上港邮轮，上乘服务"的品牌效应，为上港集团打造本土邮轮船队奠定了基础。

【通过劳氏 ISO9001:2008 质量管理体系认证审核】

为了进一步提升在邮轮码头管理方面的能力，公司对邮轮码头管理的质量管理体系进行了认证。2011 年 3 月，上海港国际客运中心开发有限公司顺利通过了英国劳氏质量认证（上海）有限的 ISO9001:2008 认证。成为了世界上第一家通过该公司认证的邮轮码头。

【2011 上港邮轮生活赏鉴会】

上海港国际客运中心在承办的"2011 上港邮轮生活赏鉴会"上隆重推出了"上港邮轮，上乘服务" 的上港邮轮品牌，该品牌集国际化邮轮码头运营、邮轮票务销售、邮轮物资供应、邮轮劳务输出于一体，折射出上海港国际客运中心致力于为中国的邮轮消费者提供一流的邮轮服务新理念。赏鉴会以"邮轮生活赏鉴"为主线，从邮轮的旅行理念、邮轮母港、世界著名邮轮公司产品及最新航线介绍入手，为与会的旅游界嘉宾提供了一次全方位的邮轮赏鉴感受。

【国客中心形象宣传】

上海港国客中心在"2011 上海旅游节花车巡游"上，以"邮轮游上海，悦动新母港"为主题的上港邮轮花车作为花车队伍的压轴海陆空车辆之一，在淮海路闪亮登场。这是上海港国客中心第一次参加旅游节花车巡游活动，被上海旅游节组织委员会授予"'银联杯'花车巡游暨评比大奖赛优秀组织奖"荣誉称号。上海旅游节是上海城市形象的一次大展示，是旅游业同其它产业整合发展的一次大拓展。在实现"建设世界著名旅游城市"目标的进程中，上海旅游节将起到积极的推进作用。上海港国客中心的积极参与，无疑给企业形象和社会地位带来深远的影响和知名度的提高。

《上海口岸年鉴》编辑委员会

目　录

特载

一、口岸综合

二、口岸查验监管与服务

三、水运口岸

四、空运口岸

五、陆路口岸

六、特殊监管区域

七、协会工作

八、政策法规选编

九、口岸文集

十、附录

特　　载

2014年上海口岸要闻

1、着力推进国际贸易"单一窗口"建设，试点工作取得阶段性进展。作为上海年度工作重点之一，在国家层面试点工作组指导下，上海市口岸办会同口岸相关单位成立试点工作推进组，按照总体方案协力推进试点，并取得阶段性成果。2014年6月18日，首期两个试点项目通过测试，正式上线运行。随后于10月、12月又有两个项目上线运行。11月5日，国家口岸办在上海召开沿海口岸"单一窗口"推介工作会议。

2、深化大通关建设，开启长三角区域新一轮大通关合作。在长三角区域大通关建设协作第六次联席会议上，江浙皖沪四省市政府领导签署了《深化大通关建设协作推进长三角区域通关一体化备忘录》等一系列合作协议。继而在同年召开的第七次联席会议上，四省市地方政府部门、口岸查验、运营单位等围绕"推进区域通关一体化，服务长江经济带发展"主题，分别签署了5个合作备忘录。

3、全面推进关检"三个一"合作，进一步扩大"关检联合查验"工作成效。上海海关、上海检验检疫局签署《全面推进关检"三个一"合作协议》，使"三个一"工作在海运、空运口岸和特殊监管区域实现全覆盖。通过加强合作，双方将实现业务信息共享，推动实施关检口岸查验"三合"，即查验抽查比例融合、查验场所整合、查验队伍联合。

4、上海自贸区贸易监管制度创新取得一批成果，并向区外和全国复制推广。在国家相关部委指导和上海市委、市政府推动下，围绕提高自贸试验区国际贸易便利化水平，上海口岸监管部门着力加大监管制度创新力度，通过先试先行，海关、检验检疫、海事、边检等部门推出了近50项贸易监管制度创新，按照可复制可推广要求，其中25项制度已在上海口岸复制推广，22项制度已向全国复制推广。

5、2014年上海口岸领导小组会议召开，传达贯彻落实全国口岸工作座谈会精神。会议总结部署了上海口岸工作，审议并通过上海国际贸易“单一窗口”建设工作方案。市委常委、副市长、上海口岸工作领导小组副组长艾宝俊出席并讲话，要求重点抓好上海自贸区贸易便利化制度创新、推进国际贸易“单一窗口”建设、深化关检“三个一”合作、推动邮轮口岸自助通关试点、加快口岸信息化建设等五项工作。

6、上海口岸运行态势稳中有升，各项数据均创新高。在上海自贸试验区效应等综合因素作用下，2014年上海口岸进出口货物总值达11,413.7亿美元，占全国总值的26.5%，同比增长6.3%；口岸货物吞吐量38,516.1万吨，同比增长1.5%；口岸出入境人数32,966,476人次，同比增长12.9%；进出境交通运输工具总数225,647艘架车次，同比增长7.9%。各项运行指标呈现出良好态势。

7、上海港国际航线覆盖全球主要贸易港口，洋山口岸枢纽地位更加稳固。截至2014年底，上海港与214个国家及地区的2700多个港口建立集装箱货物贸易往来，国际航班密度达278班/周。洋山港区集装箱吞吐量首次突破1500万标准箱，达到1520.2万标准箱，同比增长5.8%，占全港总量的43.1%。其中水水中转比例49.7%，高出全港3.9个百分点。

8、上海航空口岸客货运业务稳步发展，枢纽辐射能力进一步增强。2014年，上海浦东、虹桥两场航空口岸出入境旅客2892.33万人次，同比增长11.04%，占全国出入境旅客吞吐量的30%，位居全国航空口岸第一。口岸货邮量284.2万吨，同比增长10.1%。其中，浦东机场国际货邮量238.4万吨，约占全国总量的一半，连续第七年居全球第三。

9、本市出台加快邮轮旅游《若干意见》，上海成为亚洲第一邮轮母港。上海市政府办公厅转发市旅游局、市交通港口局《关于加快中国邮轮旅游发展实验区建设的若干意见》，完善配套试点方案及服务规范。2014年，上海口岸接靠国际邮轮 269 艘次，同比增长 35.2%；出入境旅客 121.5 万人次，同比增长 60.6%，成为亚洲最大邮轮母港。

10、圆满完成亚信峰会服务保障任务，严阵以待防控埃博拉疫情。作为第四次亚信峰会举办地，上海口岸各相关单位全力以赴，在做好安保工作同时，提供良好的口岸通关服务，努力为国家重大活动营造安全、畅通、文明的口岸环境。面对埃博拉出血热疫情发展的严峻形势，上海口岸加强协作配合，措施严密，严防埃博拉疫情从上海口岸输入。

11、洋山深水港四期工程开工建设，推动港口生产运作实现质的飞跃。总投资约 139 亿元的洋山深水港区四期工程将建成可靠泊大型集装箱船泊位 5 个，岸线长度共 2800 米，规划设计年通过能力 630 万标准箱，计划于 2017 年竣工投产。工程建成后，全部采用智能操作和系统自动调度，成为国内首个全自动化集装箱码头。届时，上海港集装箱年吞吐量可望突破 4000 万标准箱。

2014 年上海口岸工作领导小组会议

在 2014 年上海口岸工作领导小组会议上的讲话

市委常委、副市长、上海口岸工作领导小组副组长　艾宝俊

2014 年 9 月 12 日

（根据录音整理，未经本人审阅）

前不久，全国口岸工作座谈会在北京召开，汪洋同志在会上作了重要讲话，对全国口岸工作提出了具体的要求，特别提出要及时总结上海国际贸易单一窗口建设的经验，并部署在全国进行复制推广。

今天会议的主要目的是学习贯彻全国口岸工作座谈会精神，同时总结今年以来上海口岸工作情况和部署下一步口岸工作。市口岸办作了工作报告，口岸相关单位特别是四家查验单位结合各自工作都提出了很好的意见和建议，会议同意下一步口岸工作的安排，请市口岸办根据大家的意见建议再作进一步完善。

结合大家的发言，我再讲几点意见。

一、今年以来上海口岸工作卓有成效

各口岸单位紧紧围绕年初确定的重点目标任务，聚焦自贸试验区建设和“四个中心”建设，共同推动上海口岸深化改革、创新发展。特别是在自贸试验区贸易监管制度创新方面，各查验单位大胆创、大胆试、自主改，作出了非常卓有成效的贡献。大家知道，上海海关、上海检验检疫局分别出台了 19

项和23项监管服务创新制度，实际上还不止这么多。比如海关，现在已成形的有23项，还有沿海捎带和集拼等；检验检疫也不断创新，8项大的方面，具体化项目很多；海事在航运方面也有许多创新；刚才看了边检材料，内容也很多。各部门齐心协力，整个口岸工作非常有成效。

在口岸通关便利化方面，刚才大家都已经讲到，目前在全国很有影响，中央领导也反复说的，就是“单一窗口”。同志们，“单一窗口”实际上已经不仅仅是一个简单的国际贸易管理方式，而是一个管理思想，可以在很多领域里面拓展。就像负面清单一样，这个负面清单已经变成一个管理思想，在很多领域里面都在应用。刚才上海检验检疫局的发言里提了两次关于负面清单，说明负面清单的意义已经扩展，不再是简单的、原来意义上的概念，而成为了一种管理思想，这个非常重要。“单一窗口”也会是这样，“单一窗口”可以涉及到各个领域，其内涵是非常多的。

昨天与上海海关李书玉关长谈下一步改革内容时，就谈到“单一窗口”。国际贸易“单一窗口”，从区域上来说，可以做国家“单一窗口”，不仅仅在上海的几个部门之间实现“单一窗口”，而是从上海入境以后，在全国各个区域都是一次申报、一次审批，整个国家一个窗口；从内涵上来说，目前是以口岸查验单位为主，下一步要力争把政府管理的其他职能部门都纳入进来，发改委、经信委、商务委，包括统计，以及横向部门。目前，全世界70多个主要的发达国家都是“单一窗口”。其中最发达的是欧盟，欧盟已经超越了国家“单一窗口”，而是整个欧盟的任何一个国家都使用同一个“单一窗口”，极大地提升管理效率，降低监管成本，也没有出什么大问题，监管得很好。东盟十国也正在推动“单一窗口”。这些改革对于政府职能的转变、现代化手段的应用、管理效率的提升、管理成本的降低、企业运行效率的提升都有很大的促进作用，非常重要，希望各单位全力以赴抓紧抓好。

今年以来取得的进展还很多，比如关检“三个一”合作，海关“先放后征、集中纳税、简化随附单证”和推广AEO制度，检验检疫“通报通放、快检快放、即查即放”，海事船舶出港“授权许可、后续查验”、边检“货运航班快通关"等措施都提高了口岸效率。其中,简化随附单证,常态化下干脆就取消,只保留特殊情况时需要的,其他绝大多数都不用了。其他方面的工作,还有支持跨境贸易电子商务、国际中转集拼、保税展示交易等功能性业务发展、完善邮轮口岸通关统筹协调机制等。邮轮方面,今天各个区也没有时间具体讲,这两年邮轮产业的快速发展与制度创新有很大关系,当然也还有许多提高效率、提高水平方面的工作可以继续做。其他还有很多,我就不一一说了。

面对改革任务重、重大活动多、业务增长快等压力和挑战,各单位都体现了积极的精神状态、创新的工作思路、扎实的工作作风、良好的协作精神。在这里,我代表市委市政府,向在座各单位,特别是海关、检验检疫、海事、边检等口岸查验单位表示衷心感谢!

二、认真贯彻落实全国口岸工作座谈会精神,推进各项重点工作取得新进展

全国口岸工作座谈会对当前和今后一个时期口岸改革发展的任务作了全面部署,尤其是汪洋副总理的讲话对下一步口岸工作提出了明确要求,我们要认真学习领会,结合上海实际全面贯彻落实。关于自贸区建设方面的工作,杨雄市长在自贸区工作会议上已经作了非常明确的部署,各单位目前正在梳理、总结、评估已形成的各项制度创新,准备向国务院汇报可复制可推广的经验。关于建设国际贸易"单一窗口",这一点刚才已经讲过,不再详细讲了。请大家按照已明确的责任分工和时间节点抓紧开展工作。这里,我再强调几项重点工作。

(一)关于通关便利化

这项工作始终处在"进行时",是一项不断推动我们改革的任务。其中,有很多工作不仅是口岸监管部门的事,还涉及到港口、机场的作业方式,以及贸易许可管理、税费支付等等很多环节和部门。昨天在具体讨论几项改革任务时也发现,货物状态分类监管,海关再努力也只能优化整个流程中的一段,后面还有很多事,与税务、外汇等各方面都有关。所以需要各部门联动起来，共同提升口岸通行的整体效率。以下这些方面是不是可以进一步优化：

一是进一步优化口岸监管流程，鼓励“串联执法”变为“并联执法”。上海口岸要进一步研究梳理，看看有哪些通关手续还可以简化，有哪些通关流程还可以优化。刚才上海检验检疫局李晋副局长讲的观点我非常赞成，信息化不是简单取代原来的手工化作业，而是通过信息化来实现两个重大的功能：一是通过信息化来简化原有的工作流程，去掉不合理的流程，保留合理的流程，创新一个新的流程，来提高效率；二是所有流程都能留下工作痕迹，确保各个环节在行使自由裁量权上的透明度。

二是深化关检“三个一”合作。这非常重要。昨天谈到长江经济带九省两市的通关一体化问题，明年可能会作为一个任务，摆到议事日程上，贯彻党中央和国务院关于长江经济带发展的要求。九省两市推动通关一体化的一系列改革中，上海有条件的都可以先试，比如说互认查验场地、互派查验人员，在九省两市就没有必要弄那么多查验场地，土地都可以节约。效率的提升会促进很多领域工作的改进，包括港口、机场、火车站的作业，都是有改进空间的。

三是规范并公布通关作业时限，提供透明、可预期的通关环境。这也是效率提升很重要的方面。

四是关于规范整顿进出口环节收费。全国口岸工作座谈会上，于广洲署长专门提出了这个问题。现在各环节的收费太多了，这方面不做不知道，一做就会发现，整个进出口环节需要改进的领域还是很多。请相关单位按照上级部门的要求，抓好落实。

（二）关于口岸信息化

口岸信息化工作非常重要，有许多规划需要实施，都要抓紧去做。需要强调的是，信息化要解决一个非常重要的问题，就是各个系统之间怎么样互联互通，怎么样实现数据共享、实现开放，这对我们整体效率的提高非常重要。我们投入大量时间和精力，做的每一个系统都很科学很好，但必须实现互联互通。我们要打造国际化的营商环境，上海整个口岸，包括机场、港口，大家都很有信心，表示要达到新加坡的监管效率，新加坡是全球最高水平。也许我们第一步还达不到这么高，那就先达到一般发达国家水平。要达到这个水平，信息化系统的开放共享非常重要。

（三）关于长三角区域通关一体化

长三角区域通关一体化这个工作已经在做了。上海作为枢纽型口岸，要按照习总书记“主动去推动合作”的要求，更多地听取兄弟省市的需求，做好上海的服务引领、辐射带动作用。另一方面要加强与兄弟省市口岸部门之间的协调，我们有很好的长三角城市群。一体化可以实现共赢，是提升整个区域竞争力的重要手段，所以大家一定要心胸开阔，从长三角整体利益的角度出发，把这项工作做好。

三、及早谋划明年工作，推动新一轮改革创新

谋划明年的口岸工作，要结合全国口岸工作座谈会部署的改革创新任务，侧重于这几个方面：一是要早一点研究考虑自贸试验区贸易监管制度新一轮的改革创新举措。二是要研究全面提升上海口岸通行效率。每个领域、每个部门如果前进一小步，而这一小步是整个体系当中的短板，就能使整个体系前进一大步。所以各个领域、各个部门都要认真提高改进口岸通行效率。三是要谋划好上海口岸“十三五”发展的总体思路。“十三五”到2020年，而2020年也到了“第一个一百年”时候。长三角的区域经济，上海发展战略的总体目标，都要考虑到口岸规划目标的制定。2020年，上海要基本建成“四个中心”，国际航运中心和国际贸易中心都和口岸工作有关，交通委、商务委两个组织单位要有紧迫感。

最后强调一下口岸安全。从刚才大家的发言当中可以感受到了口岸安全非常重要。过去主要以打击偷渡、走私为重点，现在还有反恐任务。特别是反恐，要求越来越高，内涵也越来越多。最近又出现了西非国家的埃博拉出血热疫情，航空口岸任务很重。检验检疫也做了很多的工作，大家要理解支持他们。在这样一个特殊的时期，可能对通关效率会有一些影响，会有一些特殊安排，也是必须的。很多工作，只要我们制度安排的各个方面能够不断的改进，特殊情况下的一些特殊安排也可以寻求到更合理的平衡。总的来讲安全还是第一位的。这方面一线的同志，特别是检验检疫，需要相互配合、相互理解，共同做好相关工作。

同志们！年底前各项工作仍然繁重。各单位要认真贯彻落实全国口岸工作座谈会精神，按照市委市政府的部署和今天会议的要求，进一步形成合力，不断改革创新，全面完成各项任务，为加快形成国际化、市场化、法治化的公平、统一、高效的营商环境，作出更大贡献！

2014 年上海口岸工作领导小组会议概况

2014 年上海口岸工作领导小组会议于 2014 年 9 月 12 日上午在上海市政府会议室召开。中共上海市委常委、上海市副市长、上海口岸工作领导小组副组长艾宝俊出席并讲话。上海口岸工作领导小组 26 家成员单位领导等出席会议。

会议议程主要为传达和贯彻落实全国口岸工作座谈会精神，总结部署上海口岸工作，以及审议上海国际贸易“单一窗口”建设工作方案等。会上，市口岸办主任张超美作了《上海口岸 2014 年以来工作情况和下一步工作安排建议》报告。报告回顾总结了 2014 年以来工作情况，主要体现在四个方面：一是全力推进自贸试验区贸易监管制度创新；二是推动国际贸易“单一窗口”建设；三是推进口岸通关便利和提升口岸服务功能；四是推进口岸对外开放和近期服务企业。根据全国口岸工作座谈会要求和市委市政府重点工作部署，提出了下一步抓好 11 项工作的建议：(1)深化和推广自贸试验区贸易监管制度创新；(2)加快国际贸易“单一窗口”建设；(3)加快推动货物状态分类监管试点；(4)深化关检“三个一”合作；(5)推进区域通关一体化改革；(6)推进通关无纸化改革；(7)推进邮轮口岸通关便利化；(8)加快推进跨境电子商务试点；(9)推进落实口岸对外开放项目；(10)围绕服务中心工作开展同创共建文明口岸活动；(11)启动编制上海口岸“十三五”发展规划。在听取张超美作的《上海国际贸易“单一窗口”建设工作方案(审议稿)》说明后，上海海关、上海检验检疫局、上海海事局、上海边检总站、市发展改革委、市交通委、市商务委、市经济信息化委、中国(上海)自贸试验区会、市信投公司(上海电子口岸办)等单位负责同志围绕会议文件审议、本单位口岸相关工作推进情况、以及下一步工作考虑和建议先后作了交流发言。

艾宝俊副市长在会上作了重要讲话，肯定今年以来上海口岸工作所取得的成效，要求认真贯彻落实全国口岸工作座谈会精神，推进各项重点工作取得新进展，结合谋划明年工作，推动新一轮改革创新。

为做好2014年上海口岸工作，在前，上海市口岸服务办公室于2014年5月22日印发《2014年上海口岸重点工作安排》通知，通知列出年度17项重点工作及牵头单位和参与单位，要求口岸工作领导小组各成员单位要按照《工作安排》明确的具体措施和责任分工，制定工作计划，逐项推进落实；各项重点工作的牵头单位要根据工作内容，确定主要节点；在推动相关政策在上海先行先试过程中，各有关单位要加强政策配套，加快细化落实；市口岸办、市发展改革委、市交通委、市商务委、市经济信息化委要会同相关部门加强对各项工作的统筹协调，继续发挥上海口岸工作机制作用，协调推进重点、难点问题。

（邹增强）

口岸综合

综　　述

2014年，上海口岸各单位认真贯彻中央和上海市委市政府的决策部署，围绕“创新驱动发展、经济转型升级”的要求，以全力推进自贸试验区建设为核心，积极落实上海国际航运中心和贸易中心建设任务、上海口岸2014年工作安排确定的17项重点工作，聚焦重点，联动协作，在国际贸易“单一窗口”建设、贸易监管制度创新、口岸通关环境优化、口岸服务功能提升等方面取得突破性进展，较好地完成了各项目标任务。

（一）国际贸易“单一窗口”试点上线运行。在国家“单一窗口”试点工作组的支持和指导下，上海推进组成员单位充分征求各方需求和建议，制定工作方案，全力推进单一窗口建设。6月份一般贸易进口货物、船舶出口岸联网核放两个试点项目上线运行，10月份一般贸易出口货物项目上线运行，12月份船舶进出口岸申报、自贸试验区保税货物一线进出境两个项目上线运行。2014年，上海国际贸易“单一窗口”建设作为自贸试验区贸易监管创新制度向全国沿海口岸复制推广。

（二）自贸试验区贸易监管制度创新取得阶段性成果。口岸查验单位加大监管制度创新力度，初步建立了货物、企业、信息化三位一体的监管体系框架，形成了一批可复制可推广的创新制度。探索货物状态分类监管，形成试点方案，并确定了5家试点企业。深化推进通关无纸化改革，上海海关实现通关无纸化作业模式的全覆盖，上海检验检疫局对全部集装箱口岸和空港口岸均已实现了提货单无纸化电子放行。关检签署“一次申报、一次查验、一次放行”合作协议，全面推进“三个一”监管模式改革。

（三）口岸通关便利化不断提升。深化集成电路产业链保税监管模式改革试点，第二批试点企业实质性启动跨关区外发加工保税业务。推进国际中转集拼在洋山和外高桥开展试点，推进浦东机场分运单层面快件中转集拼业务。开展邮轮旅客入境签证便利政策专题调研，形成上海口岸入境过境签证政策便利化的建议上报国务院。公安部批复同意在上海邮轮口岸试点入出境自助通关。口岸查验单位积极服务保障亚信峰会、中俄军演、环球马术赛、南京青奥会、APEC 峰会等重大活动，以及迪士尼等重大项目的口岸通关，共同做好埃博拉疫情防控工作，确保口岸安全。

（四）口岸区域大通关合作得到深化。落实年初苏浙皖沪四省市领导签署的长三角区域通关一体化备忘录的要求，推进口岸城市群大通关合作 6 大类 23 个重点项目。推动长三角区域通关一体化改革，重点加强电子口岸互联互通、监管创新和口岸信用管理等合作。积极对接长江经济带战略，与长江沿岸主要口岸城市共同推进物流多式联运发展。进一步深化与中部六省、川渝间的区域大通关合作机制，着力推进电子口岸信息互换、水水中转、铁海联运等合作和监管部门“三互”合作。

（五）口岸对外开放工作有序推进。积极落实《2014 年度上海口岸开放计划》，完成洋山保税港区扩区正式验收，经市政府批准吴淞口国际邮轮码头对外开通启用，完成外高桥发电公司和外高桥第二发电公司两个卸煤码头对外开通启用验收，崇明三岛港区长兴岛作业区扩大开放项目提请市政府报国务院。同时，做好 8 座未开通启用码头临时接靠国际航行船舶保障工作。完成了《上海口岸开放范围内作业区对外开通启用验收工作规程》和《上海口岸开放范围内作业区临时接靠办理规程》的修订工作。

（六）同创共建文明口岸活动务实开展。组织开展“共建文明口岸，促进创新发展”主题实践活动，表彰了一批“文明口岸共建典型”、“文明口岸创新服务奖”等先进集体和个人。口岸查验单位四个文化艺术交流基地开展日常培训和交流活动，洋山、机场、外高桥、北外滩等口岸区域建立健全了同创共建文明口岸活动工作机制。上海口岸巡访评议团先后三次赴吴淞口国际邮轮港开展巡访活动。

（张　强）

口岸运行

【概况】2014 年，在国际经济缓慢复苏、国内经济形势企稳以及自贸试验区建设全面推进等综合因素作用下，上海口岸呈现出稳中有升的良好态势。上海口岸单位尤其是各查验部门克服改革任务繁重、人员编制不足等困难，积极创新、协同配合，协力推进市委市政府各项重点工作的顺利完成。

一、口岸进出口值突破 7 万亿

2014 年，口岸进出口货值 7 万亿元，同比增长 5.2%（全国平均增速 2.3%）。其中出口 4.2 万亿元，增长 5.4%；进口 2.8 万亿元，增长 5%。贸易顺差 1.4 万亿元，增长 6.1%。同期上海关区进出口货值 5.3 万亿元，增长 5.2%；上海市进出口货值 2.9 万亿元，增长 4.6%。

1、自贸试验区带动效应初现

自贸试验区进出口 7623.8 亿元，增长 8.3%，增速高于同期上海市水平，其他 6 个海关特殊监管区域（出口加工区）进出口 479.9 亿美元。

在自贸区带动效应下，各主要口岸中外高桥港区进出口 2.4 万亿元，增长 5.9%；洋山港区进出口 1.8 万亿元，增长 6%；浦东机场口岸进出口 2.1 亿元，增长 7.8%。

2、汽车、医疗保健等消费品进口增速较快

以一般贸易方式进出口 3.6 万亿元，增长 8.3%，占比 50.9%；加工贸易方式进出口 2.3 万亿元，增长 2.1%。

从商品结构来看，出口产品中机电产品占比 62.2%，达到 2.6 万亿元，增长 5.1%；进口产品中消费品进口 3710 亿元，增长 16.1%。其中进口汽车 1291 亿元，增长 26.3%；进口医疗保健产品 567.7 亿元，增长 17.9%。

3、口岸辐射和集聚作用继续增强

2014 年,本地企业经上海口岸进出口 2.5 万亿元,同比增长 4.5%,占上海口岸进出口总值的 36%。外省市企业经上海口岸进出口 4.5 万亿元,同比增长 5.6%,占上海口岸进出口总值的 64%,较上年上升 0.2 个百分点,其中江苏和浙江企业分别经上海口岸进出口 2.6 万亿元和 0.72 万亿元,同比增长 2.5%和 3.9%。

2014 年,在本地报关并经上海口岸进出口的货物总值为 5.3 万亿元,增长 5.3%,占同期上海口岸进出口总值的 75%。其中出口 3.2 万亿元,增长 3.7%,进口 2.1 万亿元,增长 7.7%。同期异地报关并经上海口岸进出口的转关运输货值为 1.7 万亿元,增长 5.1%,其中重庆海关和合肥海关报关进出口 1116.8 亿元和 822.4 亿元,增长 22.7%和 44.2%。

二、货物吞吐量保持平稳增长

2014 年,口岸货物吞吐量总体呈现稳中有升,其中货物吞吐量 38516.1 万吨,增长 1.5%,较 2013 年 5.2%的增速有所回落。从走势看,下半年以来口岸货物吞吐量有 4 个月(分别为 7、9、11、12 月)较 2013 年出现下降(见下表),增速趋缓。

1、水运口岸货物和集装箱吞吐量继续保持全国前列

水运口岸货物吞吐量 38231.9 万吨,增长 1.4%,同全国其他口岸相比,水运货物吞吐量居于宁波一舟山港之后,排名全国第二。口岸集装箱吞吐量 3039.6 万标箱,增长 5.4%,继续保持全球领先,箱源结构合理,重箱占比 74.9%。水水中转比率保持 45.8%,其中国际中转比率 7.1%,洋山港水水中转箱量近 50%,国际中转比率 11%。

2、航空口岸货邮运输明显回暖

航空口岸货邮吞吐量 284.2 万吨,增长 10.1%,国际航线全年累计飞机起降 15.3 万架次,增长 6.8%。近年来航空货邮吞吐量首次出现大幅增长,主要原因一是上海主要航空基地积极构建航空枢纽网络,二是各航空公司在上海新增了运力投入,将最新的飞机投入两场运营。

三、出入境旅客继续大幅攀升

2014年，上海口岸出入境人员首次突破3000万大关，达到3296.7万人次，增长12.9%，出入境旅客达2984.6万人次，增长13%，出入境旅客的增长速度较2012年的6.6%和2013年的8.4%再次提升，显示未来几年内上海口岸出入境人数仍将处于快速增长时期。

1、航空口岸出入境国内旅客大幅增长

航空口岸出入境旅客达2849.1万人次，其中内地旅客1581.3万人次，增长22%，占比达59%；外国籍旅客989.3万人次，增长0.6%。

上海口岸72小时过境免签证旅客2.3万人次，增长48.1%，自2013年1月以来累计办理旅客已达3.8万人次。虹桥口岸公务机航班1224架次，增长3.9%，旅客5000余人，增长0.4%，较2013年28.5%和23.1%的增幅明显趋缓。

2、水运口岸邮轮旅游持续升温

水运口岸出入境旅客121.4万人次，增长62.1%。出入境邮轮542艘次，增长37.6%，随邮轮出入境（港）旅客122万人次，增长62%。

以上海为母港的邮轮共计244艘次，增长46.1%。吴淞国际邮轮码头出入境旅客108.7万人次，增长73.7%，出入境邮轮215艘次，增长70.6%；国客中心出入境旅客13.3万人次，下降9.2%，出入境邮轮56艘次，下降21.5%。

（上海市口岸办政策法规处）

2014年上海口岸主要数据统计表

大类	项　目	2014年	同比(%)	2013年	同比(%)
货物	上海口岸进出口货物总值(亿美元)	11,413.7	6.3	10,738.7	1.5
	出口	6,772.6	6.5	6,362.2	1.4
	进口	4,641.1	6.0	4,376.5	1.7
	上海关区进出口货物总值	8,634.5	6.3	8,121.4	1.4
	出口	5,232.1	4.8	4,991.3	1.6
	进口	3,402.4	8.6	3,130.1	0.9
	上海市进出口货物总值	4,666.2	5.7	4,413.9	1.1
	出口	2,102.8	3.0	2,042.4	−1.2
	进口	2,563.5	8.1	2,371.5	3.1
	上海口岸货物吞吐量(万吨)	38,516.1	1.5	37,963.8	5.2
	航空口岸货邮量	284.2	10.1	258.2	−1.3
	水运口岸货物量	38,231.9	1.4	37,705.6	5.2
	上海口岸集装箱吞吐量(万标箱)	3,039.6	5.4	2,883.6	2.4
	出口	1,339.7	6.6	1,256.4	3.1
	进口	1,235.7	4.2	1,185.8	1.3
	内支线	464.2	5.2	441.4	3.5
人员	上海口岸出入境人员总数(人次)	32,966,476	12.9	29,203,921	8.9
	旅客总数	29,845,874	13.0	26,420,565	8.4
	航空口岸出入境人员	30,637,365	11.6	27,444,899	7.0
	旅客	28,491,326	11.6	25,526,021	6.9
	水运口岸出入境人员	2,179,478	35.8	1,604,439	59.8
	旅客	1,214,189	62.1	749,148	113.5
	铁路口岸出入境人员	149,633	−3.2	154,583	−4.2
	旅客	140,359	−3.5	145,396	−4.3
交通工具	上海口岸出入境交通工具总数	225,647	7.9	209,219	4.5
	飞机(架次)	200,148	9.1	183,516	5.2
	船舶(艘次)	25,135	−0.4	25,337	−0.6
	列车(车次)	364	0.0	366	0.0
	进出上海口岸国际航行船舶(艘次)	41,030	−1.2	41,517	−1.3
	货船	40,198	−1.8	40,933	−1.7
	邮(客)船	832	42.5	584	32.4

备注:①2014年上海口岸进出口货物总值占全国进出口货物总值(43030.4亿美元)的26.5%。②上海水运口岸货物吞吐量占上海港货物吞吐量(7.55亿吨)的50.6%;水运口岸集装箱吞吐量占上海港集装箱吞吐量(3528.5万标箱)的86.1%。③上海航空口岸货邮吞吐量占上海航空港货邮吞吐总量(361.0万吨)的78.7%,出入境旅客占上海航空港旅客吞吐总量(8962.2万人次)的31.8%。④进出上海口岸国际航行船舶包括在上海口岸办理出入境手续的国际航行船舶(即上海口岸出入境船舶)和在我国其他口岸办理出入境手续但进出上海口岸的国际航行船舶。

口岸开放管理

【概况】2014 年是上海“十二五”口岸发展规划实施的关键之年。依据《上海口岸服务条例》,有序推进年度口岸开放计划。一是进一步提升上海煤电的安全稳定供应,上海外高桥发电有限公司卸煤码头、上海外高桥第二发电有限公司卸煤码头相继对外开通启用。至 2014 年底,上海水运口岸共有 93 座开放码头、304 个泊位,上海口岸功能和综合能力日趋完善和提高。二是协调完成上海港崇明三岛港区长兴岛作业区扩大开放,报国务院审批。三是洋山保税港区扩区部分封关验收,对于加快推进中国(上海)自由贸易试验区建设,具有十分重要的意义。四是协调办理上海水运口岸 9 座码头临时接靠国际航行船舶,确保了本市电煤供应、生产建设、科研考察等需求。五是完善上海站铁路口岸配套施设并启用新流程,改善了旅客通关环境。六是修订了《上海口岸开放范围内作业区对外开通启用验收工作规程》和《上海口岸开放范围内作业区临时接靠办理规程》,使对外开通启用和临时接靠国际航行船舶操作更加规范化。七是建立完善口岸疫情联防联控工作机制,制定和细化上海口岸应对埃博拉出血热疫情防控工作方案、我国公民境外感染埃博拉出血热转运入境接应方案和应对埃博拉出血热疫情航空废弃物处置推演工作方案。八是完成上海国际贸易“单一窗口”运输工具申报板块中船舶申报系统研究课题,并上线运行,为研究其他运输工具申报系统和功能拓展奠定了很好的基础。九是制定《建立服务基层和企业工作机制的实施办法》,建立了办领导联系服务企业制度,协调推进百家企业提出的相关问题和建议。

【上海外高桥发电有限公司卸煤码头对外开通启用】7 月 24 日,上海外高桥发电有限公司卸煤码头通过由上海市口岸办组织的对外开通启用验收。8月7日经上海市人民政府批准对外开通启用。卸煤码头位于浦东新区徐海路1001号，开放码头长280米，1个泊位。设计通过能力440万吨/年。

【上海外高桥第二发电有限公司卸煤码头对外开通启用】7月24日，上海外高桥第二发电有限公司卸煤码头通过由上海市口岸办组织的对外开通启用验收。8月7日经上海市人民政府批准对外开通启用。卸煤码头位于浦东新区徐海路1181号，开放码头长220米，1个泊位。设计通过能力440万吨/年。

【上海港崇明三岛港区长兴岛作业区(长兴岛东岸)扩大开放】按照上海市"十二五"口岸发展规划要求，2014年2月协调完成了上海港崇明三岛港区长兴岛作业区(长兴岛东岸)扩大开放相关工作，并由市政府上报国务院审批。长兴岛作业区位于横沙通道，该作业区前期先建设上海横沙一级渔港码头。

【洋山保税港区扩区部分封关启用】2014年2月通过国家验收正式封关启用。2012年1月，国务院批复同意洋山保税港区扩区(国办函(2012)27号)，扩区后的洋山保税港区规划面积为14.16平方公里，共分两个区块，其中岛域规划面积7.31平方公里；陆域规划面积6.85平方公里。扩区后，有利于进一步提升洋山港区的中转和集聚辐射能力，对提升洋山保税港区的国际竞争力，加快推进中国(上海)自由贸易试验区建设，具有十分重要的意义。

【9座码头临时接靠国际航行船舶】2014年上海口岸按照《上海口岸服务条例》、《上海口岸开放范围内作业区临时接靠办理规程》的有关要求，规范临时接靠办理手续。共办理上海水运口岸9座码头临时接靠国际航行船舶。保障本市电煤供应、生产建设、科研考察等需求，发挥临时接靠在推进上海"四个中心"建设和促进上海经济社会发展中的服务保障作用。

【完成开放范围内对外开通启用和临时接靠操作规程修订】为了进一步规范上海口岸开放范围内作业区对外开通启用和临时接靠国际航行船舶

工作,2014 年下半年对《上海口岸开放范围内作业区对外开通启用验收工作规程》和《上海口岸开放范围内作业区临时接靠办理规程》进行修订、印发。

【建立完善口岸疫情联防联控工作机制】2014 年,上海口岸根据国家和本市应对埃博拉出血热疫情联防联控工作机制的统一部署,建立完善口岸疫情联防联控工作机制,制定上海口岸应对埃博拉出血热疫情防控工作方案、我国公民境外感染埃博拉出血热转运入境接应方案和应对埃博拉出血热疫情航空废弃物处置推演工作方案,为今后上海口岸疫情联防联控工作奠定了基础。

【完成上海国际贸易"单一窗口"船舶申报系统研究】"单一窗口"是世贸组织推行的已在世界先进经济体实施的一项促进贸易便利化的措施。为了积极应对新形式下的口岸工作,促进进出口贸易发展,方便企业通关,2014 年下半年开展了《上海国际贸易"单一窗口"船舶申报系统研究》。按照总体部署,该项目 2014 年须转化上线运行目标的要求。采取边研究课题边转化方法,圆满完成船舶申报系统上线运行,为今后研究其他运输工具申报系统奠定了很好的基础。

【建立服务基层和企业工作机制】为不断转变推动工作作风,更好地服务企业,制定《建立服务基层和企业工作机制的实施办法》,经过摸底分析,确定了近百家不同类型的企业为联系服务点,作为口岸办接地气、察实情、解忧难的有效载体。在征求意见过程中,企业反映的问题和工作建议共有 82 个,经过专题研究和协调落实,解决了问题有 73 个,已向有关部门反映和提出建议需解决的有 4 个,需进一步协调解决的有 5 个。通过与企业沟通交流和研究探讨,进一步拉近了政府与企业的距离,得到了企业的良好反响。

【强化上海邮轮口岸突发公共卫生事件应急处置】建立上海邮轮口岸突发公共卫生事件应急处置工作组,牵头单位为上海检验检疫局、上海市口岸办、口岸所在区域地方政府,参与单位有卫生和旅游等市政府部门,海关、检验检疫、海事、边检、公安等口岸查验单位,邮轮方及其代理、码头公司等邮轮运营单位。同时明确责任部门和联系人，并制定联合应急处置方案。按照“两个码头、一套流程、明确分工、快速反应、通力合作、及时处置”的原则，加强对进出境邮轮和码头现场的日常监督检查，做好人员、技术、物资和设备的应急储备，各有关部门根据预案规定对突发公共卫生事件做出快速反应，实施分级管理，在各自的职责范围内依靠科学、资源共享、通力合作，做好突发公共卫生事件应急处理的有关工作。（上海市口岸办口岸管理处）

通关便利化

【概况】2014年,上海口岸聚焦上海自贸试验区建设和"四个中心"建设,围绕进一步优化口岸通关环境,不断推出改革创新和服务举措,在促进口岸通关便利化上取得了新的成效。一是深入推进通关作业无纸化改革。上海海关实现了无纸化改革全覆盖,并对从上海海运、空运口岸进出境的货物全面实施"放行信息电子化"管理。浦东机场海关在全国率先启动空运普货出口"提前申报、运抵验放"通关模式,实现出口货物通关全程无纸化。上海检验检疫局对集装箱口岸和空港口岸均已实现了提货单无纸化电子放行,在特殊监管区域全面实施出境/出口无纸化放行工作。同时,开展检验检疫无纸化智能通关试点,对符合条件企业实行全程无纸化作业模式。机场检验检疫局在全国率先实施空运入境货物"申报前检疫"工作新模式,检疫申报查验放行时间由以往平均2个工作日缩短至半个工作日。二是不断创新口岸查验监管模式。上海海关与上海检验检疫局签署《全面推进关检"三个一"合作协议》,实现了"三个一"工作在海运、空运口岸和特殊监管区域的全覆盖。上海海关积极支持重大项目建设,对上海迪士尼项目开辟"绿色通道",实施"门到门"查验,提供个性化监管服务。开展集中汇总征税业务,达到"通关提速、减负增效、管理集约、服务优化"的良好效果。上海检验检疫局在进口消费品查验以及进口木包装检疫工作中推广"即查即放"现场查验放行模式。创新"申报前检疫"进口查验流程,全面实施入境货物"通报通放"工作模式。上海海事局实施国际航行船舶防污染作业远程监控,实现了船舶到港即时作业和海事部门实时审核。局政务中心打破原来按业务类别设置相关受理窗口做法,推行"一门式"综合受理模式。上海边检总站开展邮轮检查简化查验手续改革试点，其做法在全国得以推广。加大自助通关工作力度，实行出入境证件电子化查验，使口岸通关查验方式更加准确和高效。三是全力做好亚信峰会等重大活动服务保障工作。为配合第四次亚信峰会召开，上海口岸各查验单位认真落实各项举措，在做好安保的同时，提供通关便利，保证了国家重大活动的顺利进行。与此同时，对2014年在上海举办的F1中国大奖赛、环球马术冠军赛、世界耐力赛车锦标赛、以及上海国际马拉松赛等重大国际体育赛事活动的进出境物资和人员提供相关通关便利，体现了良好的口岸通关服务水平。（邹增强）

【深化通关作业无纸化改革】2014年，上海海关按照海关总署统一部署，深入推进通关作业无纸化改革工作。全年放行无纸化报关单1777.2万份，同比增长2倍；无纸化率达85.4%，同比提升40.2个百分点。自2014年6月起，单月无纸化率已保持在90%以上，无纸化配套措施不断完善，改革成效进一步显现。

【全面实施“放行信息电子化”管理】自11月1日起，上海海关对从上海海运、空运口岸进出境的货物全面实施“放行信息电子化”管理。截至2014年底，共向监管场所经营人发送海关电子放行信息267.96万条，其中海运167.38万条、空运100.58万条，口岸通关效率明显提高，并对推进长江经济带海关区域通关一体化改革和全面提升上海海关通关监管效能起到积极作用。（张　俭）

【开展检验检疫无纸化智能通关的试点】对符合条件的企业推出申报、计收费、现场查验、签证放行等环节全程无纸化作业模式。推行预检验、国际中转集拼货物快速验放等便捷化通关措施。推进“单一窗口”建设，启动“进口货物联合申报”和“船舶出口岸联网核放”两个项目的上线试点。推动上海内部通关一体化进程，制定分支局、办事处业务分工管理规定，明确货物属地化检验检疫的规则，进一步发挥检验检疫机构服务地方经济发展的能力和主动性。与上海海关签署《全面推进关检“三个一”合作协议》，16个分支局均已启动了“三个一”工作，所有口岸及特殊监管区域均开展了“一次查验”工作。上海关检双方已联合受理“一次申报”30.19万批,“一次查验”2.23万批,“一次放行”30.10万批。创新“申报前检疫”进口查验模式,木包装疫情检出量同比增加23倍,放行时间从1—2个工作日缩短至2小时。全面实施入境货物“通报通放”工作模式,机构覆盖率达100%。做好技术贸易措施工作,推动全局10个分支局、办事处与33家地区和行业龙头企业建立对口服务机制。加强与宝钢等大型企业合作,在第64次和65次WTO/TBT例会,就宝钢在印尼和印度市场遭遇的钢铁产品认证问题,给予持续关注和磋商。“即查即放”现场查验放行系统入选上海智慧城市建设十大优秀应用。

【持续推进进出口工业产品“快检快放”便捷化监管措施】上海检验检疫局联合地方政府,对自贸区内制造型企业实施以“风险监测、信用监管、快速检验、快速放行”为核心的便捷化监管措施。对企业进口产品实施以合格保证为基础的评定程序,优化检验监管环节,提高了检验和放行效率。截至目前,区内共有20家受惠企业,已有3348批次的进出口产品享受了“快检快放”便捷化措施。

推广“即查即放”现场查验放行模式,强化查验工作规范性并实现监管信息共享。在进口消费品查验以及进口木包装检疫工作中推广“即查即放”现场查验放行模式。将物联网与云计算技术应用于检验检疫查验工作中,实现查验步骤规范可追溯、查验登记全程无纸化以及查验数据与CIQ2000主干系统联动等功能。截至2014年12月底,我局以“即查即放”模式完成现场查验放行3.45万批货物、总计6.36万标箱;并利用电子封识为载体对139批、总计752个标箱的进口废物原料实现装运前检验信息跨区域共享试点。

【进一步提升船舶电讯检疫比例】上海检验检疫局制定了洋山港区船舶电讯检疫工作管理规程,在现有传统模式基础上,为定班轮、集装箱轮便利化服务开辟了的新通路,提高工作效率,节省了人力,加强了船舶卫生监督力度,提升了疫情截获率,实现了时间和效率的有机结合。自启动工作以来，共备案船代企业10家、国际航行船舶603艘次，建立了船舶电讯检疫档案。洋山口岸入境船舶电讯检疫比例从19.9%增长到65.5%，同比增长229%。（沈 娉）

【国际航行船舶进出上海口岸实现全程电子化】上海海事局积极融入上海国际贸易“单一窗口”建设，精简申报，便利相对人，努力实现全程电子化。国际航行船舶进出上海口岸计划动态在口岸查验单位间信息共享，及时掌握船舶动态信息；国际航行船舶出口岸联网核放，海事、海关、检验检疫、边检等部门通过“单一窗口”平台办理船舶放行手续，将口岸单位“串联式”的监管模式变为“并联式”，实现申请一口受理，数据一次递交，审核并联进行，结果一口发布，提升通关效率，缩短办结时间；积极参加船舶查验口岸申报“大表”确定工作，为实现远程打印出口岸许可证做好准备。

【国际航行船舶驶离洋山港口岸口岸“先许可、后查验”】上海海事局在国际航行船舶驶离洋山港口岸查验过程中推行“先许可、后查验”制度创新，船舶可享受到“船舶出口岸许可”即到即取、多份申请材料开航前一次提交、多艘船舶一次办结的便利服务，实现了船舶出口岸查验业务办结“零等待”。截至2014年底，共计试点船舶10096艘次，整体运行平稳有序，预设目标全部完成。（赵 刚）

【扩大边检自助查验通道】上海出入境边防检查总站认真贯彻落实公安部16项便民利民措施，进一步扩大边检自助查验通道使用范围，浦东机场入境边检自助查验通道由15条扩容至25条，年内通过自助通关方式入境的旅客超过43万人次，同比增长149.8%，创历史新高。

【率先开展邮轮检查改革试点】在全国率先开展邮轮检查改革试点，简化外籍邮轮出入港手续和船员临时入境手续，对随原邮轮返回的中国内地居民免盖入境验讫章，对随访问港邮轮入境并随轮出境的外国籍和台湾旅客免加盖出境验讫章，目前上述举措已在全国推广。

【就近办理边检手续】为方便相关单位和人员就近办理边检手续，外高桥边检站于4月1日正式启用东区检查办证点，崇明边检站于5月1日正式启用崇明岛边检执勤点，有效节约了船方、代理及登轮人员往返检查办证时间，取得了良好的社会反响。在海港口岸启用《边检办证告知单》，严格落实首问责任制。

【优化铁路口岸通关流程】9 月 1 日，铁路边检站联合相关单位积极推动上海铁路口岸出境通关流程优化调整，进一步缩短旅客中转时间，便利了旅客出行。机场边检站充分运用 API 信息预报、出境入口监控、入境长廊监控等客流监控系统，采取将固定时间常态化支援和高峰时间动态化支援有机结合，最大限度盘活警力资源，有效应对了超大客流考验。7 月 13 日，浦东机场出入境人数达到 100386 人次，创开航以来单日出入境客流新高。2014 年上海口岸出入境人数突破 3000 万，4 个承担旅客检查任务的边检站旅客满意度电子评价系统满意度一直保持在 99.94%以上，2014 年全球机场协会(ACI)旅客满意度测评中涉及浦东机场边检的三项指标排名均位居前列。 (刘江萍)

【统筹协调邮轮口岸现场通关】上海市口岸办会同邮轮口岸各单位定期沟通船期计划安排，研究解决两船同靠大客流期间邮轮运营和通关问题，及时处置天气、疫情、旅客滞船等邮轮突发事件。据统计，吴淞口和国客中心邮轮口岸全年共服务出入境邮轮 200 余艘次，服务出入境旅客超过 100 万人次，占全国三分之二以上。

【推进散杂货口岸通关无纸化】上海市口岸办协调吴淞海关和罗泾、张华浜区域的码头加快信息化建设，11 月 1 日起散杂货口岸货物实行放行信息电子化管理，通关无纸化的最后一个瓶颈被彻底打通。 (周雨婷)

区域通关合作

【概况】2014年,上海口岸推进区域通关合作工作及其成效主要体现在三个方面:一是推进长三角区域通关一体化进程。2014年1月3日,在长三角区域大通关建设协作第六次联席会议上,江浙皖沪四省市政府领导签署了《深化大通关建设协作推进长三角区域通关一体化备忘录》等一系列合作协议,确定了长三角区域新一轮大通关合作目标任务。同年12月24日,在长三角区域大通关建设协作第七次联席会议上,围绕"建设国际贸易单一窗口,推进区域通关一体化,服务长江经济带发展"等合作主题,江浙皖沪四省市地方政府部门、口岸单位及地方电子口岸运营单位,分别签署了通关一体化合作、直通放行、信息共享等5个合作备忘录。与此同时,推进落实长三角大通关合作项目,按照2014年长三角口岸城市群大通关合作项目安排,上海、江苏地方电子口岸成功完成数据交换测试。该项目将推进长三角区域通关一体化进程,为区域大通关信息互联互通打下基础。二是加强上海与中部六省口岸大通关合作。围绕贯彻落实"两带一路"国家战略,上海与中部六省口岸大通关合作进一步得以提升。在2014年12月4日至5日召开的上海与中部六省口岸大通关合作第九次联席会议上,上海、河南、湖南、湖北、江西、安徽、山西等七省市口岸管理部门、查验监管单位和运营企业领导,就合力推进国际贸易便利化、深化沿海沿边口岸大通关合作进行了深入研讨,取得了共识,形成了一系列工作思路和举措,使上海与中部六省口岸大通关合作上升到了一个新的层面。三是深化川渝沪区域大通关合作机制。2014年12月3日,川渝沪区域大通关合作第七次联席会议在重庆市召开,会议围绕持续推进三地口岸物流便捷高效通关等议题进行了深入交流,并就协调推进长江流域通关一体化、加强电子口岸合作、共同推动长江上游启运港退税试点等内容达成了共识，从而推动川渝沪三地更加务实深化区域大通关合作。（邹增强）

【长三角区域大通关建设协作第六次联席会议】1月3日上午，长三角区域大通关建设协作第六次联席会议在合肥召开。海关总署党组成员、国家口岸管理办公室主任黄胜强，中共上海市委常委、副市长艾宝俊，安徽省副省长花建慧，江苏、浙江省政府有关负责同志，以及沪苏浙皖四省市口岸管理部门、中央派驻查验单位和28个口岸城市负责人出席会议。会议围绕推进区域通关一体化主题，共同签署了《深化大通关建设协作推进长三角区域通关一体化备忘录》等一系列合作协议，为长三角区域新一轮大通关合作明确了目标。

【长三角区域通关一体化】在长三角区域大通关建设协作第六次联席会议上，上海市委常委、副市长艾宝俊，安徽省副省长花建慧，江苏省政府副秘书长方伟和浙江省政府副秘书长陈宗尧分别代表一市三省人民政府共同签署了《深化大通关建设协作推进长三角区域通关一体化备忘录》。备忘录突出推动区域通关模式改革创新、推进大通关信息平台建设、完善口岸物流多式联运体系和创新区域进出口信用管理模式等四方面内容，提出进一步加强长三角区域口岸查验单位间大通关协作，打破区域限制，逐步统一和简化相关监管措施和业务流程。全面深化区域通关改革，不断创新监管模式，努力实现跨关（检）区申报、审单、验放。研究建立长三角区域虚拟大通关平台，加快电子口岸互联、互通，推进长三角区域口岸信息互换、监管互认、执法互助，实现长三角区域通关一体化。

【长三角口岸单位签署新一轮大通关合作备忘录】在长三角区域大通关建设协作第六次联席会议上，上海、南京、杭州、宁波和合肥海关共同签署了《长三角区域海关通关一体化合作备忘录》，上海、江苏、浙江、宁波和安徽出入境检验检疫局共同签署了《关于促进安徽食品农产品出口的合作备忘录》，上海、江苏、浙江、安徽和宁波市电子口岸运营主体共同签署了《长三角地方电子口岸合作框架协议》。这标志着长三角区域大通关合作更加深入。

（王啸宇）

【第三次皖沪项目对接会】10月31日，长三角口岸城市群大通关合作第三次皖沪项目对接会在安徽芜湖召开。上海市港务集团、东方航空公司、上海铁路局、临港集团、中远、中海、元初、欣海等口岸相关单位负责人和安徽省芜湖、马鞍山、铜陵、池州、安庆、蚌埠、阜阳、合肥等口岸城市主管部门、相关企业负责人共70余人参加会议。安徽省商务厅副厅长张丹宁、省口岸办主任徐滋跃、上海市口岸办副主任金国军、芜湖市副市长胡锡萍等领导出席会议并讲话。两地企业围绕深化水水中转、铁海联运、空陆联运等多种物流形式发展，推动船代、货代企业交流和增加航线航班密度等项目进行了交流商洽，成效明显。会后，两地口岸办领导和职能部门负责人分别考察了芜湖港国际集装箱码头和宣城市保税物流中心，听取了上海启汉集团投资建设四方保税仓库和筹备开展跨境电子商务的相关情况。

【第六次联席会议第一次联络员会议】4月23日，长三角区域大通关建设协作第六次联席会议第一次联络员会议在安徽省召开。上海、江苏、浙江、安徽三省一市口岸主管部门领导和职能部门负责人参加会议。会议研究了2014年度合作安排，明确年内将重点开展长三角区域通关一体化专题研究，推动口岸查验单位出台支持措施和推进长三角口岸城市群项目合作。会后，根据合作项目分工，上海市口岸服务办公室副主任金国军携通关协调处有关人员，又分别赴铜陵、安庆等安徽省主要沿江口岸考察调研，进一步了解两地港口与上海港水水中转发展情况和便利通关需求

【第六次联席会议第二次联络员会议】8月28日至29日，长三角区域大通关建设协作第六次联席会议第二次联络员会议暨长三角区域通关一体化座谈会在上海召开。区域内三省一市口岸主管部门、五个海关、五个检验检疫局和五个地方电子口岸的领导，围绕共同推进长三角区域通关一体化、推动地方电子口岸互联互通和信息共享、落实口岸城市群合作等主要内容，分三个专题进行了深入地研讨。进一步凝聚了长三角区域口岸相关部门合

力推进区域通关一体化的共识，形成了合力推进长三角通关一体化的方案和促进措施。

【第六次联席会议第三次联络员会议】11 月 11 日，长三角区域大通关建设协作第六次联席会议第三次联络员会议在杭州召开。浙江省人民政府副秘书长陈宗尧、安徽省商务厅副厅长张丹宁、上海市口岸办副主任金国军、江苏省口岸办副主任徐斌等领导出席会议。会议研究了第七次联席会议筹备工作。初步议定第七次联席会议今年 12 月 23 日至 26 日间在浙江省杭州市召开。会议主题为“深化长三角区域大通关建设协作，推进区域通关一体化，建设国际贸易“单一窗口”，服务长江经济带发展战略。

【第七次联席会议】12 月 24 日，长三角区域大通关建设协作第七次联席会议在浙江省杭州市召开。上海市委常委、副市长艾宝俊，浙江省副省长梁黎明，安徽省副省长花建慧，国家口岸办副主任白石，以及沪苏浙皖四省市人民政府分管副秘书长出席会议并讲话。长三角区域口岸监管单位、四省市口岸主管部门、地方电子口岸和各口岸城市人民政府有关领导参加会议。会议总结了 2014 年长三角区域大通关建设协作取得的经验和成绩。明确 2015 年合作主题为“深化长三角区域大通关建设协作，建设国际贸易“单一窗口”，推进区域通关一体化，服务长江经济带发展”。会上，四省市口岸主管部门，海关、检验检疫、边检等口岸监管单位和地方电子口岸运营单位，分别签署了通关一体化合作、直通放行、信息共享等 5 个合作备忘录。

【川渝沪区域大通关合作第七次联席会议召开】12 月 3 日，川渝沪区域大通关合作第七次联席会议在重庆市召开。重庆市政府副秘书长艾扬、上海市口岸办副主任金国军、四川省口岸办主任李熊等领导出席会议并讲话。二市一省的口岸管理部门、监管单位和运营企业领导，围绕贯彻落实“两带一路”国家战略，深化区域大通关合作机制，持续推进口岸物流便捷高效通关等议题深入交流。会议就协调推进长江流域通关一体化、加强电子口岸合作、共同推动长江上游启运港退税试点等内容达成共识。国家口岸办副调研员刘武锋参加会议。

【上海与中部六省口岸大通关合作第九次联席会议召开】12月4日至5日，上海与中部六省口岸大通关合作第九次联席会议在河南省郑州市召开。海关总署党组成员、国家口岸办主任黄胜强和河南省副省长赵建才等领导出席会议并致词。上海、河南、湖南、湖北、江西、安徽、山西等七省市口岸管理部门、监管单位和运营企业领导共170余人参加会议。会议交流了上海自贸试验区和七省市口岸的监管创新举措，围绕贯彻落实“两带一路”国家战略，深入研究合力推进贸易便利化、深化沿海沿边口岸大通关合作的思路和举措。会议召开对下一步加强上海与中部地区，以及与内蒙古、广州等省市的区域通关合作，促进口岸联动发展具有重要意义。

【上海电子口岸与江苏电子口岸成功完成数据交换测试】12月5日，上海、江苏地方电子口岸进行相互访问和获取对方平台通关状态数据，成功完成数据交换测试。这次测试列入2014年长三角口岸城市群大通关合作项目安排，两地电子口岸遵照《长三角区域地方电子口岸互联互通技术方案》，前期分别完成了各自平台的API服务接口设计和技术框架开发。项目测试成功将进一步推进长三角区域通关一体化进程，为区域大通关信息互联互通打下良好基础。（高　丰）

【牵头推进长江经济带海关区域通关一体化改革】2014年12月1日，长江经济带海关区域通关一体化改革从长三角拓展至长江经济带9省2市的12个海关。上海海关根据海关总署部署切实担起牵头重任，有力推动长江经济带区域通关一体化改革取得重要突破，全国48%的报关单量实现一体化运作。长江经济带海关特殊监管区域及保税监管场所进境环节区域通关一体化改革也同步启动，目前已覆盖至长江经济带12关的全部58个特殊监管区域、11个保税物流中心和所有保税监管仓库。（张　俭）

【推进区域检验检疫一体化进程】上海检验检疫局联合长三角区域的其他检验检疫局制定了《长三角检验检疫一体化实施方案》，在集中审单、物流监控和企业信用管理等方面研究试点区域一体化改革。2014年12月24日在长三角大通关协作联席会议上，长三角区域五个直属检验检疫局根据该一体化方案共同签署了合作备忘录。参与长江经济带检验检疫一体化方案的研究制定,积极落实党中央关于建设"一带一路"的战略构想。（沈　娉）

【积极配合江苏海事局做好青奥会远端控制相关工作】按照交通运输部海事局《关于开展第二届夏季青年奥林匹克运动会水上安保远端控制工作有关事项的通知》要求,上海海事局制定翔实周密的工作方案,各分支局认真做好船舶专项检查、船舶签证、船舶信息报送和船员信息报送等相关工作;建立信息沟通联络机制,严密关注下一港为南京或途经南京水域的国际航行船舶,并在办理进出口岸手续时对适检船舶开展保安检查,以实际行动支持青奥会水上安保工作。（赵　刚）

【与毗邻省份边检机关建立联动机制】上海出入境边防检查总站积极参与口岸大通关建设,支持推动区域通关模式改革和通关流程优化,力求打破区域限制,逐步统一和简化相关监管措施和业务流程。目前,上海出入境边防检查总站已与浙江、江苏、安徽等地边检机关建立联动检查、身份核实、案件调查和遣返等工作机制,并正在协商长三角区域相关边检机关港口管理信息共享互通合作事宜,逐步实现区域内边检机关的"信息互换、监管互认、执法互助"。此外,上海机场、洋山、金山等边检站分别与杭州、南京、舟山、嘉兴等长三角、长江流域边检机关建立协作机制,共同做好连飞、备降航班和国际航行船舶的检查管理工作。（刘江萍）

【区域电子口岸合作】2014 年,在区域通关合作机制下,上海电子口岸办参与并支持河南电子口岸信息平台建设;以《长三角地方电子口岸合作框架协议》为基础,与江苏电子口岸开展数据互通标准研究,形成了一套数据接口标准。目前两个口岸正在联调测试。为后续长三角其他口岸加入也预留了空间。（王之勤）

口岸信息化建设

【概况】2014年，上海口岸信息化建设在以下几个方面取得新的进展：一是启动上海国际贸易“单一窗口”试点并取得阶段性成果。在国家层面试点工作组指导下，上海口岸试点工作推进组按照拟定的总体方案，协调推进试点项目落实，实现了首期两个试点项目正式上线运行的预期目标。二是推进口岸通关无纸化工作。自2014年6月起，上海海关单月无纸化率保持在90%以上；全年放行无纸化率达85.4%，同比提升40.2个百分点。从2014年11月1日起，上海海关对从上海海运、空运口岸进出境的货物全面实施“放行信息电子化”管理。上海检验检疫局启动无纸化试点，对符合条件的企业推出申报、计收费、现场查验、签证放行等环节全程无纸化作业模式。三是加快上海国际航运中心综合信息平台建设。按照《上海市加快国际航运中心建设“十二五”规划》提出的目标任务要求，2014年3月底完成平台软件与集成招标，相关系统正在开发建设中，其中，上海国际航运中心门户网站首批11个嵌入式公共查询应用上线，完善了网站后台发布系统及网站运营管理办法，至年底，该网站已累计发布文章14000余条。四是完善口岸查验信息化基础设施。围绕服务上海自贸区建设，完成自贸区信息化系统（一期）工程，在外高桥保税区和保税物流园区、浦东机场综保区、洋山保税港区相关卡口通道均安装了集装箱箱号识别系统、电子车牌和安全智能关锁识别系统、电动栏杆等智能化监管设备，使自贸区一线进境过卡时间缩短到10秒以内，自动化作业率由12.8%上升至43.7%。五是加强关检查验监管信息互通共享。根据上海海关与上海检验检疫局签订的“三个一”合作协议，要求在“一次申报”中拓展“三个一”系统数据批量导入等功能；在

"一次查验"中实现关检所有查验信息的自动比对和数据自动导入；在"一次放行"中实现海运渠道关检联网核放及空运放行信息电子化。全年关检双方共受理"一次申报"货物30.2万批、"一次查验"货物2.2万批，"一次放行"货物30.1万批。（邹增强）

【上海国际贸易"单一窗口"试点启动】 2月21日上午，上海国际贸易"单一窗口"试点启动会在上海大厦召开。海关总署党组成员、"单一窗口"试点工作组组长、国家口岸办主任黄胜强在会上作动员讲话。国家部委相关司局、中央在沪查验单位和上海市有关部门负责人参加会议。

"单一窗口"是提高国际贸易便利化的重要措施。其实质就是贸易和运输企业通过一点接入一个信息平台、实现一次性递交满足监管部门要求的标准化单证和电子信息，监管部门处理状态（结果）通过单一平台反馈给申报人。建设好"单一窗口"，可以提高政府部门的监管效能，减少申报单证的重复录入和数据信息的差错，降低贸易和运输企业的综合物流成本。

建立国际贸易"单一窗口"，是落实党的十八届三中全会提出的口岸管理相关部门"信息互换、监管互认、执法互助"要求和上海自由贸易试验区监管制度创新的具体举措。在上海开展国际贸易"单一窗口"试点，得到了国家部委的大力支持。国家口岸办牵头海关总署、质检总局、交通部、公安部相关司局，成立试点工作组。上海市委市政府高度重视国际贸易"单一窗口"试点工作，市委书记韩正要求全力予以推进，市政府也将建设国际贸易"单一窗口"作为当年的重点工作。

会上宣布成立试点工作推进组，在国家部委试点工作组统筹指导下，提出"单一窗口"建设总体方案建议、协调项目推进中的具体问题。海关总署党组成员、试点工作组组长、国家口岸办主任黄胜强指出，上海推进"单一窗口"建设，关键是要形成一个窗口（单一窗口），建立一个模式（一点接入）、建设一个平台（上海电子口岸）、健全一个机制（各部门共建机制），争取上半年正式试点运行。近期，各监管单位要尽快将现有系统与"单一窗口"实行无缝对接；未来，要结合"单一窗口"发展的趋势，积极主动推动业务改革和管

理创新，实现作业流程再造和优化。（高　丰）

【推进上海国际贸易“单一窗口”试点工作】上海国际贸易“单一窗口”是国家口岸办联合海关总署、质检总局、公安部、交通运输部及有关部委在上海的一项试点工作，旨在用三年左右时间基本建成上海国际贸易“单一窗口”，并逐步复制到沿海口岸，提升我国贸易便利化水平。试点工作于2014年2月21日正式启动。上海电子口岸办作为上海层面推进组成员之一，主要承担上海国际贸易“单一窗口”技术方案、系统研发和运维保障工作。2014年6月18日，一般贸易进口货物申报及船舶联网核放两项功能于正式上线运行。一般贸易出口、船舶申报以及自贸区一线进出境备案功能完成开发并于同年12月底实现企业联调。截至2014年年末，一般贸易进口申报11289票，其中一表申报5267票，船舶放行指令10545条。

（栾红栋　王之勤）

【上海国际贸易“单一窗口”首期两个项目上线】6月18日下午，上海国际贸易“单一窗口”上线运行启动仪式在上海市政府会议室举行。海关总署党组成员、国家口岸办主任黄胜强出席仪式，并启动“单一窗口”上线运行。国家部委相关司局、中央在沪查验单位、上海市有关部门负责人以及相关试点企业代表参加仪式。

上线运行前，上海国际贸易“单一窗口”建设首期两个试点项目（一般贸易进口货物的申报与结果反馈、船舶出口岸联网核放）已通过测试。其中，进口货物申报，企业通过互联网登录上海国际贸易“单一窗口”平台，一次性录入（或导入）一张大表，可以满足海关、检验检疫、海事等监管部门对货物申报和信息共享的需求，同时口岸管理部门监管结果信息，通过平台实时反馈申报人。船舶出口岸联网核放，实现了海事、海关、检验检疫、边检等通过“单一窗口”办理船舶放行手续，企业不用再分别到各查验单位办理盖章手续，海事部门依据其他三个口岸管理部门的放行信息，直接在“单一窗口”平台上发出准予船舶离港的信息。

启动仪式上，试点工作组组长黄胜强对运行启动表示祝贺，同时指出建设国际贸易“单一窗口”意义重大，要求参与试点工作各单位及时总结经验，不断改进和完善系统设计，扩大执法合作，加强部门协调，完善机制建设，进一步简化申报数据、优化执法流程、扩大应用范围，在促进贸易便利化、支持外贸稳定增长、提高口岸治理水平和服务功能方面发挥更重要的作用。

【上海国际贸易“单一窗口”企业试点推广会】为进一步推广上海国际贸易“单一窗口”项目实施，使更多企业尽早享受通关便利，7 月 2 日下午，上海国际贸易“单一窗口”推进宣讲会在上海国际港务集团大厦多功能厅召开，近 200 家外贸企业参与了这次推进会。

按照国务院关于促进贸易便利化部署要求，上海国际贸易“单一窗口”已于 6 月 18 日正式上线运行。经过两周的试点，为进一步推广应用，上海市口岸办、上海电子口岸办、上海口岸联合会联合举办了此次推进会。会议通报了“单一窗口”建设总体目标和基本功能，并现场演示了企业开户和业务操作流程，试点企业交流了系统使用感受和经验。现场与会企业踊跃参与互动交流，表示“单一窗口”是降低企业通关成本、提高企业通关效率、促进贸易便利化的重要举措，近百家企业现场表达了将尽快使用“单一窗口”的意愿。

【上海国际贸易“单一窗口”沿海推介工作会议】11 月 5 日，国家口岸办在上海组织召开沿海口岸“单一窗口”推介工作会议。“单一窗口”建设国家试点工作组、沿海地区口岸与会代表、“单一窗口”建设试点上海推进组等方面人员参加会议。推介会上，上海市口岸办作了《上海国际贸易“单一窗口”建设工作方案》的解读；上海电子口岸办作了“单一窗口”建设情况、运维机制、技术方案等介绍；现场还作了充分的互动交流。国家口岸办副主任白石作会议总结，上海市口岸办主任张超美等有关方面领导出席。　（高　丰）

【推进国际航运中心综合信息平台建设】平台主要建设内容包括口岸云数据中心、公共数据交换系统、门户网站、“一单两报”系统、跨区域通关协同系统和船舶动态系统共六个业务应用系统。2014 年 3 月底完成平台软件与集成招标。门户网站已正式上线并不断完善，一季度首批 11 个嵌入式公共查询应用上线，三季度完善了包括栏目管理、标签管理、推荐管理和发布统计等在内的网站后台发布系统，四季度航运金融、航运社区频道及英文版上线试运行，网站已累计发布文章 14000 余条。“一单两报”系统结合单一窗口阶段要求已上线运行，其余系统在开发。

【推进自贸试验区法人库信息共享】 按照上海自贸试验区总体方案以及“一线放开、二线安全高效管住、区内流转自由”的要求，为全力推进自贸试验区贸易监管制度创新，上海市经信委依托上海市法人库，针对自贸试验区在审批和监管过程中迫切需要的法人信息，协调自贸试验区与 35 家法人库信息提供单位签署数据共享协议；完成自贸试验区的法人库数据接口开发和前置机部署工作，通过前置机向自贸区企业实时推送更新的法人信息。

【配合亚太示范电子口岸运营中心建设】 2014 年 11 月，APEC 第 22 次领导人非正式会议批准《亚洲太平洋示范电子口岸网络工作大纲》，同意该网络运营中心设立在上海示范电子口岸。上海市经信委配合上海市商务委和电子口岸办启动运营中心落地和机房建设前期工作。

【推进航运信息化公共服务应用示范项目建设】 2014 年，上海市经信委支持 2 个航运信息化项目建设。其中，基于自贸区监管新模式的物流公共服务平台，为特殊监管区域内航运企业提供便捷的电子化通关服务和金融服务。全国海运集装箱运输备案综合服务平台为开展海运集装箱大数据分析和公众服务提供保障。 （栾红栋）

【上海电子口岸平台运营良好】 2012 年至 2014 年的三年间，上海电子口岸平台的报文处理量和电子支付交易额逐年增长：

指标项	2012 年	2013 年	2014 年
报文处理量(亿份)	1.7	1.9	2.29
电子支付交易额(万亿元)	0.99	1.1	1.3

【开展浦东机场电子货运信息平台方案研究】上海电子口岸办配合上海机场集团，先后对DHL等大型快递企业和海关、检验检疫等政府单位进行了多次业务调研，课题报告初稿已完成。12月中旬完成了课题验收。2015年，争取在机场集团牵头下，深入细化，选取课题中的1～2项成果进行转化，搭建浦东机场电子货运信息平台的基本框架。（王之勤）

【筹建进出口工业产品质量安全风险信息国家监测点上海检验检疫局分中心】这是全国检验检疫系统内的首家分中心。经国家质检总局批准，该分中心于2014年7月起按照"边筹建、边工作、边输出"的要求正式开展试运行。截至2015年一季度，该分中心已完成网站监测任务5000余次，采集各类风险信息1300余条，经核实、分析涉及北美地区的有效风险信息500条，监测结果已被应用于消费提醒发布、目录外商品监督抽查以及质量安全约谈等检验监管工作中，实现了由事前监管向事中事后监管转移，目前已通过微信平台对外发布消费提醒近30起。（沈　娉）

【构建海事诚信管理综合体系】上海海事局以上海自贸试验区诚信管理体系建设为契机，构建海事诚信管理综合体系，积极参与上海市综合征信管理体系建设，申请成为上海市社会信用体系建设联席会议成员单位，推进海事征信管理"三个清单"（数据清单、应用清单、行为清单）编制工作，促进航运市场公平有序。经多方协调，各项工作进展顺利，目前已主动对接上海市公共信用信息服务平台，提供可查询公共信息30余项，对接自贸区子平台，拟应用其中的64项平台公共信用信息，支持38项海事监管服务工作。

【实施国际航行船舶防污染作业远程监控】上海海事局利用信息化技术和诚信管理手段，对自愿加入电子检查机制、诚信状况良好的作业单位的国际航行船舶，开展污染物接收作业、船舶供油作业、浮船坞沉坞作业、围油栏布设作业实施远程电子核查，改变了过去国际航行船舶在港期间开展危险品及防污染作业需要通过纸面和电子申报双重方式获得海事管理机构批准的状况，实现了船舶到港即时作业和海事部门的实时审核，登轮检查次数及频率均有明显下降，提高了港口作业效率。（赵　刚）

【升级出入境边防检查信息系统】2014年上海出入境边防检查总站根据公安部出入境管理局统一部署，对出入境边防检查信息系统进行升级，为口岸装备了电子出入境证件数字安全系统，对中国电子普通护照、电子港澳居民来往内地通行证、电子往来港澳通行证等出入境证件进行电子化查验，通过专用设备自动读取电子证件芯片内的文本及生物信息，大幅提升了证件识别的准确性，检查方式更加准确和高效，有效加强了口岸管控能力，提升了口岸通关速度。

【成立边检技术上海研发支持中心】2014年，公安部在上海出入境边防检查总站成立了边检技术上海研发支持中心，主要负责人像、指纹等生物识别技术类系统研发、全国出入境人像比对系统维护保障和边防检查信息系统安全防护研究工作。目前，研发支持中心已完成了指纹识别算法和识别应用系统的初步调研，以及服务器、存储等通用硬件设备的配置选型调研等工作。

【深化边检信息技术系统综合应用】上海出入境边防检查总站全面承担出入境人像比对系统操作系统、数据库及应用软件的日常巡检工作，为全国公安出入境管理机关提供稳定可靠的人像比对服务。积极推动生物识别签证项目建设，全面调研国内外知名指纹识别系统算法和应用功能，目前各项工作正在稳步推进中。启用海港综合应用整合系统，实现单一平台登录、共享数据存储、集中升级管理等功能。完成浦东机场12条通道多功能验证台试点改造工作，新增防漏检、信息发布、证件鉴别等七项功能，为检查员提供更加精密的辅助检查工具，为出入境旅客提供更加人性化的通关设施。开展梅沙系统升级、应急程序升级和应急方案调整工作，为人工和自助通道电子化查验中国电子普通护照、电子往来港澳通行证功能奠定了基础。自主研发的邮轮管控系统，实现了船员、旅客梯口精确化管控和船员临时入境许可电子化，在加强大型邮轮管控力度、提高通关效率等方面起到了重要作用，被公安部出入境管理局推广至全国使用。 （刘江萍）

【边检多功能验证台启用】为进一步提升边检服务水平，改善口岸通关环境，上海边检总站于2014年完成浦东机场T2航站楼入境和出境各6条查验通道验证台的试点改造工作。改建后的多功能验证台具有防漏检、信息发布、证件鉴别、语音提示、外设整合、身份获取等功能。多功能验证台投入使用后，民警与旅客交流更加顺畅，查验操作更加便利，更好地提升了服务水平和管控效能。

【出入境证件电子化查验】2014年上海边检总站根据公安部出入境管理局统一部署，对出入境边防检查信息系统进行升级，为口岸装备了电子出入境证件数字安全系统，对中国电子普通护照、电子港澳居民来往内地通行证、电子往来港澳通行证等出入境证件进行电子化查验，通过专用设备自动读取电子证件芯片内的文本及生物信息，大幅提升了证件识别的准确性，检查方式更加准确和高效，有效加强了口岸管控能力，提升了口岸通关速度。

【机场口岸改造扩建自助查验系统】为满足日益增长的自助查验需求，确保自助通道稳定顺畅运行，上海边检总站开展自助通关系统改扩建工作，优化和改造了浦东机场T2入境现场15条自助查验通道软硬件设备，并在浦东机场T1入境现场扩建了10条自助查验通道。据统计，从2014年7月25日扩大自助查验通道使用范围，至当年12月31日，浦东机场口岸自助查验出入境人员共计34.5万余人次，较去年同比增加约325.8%，通关效率显著提升。

（高　丰）

【全球首个"空地互联云支付平台"上线】11月6日，东航和中国银联在万米高空联合发布全球首个"空地互联云支付平台"，该平台被誉为"全球海拔最高的在线收银台"，在航空业与金融业均实现了多个历史性突破。

（郭晓静）

【邮轮票务销售渠道服务平台上线】该平台获上海市交通委和上海市旅游局的双重认证，将力争打造成邮轮官方订舱中心。

（周雨婷）

口岸设施建设

【概况】 2014 年，上海口岸一批重大交通设施建设进展顺利。上海市交通委协调推进沪通等铁路通道建设。洋山港区四期和北横通道工程全面开工。内河航道大芦线二期闵行浦江段、航头新场段工程、杭申线建设工程按期推进，赵家沟东段工程首次完成勘察设计施工一体化招标。黄浦江深水航道维护工程和吴淞导堤加固修复工程按计划完成。（王关云）

【港口重大基建和改造项目有序推进】 上海国际港务（集团）股份有限公司与上海市有关部门积极协调，基本确定了 2015－2018 年上海航道维护长效机制。全面完成了码头结构升级改造，集团 9 家公司、49 个泊位全部通过了竣工验收核查。集团全年基本建设项目 10 项，更新改造项目 294 项。

（樊鸿超）

【洋山港区四期自动化码头建设全面开工】 10 月中旬，国家发改委批复同意建设洋山深水港四期工程。洋山深水港区四期工程是洋山新一轮发展的核心项目，是洋山深水港区西港区建设的重要组成部分，该工程总投资约 128.48 亿元，计划建设 5 个 5 万吨级和 2 个 7 万吨级集装箱泊位以及 1 个工作船泊位等配套设施，泊位总长 2800 米，设计年吞吐量为 630 万标准箱。

上海国际港务（集团）股份有限公司多次召开会议，就码头建设的关键技术、设备招标、自动化系统开发等进行专题研究，严格论证、反复磋商，在完成各项准备工作、获得国家相关部委批复后，于 12 月 23 日正式开工，迈出了建设自动化码头的关键一步。（李　伟　樊鸿超）

【浦东、虹桥机场重大基础设施建设项目有效推进】 2014 年，建设任务繁重，共有 14 项重大建设任务同时在两场推进，全年完成建设投资 19.16

亿元。浦东机场三期扩建工程(含南卫星厅、捷运系统、机坪扩建等项目)已上报项目申请报告并完成评审工作,方案设计工作基本完成;T1航站楼改造18米层以下基本完成施工;第四跑道工程完成竣工验收和行业验收;第五跑道工程取得工可批复,年底取得设计批复。虹桥机场T1航站楼改造已取得初步设计批复,正式开工建设。　（徐志忠）

【民航华东局办证大厅正式揭牌】7月18日,民航华东地区管理局在上海举行办证大厅揭牌仪式。设立办证大厅是民航华东局借鉴地方政府的社会服务经验,深化行政审批制度改革、规范行政行为、优化发展环境、方便群众办事的一项重大改革措施。目前,已进驻大厅的职能部门包括飞行标准处、航空卫生处和适航审定处。其它有行政审批服务职能的处室,将根据实际运行情况择机入驻。

【上海浦东国际机场第四跑道工程通过行业验收】12月25日—26日,民航华东地区管理局对上海浦东国际机场第四跑道工程进行了行业验收。该工程建设内容包括新建长3800米、宽60米跑道和滑行道系统以及相应配套助航灯光、消防、安保、供电、排水、空管等工程,总投资为27.5亿元。第四跑道工程投用后,浦东机场具备了年旅客吞吐量6000万人次、货邮吞吐量475万吨、飞机起降量55.5万架次的运行保障能力,同时为满足国家发展大型飞机产业的战略部署,适应上海浦东国际机场发展需要提供了有力保障。　（熊　巍）

【春秋模拟机培训中心建成正式启用】春秋飞行培训有限公司坐落于中国(上海)自由贸易试验区(浦东机场)美兰路79号,现拥有两台'Reality 7'系列全动飞行模拟器,用于A320客机驾驶员的飞行训练。2014年8月,两台模拟机正式投入运行,除承接春秋航空公司飞行员的训练,还外接其它航空公司的飞行员训练业务。培训中心共预留了6台模拟机机位,落成后可以达到中国民航局规定的各种飞行训练要求。未来还会投建乘务员培训中心,包括动态舱,应急训练,机组人员的训练,将涵盖所有的飞行机组基本训练功能。　（史纪萍）

【虹桥机场 T1 航站楼开始全面改造】根据计划，这项耗时 3 年的工程以机场边运营边施工的方式进行。T1 航站楼的 A 楼将率先改造。为了配合施工，11 月 6 日起，春秋航空公司的航班从 A 楼调整到 B 楼，与国际和地区包机混合运营。

A 楼改造预计在 2016 年底完成施工并投入运营。届时，其会成为国际和港澳台地区航班的专用航站楼。而 A 楼再次启用后，B 楼的改造工程便可以衔接展开。但 B 楼并不会完全封闭，施工时仍将继续保障航班及旅客进出港。B 楼预计 2017 年完成改造，届时将成为“春秋航空的个性化航站楼”。

（须　超）

【铁路车站配套设施进一步完善】铁路上海站通过整修和改建，增加通关候车室面积约 150 平方米，并将近 1000 平方米的 1 号候车室改建作为沪港列车直通旅客专用候检区，专门配置了无障碍电梯，并对其他配套的设施进行改造，为旅客提供了更好的候检环境；同时根据各联检单位通关作业的要求，优化沪港列车乘降作业新流程，调整联检区域布局，扩大联检作业区，使调整后的检验检疫区域达到 342 平方米、海关 369 平方米、边检 362 平方米，合理划定检票口、联检区、行李托运点、等候区，按照旅客行走路线，优化导向标识，在关键点位增设导向指示牌，方便旅客进站上车。多年来因受上海站站场、通关作业的限制，出境旅客在通关检票时“日晒雨淋”这一历史遗留难题得以解决。

（李玉红）

【罗泾矿石码头公用性保税仓库正式投入使用】这是迄今为止上海最大的露天自动化铁矿石保税仓库。该保税仓库于 2013 年 10 月通过海关验收，拥有超过 10 万平方米的露天堆场和约 400 万吨的年储运量。保税仓库的设立，不仅有利于优化企业供应链管理，一揽子解决外贸企业的退税、保税、报关和转结货物等问题，降低企业的物流成本，更将促进区域航运、仓储和物流产业经济的联动发展。上海吴淞海关针对散杂货的特点，创新“压驳监管”和“分段查验”监管模式，并为保税货物监管提供全程贴身服务，大大提高了通关效率。

（曾　姝）

【洋山保税港区综合服务大厅正式启用】经过三个多月的试运行，位于洋山保税港区深水港商务广场的中国（上海）自由贸易试验区综合服务大厅于3月底正式启用。该服务大厅总面积2400平方米，分为办事窗口、等候区、洽谈区、商务中心、休息区和市场管理服务中心等六个区域，导入外资、工商、质监、税务和银行等服务机构，为自贸试验区企业提供一口受理、证照领取和集中开票等服务。这是继去年9月在外高桥保税区设立自贸试验区综合服务大厅后的第二家自贸试验区综合服务大厅。洋山保税港区综合服务大厅正式启用后，将直接为洋山和临港地区企业提供现场服务，无需企业再专程绕行到外高桥保税区办理。

【洋山保税水果展示交易中心项目落地】2014年9月29日，洋山保税港区迎来首批进境保税水果，实现了在洋山口岸实施进境水果检疫查验功能的突破。截至年底，洋山保税港区进境保税水果查验点共完成水果查验24批次30个40尺集装箱，重量共计624.278吨，总金额138.449万美元。洋山保税港区进境水果查验场站一期项目总面积约4550㎡，先期可为各类进口水果提供进境检疫查验、海关查验等服务，后续将扩展到其它进境农产品查验。洋山进境水果查验场站的设立，不仅降低了进口水果转运后再进行检验检疫的风险，也为企业降低了10%的物流成本，并且方便了企业与海外出口商进行交涉，填补了洋山口岸无法对进口水果实施检验检疫查验及海关保税查验的功能空白。

【建设保税冷链食品展示交易平台】洋山检验检疫局积极支持在上海自贸试验区（洋山）内使用第三方物流企业提供的备案冷库开展保税冷冻肉类、水产品业务，突破了检疫许可证在收货人及备案冷库方面的政策障碍，在“检疫安全、风险可控”的前提下实现了外贸企业在自贸区利用第三方物流冷库开展冷链食品展示、交易业务的需求。自2014年5月4日起至当年12月底，入境保税冷冻肉类产品和水产品241批次，重量6307.87791吨，金额1455.016866万美元；出区进口195批次，重量5152.8479吨，金额1132.364513万美元。

（李　伟）

【边检自助查验系统改造扩建】2014 年 7 月 25 日，公安部集中推出 16 项便民利民措施，其中之一就是进一步扩大边检自助查验通道使用范围，新增五类人员施行自助查验通行。为满足日益增长的自助查验需求，确保自助通道稳定顺畅运行，上海出入境边防检查总站开展自助通关系统改扩建工作，优化和改造了浦东机场 T2 入境现场 15 条自助查验通道软硬件设备，并在浦东机场 T1 入境现场扩建了 10 条自助查验通道。据统计，从 2014 年 7 月 25 日扩大自助查验通道使用范围，至 2014 年 12 月 31 日，浦东机场口岸自助查验出入境人员共计 34.5 万余人次，同比增加约 325.8%，通关效率显著提升。

【边检部分多功能验证台完成试点改造】为进一步提升边检服务水平，改善口岸通关环境，上海出入境边防检查总站于 2014 年完成浦东机场 T2 航站楼入境和出境各 6 条查验通道验证台的试点改造工作。改建后的多功能验证台具有防漏检、信息发布、证件鉴别、语音提示、外设整合、身份获取等功能。多功能验证台投入使用后，民警与旅客交流更加顺畅，查验操作更加便利，更好地提升了服务水平和管控效能。（刘江萍）

【洋山保税港区区港直通道正式启用】9 月 1 日，洋山保税港区区港直通道正式启用。该通道是连接洋山保税港区岛域和陆域的内部通道，实施“7 * 24”小时验放模式，对进出境车辆海关实施卡口自动对比、自动判别、自动验放等智能化管理。启用后，一线进出境车辆入区，可直接经东海大桥至小洋山岛，减少一次卡口验放，单程缩短路程 6 公里，在提升物流效率的同时，也为海关监管服务制度创新和功能拓展创造了有利条件。该通道的正式启用进一步完善了洋山保税港区的交通网络整体布局，也标志着洋山保税港区“区港一体化”运作进入了新的发展阶段。（李　伟）

口岸贸易

【上海海关关区对外贸易概况】据上海海关统计，2014年，上海海关关区实现进出口5.3万亿元人民币，较2013年（下同）增长5.2%。其中，出口3.2万亿元，增长3.7%；进口2.1万亿元，增长7.5%；累计贸易顺差为1.1万亿元，收窄2.6%。

2014年3月份起，上海海关关区单月进出口值连续10个月保持同比增长，12月份当月进出口4745.1亿元，同比增长7.4%，环比增长5.8%。其中，出口2813.1亿元，同比增长8.6%，环比增长0.6%，同、环比均保持上月的增长态势；进口1932亿元，创关区单月进口值历史新高，同比由上月的下降0.4%转为增长5.6%，环比增长14.5%（下图）。以美元计价，12月份当月，上海海关关区进出口772.4亿美元，同比增长7.2%，环比增长5.9%，其中，出口458亿美元，同比增长8.4%，环比增长0.7%；进口314.4亿美元，同比增长5.4%，环比增长14.7%。

【贸易方式】2014年，上海海关关区以一般贸易方式进出口30041.4亿元，增长7.9%，占同期关区进出口总值的56.6%，比重较上年提升1.4个百分点。其中，出口19120.3亿元，增长7.8%；进口10921.1亿元，增长8.1%。同期，以加工贸易方式进出口15116.4亿元，微增C.1%。其中，出口10613亿元，下降3.6%；进口4503.4亿元，增长10.1%。此外，以海关特殊监管区域物流货物贸易方式进出口5740.3亿元，增长3.8%。

【企业性质】2014年，外商投资企业通过上海海关关区进出口31049.3亿元，增长5.1%，占同期关区进出口总值的58.5%，比重较上年下滑0.1个百分点。其中，出口17105.9亿元，增长1.6%；进口13943.4亿元，增长

9.7%。同期,民营企业进出口14430.9亿元,增长8.3%,高于同期关区进出口总体增速3.1个百分点。其中,出口10931.5亿元,增长9.9%;进口3499.4亿元,增长3.3%。此外,国有企业进出口6951.8亿元,下降6.1%。

【贸易伙伴】2014年,上海海关关区对最大贸易伙伴欧盟进出口11385.4亿元,同比由上年的下降0.4%转为增长9.9%;其中,出口6171.7亿元,增长8.8%;进口5213.7亿元,增长11.2%。同期,对美国进出口9174.4亿元,增长2.8%;其中,出口7075.2亿元,增长2%;进口2099.2亿元,增长5.6%;对日本进出口5991.4亿元,小幅下降1.3%;对东盟进出口5944亿元,增长1.1%。上述4者合计占同期关区进出口总值的61.3%。

【出口商品】2014年,上海海关关区出口机电产品18133.6亿元,增长2.6%,占同期关区出口总值的56.4%,比重下滑0.6个百分点。其中,自动数据处理设备及其部件出口2567.5亿元,下降20.7%;集成电路、电话机和液晶显示板分别出口1110.9亿元、811.7亿元和442亿元,分别增长4.6%、58.4%和6.5%。同期,服装、纺织品、家具、塑料制品、箱包、鞋类、床垫寝具、灯具、玩具等9类劳动密集型商品出口均保持同比增长,合计出口8424.7亿元,增长4.8%。

【进口商品】2014年,上海海关关区进口高新技术产品6722.7亿元,增长7%,占同期关区进口总值的32.2%,比重下滑0.1个百分点。其中,集成电路进口2815亿元,增长5.7%;计量检测分析自控仪器及器具和通断保护电路装置及零件分别进口561.2亿元和425.5亿元,分别增长7.1%和8.9%。同期,关区汽车进口1285.7亿元,大幅增长26.3%;医药品进口585.8亿元,增长11.8%。（张　俭）

【上海市对外贸易概况】2014年,上海市着力优化外贸结构,改善贸易环境,增强企业竞争力。8月,上海出台支持外贸稳定增长的政策措施,推动进出口增速逐步企稳回升,质量和效益进一步提高。

【外贸规模稳步扩大,进出口增速企稳回升】2014年,上海市外贸进出口规模达到4666.2亿美元,同比增长5.7%。其中,出口2102.8亿美元,增长3.0%;进口2563.5亿美元,增长8.1%。进出口规模占全国比重10.8%。

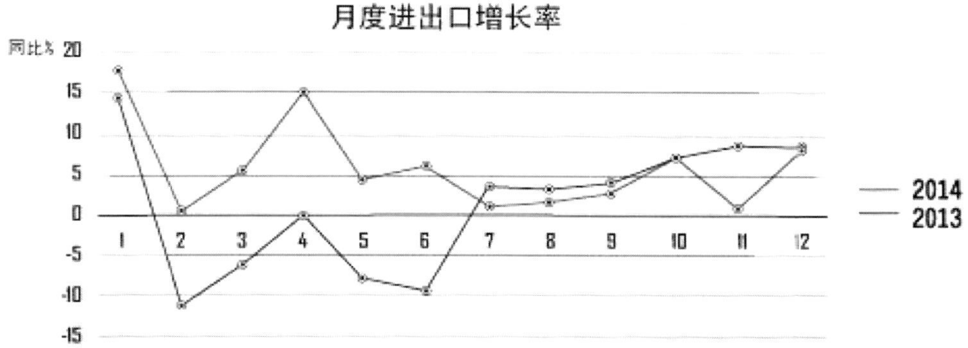

【一般贸易方式进出口增速高于总体水平】全年一般贸易方式进出口2201.2亿美元,同比增长9.2%,在上海全市进出口中的比重达47.1%。其中,加工贸易方式进出口1290.1亿美元,微降0.2%;海关特殊监管区域物流货物方式进出口933.2亿美元,增长4.9%。

【商品结构持续优化】从出口看,劳动密集型商品出口增长趋缓,全年七大类劳动密集型商品出口297.6亿美元,增长2.8%;机电产品出口增速偏低,全年出口1456.6亿美元,增长1.5%。从进口看,全年增速快于出口5.1个百分点。其中七大类消费品的进口,自2013年3月起连续22个月保持两位数增长,2014年增幅更达到20%左右,占进口总额的比重由上年同期的15%左右提升至近18%,占同期全国消费品进口总额的三成,是我国消费品进口的最大省市。

【欧盟、美国、日本为上海前三大市场,对新兴市场贸易走势分化】具体数据详见下列图表。

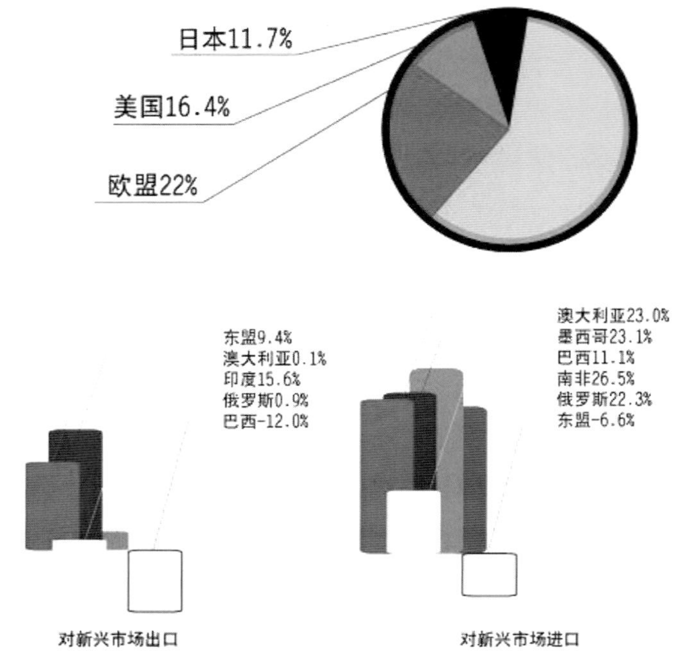

【自贸试验区带动强劲增长】 2014年，自贸试验区完成进出口额为1241.0亿美元，同比增长9.4%，占全市进出口额26.6%，比全国增幅高6个百分点。从商品类别看，大宗商品进口87.5亿美元，增长5.5%；消费品进口186.8亿美元，增长22.4%。从企业主体看，分拨中心合计完成出口额68.9亿美元，增长7.4%。从贸易方式看，一般贸易和租赁贸易增长29.6%。

（来源：上海市商务委网站）

【上海市贸易便利化工作进展概况】 2014年，外贸形势复杂严峻，全国进出口增速明显放缓，制约发展的困难增多。上海市贸易便利化联席会议各成员单位为促进外贸稳增长、调结构、促转型，认真贯彻中央和市委市政府的决策部署，紧紧围绕创新驱动发展、经济转型升级，聚焦关键环节，加强联动协作，着力创新突破，全力支持中国（上海）自贸试验区建设，推动全市贸易便利化工作取得新的进展和成效。

【创新自贸区管理服务模式】 修订出台2014版负面清单，推进外商投资管理、境外投资管理和商事制度改革,落实新一轮对外开放措施。启动国际贸易“单一窗口”建设试点。推出金融创新举措,设立一批风险防范机制。建立基础性制度,加强开放环境下的专业监管。实施自贸试验区条例。形成一批可复制、可推广的创新制度成果。

【助力新型贸易快速发展】加快跨境电子商务试点,协同推进跨境电子商务公共服务平台建设,加强通关现场服务,开展人民币跨境支付试点。促进会商旅文联动,创新会展经济服务措施。加大生物医药研发产业支持力度。探索开展平行进口汽车试点。

【“四个中心”功能有所增强】亚太示范电子口岸网络落地上海。扩大电子发票、商业保理、启运港退税政策的试点范围。基本建成国家会展中心并成功试展。

【政府监管效率进一步提升】海关通关全年无纸化率达85.4%,较上年提升40.2%。打造智慧检验检疫,实现现场查验无纸化以及多系统一键放行。下放出口退(免)税资格认定审批权限。推动自动进口许可证通关无纸化试点。关检“三个一”合作全面推进。 (杨　晓)

出入境管理

【概况】随着经济社会飞速发展,出入境管理工作日益呈现出区域一体化、管理综合化和服务多元化特征。为使口岸签证工作在国家事权总体框架下有效服务地区经济发展大局,上海市出入境管理局深入调研,多方借力,不断调整和完善社会服务管理手段。

口岸办证统计数据显示,2014 年上海口岸出入境办证总量为 182557 证次、192747 人次,与上年相比分别增加了 4%和 6%。

2013/2014 年各类办证数据统计表

年份	签证										其他证件		台胞办证			总办证次	总办人次
	F	L	G	C	M	Q2	S2	总计	团签		中国人通行证	外国人通行证	一次通行证	签注	总计证次		
									证次	人次							
2013年	501	73	4174	139	416	23	125	5309	678	7206	291	1	9075	159346	168421	174700	181228
2014年	32	0	0	366	1197	69	487	2151	857	11047	278	0	9469	169802	179271	182557	192747
同比	-94%	-100%	-100%	163%	188%	200%	290%	-59%	26%	53%	-4%	-100%	4%	7%	6%	4%	6%

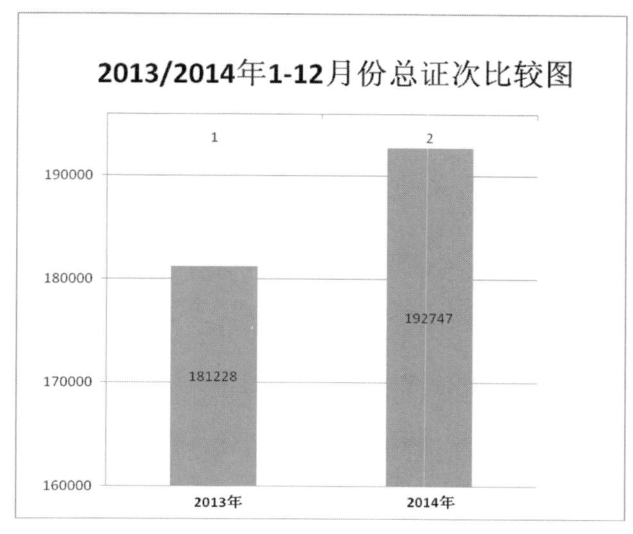

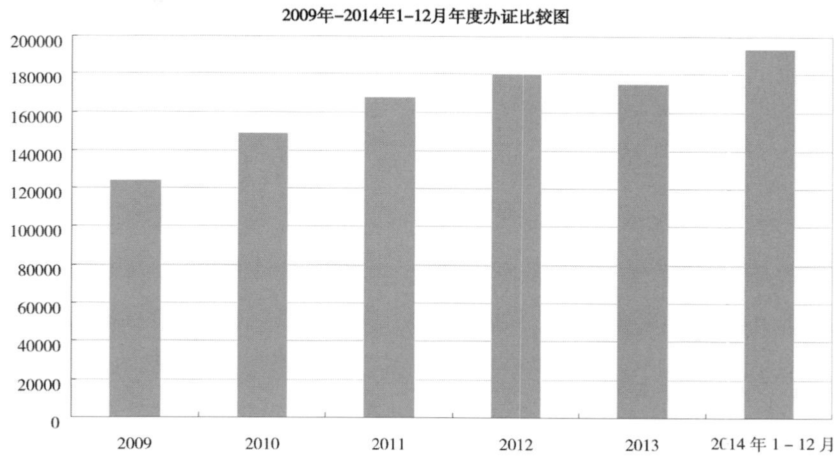

【出入境管理综合指挥中心启用】为加强对口岸签证业务运行和执法情况的监督和指导，2014年初，上海市出入境管理局在浦东机场专门设立了综合指挥中心，全程掌握各窗口证件签发和审核工作，及时处置口岸发生的各类应急和突发情形，科学调配警力。

【实施信誉等级管理】进一步加强邀请单位的备案登记工作，并在充分试点的基础上稳步推进信誉等级管理工作。对备案航空公司和旅行社进行了等级评定，评出A级备案单位17家、B级备案单位21家。2014年新增备案单位95家，其中A级22家、B级73家。2014年共召集备案旅行社、备案航空公司会议各2次，备案船代公司和其他备案单位会议各1次。

【提升口岸签证信息化程度】2014年，上海市出入境管理局依托信息化建设，整合口岸签证系统，努力提升口岸签证电子化程度。一是对口岸签证处台胞自助受理机程序和相关硬件设备进行了全面升级。二是在口岸办证系统中新增单页入出境通行证受理审批制证功能。三是建设完成口岸签证预受理子系统。

【加大政策宣传力度】一是赴企业进行点对点宣传。年内，共走访企业403家。二是参加专题法宣活动。年内，先后参加市会展行业协会、外国商会、浦东新区外商协会等单位组织的专题宣介活动10余次，有效提升了口岸签证政策的影响力和知晓度。

【推出便民利民措施】2014年，上海市出入境管理局坚持以便民为导向，不断推出便民利民措施。下放口岸签证预受理和代转申请业务，将申请渠道延伸至公安分县局出入境办证窗口，方便辖区内邀请单位和个人就近进行口岸签证申请。年内，上海市出入境管理局选择嘉定、金山、闵行三家分县局出入境办开设口岸签证预受理业务，选择宝山、静安、青浦三家分县局出入境办开设口岸签证申请代转业务。自10月份正式授权以来，上述单位共完成预受理及代转业务10余证次，受到了辖区企业、居民和政府部门的高度好评。

【加强政策辐射功能】一是与苏、浙、皖出入境部门建立口岸签证区域联动协作机制。建立口岸签证部门的常态联络，对口岸签证异地申请的单位和人员信息确认。二是直接受理长三角地区邀请单位的签证申请。上海作为长三角地区的最大口岸，国级航线多，是周边省市的主要入出境通道。为充分发挥上海口岸的功能作用，服务长三角区域的经济发展和对外交往，上海市出入境管理局积极为苏浙皖企业排忧解难，提供便利的签证服务。2014年，上海市出入境管理局共受理上述地区的签证申请293证次，占外国人个签量的15%，为促进区域经济发展发挥了积极的作用。　（费晓酉）

出入境旅游

【概况】2014年，本市接待入境游客数达791.3万人次，同比增长4.5%，其中入境过夜游客数达639.62万人次，同比增长4.2%。旅行社组织出境旅游人数达234.08万人次，同比增长0.28%。旅游外汇收入57.05亿美元，同比增长6.8%。

【旅游业改革发展创新升级】加强统筹领导，进一步强化顶层设计和总体谋划，形成了良好的工作机制和推进措施。研究制定《上海市贯彻落实〈国务院关于促进旅游业改革发展的若干意见〉行动计划》，形成了"十三五"上海建设世界著名旅游城市思路、旅游服务业发展思路等研究成果。成立了中国邮轮旅游发展实验区联席会议和上海文明旅游工作联席会议，积极推进旅游统计改革试点，探索开展旅游产业监测。有序开放市场，探索转变旅游监管机制和方式。上海自贸区首家中外合资旅行社地中海邮轮国旅获得出境游资质，上海佳途国旅，兴乐东岳国旅等中外合资旅行社成功落户自贸区。锦江旅游、上航国旅等企业试行委托代理招徕业务，逐步在全市推广实施。加快职能转变，稳步推进旅游业审批制度改革。进一步简政放权和激发市场活力，取消审批事项3个、调整审批事项12个，全面实施旅行社审批"先照后证"，编制完成旅行社设立许可、导游资格证核发等8项行政审批事项、16个行政审批项目的业务手册和办事指南，开展了行政权力清理和政府效能建设调研。上海港国际客运中心推出"邮游通"、"百艇汇"，率先探索搭建邮轮旅游服务和营销平台。

【旅游市场宣介开发创新增效】上海市旅游局积极探索"展示＋销售"立体化营销模式，全年共组织海外参展、促销活动16次，邀请接待海外政要、旅游业界、新闻媒体来沪考察团约100批次。加强与国际航空公司合作，在国航、东航和印尼鹰航全航线播放上海旅游城市宣传片，联手台湾长荣航空组织赴欧美巡回促销。拓展宣传推介渠道，深度挖掘广播电视、报刊杂志等传统媒体资源，依托旅行建言网（Tripadvisor）和美国知名旅行批发商媒体渠道好市多（COSTCO），积极利用微博、微信、微电影等新媒体，扩大城市形象和旅游营销的受众面和影响力。针对海内外市场需求，整合包装"四季上海"形象，推出四季主题系列产品，积极引导旅游企业推出品牌旅游产品。"乐游上海"政务微博、微信公众号先后获评"中国旅游好微博、好微信"、"2014上海政务新媒体影响力十强"。拍摄并在旅游频道播出大型纪录片《发现新上海》。与全球拥有2亿用户的旅游评论网站Tripadvisor（旅行建言网）合作，利用其在全球的高知名度，完善上海微网站内容，推广上海目的地形象和旅游企业信息。与美国知名旅行批发商渠道媒体COSTCO合作，配合其于今年年底首发的中国游产品，成功进入其在北美的宣传渠道。与韩国外语多媒体教程制作公司合作，将上海的旅游景点、观光游记编入供韩国大企业对员工进行中文培训的教材，成功实现渗透式营销。同时，进一步完善和优化中、英、日、韩、法文版上海会奖旅游网的内容和表现形式，完成全年多语种网站改版、运营维护工作。开发上海旅游英文APP、日文APP、二维码、上海会奖微信、网络来信等新媒体平台；打造全方位的上海旅游宣传网络。

【国内外合作得到深化】全年与国家旅游局、航空公司、酒店集团及境外相关机构加强合作；同时加强业界交流，共接待海外政要、旅游业界、传播媒体等交流考察团批次100批左右。其中，接待了台湾修学代表团、接待英国豪华旅游摄制组、接待MICE China会奖考察团、接待澳大利亚媒体团、日本媒体团、新西兰旅行商、意大利旅行商、意大利摄制组、加拿大旅行商、法国旅行商、德国旅行商等业内团。与上海图书馆合作共同主办"上海之窗"全球征文及颁奖活动并接待来自瑞士、日本、法国等地获奖选手进行上海观光游览并提供上海旅游纪念品。与上海市新闻办、上海市教委、上海戏剧学院等合作，共同主办《青春上海》系列反映上海青少年积极正面形象的纪录片项目，该纪录片在覆盖全国的上海纪实频道《纪录片编辑室》播出，同时受洛迦诺国际电影节邀请，已于 8 月 16 日在瑞士洛迦诺市中心的帕拉文托剧院（Teatro Paravento）展映。获得了国际知名影评人和海外观众的好评。与上海市新闻办合作，共同编写《国际上海》的旅游部分。与锦江集团、上海报业集团合作，深入挖掘旅游特质、旅游资源并设计产品线路，向驻沪外国人积极推广，让这个人数众多却又相对独特的群体通过优质的旅游体验感受到上海的魅力和凝聚力，除了制作产品折页，还制定了推广计划，在“上海老外展”（Expat Show）、上海旅游节和相关媒体上积极推广。与台湾长荣航空合作，共同参加海峡两岸台北旅展并针对台湾地区市场推出上海旅游产品。

【持续开展海外旅游市场促销】全年共进行 16 次海外参展、促销（其中自主促销 7 次）。组织韩国自主巡回促销、开展中、东欧（奥地利、斯洛文尼亚、克罗地亚）自主促销；组织赴西班牙、意大利进行会奖旅游促销；组织赴南亚（印度、斯里兰卡）进行旅游宣传推广及高层交流等。面对重点的洲内市场，积极探索促销形式和内容的创新，5 月，与韩国商业大鳄衣恋集团签署战略合作协议，利用韩国 NC 百货流通渠道，进行上海旅游元素的布置、上海图片的展示、上海韩文旅游网站的推广和上海旅游产品的售卖等，形成了立体化合作，达到了对韩国旅游宣传的放大和叠加效应。尽力修复和培育日本旅华市场。充分利用本土化资源，坚持与通航城市（如佐贺县、香川县、冈山县等）的旅游合作，利用当地机场、各级政府大楼和旅游咨询点摆放和免费发送地图、宣传册等上海旅游宣传资料，持续对日本公众的上海旅游宣传。与日本航空公司合作，以该航空公司开通日中航线 40 周年为契机，联合邀请日本媒体团来沪实地考察，以日本舆论市场为支店以期撬动上海日本入境游市场。策划、组织赴东欧及对英法促销会进行巡回促销，在北美联合促销成功完成三年及对英、法促销后，首次开拓东欧市场，取得良好效果。与东航联手合作，借用东航渠道，对美国、法国等重点欧美市场进行促销，在高端客户推介会上以上海为营销目的地，发放上海综合旅游资料等。与国航合作完成“上海旅游护照”项目。在中国国航、东航、上航、印尼鹰航全航线上播出上海旅游城市宣传片。与日本航空联手邀请媒体来沪采访。

【精心策划组织旅游节事活动】2014 年上海旅游节自 9 月 13 日开幕至 10 月 6 日闭幕，共历时 24 天。本届旅游节以精简的办节形式，组织本市 56 家旅游景区开展半价惠民活动，创新性的项目内容吸引了海内外共 970 万游客参与其中。旅游节期间，展会吸引 106 个国家和地区参展，达成组团人数约 500 万人次。吸引了约 970 万游客参与，100 余家境内外媒体作了 930 余篇相关报道。举办世界旅游资源博览会（WTF），并在期间举办旅游保险论坛。

【出台《关于本市加快中国邮轮旅游发展实验区建设的若干意见》】制订了《意见》实施的年度目标和任务，召开了联席会议第一次工作会议。邀请本市纠风、法宣、消保、《解放日报》社等媒体和专业人士组成社会监督员队伍，定期对游览船进行暗访检查。协调邮轮工作组成员研究外国人乘坐邮轮来沪享受“72 小时过境免签证”政策的可行性。（林章林）

【北外滩邮轮城商业开发取得重要进展】2014 年 10 月，由上海港国际客运中心与尚九集团联手打造的“尚 9 · 一滴水”多功能餐厅对外营业，开启北外滩邮轮城商业开发序幕。进口商品超市项目已落地，现正在施工装修中。由上港集团与万海航运共同投资组建的万航旅业（上海）有限公司，将主要经营美食和电商业务，融合台湾夜市美食欢乐街、特色主题餐厅、精品文化创意产品销售、伴手礼销售以及音乐广场及酒吧等多种业态于一体，争取打造成未来北外滩的热门新地标。电商及商场方面，公司将在跨境通网站上设立台湾及日本商品销售专区，采取境外直送的运作模式将原汁原味的进口商品直发上海。预计 2015 年上半年正式运营。（周雨婷）

文明口岸活动

【概况】2014年，按照上海口岸工作领导小组会议要求和本市精神文明建设总体部署，上海同创共建文明口岸活动贯穿“共建文明口岸，促进改革创新”的主题，组织开展了一系列活动，取得显著成效。主要体现在四个方面：一是“共建文明口岸，促进改革创新”主题实践活动深入开展。各口岸单位开拓创新，勇于担当，服务企业，密切协作，在推进贸易监管制度创新、国际贸易“单一窗口”建设、口岸通关环境优化、口岸服务功能提升等方面取得了突破性的进展。二是上海口岸新春团拜会首次举行。团拜会以隆重、简朴的形式向上海口岸老领导、老同志、劳模先进和广大干部职工致以节日的慰问。三是上海口岸文化艺术交流活动形成常态。上海海关“书法与绘画”、上海检验检疫局“声乐与表演”、上海海事局“摄影与摄像”、上海边检总站“主持与朗诵”等四个文化艺术交流基地坚持开展日常培训和交流活动，发挥了上海口岸文化建设品牌的辐射长效作用。四是口岸区域和基层同创共建活动丰富多彩。洋山、机场、外高桥、北外滩等口岸区域建立健全了同创共建文明口岸活动工作机制，结合各自特点和需求，组织开展了读书节、乒乓球赛、羽毛球赛等丰富多彩的活动。

【开展以“共建文明口岸，促进改革创新”主题实践活动】各口岸单位紧紧围绕自贸试验区建设、国际航运中心和贸易中心建设以及上海口岸工作等各项重点任务，开拓创新，勇于担当，服务企业，密切协作，在推进贸易监管制度创新、国际贸易“单一窗口”建设、口岸通关环境优化、口岸服务功能提升等方面取得了突破性的进展。同时，各口岸单位通过培树改革创新典型、提升口岸技能和服务水平、加强口岸文化建设等途径，形成了共建文明和谐口岸的浓厚氛围。为充分发挥此次主题实践活动中涌现出来的先进典型的示范引领作用,促进口岸整体服务能力和水平提升,经各口岸单位推荐汇总和公示,同创共建文明口岸活动领导小组研究决定,对"上海国际贸易'单一窗口'建设"等15个"文明口岸共建典型"、自贸试验区海关工作组等61个"文明口岸创新服务奖"获得者、上海检验检疫局机关党委办公室(政工处)等15个"文明口岸活动优秀组织者"给予了通报表彰。

【举行新春团拜会和基层一线慰问活动】春节前夕,上海市口岸办、上海海关、上海检验检疫局、上海海事局、上海边检总站联合举行新春团拜会,以隆重、简朴的形式向上海口岸老领导、老同志、劳模先进和广大干部职工致以节日的慰问。八月份,上海市口岸办组织分五路前往铁路上海站、吴淞口国际邮轮港、小洋山岛、浦东机场、外高桥等口岸基层一线,向在高温酷暑天气下坚持奋战的中央在沪口岸查验单位工作人员表示慰问。

【形成文化艺术交流活动常态化】上海海关"书法与绘画"、上海检验检疫局"声乐与表演"、上海海事局"摄影与摄像"、上海边检总站"主持与朗诵"等四个文化艺术交流基地坚持开展日常培训和交流活动,上海边检总站还组织了一次集中展示活动。各口岸单位的文化艺术爱好者积极参加,上海口岸文化建设品牌的辐射长效作用得到了较好发挥。

【各区域建立健全同创共建文明口岸活动工作机制】洋山、机场、外高桥、北外滩等口岸区域通过成立领导小组、签订共建协议等形式,建立健全文明口岸工作机制,结合各自特点和需求,组织开展了读书节、乒乓球赛、羽毛球赛等丰富多彩的活动,达到了加强交流、增进友谊、推动工作的目的。

(张　强)

口岸大事记

1月

3日　长三角区域大通关建设协作第六次联席会议在安徽合肥召开，会上江浙皖沪四省市政府分管领导签署《深化大通关建设协作推进长三角区域通关一体化备忘录》等一系列合作协议。海关总署党组成员、国家口岸管理办公室主任黄胜强出席会议。

4日　上海市政府副市长周波、副秘书长徐逸波率市国资委、发改委、建交委、口岸办、交港局、规土局相关负责人到机场集团调研。

16日　“长航集运8302”轮与干货船“康瑞1”轮在外高桥航道附近水域发生碰撞，“长航集运8302”轮侧翻，大量集装箱落水，上海海事局随即组织对水域开展应急扫测，至28日，落水集装箱陆续打捞出水，沉船附近水域恢复正常通航秩序。

20日　上海市口岸办、上海海关、上海检验检疫局、上海海事局、上海边检总站联合举行上海口岸新春团拜会，来自上海口岸各单位的文艺骨干为出席团拜会的上海口岸老领导、老同志、劳模先进献上了一台精彩的慰问演出。

21日　洋山深水港成功实现首次大型船舶夜间“套泊”作业。

27日　即日起，上海海关对自境外进入自贸区的进境备案保税货物海关免于验核《入境货物通关单》。

28日　中共中央政治局委员、上海市委书记韩正在沪会晤海关总署署长于广洲，上海市委副书记、市长杨雄，市委常委、副市长、上海自贸区管委会主任艾宝俊，市委常委、市委秘书长尹弘和海关总署副署长孙毅彪，海关总署党组成员、国家口岸办主任黄胜强等参加。

29 日　海关总署署长于广洲等赴上海自贸试验区洋山保税港区及北外滩上海国际航运服务中心视察，并召开调研座谈会。

30 日　上海市政府办公厅转发上海市旅游局、上海市交通港口局《关于本市加快中国邮轮旅游发展实验区建设若干意见》。

2 月

13 日　受海关总署委托，上海海关和上海市政府相关部门组成联合验收小组，对洋山保税港区扩区封关工程进行正式验收。

19 日　国家口岸办主任黄胜强率公安部、交通运输部、海关总署、质检总局有关司局来沪调研国际贸易“单一窗口”建设情况。

21 日　上海国际贸易“单一窗口”试点启动会召开。海关总署党组成员、“单一窗口”试点工作组组长、国家口岸办主任黄胜强在会上作动员讲话。国家部委相关司局、中央在沪查验单位和上海市有关部门负责人参加会议。

3 月

1 日　上海机场检验检疫局在浦东国际机场全部 7 个货站内对入境货物全面开展“申报前检疫”工作模式。

同日，长江口深水航道海事自助电子申报平台正式启用。

3 日　上海检验检疫局召开中国(上海)自由贸易试验区进出口工业品检验监管政策通报会，正式发布 2014 年该局推出的 10 项检验监管新政策。

18 日　浦东机场西货运区海关快件公共查验平台正式启用。该平台的启用完善了海关快件的信息化整体监管模式。

21 日　海关总署党组成员、“单一窗口”试点工作组组长、国家口岸管理办公室主任黄胜强来沪召开上海国际贸易“单一窗口”试点座谈会。

24 日　即日起，浦东国际机场海关正式对空运出口普通货物监管通关作业流程进行调整，在全国海关空运业务现场率先实施“提前申报、运抵验放”作业模式。

27 日　太仓市人民政府在外高桥自贸园区国家对外文化贸易基地召开太仓市对接上海自贸区恳谈会，并与上海市口岸办签署关于建立沪太口岸联系服务企业合作机制备忘录。

30 日　非洲埃塞俄比亚航空公司 ET684 航班（亚的斯亚贝巴—浦东）抵达浦东国际机场，这是上海与埃塞俄比亚首都亚的斯亚贝巴开通的首架直飞航班，也是浦东国际机场开埠以来首条直达非洲大陆航空线路。

4 月

1 日　即日起，上海海事局政务中心试行综合受理模式。

同日，上海公安出入境管理部门推出了“放宽赴台探亲停留时间和来往次数”等 7 项便民政策、措施。

3 日　上海市委常委、副市长艾宝俊赴上海检验检疫局调研。

8 日　上海海事局在沪召开座谈会，就亚信峰会安保工作与江苏、浙江海事局等进行对接。

9 日　国家“单一窗口”试点工作组在北京召开第二次工作会议，听取上海市试点推进组工作汇报，讨论并通过上海国际贸易“单一窗口”试点方案。

10 日　中共中央政治局委员、国务院副总理汪洋在沪考察调研上海自贸试验区建设并召开座谈会。中共中央政治局委员、上海市委书记韩正出席座谈会并讲话，上海市委副书记、市长杨雄汇报了上海自贸区工作。海关总署署长于广洲汇报海关开展的6项重点工作。

11日　海关总署署长于广洲在沪召开上海自贸试验区海关监管服务制度创新座谈会。

同日，上海市文明办、市口岸办联合印发《2014年上海同创共建文明口岸活动工作计划》通知。

15日　上海铁路出入境检验检疫局与上海铁路局上海站在铁路上海站签署公共卫生核心能力共建协议书。

21日　上海海关发布首批自贸试验区"可复制、可推广"海关监管服务制度创新公告。

22日　上海检验检疫局召开上海口岸突发公共卫生事件应急处置队伍启动会议。

27日　上海海关举行中国（上海）自由贸易试验区海关监管服务制度创新政策宣讲会。

5月

1日　即日起，上海检验检疫局在上海自贸区范围内全面推行进口货物预检验制度。

7日至8日　交通运输部副部长冯正霖等一行5人赴上海部属行政事业单位进行调研。

8日　海关总署党组成员、国家口岸办主任、"单一窗口"试点工作组组长黄胜强来沪召开专题座谈会，调研推进上海国际贸易"单一窗口"建设试点工作。

14日　上海检验检疫局召开上海自贸试验区进出口商品检验监管创新制度通气会。

20 日　长江沿岸部分口岸城市区域大通关合作座谈会在武汉召开。上海、重庆、武汉、合肥、南京等 5 个城市的经济协作主管部门和口岸主管部门领导、主要港口运营企业和航运企业负责人参加。

22 日　上海市口岸服务办公室印发《2014 年上海口岸重点工作安排》通知。

23 日　中共中央总书记、国家主席、中央军委主席习近平在中共中央政治局委员、上海市委书记韩正和上海市市长杨雄的陪同下，深入中国（上海）自由贸易试验区外高桥综合服务大厅考察调研。

28 日　上海国际贸易“单一窗口”首个试点项目上线试运行，海事凭海关、检验检疫、边检、海事共同发送至“单一窗口”平台的电子放行信息，签发船舶出口岸许可证。

6 月

12 日　南航上海分公司正式挂牌成立，南航在上海已经开通了国内、国际和地区客运航线 30 多条，货运航线 7 条。

同日，美国航空公司在上海浦东国际机场 2 号航站楼举行上海浦东国际机场往返美国达拉斯/沃斯堡国际机场每日直航航线首航仪式。

12 日　上海检验检疫局原材料中心所属纺织及消费品安全检测中心研发的“基于 DNA 分析的羊毛羊绒定量检测方法”等 4 项发明专利获国家知识产权局正式授权，获得国家发明专利证书。

16 日　国家口岸办主任黄胜强在京主持召开上海国际贸易“单一窗口”建设工作方案审定会议。审议通过上海国际贸易“单一窗口”的总体设计、基本功能和技术实施方案，批准上海国际贸易“单一窗口”系统上线运行。

18 日　上海国际贸易“单一窗口”上线运行启动仪式在上海市政府会议室举行。海关总署党组成员、国家口岸办主任黄胜强出席仪式并启动“单一窗口”上线运行。国家部委相关司局、中央在沪查验单位、上海市有关部门负责人以及相关试点企业代表出席。

25 日　中国海员发展战略研讨会在上海召开。这是党的十八大以后交通运输部海事局就中国海员队伍健康可持续发展召开的第一次全国性研讨会。

26 日　东航“通程航班”项目新增 7 个国际及地区站点，至此，东航已共计开通 62 个国内外通程站点，其中国际及地区站点 29 个，基本覆盖了东航国内外的航线网络。

同日，《上海邮轮口岸试行自助通关研究》课题通过专家评审。

7 月

2 日　上海市口岸办、上海电子口岸办、上海口岸联合会联合举办上海国际贸易“单一窗口”推进宣讲会，近 200 家外贸企业参加。

3 日　上海海关自主开发的“上海海关企业协调员服务平台”上线。

4 日　上海自贸区海关卡口智能化改造(一期)建设工程全面竣工。

同日，上海自贸区海关完成注册登记制度改革后首家报关企业换证备案手续。

7 日　中共中央政治局委员、上海市委书记韩正在沪会见海关总署署长于广洲。

同日，上海铁路边检站为首位持用电子往来港澳通行证，搭乘 T100 次沪九列车抵沪的旅客办理了相关手续。

11 日　2014 年“中国航海日”上海宣传和纪念活动启动仪式在上海港国际客运中心码头举行。

15 日　上海检验检疫局对外宣布，正式推出 2014 版《上海检验检疫局中国(上海)自由贸易试验区出入境特殊物品卫生检疫管理规定(试行)》。这也是出入境特殊物品有史以来改革力度最大的检疫监督管理措施。

22 日　中共中央政治局常委、中央书记处书记刘云山赴上海自贸试验区综合服务大厅考察。中共中央政治局委员、上海市委书记韩正，市委常委、副市长、自贸区管委会主任艾宝俊陪同。

24 日　上海市口岸办会同上海海关、上海出入境检验检疫局、上海海事局、上海出入境边防检查总站组成验收组，对上海外高桥发电有限责任公司卸煤码头和上海外高桥第二发电有限责任公司卸煤码头对外开通启用进行验收。

31 日　上海海事局驻上海自贸试验区政务服务窗口正式运行。

8 月

1 日　上海检验检疫局正式在上海自贸区内全面推广进口工业产品检验监管“即查即放”现场查验放行模式。

4 日　上海海关和上海自贸区管委会共同举办“自由贸易试验区监管服务制度创新政策”宣讲会。会上，保税区海关与 20 家区内企业签订关企合作备忘录，正式启动企业协调员制度试点。

5 日　基于北斗 CORS 系统的“大型船舶高精度导航及靠泊仪”首次实船试验在进出洋山深水港的“新宁波”轮上取得成功。

7 日　上海检验检疫局举行上海口岸防控亚洲型舞毒蛾入侵演练。

15 日　上海海关创新监管模式——“宝洋联动”（陆改水）项目正式启动。

同日起至 10 月 15 日，上海海事局开展水上危险化学品运输安全专项整治活动。

18 日　上海海关启动第一批自贸区海关监管服务创新制度在上海关区复制推广工作。

同日，上海出入境检验检疫跨境电商企业备案和商品登记系统上线试运行并正式受理跨境电商备案申请，标志着上海口岸跨境电子商务监管驶入快车道。

19 日　上海海关查获上海口岸迄今为止最大1起走私毒品案件。

20 日　上海市口岸办、上海检验检疫局联合召开上海口岸防防控埃博拉出血热疫情工作专题协调会。

25 日　全国口岸工作座谈会在京召开，中共中央政治局委员、国务院副总理汪洋出席并讲话。上海市副市长艾宝俊在会上就上海推进国际贸易“单一窗口”建设工作情况作交流发言。

26 日　国家质检总局在沪召开上海自贸试验区首批“可复制、可推广”创新制度调研会和评审会。

同日，上海口岸巡访评议团赴上海吴淞口国际邮轮码头巡访，并就邮轮口岸通关环境与皇家加勒比等邮轮企业座谈。

28 日至 29 日　长三角区域大通关建设协作第六次联席会议第二次联络员会议暨长三角区域通关一体化座谈会在上海召开。区域内三省一市口岸主管部门、五个海关、五个检验检疫局和五个地方电子口岸的领导，围绕共同推进长三角区域通关一体化、推动地方电子口岸互联互通和信息共享、落实口岸城市群合作等主要内容，分三个专题进行了深入地研讨。进一步凝聚了长三角区域口岸相关部门合力推进区域通关一体化的共识，形成了合力推进长三角通关一体化的方案和促进措施。

9 月

1 日　上海自贸区洋山保税港区“区港直通道”正式启用，标志着“区港一体化”运作进入了新的发展阶段。

同日，上海站铁路口岸正式启用出境通关新流程。

11 日　上海自贸区成功试点首票国际中转集拼业务。

12 日　2014 年上海口岸工作领导小组会议在上海市政府会议室召开，市委常委、副市长、上海口岸工作领导小组副组长艾宝俊出席并讲话。

15 日　上海海事局海事业务窗口正式进驻上海自贸试验区外高桥综合服务大厅并开始运行。

18 日　中共中央政治局常委、国务院总理李克强在上海自贸试验区考察

19 日　中共中央政治局常委、国务院总理李克强在沪主持召开自贸区工作座谈会，听取上海市领导汇报。

22 日　长江经济带海关区域通关一体化改革正式启动。

10 月

1 日　即日起，国家质检总局在中国(上海)自由贸易区试验区内试点检验鉴定机构监管新模式，出台《中国(上海)自由贸易试验区进出口商品检验鉴定机构管理办法》。

28 日　美国联合航空公司正式开通往返于上海和关岛的首条直飞航线。

30 日　交通运输部部长杨传堂赴上海自贸试验区考察。

31 日　长三角口岸城市群大通关合作第三次皖沪项目对接会在安徽芜湖召开。

11 月

5 日　国家口岸办在上海组织召开沿海口岸“单一窗口”推介工作会议。“单一窗口”建设国家试点工作组、沿海地区口岸与会代表、“单一窗口”建设试点上海推进组等方面人员参加会议。

同日，上海市委常委、副市长艾宝俊率队赴上海检验检疫局就上海自贸试验区检验检疫工作、跨境电商发展、长三角一体化等议题进行

调研。

12 日　上海海关空运快件首票总运单拆分模式下国际中转集拼货物测试成功。

17 日　宝钢全天候成品码头建成投产。

19 日　上海海关发布关于中国(上海)自由贸易试验区开展海运国际中转集拼业务的公告。

同日,上海市口岸办组织召开上海口岸防控埃博拉出血热疫情工作专题协调会。

21 日　中国东方航空公司与同为天合联盟成员的法国航空公司、荷兰皇家航空公司在上海浦东国际机场正式启动"天合中转"项目,这是东航继与中华航空、达美航空开展"天合中转"项目之后,再度与联盟合作伙伴开启的"天合中转"项目合作。

22 日　"海德油 9"轮与"浙海 156"轮在长江口水域发生碰撞,油舱破损,部分柴油泄漏入海,上海海事局组织开展救援、大规模水上清污等工作。

26 日　2014"上海智慧城市建设十大优秀应用"评选活动揭晓,上海检验检疫局"即查即放"现场查验放行系统入选"十大优秀应用"。

28 日　上海国际贸易"单一窗口"运输工具模块船舶进港申报功能上线测试。

12 月

1 日　上海海关、上海检验检疫局签署《全面推进关检"三个一"合作协议》。上海市委常委、副市长艾宝俊出席签约仪式并为"关检联合查验"标牌揭牌。

同日,长江经济带全流域 12 个关区即日起全面实现海关区域通关一体化。

2日　长江三角洲地区三省一市主要领导座谈会在上海召开。中共中央政治局委员、上海市委书记韩正，上海市委副书记、市长杨雄；江苏省委书记罗志军，江苏省委副书记、省长李学勇；浙江省委书记夏宝龙，浙江省委副书记、省长李强；安徽省委书记张宝顺，安徽省委副书记、省长王学军出席会议。

3日　川渝沪区域大通关合作第七次联席会议在重庆市召开。

4日　上海与中部六省口岸大通关合作第九次联席会议在河南省郑州市召开，海关总署党组成员、国家口岸办主任黄胜强、河南省副省长赵建才出席会议并致词。

4—7日　海关总署、质检总局联合调研组来沪就上海口岸实施“三个一”情况举行专项督察调研。

5日　上海、江苏地方电子口岸成功进行相互访问和获取对方平台通关状态数据，至此，两地电子口岸成功完成数据交换测试。

7日　中共中央政治局常委、全国政协主席俞正声视察上海自贸区，中共中央政治局委员、上海市委书记韩正，市委副书记、市长杨雄，市委常委、副市长艾宝俊等参加。

8日　上海市政府与海关总署在沪召开自贸试验区货物状态分类监管调研座谈会。

同日，外高桥出入境检验检疫局新报检审单中心正式揭牌启用。

9日　上海海关发布2014年第44号公告，在上海自贸区开展“自主报税、自助通关、自动审放、重点稽核”作业模式试点，标志着上海自贸区海关23项改革措施全面落地。

同日，上海海事局组织召开《上海海事局安全与防污染诚信管理办法（试行）》（以下简称《办法》）宣贯会，196家上海航运企业、146家航运代理企业和外国航运企业分别参加。

12日　上海海关国际邮件查询系统平台上线。

14 日　中共中央政治局委员、中央书记处书记，中央宣传部部长刘奇葆视察上海自贸区，上海市委副书记、市长杨雄参加。

18 日　上海海关与浦东新区人民政府签署合作备忘录，推出 23 条改革措施建议，支持促进浦东对接自贸试验区、进一步扩大开放。

19 日　即日起，东航与维珍美国航空（VX）的代号共享合作正式实施。

同日，上海机场集团在浦东国际机场 T2 航站楼举办浦东机场通航 15 周年暨年旅客吞吐量突破 5000 万人次见证活动。

20 日　上海虹桥国际机场 T1 航站楼改造工程全面开工。

23 日　国内首个全自动化集装箱码头——上海国际航运中心洋山深水港区四期工程正式开工建设。

24 日　长三角区域大通关建设协作第七次联席会议在浙江省杭州市召开。上海市委常委、副市长艾宝俊，浙江省副省长梁黎明，安徽省副省长花建慧，国家口岸办副主任白石，以及沪苏浙皖四省市人民政府分管副秘书长出席会议并讲话。

26 日　上海市外高桥国际贸易营运中心有限公司代理儒博科学仪器（上海）有限公司的闪电测试仪在“单一窗口”平台申报成功，标志着上海国际贸易单一窗口一线进境模块正式上线运行。

28 日　上海华港国际船舶代理公司通过上海国际贸易“单一窗口”平台完成法籍“达飞美狄亚”集装箱船进、出洋山深水港的口岸申报，标志着上海国际贸易“单一窗口”船舶申报模块成功上线运行。

30 日　中远集装箱运输有限公司——“中远泗水轮”从上海港捎带集装箱货物驶往天津、青岛两个港口，标志着上海自贸试验区中资非五星旗船沿海捎带业务试点正式启动。

31 日　上海市口岸服务办公室印发《上海国际贸易“单一窗口”建设工作方案》通知。

近日，新华社上海分社、中国金融信息中心、新华 08 上海总部联合评选出“2014 上海国际航运中心建设十大事件”。

口岸查验监管与服务

海关

【概况】2014 年，上海海关在海关总署党组的坚强领导下，全面贯彻落实党的十八届三中、四中全会精神，深入学习贯彻习近平总书记系列重要讲话精神，认真落实全国海关关长会议精神，牢牢把握“改革”这一关键词，按照“传承巩固，创新发展”的工作主基调，坚持稳中求进，全面深化改革，加强有效监管，夯实基础工作，增强队伍活力，圆满完成了全年各项工作任务。

上海海关全力支持中国(上海)自由贸易试验区(以下简称“自贸区”)建设，对标国际海关先进管理模式和经验做法，研究制定了通关便利化、保税监管、企业管理、税收征管、功能拓展等 5 方面 23 项改革措施，全部落地生效，使海关履职方式实现了大的突破，贸易便利化水平大幅提高，自贸区功能拓展有效推进，综合防控体系初步形成。切实担起牵头重任，有力推动了长江经济带 9 省 2 市 12 个海关区域通关一体化改革取得突破性进展。关检合作“三个一”全面推进，试点范围覆盖上海所有口岸和特殊监管区域，105 家企业参与改革，受理业务量居全国前列。超额完成了全年税收增幅目标，全年上海口岸税收流量达 4111.7 亿元。企业诚信管理体系日益完善，关区 AA 类企业达 424 家，比上年增长 12%，占全国海关的 13%，继续保持全国第一。统计监测预警成绩优异，16 篇获中央领导批示，居全国海关首位。侦办“1206”快件渠道走私武器弹药进境系列案，获公安部领导批示肯定。联合公安部门查获“0819”上海口岸最大 1 起走私毒品案。

2014 年，上海海关全年实际监管进出境货物总值为 53047 亿元，同比增长 5.2%，其中进口 20907 亿元，增 7.5%，出口 32140 亿美元，增 3.7%。监管进出口货物 1.9 亿吨。查禁走私违规案件 2449 起，案值人民币 149.7 亿元，抓获犯罪嫌疑人194人。查获侵犯知识产权案件461起，案值人民币4462.3万元。查获毒品走私案件25起，各类毒品40.5千克。查获各类违禁出版物及计算机存储介质共43.7万件

【自贸区进口、出口增速双双高于同期上海市总体平均水平】2014年，自贸区进出口总值为7623.8亿元，同比增长8.3%，较同期上海市进出口总体增速快3.7个百分点，占同期上海市进出口总值的26.6%，比重较2013年提升0.9个百分点。其中进口5587.7亿元，同比增长7.3%，占全市进口总值的35.5%；出口2036.1亿元，同比增长11.2%，占全市出口总值的15.8%；进、出口增速分别较同期上海市总体增速快0.4个和9.3个百分点。

【积极推进自贸区海关行政审批改革】上海海关在自贸区推行"一口受理"，试点将企业海关备案纳入工商"一门式"受理，梳理海关企业注册登记业务流程和审批系统，研究将海关业务办理纳入自贸区政府网上办事平台；缩短办理时限，取消、下放相关海关管理事权，精简内部核批层级，将报关企业注册由行政许可项目改为备案制度，办理时限由40个工作日缩短为3个工作日；坚持透明公开，在关门户网站开设"自贸区海关企业信用信息公开"平台，拓宽信息公开途径、丰富公开内容；推进"便捷办事"，建立关企协调员制度，开发运行"上海海关企业协调员服务平台"，实现"一点进入、多部门联动"，协调解决企业关务疑难。

【支持自贸试验区产业跨界融合、互动发展】上海海关积极创新贸易监管模式支持自贸试验区产业跨界融合、互动发展。推动加工贸易与生产性服务业相融合，支持开展境内外维修、研发等业务，推动加工贸易从简单"制造"向研发设计、检测维修等高端"智造"领域延伸；推动保税业务与金融创新相融合，支持融资租赁、期货保税交割业务及大宗商品交易平台建设，吸引280余家融资租赁企业以及60余家大宗商品龙头企业、伦敦金属交易所指定的全部5家中国交割库运营商入驻；推动国际贸易与国内消费相融合，创新"前店后库"保税展示交易模式，支持跨境贸易电子商务发展，减少营销

链条中间环节成本；推动实货贸易与物流服务相融合，探索形成货物状态分类监管、国际中转集拼作业模式，帮助企业更好配置境内外资源，满足内外贸一体化发展及现代物流综合集成需求。

【积极支持自贸区保税展示交易业务发展】 加强产业引导，推动保税展示交易商品类型拓展至民生消费品、先进制造业设备、文化产品和服务等；丰富运营模式，为保税商品展示、仓储、分拨、交易等提供全流程便捷通关服务，形成前店后库、专业商贸服务平台等各具特色的运营模式；提升服务功能，推动贸易与金融相结合，支持工程设备、机床、医疗器械等保税展示商品开展抵押融资、融资租赁，助力搭建商贸增值服务体系。截至2014年底，自贸区（外高桥保税区）已搭建各类保税商品交易市场及服务平台17家，吸引区内外参与企业累计近6500家，近三年来保税商品交易额连续在千亿美元以上。

【切实提升自贸区企业管理服务效能】 发挥自贸区综合服务大厅海关窗口作用，“一站式”受理4个区域企业注册等业务、提供政策咨询解答，实现与12360热线联动运转，日均受理咨询量达到150余起；实施企业注册登记制度改革，大幅缩短相关业务办理时间；做好企业信用信息公开，落实企业信用分类评估，加大AEO企业互认工作力度，区内高级认证企业已达124家；充分尊重企业市场主体地位，与区内142家企业建立企业协调员联系制度，2014年开展企业调研100余次、召开座谈会30余次，邀请美国、欧盟等驻华商会提需求、谈建议，以问题为导向推进海关改革。

【推动自贸区海关监管创新制度复制推广】 按照“成熟一批、推广一批”的原则，上海海关将自贸区17项创新制度复制推广到区外海关特殊监管区域、保税监管场所以及上海地区所有符合条件的企业，14项制度在全国复制推广。联合地方政府打造了浦东、松江、普陀、徐汇4个海关创新制度复制推广示范区。

【稳步做好跨境电子商务快件出口转关监管工作】 上海海关制定跨境电子商务快件出口转关操作指南，设立专人专岗负责出口核销，通过定期核查、补核漏核,降低管控风险;与南京、杭州海关签订联系配合办法,学习借鉴优秀经验,便捷长江经济带区域跨境电商快件出口整体环境;强化关企协同,定期召开业务研讨会,主动了解企业需求,专题研究解决跨境电子商务企业出口转关相关业务难题。7 月 30 日,上海海关受理首批跨境电子商务快件出口业务。截至年底,共受理从浦东机场实际出境的此类转关出口货物 1.01 万票,重 16.38 吨。

【全面推进上海口岸关检合作“三个一”】上海海关会同检验检疫部门梳理具有依法合作要求的货物,并全部纳入“三个一”受理范围,实现上海关区内所有口岸及特殊监管区域全覆盖;扩大“一次申报”,拓展“三个一”系统数据批量导入等功能;深化“一次查验”,整合、新设查验场所,做到关检“双认可、双入驻、双办公”,信息系统实现关检所有查验/检验检疫信息的自动比对和“一次查验”数据的自动导入;优化“一次放行”,实现海运渠道关检联网核放及空运放行信息电子化。2014 年,上海关检双方共受理“一次申报”货物 30.2 万批、“一次查验”货物 2.2 万批,“一次放行”货物 30.1 万批。

【推进自主报税、自助通关、自动审放、重点稽核改革】上海海关于 12 月在自贸区率先推出“自主报税、自助通关、自动审放、重点稽核”(简称“三自一重”)创新制度,进一步简化税收征管手续,降低企业成本,提升通关效率,。该项制度改变了传统的税收征管模式,将海关审核把关为主转变为企业自主申报为主,海关事中监管为主转变为事前、事中、事后联动。在“三自一重”模式下,企业通过“一站式自助申报”关企平台自主选择批量汇总申报或逐票申报并主动申报税款,在线掌握报关单状态,从数据发送到系统自动审核放行仅需 2 分钟,实现 24 小时即时报关。

【积极推进“集中汇总征税”改革】上海海关推进“集中汇总征税”改革成效明显,年内共有 8 家企业开展业务,合计纳税 11.57 亿元,分别占全国 15 家试点海关总量的 22.22%和 16.51%,未出现税款滞纳等税收异常情况,达到“通关提速、减负增效、管理集约、服务优化”效果。

【做好海运国际中转集拼工作】上海海关在自贸区开展海运国际中转

集拼业务。9月11日，洋山保税港区成功试点首票国际中转集拼业务，标志着自贸区拓展海运国际中转集拼功能取得阶段性成果。10月30日，外高桥保税物流园区首次完成国际中转集拼申报入区，并与国内货物拼箱出境，国际中转集拼业务由此向自贸区内其他海关特殊监管区域全面推开。截至2014年底，共计完成4批次海运国际中转集拼业务试点，监管货量57.68吨，7个标箱，货值24.2万美元。

【加快推进快件国际转运业务发展】为顺应国际快件转运业务的发展，上海海关在开展机坪直转类快件国际转运业务的基础上，积极探索快件国际转运中转集拼模式，进一步提升上海航空港的货运枢纽水平。2014年全年，上海海关在快件渠道共受理国际转运业务总运单722票，同比增长43.82%；分运单56.5万票，同比增长11.76%；总重量4457.4吨，同比增长20.54%。其中，机坪直转快件总运单578票，分运单48.5万票，共计4063.7吨；中转集拼快件总运单144票，分运单8.0万票，共计393.7吨。

【积极开展"绿风"专项行动】上海海关加强部门间协作配合，结合上海口岸农产品外贸发展情况，动态捕捉风险点；重点针对进口数量大、价格偏低以及存在伪报品名风险商品加强线索经营并适时开展专项打击行动；推进打私综合治理，完善与商务、质检等部门的联系机制，及时掌握内贸流通领域农产品交易情况，联合相关执法部门采取一线封堵、市场倒查等方式，同步加大对进口与销售环节查缉力度。2014年，上海海关开展"绿风"专项行动中共刑事立案31起，案值3.39亿元，涉及偷逃税款约4623万元，较2013年分别增长2.4倍、4.4倍和7.5倍；其中，在走私大米、牛肉刑事案件方面实现零的突破，共刑事立案3起，案值合计4340万元，涉税272万元。

【知识产权保护工作成效显著】上海海关细化自贸区知识产权保护工作机制，为监管服务制度创新保驾护航；二是动态调整侵权高风险商品类型，先后开展"2014世界杯知识产权专项行动"、侵犯迪士尼知识产权专项打击行动；三是深化内外交流推动执法协作，代表中国海关独立参与中欧"打击假冒联合海关行动"，作为"中欧海关2014—2017知识产权合作行动计划”试点口岸与欧方开展联系配合及案件信息交换，向公安机关通报案件线索32起，其中6起已刑事立案。2014年，上海海关共查获侵犯知识产权案件461起，涉案货物3575.2万件增长5倍，案值人民币4462.34万元，各项数据均列全国海关前列；年内荣获国家部委级表彰、上海市级表彰、全国性行业协会表彰各2项。

【加强违禁出版物查缉】上海海关切实履行政治保卫职责。强化风险分析，总结分析近年来新邪教反宣品案例，加大对涉及相关来源地货物及物品的查缉力度；增强政治敏感性，在“两会”及亚信峰会等重要会议期间，进一步将人力资源向现场查验岗位倾斜；加大正面宣传力度，合理规划旅检现场布局，在醒目位置增设电子公告牌，增设非法出版物弃置箱，提醒旅客自觉遵守法律规范；四是建立与相关单位情报共享机制，及时掌握反宣品新品种和夹藏进境新手法。2014年，上海海关共查获各类反动宣传品43.7万件，较上年增加16.1%，其中邪教反宣品40.41万件、政治性非法出版物2900余件。。

【继续推进简政放权】上海海关取消自贸区内报关企业注册登记行政许可，将报关企业注册登记、减免税等审批权限基本下放至现场单位办理，积极推进社会化预归类等社会参与管理改革措施。贯彻“能由市场做的还给市场、能由基层管的放给基层、能由社会管的让给社会”理念，对外发布各项制度改革公告44个，确保所有改革均在法治轨道内运行。。

【推进企业协调员制度构建新型关企关系】上海海关以推进企业协调员制度为依托构建新型关企关系。形成“一点进入、多部门联动、限时办结”的海关企业服务机制，明确操作流程、岗位职责和工作要求；建好关区企业协调员队伍，建立主管地海关、口岸海关、职能部门间直接联系渠道；开发联通互联网与海关业务管理网“海关企业协调员服务平台”，便利企业疑难问题的提交和处置；结合自贸区制度创新，将服务区内企业范围拓展至所有有实际需求的B类及以上企业；依托长江经济带区域通关一体化改革平台，成立12个直属海关企业联络员队伍，提升企业问题跨关区协调解决能力。

2014 年，上海海关协调处理企业提出的通关、加贸、归类、查验、无纸化通关等疑难问题 25 起，其中 3 起为跨关区协调，截至年底上海关区适用该制度企业达 426 家。。

【圆满完成国际展览会监管服务】推进“海关国际展会信息化管理平台”建设，针对艺术类展会展品价格高、运输要求严的特点形成个性化通关流程，固化“门到门”查验等特色举措。发挥上海海关作为会展业管理部门联席会议成员单位作用，宣传扩大海关优惠政策辐射面，助力国家会展中心（上海）建设，有效保障莫奈画展、列支敦士登王室收藏展、工业博览会等重要国际展会顺利举办推进海关指定场馆认定工作，对符合规定的展会推广驻场监管模式，帮助企业减免展品担保资金压力。2014 年上海海关共监管国际展览会 223 场，合计国际展览面积达 115.3 万平米；监管进境展览品货值 16 亿美元，同比增加 41.6%。

【为重大国际体育赛事提供通关便利】主动走访主办单位掌握赛程和物资通关计划，量身定制验放方案；实施快速担保验放、开辟验放专窗，抽调业务骨干组成工作组，密切口岸与主管地海关衔接配合，做到“直通赛场”；加强对国际赛事惯例的研究借鉴，检验、完善、固化各项监管服务工作预案。2014 年，上海海关共为 F1 中国大奖赛、环球马术冠军赛、世界耐力赛车锦标赛等本市重大国际体育赛事约 142 批次暂时进出境物资提供通关便利，总货值约 5780 万美元。

【税则调研采纳率再创新高】全国海关税则调研共征集税则税目、进出口关税、消费税、出口退税等各类修订调整建议 265 项，经海关总署审核评估，向国务院关税税则委员会报送建议 38 项，被 2015 年关税实施方案采纳 21 条，其中上海海关提出 12 条，占 57%，居全国海关首位，涉及汽车节能环保、国内饲料产业转型升级、大众消费品等领域，兼顾对大型跨国公司和国内中小微企业发展的支持。上海海关还针对贸易量较小的 9 项进口暂税商品提出取消建议，其中 7 项已被列入 2015 年关税实施方案，涉及平光变色镜片坯件、宫内节育器及钛铁等商品，促进我国进口税收优惠政策结构更趋合理。

【"12360"服务热线打造海关对外服务优质窗口】上海海关加强"12360"服务热线建设，培养专业化服务团队，提炼36种场景下的《常见情景应对技巧》，归纳梳理含5000余条内容《典型案例分析汇编》；创建新媒体服务平台，自2014年4月22日开通热线微博和公众微信号以来，累计发布图文信息980篇，关注用户突破2万个；提供多元化服务举措，派员参加便民服务热线技能展示和青年党团员为民服务等活动，并通过《上海报关》杂志累计发布热线热点问答集锦20期、总篇幅逾5万字，进一步提升海关服务热线影响力。2014年，上海海关"12360"热线共受理各类电话咨询10.93万个，同比增长35.1%，占全国海关热线受理总量的9.5%，即时答复率达99.4%。

【支持国家民用航空制造业发展】上海海关落实税收政策支持我国民用航空制造业发展。加快减免税审批速度，采用专人专岗、分段审批、加班作业等方式提高审批效率，一般于3日内即可办结相关审批手续，特殊情况即到即办结；保障减免税货物通关进度，针对免税清单未及时下发的情况，通过税收担保方式办理企业急用物资通关放行手续；搭建关企联系平台，主动开展政策宣讲与企业需求调研，帮助企业用好税收优惠政策，并与飞机制造企业共同探索利用信息化手段规范料件结转剩余等减免税后续管理工作。2008年至2014年，上海海关关共为国产大飞机和支线飞机项目办理减免税审批5766批，合计货值4.07亿美元，减免税款6.05亿元。据悉，支线飞机项目已成功进行试验试飞，大飞机项目已完成10项制造类关键技术攻关结题。

【为迪士尼项目建设提供便捷服务】上海海关密切联系相关政府部门和企业，为迪斯尼项目提供个性化监管服务，成立专门团队负责商品归类、审价和原产地预认定，开辟"绿色通道"实现专人专岗快速审核通关，实施"门到门"查验，满足企业物流时间节点要求。2014年，合计受理迪士尼项目进口货物申报248票，货值8710万美元，征税1.76亿元，实施上门查验

83 票。

【文明口岸建设工作成绩突出】上海海关多家集体和个人荣获 2014 年上海口岸“共建文明口岸，促进改革创新”主题实践活动先进称号。“上海国际贸易‘单一窗口’建设”等 14 个由上海海关牵头或参与的项目获评“文明口岸共建典型”，自贸区海关工作组等 6 个集体和 4 名个人获评“文明口岸创新服务奖”，2 名个人获评“文明口岸活动优秀组织者”。

【浦东海关落实税收优惠政策服务支柱产业发展】浦东海关针对集成电路制造业企业零库存物流模式，压缩审批时限，提升通关效率，2014 年共审批集成电路项目减免税申请 20891 票，审批货值 6.4 亿美元，减免税 9.2 亿元；跟踪上海通用汽车部分即将到期项目情况，度身定制服务流程，确保项目建设进度，审批减免税申请 114 票，货值 2.1 亿美元，减免税 1.3 亿元；稳妥承接总关下放的化肥饲料、种子种源和 ITA 产品减免税审批项目，保障企业持续受惠，审批该类减免税申请 908 票，审批货值 2.1 亿美元，减免税 1.7 亿。

【浦东机场海关推动浦东机场航空枢纽港建设】浦东机场海关关注电子运单应用发展趋势，组织业务骨干重点学习研究其降低航空运输业整体物流成本作用；以电子运单业务试点为契机，加快监管职能实现方式转变，逐步实现与航空运输企业信息系统互联互通，将海关监管延伸至整个物流链；加强与机场集团、航空运输企业合作，推进通关作业无纸化等海关改革与电子运单业务同步发展。2014 年 6 月以来，已监管中国货运航空公司在浦东—阿姆斯特丹、浦东—香港航线上运行电子运单货物 462 票；国泰、法航、卡塔尔航空等企业也将于 2015 年开展相关业务。

【吴淞海关做好全年邮轮监管工作】吴淞海关提升通关效率，针对“多船同靠”协调相关单位形成旅客错峰下船机制，增设无行李旅客通道，优化完善应急预案，妥善应对邮轮超长时间停靠、紧急备靠等情况；提升查缉效能，实行“提前分析到港旅客名单、提前排查行李物品风险、提前布控重点旅客”的“三提前”工作法；提升品牌影响，建立旅行社包船出游关企双向沟通平台，设立“海星号”政务微信号，持续推进“青年突击队”和“微笑服务示范岗”建设，为宝山区建设“中国邮轮旅游发展实验区”建言献策。2014 年，共监管进出境邮轮 432 艘次，监管进出境旅客 110.8 万人次，征收行邮税 84.97万元，分别增长 70.1%、74.3%和 1.7 倍。

【浦江海关促进贸易出口稳增长】浦江海关履行服务承诺，发挥上海航交所海运集中报关点业务集聚作用，认真履行“5＋2”通关承诺，满足现代航运物流业发展需求；深化无纸通关，以关企座谈、走访宣讲、现场宣传等方式积极推广通关作业无纸化改革、解决企业实际问题，推动通关效率进入“秒速”时代，2014 年受理出口无纸报关单比例达 97.32%；优化便利措施，采取午间预约受理、急件优先办理、窗口业务提示等措施，加快国际项目出口物资通关速度，全年共为 1.1 万批次、货值 502.1 亿元的对外承包工程货物，536 批次、货值 9 亿元的对外援助物资提供通关便利，为鼓励我国企业“走出去”、扩大国际影响力打造通关“快车道”。

【外港海关税收入库数连续 12 年位居上海关区首位】外港海关强化与主要税源企业的联络机制，在依法行政前提下积极为企业提供通关便利，涵养和吸引优质税源；严密税收征管，落实风险联络员负责制，加大风险分析和验证力度，及时发布税收风险提示，防范价格、归类伪瞒骗情事；三是严密后续监管，固化对规范申报、归类、价格、原产地、监管证件等项目的日常批量复审制度。2014 年，税收入库 1118.23 亿元，同比增长 9.58%，占上海海关税收总量的 29.82%，连续第 4 年超千亿元。

【洋山海关务实推进启运港退税试点项目】洋山海关注重协调沟通，优化完善与启运地海关间联系配合机制，共同做好启运港退税货物转关核销、出口结关等工作，确保沟通顺畅、衔接有序；注重用户体验，选派业务能手专门负责启运港退税货物相关手续，便利企业享受快捷通关；注重经验梳理，调研听取企业需求和启运地海关意见，结合政策实施情况进行阶段性总结，及时汇总上报试点效果和存在问题，为政策推广贡献力量。2014 年，共办结启运港退税货物转关核销手续 4509 票，涉及货物 1.2 万标准箱。

【车站海关扎实推进自贸区制度复制推广工作】主动走访企业，解答问题并开展政策宣讲和指导，畅通沟通机制，营造便利环境；成立课题小组，积极探索研究将自贸区可复制、可推广经验本地化移植的路径和模式；密切多向联系，将复制推广与地方政府经济发展计划相结合，形成合力；深入实地调研，实时学习上海自贸区发展新模式和服务新举措；坚持分类培训，采用“关级培训、科室带动、专人授课”的模式，做到海关关警员、地方政府、辖区内企业政策宣讲全覆盖；加快业务创新，积极推动西北保税物流中心内的复制推广，切实体现与自贸区对接效果。

【邮办处创新3种手段提高邮运渠道缉毒效能】邮办处追溯进出境邮件的原始揽收信息和物流轨迹，对毒品走私主要“来源地”和“消费地”进行风险布控；固化“审核单证、审看图像、审查物品”的“三审”检查法，增强对藏毒邮件的查发能力；指导邮政企业加强规范收寄，配合缉私部门深挖扩案，形成前中后立体监管网络。（张　俭）

2014 年上海海关主要数据统计表

项目		2014 年	同比(%)
进出口货运量（万吨）	合计	19127.7	－1.4
	进口	9692.7	－8.2
	出口	9435.1	6.8
进出口贸易总值（万美元）	合计	86345486	6.3
	进口	34024285	8.6
	其中：江、海运输	18861373	4.8
	铁路运输	76960	－16.8
	汽车运输	144895	－10.9
	航空运输	14679584	12.9
	邮件运输	8896	－4.8
	其它运输	252577	221.7
	出口	52321201	4.8
	其中：江、海运输	39917472	4.8
	铁路运输	61617	－5.1
	汽车运输	114357	－15.3
	航空运输	12007026	5.8
	邮件运输	2480	304.3
	其它运输	218250	－19.2
税　收（万元）	两税合计	3750	8.1
	关税入库	878	10.9
	进口环节税入库	2872	7.2

检验检疫

【概述】2014 年,上海检验检疫局在国家质检总局和上海市委、市政府的正确领导下,坚定不移走中国特色质检工作之路,围绕上海"创新驱动发展、经济转型升级"战略,全力以赴"抓质量、保安全、促发展、强质检",各项工作有序开展,取得了良好的成效。

全年,上海口岸共完成出入境货物检验检疫 167.89 万批,金额 1682.67 亿美元,检验检疫批次和金额同比下降 18.11%和 8.08%。其中:完成工业品检验检疫 120.12 万批,检出工业品不合格 17,487 批、同比增长 84.68%;进口食品检验 14.15 万批,检出不合格产品 12908 批;出入境动植物及其产品检疫 29.64 万批。在动植物检疫工作中共截获有害生物 1,041 种、14.46 万种次,同比增长 8.89%、−0.30%,系统排名位居第三;其中检疫性有害生物 98 种(其中系统内首次截获 5 种)、6,875 种次,同比增长 24.05%、8.75%,系统排名第四。出入境船舶检疫 23,058 艘;出入境飞机检疫 203,751架;出入境火车检疫 4,416 节;出入境集装箱检疫 926.95 万标箱,检出带有疫情 25.25 万标箱;出入境人员查验 3,318.41 万人次,发现有症状人员 1,096 例,确诊传染病病例 226 例;截获旅客携带应检物 3.05 万人次;监测体检 14.91 万人次,发现传染病 1193 例;对 37.21 万标箱、10.31 万批次交通工具实施卫生处理;对出入境交通工具和集装箱除害处理 163.25 万批;入境邮包抽查 738.64 万批。

【落实进境动植物源性食品审批创新制度】上海检验检疫局在较短时间内完成了"自贸区审批系统"开发及试运行,制订并对外公布了自贸区内《上海检验检疫局负责终审的检疫许可产品名录》及申请流程,对内统一设计了适用于自贸区业务的专用审批用语。经过半年多时间运行,截止 2014

年12月底，已有133家进口食品企业申请并注册开通自贸区审批系统，提交进境动植物检疫许可证办理申请单共计1019份。上海检验检疫局共批准签发《进境动植物检疫许可证》717份，平均办结流程为7.45天，基本可在5至6个工作日内完成审批。

【落实进境动植物及其他检疫物审批创新制度】上海检验检疫局全面引用负面清单管理模式，并通过完成对进境动植物检疫许可证管理系统的升级，独立完成负面清单以外的检疫审批事项，审批流程时限由之前的20个工作日大幅缩减为7个工作日，许可证有效期由6个月延长为12个月。此外，经质检总局同意，负面清单管理制度自2014年5月起向区外张江药谷29家进境生物材料研发示范企业推广复制，取得了良好的经济效益和社会效应。2014年，已运行完成自贸区动植检审批共2080项，其中涉及含动物源性体外诊断试剂1802项，涉及自贸区内研发企业126项，涉及自贸区外研发企业152项。2014年上海口岸进口动物源性生物材料7926批、3867.24吨，货值16.41亿美元，与2013年相比，上海口岸进口动物源性生物材料进口量显著增加，进口批次增加了35.7%，重量和货值分别比去年增加了21.8%和43.3%。

【落实进境特殊物品检疫审批创新制度】上海检验检疫局推出了有史以来改革力度最大的监管措施，即在对区内企业考核监管的基础上，将对产品的风险管理和申请单位的诚信管理相结合，并进行动态监管。产品风险审批由将原先的逐批审批方式改为一次审批、多次核销的周期性许可模式，同时将特殊物品根据生物安全风险划分为一、二、三、四级，实施分级管理，重点关注高风险产品，对低风险产品审批期限放宽至12个月。新制度将工作重心由事前审批转为加强事中、事后监管，实行申请单位诚信管理，落实企业生物安全第一责任人意识，改变了原来对不同企业、不同产品一刀切的管理方式，通过对“区内企业”信用等级水平分类，实施动态监管，确保生物安全防控有效落实。自贸区内共有38家单位先后开展分批核销管理制度，审批流程缩短为3个工作日，企业可以通过系统平台实现在3个月至1年的有效期内可反复使用《入出境特殊物品卫生检疫审批单》入出境产品。截止目前，共审批入出境特殊物品550余批次，开展分批核销1055余批次。此举大幅提升了相关企业在国际市场上的竞争力，节约大量成本，体现了执法与服务深度融合，为生物医药产业健康发展营造良好环境。

【推动放宽自贸区外商投资认证机构的准入条件】现行的《认证认可条例》允许在境内设立外商投资的认证机构，但规定设立外商投资的认证机构除应当符合设立认证机构的一般条件外，外方投资者还应取得其所在国家或者地区认可机构的认可，并具有三年以上从事认证活动的业务经历。2014年上半年，质检总局同意在自贸区内取消"外商投资认证机构"设立的特别限制条件。2014年9月，国务院发布决定，在自贸区内停止实施《认证认可条例》第十一条第一款的规定，取消对外商投资进出口商品认证公司的限制，取消对投资方的资质要求。"外商投资认证机构"的设立不再纳入自贸区《2014年外商投资准入特别管理措施(负面清单)》，这将进一步鼓励外资认证机构落户上海自贸区开展本土化服务，降低国内企业的认证成本，为进一步提升贸易便利化水平奠定了坚实的基础。截至目前，全国经国家认监委批准的外资认证机构已有36家，其中上海地区外资认证机构19家，占全国外资认证机构的半壁江山。

【在自贸区"一线"全面实行"入境免签"制度】在对入境检疫物、重点敏感货物严格把关的前提下，在自贸区"一线"，检验检疫全面实行"进境免于签发通关证明"的新制度，此举改变了原来检验检疫机构签发入境通关证明、海关验核通关证明的做法，如今企业可凭海运仓单或空运提单信息24小时全天候向检验检疫电子申报，检验检疫相关信息化系统即时电子审单、即时反馈电子监管指令，大幅简化通关手续，加快进境货物入区速度。截至2014年12月底，在自贸区共计对51.5万批次入境的货物实施了"免签"政策，企业每次办理入境货物通关手续，可节约通关时间4小时以上。

在自贸区"二线"，切实把"预检核销"的优惠措施制度化、规范化、普惠化。"预检核销"制度可以最大限度地将现场检验和实验室检测时间消化在区内仓储期间，大幅加快了货物出区速度。以进口食品和化妆品为例，调整、优化了进口食品、化妆品电子监管系统，对于自贸区内已入境但尚未进口的食品、化妆品，企业通过网上自愿申报，检验检疫机构按进口要求对整批货物实施检验检疫。在规定的检验检疫结果时效期内，企业可以分批申报进口，不再重复实施检验检疫。截至2014年12月31日，预检验货物共计7600批次，涉及金额15.57亿美元，涉及企业70多家；其中，共对610批、13123吨、7342万美元进口食品和570批、3173.3吨、13584.4万美元进口化妆品实施了“预检验”，受惠企业已达41家。货物实现了出区时的“零等待”，大大缩短了通关时间，如进口酒类产品、化妆品检验检疫流程分别从原来的15、12个工作日缩短为3个工作日。

【大力推进检验检疫全程无纸化改革】即以简化纸质报检随附单证为基础，直接通过检验检疫电子业务信息化系统来实现电子报检、电子审单、电子计收费以及电子监管放行的检验检疫全程无纸化工作；截至2014年12月底，共计对8.5万批货物实施了检验检疫全程无纸化作业。

【积极推进采信第三方检验结果试点】上海检验检疫局已率先在进口机动车辆检验监管过程中进行了采信第三方检验结果试点；同时，经质检总局批准，作为系统内首个践行法检商品（重量）检验改革试点的直属局，对进口液化天然气以及进口成品油的数重量鉴定以及国家技术规范的强制性要求中的非“安、卫、环”检验项目开展采信试点。截至2014年12月底，已有6家相关检验鉴定机构纳入采信工作试点；累计已有1.29万批、40.95万辆进口机动车以采信方式进口，涉及金额187.33亿美元，直接为进口车商节约检测成本4690.8万元人民币；对15批次进口液化天然气、42批次成品油实施了（数）重量检验鉴定结果采信工作，重量共计137.9万吨，货值6.2亿美元，为企业减免检验检疫费共计94万元。

对于自贸区进口检测、研发及其他小批量非商业用途食品、化妆品样品检验检疫采取分类监管措施。在进口贸易中，越来越多的企业需进口小批量食品、化妆品样品用于试样检测、产品研发、供官方检测、市场营销策划、企业内部展示、目标人群测试等多种非商业用途，快进快出要求与日俱增。为解决上述问题，我局制定了自贸试验区进口检测、研发及小批量非商业用途样品检验检疫监督管理细则，对于已设立检测、研发机构且样品管理体系完善的企业，在其申请并经我局现场验证后实行快速核放和年度检查制度，对其他检测、研发及小批量非商业用途的进口样品实行一事一审的模式予以适当管控。该项措施满足了不少企业在我国开展相关产品科学研究、商业发展前景可行性调研等工作需要。到目前为止，已有 11 家食品企业以及 10 家化妆品、食品添加剂企业已获得了进口样品享受快速通关便利的相关资质。

【中转货物原产地签证新制度】该制度很好地适应了自贸区国际分拨配送业务的需要，使分拨货物企业享受国外相应的关税减免和通关便利，吸引了众多企业落户自贸区拓展业务。2014 年以来，自贸区检验检疫机构共签发各类原产地证书 13,192 份，同比增加 13.95%；其中，对中转货物签发原产地证书 10,186 份，有效满足了区内企业对中转货物的签证需求。

【建立制度化、科学化、信息化的风险管理体系】检验检疫部门加大诚信评价信息的应用，以信息化和物联网技术为支撑，积极推动与其他监管部门的共享互通，开展“信息互换、监管互认、执法互助”的具体实践。根据自贸区外贸企业高度集聚、进出境货物高密度集散的特点，有针对性地建立了“外来有害生物监测和防控”、“检疫查验处理场所设施设备建设和配置”、“卫生检疫监管”等专项工作制度，强化一线检疫把关职能，严控疫情疫病传播风险。同时，在检验检疫监管制度的创新过程中深化风险管理的应用，首批试行的 23 项创新制度中，引入风险管理理念和诚信监管模式的有 13 项，并有 6 项制度立足与现代信息化技术的应用和与其他监管部门、自贸区有关单位的信息共享。

【创新邮轮食品供应监管模式】上海检验检疫局与上海市交通委就邮轮食品供应进行多方面磋商，探索以自贸区集拼中转、冷冻水果检疫监管、直供食品过境监管的邮轮食品供应新模式，并形成《上海出入境检验检疫局关于完善邮轮食品供应链监管机制的请示》报总局，在确保食品安全的基础上，方便进出、促进贸易发展。2014年，上海口岸检疫了出入境邮轮532艘次（其中母港邮轮490艘次，访问邮轮42艘次），检疫了邮轮旅客120万人次（入境61万人次、出境59万人次）；开展随船检疫6个航次。另外，对154艘次定班客轮开展检疫工作。同时，邮轮工作组出版邮轮通讯到25期，累积发表邮轮相关文章320篇。

【强化有效防范质量安全风险软、硬件建设】上海检验检疫局制定并试行了自贸区外来生物监测管理规范、进出口工业产品质量安全约谈机制、进出口不合格工业产品闭环处置工作机制、重大质量安全问题应对机制和进口工业产品风险分级评估工作规范等，并建立了多项涉及安全、卫生、环保、健康等疫情疫病防控体系的制度规范和防控预案。对自贸区物流监管实施封闭式管理，在区内大力推进集中查验场站建设，截至目前已建成综合性集中查验场站11家，专项性集中查验场站1家。

【积极创建进出口工业产品质量安全示范区】一是积极申报金桥出口工业品质量安全示范区。选取高新技术产业聚集的金桥经济技术开发区推进“金桥先进制造业出口工业产品质量安全示范区”建设工作，力争打造全国一流的、具有产品核心竞争力的高端出口产业示范区域，以品牌建设为手段推动外贸稳定增长。目前，该示范区申报材料通过总局审核，近期将组织专家开展现场考核。二是积极筹建系统内首个国家级进出口化学品质量安全示范区。以“源头抓安全、区域促发展”为理念，支持上海化工产业集聚发展和转型升级。6月与上海市金山区政府、上海化工区管委会三方签订合作协议，联合打造国际领先、国内一流的国家级化学品安全检测和科研的权威平台，共同创建系统内首个国家级进出口化学品质量安全示范区。目前，国家级化学品安全检测重点实验室筹建已获总局批准。

【深化扶持“入境再利用产业”发展】一是构建与地方政府部门的再利用企业联合考核机制。在2012年成功创建全国首个“入境再利用产业检验检疫示范区”的基础上，构建与上海市商务委、经信委、环保局以及自贸试验区管委会等地方主管部门的联合考核机制，对申请开展全球维修及再制造业务的企业采取“统一申请受理，统一资料审核，快速资质评估，规范日常监管，规范周期监管”的全新业务流程管理模式，大大地促进了全球维修检测和再制造产业在区内的发展。截至目前，自贸试验区内已有12家企业通过我局实施的入境维修业务资质评估，累计受理进口维修用旧机电产品申报约1.1亿美元，放行出口维修产品约1.5亿美元。二是谋划再利用检验监管制度在自贸区外的复制推广。以自贸区成立一周年为契机，联合上海市经信委积极推动全球维修检测和再制造的检验监管经验向区外复制、推广。目前，并已完成相关推广、复制方案的制定，并初步确定率先在电子信息产品领域中予以推广。

【支持浦东综合配套改革试点】结合上海自贸试验区扩区和在浦东打造自贸区创新制度复制推广示范区的契机，研究制定推动浦东改革创新进一步扩大开放的17条具体举措。实施迪士尼乐园项目检验检疫工作专项方案，对国际旅游度假区进境物资实施“通报通放、集中查验、指定监管”。优化浦东营商环境，实行总部企业“一门式、精细化、个性化”服务模式，围绕便利通关、检验鉴定、行政审批、信用管理等四个方面推出22项“菜单式”便利措施，企业可根据需求自行选择。深化进境生物材料检验检疫改革与发展，报请质检总局发函同意将自贸区措施复制推广至张江。

【促进跨境电子商务监管创新】组织协调有关业务部门研究制定跨境电子商务产品“负面清单”、实施企业及其产品备案管理制度，形成有效的事前管理；创新工作模式、实施商品预检验，利用信息化技术，实现口岸快速验放；探索建立产品质量监管机制，依托诚信管理、数据分析，实施重点敏感商品的风险监测。截至2014年底，共计完成了84家电商企业的备案；对56,840批次直邮进口商品实施了监管，涉及商品数量97,709件，货值2,056.25万元；对70,781批次保税进口商品实施了监管，涉及商品数量331,140件，货值1,883.21万元。

【强化重大赛会保障能力】圆满完成亚信峰会、环球马术冠军赛、金伯利进程联席会议的服务保障工作，获上海市领导称赞。做好全国质检工作会议、全国动植检工作会议等质检总局大会的承办工作。全力保障上海国际马拉松赛事举办，针对有30名运动员来自埃博拉疫区的情况，强化口岸防控，确保万无一失。

【推动国境口岸传染病防控体系建设】上海检验检疫局以口岸核心能力建设为抓手，以完善“三X三”检疫查验模式为导向，构建了上海口岸公共卫生风险评估体系，组建了上海口岸突发公共卫生事件应急处置队，不断加强国境口岸传染病防控体系建设，全面提高疫情防控和传染病检出能力，做好埃博拉、脊髓灰质炎和中东呼吸综合征等疫情防控工作，保障南京青奥会、上海国际马拉松的顺利召开。创新特殊物品监管制度，对出入境特殊物品单位实施生物安全监管取代对每一批货物的监管，将原先由口岸机构完成的特殊物品后续监管工作调整为由属地监管；制定电讯检疫船舶制度，为定班轮、集装箱轮提供通关便利化，提高工作效率，同时提升了疫情截获率，实现了时间和效率的有机结合。2014年上海口岸共检疫出入境人员2942.08万人次，检疫出入境船舶24916艘次，检疫出入境航空器203750架次，检疫出入境列车4440节次。开展口岸食品生产经营单位监管3212次，开展食品、饮水、环节快速检测15541样品数。在交通工具、集装箱货物中截获医学媒介8358批次9596只，在口岸医学媒介监测中捕获1137批次61656只。检出核生化超标事件401批次，卫生处理交通工具10.31万架/艘/列次、集装箱37.21万标箱，实施入出境特殊物品行政许可审批2.00万批次，货值达4742亿美元。开展出入境人员监测体检77114人次，发现艾滋病32例、肺结核180例，其他传染病442例。

【严格进出境动植物检疫监管】针对崇明国际化生态岛建设需求，编制我国首部海岛口岸检验检疫专项监管办法。截获2批苹果牛眼果腐病菌重大疫情，首次从欧洲的原木上截获苹果壳色单隔孢溃疡病菌，从美国大豆中截获大豆茎褐腐病菌，从进口美国玉米、玉米酒糟粕中多次检出未经批准的转基因品系。开展“眼镜蛇二号行动”，重点打击非法携带、邮寄濒危物种案件。开展检疫性实蝇、舞毒蛾、香蕉穿孔线虫等外来有害生物的防控与监测工作。推进进口粮食和水果指定口岸建设,外高桥良友码头和洋山口岸下属的3个查验点通过考核成为质检总局首批批准的进口粮食指定口岸。创新进境动植物检疫流程,使佳士德特殊拍品"免于审核国外检疫证书",获得习近平总书记肯定。

【严格进出食品安全监管】2014年,上海口岸进口食品约10.9万批、334.8万吨、货值近90.1亿美元,出口食品约1.9万批、18.9万吨、货值6.25亿美元。面对庞大的贸易量及社会广泛关注的食品安全问题,上海检验检疫局认真贯彻总局和上海市的工作要求,通过深化和完善诚信管理、分类管理工作机制,大力推动企业落实进出口食品化妆品质量安全主体责任;围绕依法履职要求,持续推进法律法规、食品安全国家标准在进出口环节的贯彻实施;保安全底线,进一步完善进出口食品全过程风险防控体系等措施,持续加强上海口岸进出口食品安全监管工作。

【维护进出口商品质量安全水平】有效运行风险信息综合应用平台。强化口岸危险化学品、废物原料、放射性的安全监管,系统内率先建立出口危险化学品口岸查验机制。对出口产品推行"企业分类管理+产品风险监测+出口抽批放行"的监管模式。率先在系统内开展以体系化文件为执法依据、以信息化手段为执法依托、以标准化检测为执法保障的能效标识产品入境验证工作,初步形成以"口岸管控+事后追溯"为主要内容的进口消费品安全监管制度体系。对国家认可的第三方检验机构实施"合格假定+符合性评估"的采信模式,并应用于进口机动车辆检验和散装成品油、液体化工品重量鉴定领域。全面完成对进口集装箱运矿产品"四位一体"集中检验监管模式的改革。落实进口不合格工业品后续处置要求,完善监管工作闭环。截至2014年底,我局共检验进出口工业品120.1万批,货值1356.7亿美元;检验进口废物原料4.4万批,货值23.4亿美元;查验进出境集装箱288.5万只标箱;完成进出口商品数重量鉴定业务2850批,鉴定重量8398万吨。通过检验监管,检出不合格商品1.7万批,货值37.3亿美元,检出疫情 152.7 万只标箱，检出短重超过 0.5％的共计 482 批、17.2 万吨、涉及金额 4383.6 万美元。（沈　娉）

【建立服务企业工作机制】上海检验检疫局推动上海内部通关一体化进程，制定分支局、办事处业务分工管理规定，明确货物属地化检验检疫的规则，进一步发挥检验检疫机构服务地方经济发展的能力和主动性。做好技术贸易措施工作，推动全局 10 个分支局、办事处与 33 家地区和行业龙头企业建立对口服务机制。加强与宝钢等大型企业合作，在第 64 次和 65 次 WTO/TBT 例会，就宝钢在印尼和印度市场遭遇的钢铁产品认证问题，给予持续关注和磋商。（高　丰）

2014年上海出入境检验检疫业务统计表

项目		货物检验检疫				交通工具				集装箱（标箱）		发现动植物疫情		货物通关		出入境人员查验（人次）	健康检查及预防接种（人次）			
		批次	金额（万美元）	检验检疫不合格																
				批次	金额（万美元）	船舶（艘）	飞机（架）	火车（节）	汽车（辆）	合计	检出问题	种类数	种次	批次	金额（万美元）		健康检查	艾滋病监测	发现病例	预防接种
本年累计		1678878	16826823	58963	777300.4	23058	203751	4416		9269535	251972	1129	272924	2006452	13261416	33184146	81650	67489	139601	83053
其中	出境	178968	869145.4	344	820.31	11867	102435	2208		359167	0			802272	3007758	16467544	38827	29337	64206	82789
	入境	1499910	15957677	58619	776480.1	11191	101316	2208		8910368	251972	1129	272924	1204180	10253658	16716602	42823	38152	75395	264
与上年同比(%)		-18.11	-8.08	27.91	-7.28	-0.45	8.37	1.66		-1.32	-13.33	16.27	-1.17	-44.74	-30	12.79	8.91	1.03	16.07	15.74
其中	出境	-67.34	-63.01	105.99	111.44	-3.83	8.57	1.66		-54.25	0			-67.53	-66.66	12.84	45.57	12.89	36.99	15.38
	入境	-0.15	0.01	27.62	-7.33	3.41	8.17	1.66		3.51	13.33	16.27	-1.17	3.76	3.33	12.74	-11.33	-6.52	2.71	4300

海事

【概述】2014 年,上海海事局以海事“三化”建设为主线,以水上安全监管为中心,全面履行海事职责,积极推动海事职能转变,有效服务经济社会改革发展,圆满完成了全年主要工作任务,向着全面实现“十二五”发展目标迈出了关键步伐。

2014 年,上海海事局共办理国际航行船舶进出口岸查验 41030 艘次,同比减少 1.2%;实施港口国监督检查(PSC 检查)607 艘次,同比减少 23.2%;对国际航行船舶实施救援 24 艘次,同比减少 86.8%;对国际航行船舶实施行政处罚 313 件,同比减少 14.5%;罚款金额 749.41 万元,同比增加 32.0%;办理船载危险品审批数量 446608 件,同比增加 11.7%;船载危险品开箱检查数量 509 件,同比增加 7.6%;航道航标维护管理座数 13426 座次,同比增加 3.2%。

【圆满完成亚信会和中俄军演水上安保工作】2014 年 5 月 20 日至 27 日,亚洲相互协作与信任措施会议第四次峰会和中俄联合军演在上海举行。在交通运输部、上海市委市政府的统一领导下,上海海事局克服准备时间短、管控难度大等困难,创新监管举措,成功实现水上安保工作“万无一失”的总体目标,为国家重大活动营造了安全、畅通、有序的口岸环境。据统计,自 4 月 10 日至 5 月 27 日,上海海事局共出动海事巡逻艇 2501 艘次,执法人员 15094 人次;实施船舶专项安全检查 2130 艘次,发现缺陷 12340 项;实施国际航行船舶保安检查 81 艘,发现缺陷 294 项;船舶信息报送 10706 艘次,船员信息报送 5849 人。办理港内作业船舶备案 385 艘,其中亚信会专用船舶 133 艘。

【海事政务一门式综合受理】上海海事局认真落实交通运输部和部海

事局简政放权工作要求，积极回应行政相对人迫切需求，有序推动实施行政审批事项取消和权限下放工作，实现自贸区“区内事区内办”和崇明“政务受理不离岛”，使得政务窗口布局得以完善，海事业务办理更加便利，政务受理效率大幅提升，有力支持了上海国际航运中心、中国(上海)自由贸易试验区和长兴海洋装备岛建设。2014 年 4 月 1 日，上海海事局实行海事政务“一门式”综合受理，将通航、船舶、船员、危防、船检、航标等业务受理以及规费征收纳入综合受理范畴，关口前移，做到“首问负责制”，提高窗口办事效率。积极协调自贸试验区管委会相关职能部门，分别于 7 月 31 日和 9 月 15 日在临港和外高桥自贸试验区综合服务大厅开设海事业务窗口，为服务国际贸易运输提供最大限度的便利。

【开展“大型集装箱船舶能见度不良天气条件下进出上海洋山深水港通航安全可行性研究”】2014 年，上海海事局开展了“大型集装箱船舶能见度不良天气条件下进出上海洋山深水港通航安全可行性专题研究”，充分运用现代航海技术，顺应航运发展需求，提升上海洋山深水港的安全通航能力；多次组织开展雾航多场景联动演练，保证了研究成果的可操作性；积极推进课题研究成果转化，适时修订上海洋山深水港能见度不良通航法规，建设或配置必要的设施设备，开展大型集装箱船舶能见度不良天气条件下进出上海洋山深水港试运行。

【推行海事集约登轮检查制度创新】对国际航行船舶，参照国际通行规则，严格按照东京备忘录新检查机制中的船舶检查窗口、风险等级两项指标科学选船，做到能够不登轮检查的不再登轮检查，必须登轮检查的，整合海事执法力量，一次性完成海事监管所有执法检查。解决了信息沟通不畅、监管手段单一等可能造成的多头执法、重复登轮现象，该制度试行以来，上海海事局共采用集约式登轮检查方式 89 艘次，有效降低了海事现场检查对船舶营运可能产生的影响，大大提高了自贸区港口周转效率。

【研究优化船舶登记流程】上海海事局在保税船舶登记试点基础上，研究优化船舶登记手续，建立高效率的船舶登记流程。同时，积极参与有关国际船舶登记制度课题研究，为制度设计、流程优化提供建议参考。先后参加财政部财政科学研究所关于自贸区财税政策调研、国际船舶登记制度研讨会等，呼吁推动国际船舶登记制度尽快落地。

【海事助力上海港邮轮经济发展】随着上海邮轮经济的迅速发展，进出上海港的国际邮轮越来越多，为促进上海邮轮产业经济健康发展，上海海事局不断提升监管和服务水平，着重为邮轮提供“安全、畅通、准点”优质服务。设立吴淞交管（VTS）邮轮专用操作台，专门服务大型邮轮；优先考虑大型邮轮进出深水航道，实现随到随进；视情在长江口交通密集区采取临时交通管制措施，保证邮轮安全进港。2014 年，共保障国际邮轮安全进出港 728 艘次，同比增长 24.4％，保障旅客 123 万余人次平安出行。

【简化临时接靠流程服务经济民生】2014 年，上海海事局对于辖区非开放码头临时接靠国际航行船舶由审批制改为备案制，共备案管理 352 艘次国际航行船舶。其中，电煤运输船舶 24 艘，共计约 113 万吨外贸煤，按每吨可以节省成本 50 元计算，可以为电力企业节约近 5650 万元的成本，有效保障电力生产和居民用电需要。

【开展水上交通安全“打非治违”专项治理活动】根据《交通运输部、国家安全监管总局关于开展水上交通安全“打非治违”专项整治活动的通知》要求，上海海事局从 2014 年 4 月 1 日起开展为期一年的水上交通安全“打非治违”专项整治活动。重点打击“三无”船舶和长期闲置船舶、建筑渣土（泥浆）运输船舶、浮吊和砂石船、违规接收油污水和垃圾的船舶、超宽靠泊和超宽带浮筒船舶、不按规定配备和使用 AIS 设备的船舶、超载运输船舶、无证或证书不全船舶、非法从事水上施工或运输船舶、配员不足和船员无证或证书无效船舶、“代而不管”公司和“让代不让管”船舶以及其他非法违法及违规违章行为。通过专项整治活动，建立了海事、交通、公安、水务部门之间的联动合作机制，有效打击各类水上非法违法及违规违章行为，督促企业进一步落实安全生产主体责任，提高相关单位和水上从业人员的责任意识、安全意识，优化上海口岸水域的通航环境。

【落实防台防汛应急准备保障口岸安全】为保障上海辖区水上安全形势稳定，上海海事局积极布控汛期的防台防汛、冬雾强风等季节性安全管理工作。提前组织修订《上海海事局防台防汛管理办法》，进一步完善相关应急预案和程序；召开2014年防汛防台工作会议，部署防台防汛工作；制定2014年船舶防抗台风工作要求，指导各单位结合“安全生产月”活动，按照“四早”原则落实各项防台防汛措施，加强对“四类重点船舶”、长期停航船舶、船厂无动力船舶、工程船舶和水上水下施工作业点以及客运码头、渡口、锚地、桥区等重点水域的监管；利用网站、微博、微信、短信平台、传真等多种方式及时发布预警信息，增强船民的防灾减灾意识，确保上海口岸水域一方平安。

【大力开展船舶大气污染防治工作】上海海事局积极参与《上海市大气污染防治条例》的制定和《上海港防治船舶污染水域环境管理办法》的修订工作。自2014年10月1日《上海市大气污染防治条例》实施以来，上海海事局加强船舶大气污染防治现场检查，对到港船舶防治大气污染有关的证书、文书、设备和大气污染排放存在的问题，依法予以限期改正、禁止离港、行政处罚等处理。同时，严格监管船用燃油质量。2014年，共开展153次燃油质量抽样检测，目前靠泊上海港船舶所用燃油的硫含量都能满足公约和标准的要求。上海海事局还主动联合上海市环境监测中心和同济大学开展了“船舶PM2.5减排研究”实船测试工作；配合市政府有关部门开展了“上海港船舶大气污染物排放清单研究”、“上海地区靠港船舶使用低硫燃油等减排措施政策研究”等课题研究，探索在上海港推行低硫燃油和岸电的可行性。

【探索制度创新优化监管服务】上海海事局在港航单位调研、业务流程梳理研究的基础上，按照交通运输部取消和下放一系列行政审批事项的通知要求，围绕“简政创新、监管智能、服务高效、安全可控”的目标，研究制定了19项海事服务自贸试验区建设创新监管服务举措，已经开展试点并取得初步成效的有5项，正在探索推进的有11项，围绕交通运输部取消和下放的行政审批事项探索事中事后监管模式的举措有3项。（赵　刚）

2014年上海海事局进出港船舶统计汇总表

船舶类别	进港船舶							出港船舶						
	艘数(艘次)	总吨(吨位)	总载重量(吨)	载客量(客位)	船员人数(人)	货物到达量(吨)	旅客到达量(人)	艘数(艘次)	总吨(吨位)	总载重量(吨)	载客量(客位)	船员人数(人)	货物发送量(吨)	旅客发送量(人)
总数	105322	1027697564	1186446774	3342791	1611499	361068568.4	1567542	108463	1047551938	1198829859	3342769	1708480	210137945.5	1591912
中国籍船舶	85838	242048672	286504712	2808442	957045	193045680.2	965598	88858	254611821	289763991	2807720	1049973	72344644.53	975418
其中：外贸船	1336	27030431	29846567	31757	31684	12224779.48	6585	1391	25671265	28210346	31412	32536	7250020.45	8392

边防检查

【概述】2014 年，上海出入境边防检查总站以党的十八大和十八届三中、四中全会精神为指引，贯彻落实习近平总书记重要指示和全国公安厅局长座谈会精神，进一步加强和改进新形势下边检工作，全面深化“新三大支柱”建设，以“五个先锋”为目标，全力维护国家安全和社会稳定，推动边检服务水平再上新台阶。全年，检查出入境人员 3296.7 万余人次，比上年增加 12.9%。检查出入境交通运输工具 22.6 万余架（艘、列）次，比上年增加 7.9%。检查出入境国际邮轮 500 余艘次，比上年增加 38.3%；浦东机场共办理 24 小时直接过境免办边检手续旅客 35.2 万余人次；浦东、虹桥两机场共办理 72 小时过境免签证旅客 2.2 万余人次，同比增加 48.1%；虹桥机场出入境公务机航班 1000 余架次，办理出入境公务机旅客 5000 余人次，同比分别增长 3.9%和 0.44%，两项数据均创历史新高。

【完成上海亚信峰会等重大活动边检及安保任务】上海出入境边防检查总站主动采取超常规举措，构筑口岸管控屏障。亚信峰会安保期间，组织各边检站 212 名业务部门领导和一线执勤队领导开展了 3 期专项培训，着力提高各级人员组织指挥和突发事件处理能力。与上海市公安局建立重点人员通报核查机制，重点加强 72 小时过境免签外国人管控工作。铁路边检站与沪港直通列车沿途 3 个停靠站点公安机关建立警警协作机制，形成安保工作合力。峰会期间，共为包括俄罗斯总统等 11 位国家元首、1 位政府首相、10 位国际组织领导人在内的 82 批次代表团办理了入出境边检及礼遇手续。南京青奥会期间，总站在浦东、虹桥机场设置青奥会入出境专用通道，共为 161 个国家的 3656 名参加青奥会人员办理了入境手续。与此同时，圆满完成了全国“两会”、APEC峰会等重要会议安保和出入境边检任务。

【推进边检管理创新】上海出入境边防检查总站一方面主动服务上海国际航运中心建设。在全国率先开展邮轮检查改革试点，简化外籍邮轮出入港手续和船员临时入境手续，对随原邮轮返回的中国内地居民免盖入境验讫章，对随访问港邮轮入境并随轮出境的外国籍和台湾旅客免加盖出境验讫章，目前上述举措已在全国推广。放宽长期登轮证件签发条件，积极参与上海国际贸易“单一窗口”平台设计开发，主动跟进上海临港区域战略部署，为产值近十亿美元的多艘钻井平台和船舶提供通关保障。另一方面对接上海航空枢纽港发展。建立完善与民航部门、安检机坪科等驻场相关单位共管协作机制，实现货运航班“快通关”和监管模式“大协同”。年内，上海出入境边防检查总站将浦东机场入境边检自助查验通道由15条扩容至25条，通过自助通关方式入境的旅客超过43万人次，同比增长149.8%，创历史新高。全年上海口岸出入境人数突破3000万，4个承担旅客检查任务的边检站旅客满意度电子评价系统满意度一直保持在99.94%以上，2014年全球机场协会(ACI)旅客满意度测评中涉及浦东机场边检的3项指标排名均位居前列。

【狠抓执法规范化建设】上海出入境边防检查总站落实《中华人民共和国出境入境管理法》和《公安部出入境管理局关于加强边检法治建设的意见》，通过举办“边检法制讲坛”、执法示范单位经验交流座谈会、开展执法检查“回头看”活动等方式，深入查找和分析边检行政执法工作中的热点、难点问题。创新推出优秀执法制度推荐活动，评选和整理出适合推广和借鉴的优秀执法制度，供各基层单位学习参考。对各类法律文书模板进行了修改、完善和数字化导入，提高了法律文书的制作质量和效率。结合口岸限定区域“颜色管理”制度，创设“边检法制课堂”，针对违法违规人员开展“一对一”边检法律法规专题教育，增强执法效果。年内，共查获、审理非法入出境人员300余人次，同比增加40%以上；查获邮轮旅客境外脱团案件7起20余人次，抓获多名组织偷渡人员。特别是在2014年公安部“猎狐2014”专项行动中，排查发现多名漂白身份信息加入外国籍的在逃经济犯罪嫌疑人。7月，排查发现涉嫌合同诈骗案案值高达3600余万元，且已变换外籍身份的网上追逃人员和涉嫌贪污贿赂案案值达100余万元的网上追逃人员，并于8月将2人抓获。与此同时，不断完善法制监督，全年共办理行政案件5600余起，无一起有效行政复议案件。

【加强对外信息服务工作】上海出入境边防检查总站在先后推出英文网站和官方微博的基础上，对互联网门户网站进行全新改版，自主开发建设公安网“文化新天地”边检职业文化信息平台和微信“订阅号”，及时发布最新出入境政策，答复旅客提问。目前，上海出入境边防检查总站微博粉丝数量近70万。积极参与上海市公共信用信息平台建设，自3月起，定期向上海市公共信用信息服务平台提供经边检机关备案登轮单位和边检信誉管理“绿牌”诚信单位信息，以及违反边检法律法规人员信息。5月，加入中国（上海）自由贸易试验区管理委员会自贸试验区信息共享平台，为该平台提供自贸区内企业相关边检备案、监管类数据。同时，积极参与上海国际贸易“单一窗口”平台设计开发，为“单一窗口”申报平台第一阶段试点工作于6月18日在洋山口岸正式运行提供有力保障，第二阶段试点工作于年底正式运行。

【提升民警综合业务水平】上海出入境边防检查总站组织开展全国边检机关普通级证件鉴别人员跟班培训，共有来自24个边检站的25名学员参加培训。充分发挥“高波证研工作室”等业务带头团队的辐射效应，培养了一大批基层证研骨干。目前，已有高级证研员11人，中级证研员60人，初级证研员200余人，专业化证研队伍逐步成型。年内，总站组织114名民警前往北京、深圳、汕头和海口边检总站开展学习交流活动，并接收来自广州、珠海、汕头和海口边检总站的民警来沪交流；积极落实轮岗交流机制，分4批对260余人进行了跨站和岗位交流，进一步提升了民警综合业务水平。

【强化边检队伍监督工作】上海出入境边防检查总站建立督察发现问题基础数据档案库，部署启用“党风廉政建设信息管理系统”和“清风学苑”廉政教育网站，逐步建立完善信息化大监督工作格局。围绕队伍突出问题隐患开展深度排查，制定涉及25个方面重点问题清单，对排查出的人员制定针对性帮教措施，并纳入信息系统跟踪管理。开展纪律作风专项整治和执法服务突出问题隐患专项治理活动，积极配合公安部直属单位巡视组开展巡视工作，组织特邀监督员代表赴边检口岸进行巡访。在总站组织的警务评议活动中，服务对象对总站执法服务满意率达98.52%。坚持对违法违纪问题“零容忍”态度，强化执纪问责的刚性。组织开展民警因私出国（境）证件管理情况专项督察，摸清证件办理、管理等情况，防止发生违规办理出入境证件、私自出入境和在境外超期停留等违纪案件。年内，总站信访举报、投诉以及内部违纪案件数量均呈明显下降趋势。机场边检站督察队被评为“全国公安机关警务督察工作成绩突出集体”，受到公安部通报表扬。

【加强边检特色警营文化建设】上海出入境边防检查总站充分发挥由文工团、篮球、羽毛球、乒乓球、足球运动队以及文学、影像、语言、书画兴趣社构成的“四队四社一团”警营文化高地示范带动作用，吸引超过1600名民警、职工及家属参与到活动之中，各运动队频频在各类赛事中斩获佳绩，总站龙舟队首次参加上海市公安青年龙舟赛即获得季军。积极参与上海文明口岸同创共建活动，承办上海口岸“主持与朗诵”文化艺术交流活动，增强了与口岸单位及社会服务对象的横向互动交流。年内，总站7个集体荣获上海文明口岸同创共建创新服务奖及优秀组织奖，上海机场边检站荣获“全国文明单位”称号、“绮羽组”荣获“全国三八红旗集体”称号。（刘江萍）

2014 年上海口岸出入境主要数据表

项目			2014 年	2013 年	同比(%)
出入境人员(人次)	出入境人员总数		32966476	29203921	12.90
	入境人员(万人次)		1640	1453	12.80
	出境人员(万人次)		1657	1467.50	12.90
	出入境旅客		29845874	26420565.00	13.00
	出入境员工		3120602	2783356.00	12.10
	中国公民(万)人次	小计	2307	1801	28.10
		内地居民(因公)			
		内地居民(因私)			
		港澳居民			
		台湾同胞			
	外籍人员(万)人次		989	1119	—11.60
	从海港出入境人数		2179478	1,604,439	35.8
	从陆港出入境人数		149633	154,583	—3
	从空港出入境人数		30637365	27,444,899	12
交通运输工具(艘、架、车次)	总计		225,647	209,219	8
	船舶		25,135	25,337	1
	飞机		200,148	183,516	9
	火车		364	365	0
	机动车辆				

水运口岸

概述

2014年,上海水运口岸开放、运行、建设、管理工作有新的进展:一是按照年度对外开放工作计划,全年完成了洋山保税港区扩区验收、吴淞口国际邮轮码头正式对外开通启用、外高桥两个卸煤码头对外开通启用验收工作。此外,经批准,全年有9座码头临时接靠国际航行船舶。截至2014年底,上海水运口岸形成了包括黄浦江沿岸、长江上海段、杭州湾北岸、洋山深水港区4大开放水域、93座码头、304个泊位的对外开放格局。二是相关运行指标继续保持全国前列,全年,上海水运口岸进出口货物吞吐量3.82亿吨(占上海港货物吞吐总量7.55亿吨的50.6%);进出口集装箱吞吐量3039.6万标准箱(占上海港集装箱吞吐总量3528.5万标准箱的86.1%),集装箱国际中转率同比增长5.9%,国际中转比例达到7.1%。全年进出国际邮轮542艘次、出入境邮轮旅客大的122万人次。三是码头建设工程取得新的进展,上海国际港务集团全面完成码头结构升级改造,集团所属9家码头公司共49个泊位全部通过竣工验收核查。总投资约139亿元的洋山深水港区四期工程于2014年12月23日正式开工建设,计划于2017年建成投产。同时,积极推进“两型”港口建设,与美国洛杉矶港务局的岸电发展合作项目正式签约,并列入新一轮“中美战略和经济对话”项目,洋山冠东集装箱码头岸电试点项目纳入“中德绿色航线”合作项目,吴淞口国际邮轮港岸电项目得以推进。四是邮轮口岸通关便利政策有所突破,公安部批复同意在上海邮轮口岸试点入出境自助通关。 (邹增强)

港口管理与运营

【港口管理概况】2014年末，上海海港共有各类码头总延长126044米，泊位1220个，其中万吨级泊位253个。另有浮筒泊位62个。上海水运口岸共有93座开放码头、304个泊位，口岸功能和综合能力日趋完善和提高。全年完成上海港货物吞吐量7.55亿吨，集装箱吞吐量3528.5万标准箱，同比增长5%。

【推进港航管理改革创新】《上海国际航运中心建设蓝皮书(2014)》顺利发布。制定交通领域2014版负面清单，公共国际船代、国际海运装卸和堆存领域进一步扩大开放。出台外资控股国际船舶运输企业和外商设立独资国际船舶管理企业有关细则，5家外商独资船舶管理企业落户自贸区。交通领域在自贸区“先照后证”试点启动实施。协调推动功能性机构落户，上海国际航空仲裁院、中国贸促会上海海损理算中心、国际海上人命救助亚太中心、亚洲船级社协会常设秘书处落户上海。完成国际干散货运力交易产品上市。推动启运港退税政策扩围，适用启运地由原先的武汉、青岛口岸拓展至沿江、沿海8个口岸。中资非五星旗船舶沿海捎带业务正式运行。启动海运中转集拼业务试点。推动机场货邮中转业务拓展，试点企业新增两条国际中转集拼航线。全年完成机场旅客吞吐量8965.9万人次，同比增长8.3%，机场货物吞吐量361.4万吨，同比增长7.9%。

【推进上海邮轮经济发展】发布实施《关于加快中国邮轮旅游发展实验区建设的若干意见》，完善配套试点方案及服务规范，全年接待国际邮轮靠泊269艘次，同比增长36.5%，邮轮旅客吞吐量达到121.5万人次，同比增长60.6%。

【推进“两型”港口建设】与美国洛杉矶港务局的岸电发展合作项目正式签约，并列入新一轮“中美战略和经济对话”项目，洋山冠东集装箱码头岸电试点项目纳入“中德绿色航线”合作项目。推进吴淞口国际邮轮港岸电项目，启动苏州河外滩码头、丹巴路码头岸基快速充电桩项目。港口码头环保工作得到深化，完成上海港外高桥港区自动环境监测网络试点建设。

【推进引航体制改革】平稳完成全年引航任务。深化航海主题建设，中国航海博物馆影响力稳步提升。（王关云）

【上港集团运营概况】2014 年，上海国际港务（集团）股份有限公司货物吞吐量完成 5.4 亿吨，同比持平，其中，散杂货吞吐量完成 1.9 亿吨。集装箱吞吐量 3528.5 万 TEU，同比增长 4.5%。水水中转 1615 万 TEU，同比增长 5.7%（其中国际中转完成 250.4 万 TEU，同比增长 5.9%），水水中转比例达到 45.8%。国际班轮的航班密度达到每月 1158 班次。

【结构调整和资源整合工作取得新的进展】分别完成了张华浜和军工路分公司，瑞泰和房产公司，海湾和东点公司的整合；深化与中国海运集团战略合作，完成了明东公司股权调整；与同盛集团签署了《股权转让框架协议》，推进同盛相关公司股权收购工作，为集团进一步提升资源效益、拓展发展空间奠定了扎实的基础。

【对接落实自贸区政策实现突破】充分运用自贸区政策，筹集人民币境外资金，实现了境外融资的历史性突破；积极推进跨境通、商务通平台建设，大力发展免税店、保税仓等业务；设立了融资租赁公司，进一步优化资源配置、降低资金成本、实现多元发展。

【商务地产开发取得重大进展】完成宝山项目总体规划方案调整，并于年内全面启动了项目建设，这标志着集团商务地产开发进入了新的阶段。军工路地块基本完成了方案征集比选，积极推进安达路收储。汇山西块销售、东块和中块开发按计划有序推进。国航服务中心被评为“华东地区国家绿色建筑示范推广基地”。

【转型发展取得新的成绩】进一步深化长江战略，完成了对芜湖港务公司增资入股，与安吉川达物流合资设立安吉上港公司，与湖南省签署了关于城陵矶港务集团的合作框架协议，实地调研武汉港发展的重大问题，推进武港集团集装箱产业发展，增强了对腹地经济发展的服务能力。物流产业发展取得了新的进展，积极落实"大客户、大项目、大平台"的物流发展要求，加大了空箱服务中心、冷链物流中心、零部件物流平台的建设力度，成立了上港外运集装箱仓储服务公司，启动了外高桥冷库项目建设，全年汽车滚装业务完成 150.3 万辆，同比增长 7.4%，继续保持全国领先优势。积极拓展相关多元产业，加强与上海银行合作，认购了上海银行定向增发股份 9092 万股，累计持股达到 3.89 亿股，成为上海银行第二大股东。进一步盘活国客中心资源，发展邮轮、游船和游艇等延伸业务，全年国客中心邮轮码头靠泊 173 艘次，出入境旅客 14 万人次。

【管理创新取得新的突破】信息化建设取得了积极进展，研究制订了集团信息化发展规划，建立了信息化建设的工作机制，按计划推进"两大平台"建设，集团船舶统一调度平台和管理分析系统、新办公自动化系统等投入运行；开展国际信用评级工作，分别获得标准普尔和穆迪两大权威评级机构"A+"和"A1"的信用评级，是目前唯一获得该等级的国内港口企业，集团在国际资本市场的影响力进一步提高。

【科技创新和节能减排工作取得成效】形成了技术中心建设方案，加快推进重大科技创新项目，全年共完成科技创新项目 52 项，获得省部级以上奖项 2 个，获得国家专利 6 项。加快推广 LNG 集卡、锂电池 RTG、LED 照明等节能技术运用，积极参与上海市碳排放交易试点工作，制定实施碳排放交易管理制度和流程，合理调整能源结构。

【组建上港集团足球俱乐部】完成对东亚足球俱乐部收购，组建上港集团足球俱乐部，进一步增强了企业的社会影响力。深入推进企业文化建设和文明创建活动，不断提升集团的对外形象。

【盛东公司蝉联中国港口吞吐量超 700 万标箱集装箱码头称号】2014 年 4 月，中国港口协会集装箱分会四届六次理事大会在武汉举行，105 个会员单位的 140 余名集装箱码头代表参加。会上,上港集团盛东公司荣获“中国港口吞吐量超 700 万标箱集装箱码头”称号,这也是该公司第二次获得此项荣誉。该公司还被授予“中国港口每米岸线超过 2000 标箱量集装箱码头”、“中国港口水水中转超 80 万标箱杰出集装箱码头”、“中国港口国际中转超 10 万标箱杰出集装箱码头”、“中国港口每艘时超 100 自然箱杰出集装箱船舶装卸效率码头”、“中国港口每小时超 30 自然箱杰出集装箱桥吊作业效率码头”等项殊荣。 (樊鸿超)

【洋山港区运营概况】洋山保税港区 2014 年经营总收入 1962.00 亿元,商品销售额 1000.00 亿元,航运物流服务收入 945.00 亿元,进出口总额 747.95 亿元,分别比上年增长 24.9%、33.7%、16.2%、13.6%。货物吞吐量 14156.4 万吨,集装箱吞吐量 1520.2 万标箱,分别比上年增长 4.7%、5.8%,其中水水中转 755.5 万标箱,国际中转 167.0 万标箱,分别比上年增长 5.7%、5.1%。洋山口岸进出口集装箱 1420.72 万标箱,进出口货值 2233.16 亿美元,分别比上年增长 6.5%、7.9%,监管进出境国际航行船舶 9039 艘次,同比减少 3.31%。

【海通洋山汽车滚装码头进入稳定运营期】在洋山口岸管理单位、口岸查验单位与引航站等单位的通力支持以及船公司、股东方统一调配下,海通洋山汽车码头于 2014 年 4 月 15 日、16 日分别接靠了 K－LINE 旗下的“北方快航”汽车滚装船(188.03m 长、28.2m 宽、39422 吨位)和东车公司旗下的“利固傲”汽车滚装船(119.69m 长、20.50m 宽、10469 吨位)。“北方快航”4 月 15 日靠泊,累计装卸作业时间 7.5 小时,共完成接卸商品车 1201 辆、工程机械 1 辆及随机附件 3 件,装运出口叉车 1 辆;“利固傲”汽车滚装船 4 月 16 日靠泊,共完成接卸工程车 71 辆和随车备件 70 个,装船出口工程车 17 辆和随车备件 5 个。连续两艘汽车滚装船的顺利作业标志着海通洋山汽车码头进入稳定运营期。洋山汽车滚装务在上年首靠实现单一整车接卸的基础上发展至进出口双向接卸与装运,同时顺利完成大型工程机械作业,为洋山汽车滚装业务的多联发展创造了良好的条件。2014 年,共靠泊船舶15艘次，进口车辆16111辆，出口车辆24辆，总装卸量：16135辆。

（李 伟）

【外高桥港区运营概况】2014年，外高桥港区共完成集装箱吞吐量1716.4万标准箱，同比增长5.8%；货物吞吐量15761.9万吨，同比增长3.8%；靠泊船舶41617艘次，同比增长1.4%。

2014年，外高桥港区海关查验进出口货物23.03万批，查获移交缉私案值3.86亿元；查获知识产权案件235起，查获侵权货物2676.68万件；实际征税入库1118.23亿元，与去年上升9.58%，征税额占同期上海海关征税总数的29.8%，连续四年税收超千亿。

2014年，外高桥出入境检验检疫局共接受进出口商品申报35.59万批，检验检疫出入境货物37.11万批：其中，查验散货5.74万批，查验重箱114.81万标箱。查验入境货物36.84万批，114.04万标箱。商品检验7.72万批，涉及金额242.89亿美元；查验废物原料2.98万批，10.60万自然箱，20.97万标箱；查验进口食品（含动物源性食品）2.09万批次，涉及金额23.92亿美元；查验植物及其产品3.77万批，28.17万标箱；查验其它动物产品5706批，1.23万标箱；饲料及饲料添加剂2770批，5.91万标箱；检验出证进口汽车1.28万批，42.16万辆，196.17亿美元。查验空箱25.69万标箱。进境船舶检疫3185艘次。

2014年，浦东海事局船舶安检实现PSC单船到港检查率任务指标162.3%，FSC海船单船到港检查率任务指标294.1%，FSC内河船单船到港检查率任务指标155.8%。船舶防污染检查同比增长9.8%、危险货物集装箱积载隔离检查同比增长2.7%、集装箱开箱查验同比增长23.6%。组织、协调海上搜救行动51次，救助遇险人员182人，救助成功率100%。办理船舶进出港签证45068艘次、征收船舶港务费1844.13万元，港建费479.63万元，行政处罚763件。辖区水域“四项指标”同比三平一降，一般及以上等级事故水上交通事故3起，沉船2艘，无人员伤亡，上述三项指标均同比持平；直接经济损失1475万元，同比下降56%。

2014 年,外高桥边检站共检查入出境(港)船舶 21902 艘次,同比增长 0.6%;检查入出境(港)人员 451209 人次,同比增加 0.6%;办理行政处罚案件 34 起,查货不准入境人员 1 人次,查货外籍船员持有伪假海员证案 1 起 1 人次,查货持用伪假证件申办登轮证案 9 起 9 人次。 (谭 波)

【杭州湾北岸口岸运营概况】 2014 年,杭州湾北岸口岸区域各码头运行比较平稳。其中的上海南港码头,自 2013 年 8 月 23 日首艘外轮 AAL 澳亚航运“林图”轮顺利靠泊,开始西门子风机叶片作业,标志正式开港之后,运营情况稳中有升。2014 年,南港的作业货种不断多元化发展,包括钻井设备、金属散货、变压器等,与 BBC、SAL、中远、中海等船公司的合作也日益频繁和深入。 (李 伟)

上海组合港建设

【概况】长三角地区港口岸线资源丰富，拥有7700.54公里的海岸线和1162.8公里的长江岸线，具有发展港口的良好区域优势和综合基础条件。截止到2014年底，长三角地区生产用码头泊位数共14736个，长三角地区港口吞吐能力39.14亿吨，集装箱吞吐能力5805万TEU。其中，上海港共有沿海泊位1220个(其中生产性泊位610个)，各类内河码头泊位1988个(其中生产性泊位1962)，上海港年设计吞吐能力海港5亿吨(其中集装箱吞吐能力2915万TEU)，内河港口吞吐能力1.94亿吨；浙江省共有生产性泊位4690个(其中沿海泊位1094个，内河泊位3596个)，浙江省港口吞吐能力13.2亿吨(其中沿海港口吞吐能力9.6亿吨，内河港口吞吐能力3.6亿吨)，集装箱吞吐能力为1452万TEU(其中沿海港口吞吐能力1385万TEU，内河港口吞吐能力57万TEU)；江苏省共有生产性泊位7474个(其中沿海泊位152个，沿江泊位1141个，内河泊位6181个)，江苏省港口吞吐能力18亿吨(其中沿海港口吞吐能力2.0亿吨，沿江港口吞吐能力10.3亿吨，内河港口吞吐能力5.7亿吨)，集装箱吞吐能力为1438万TEU。

【水运货运量增幅减缓，周转量增幅扩大】2014年长三角地区完成水路货运量18.55亿吨，与去年基本持平，占全国比重为31.12%，较去年同期降低了6.53%；水路货物周转量完成37537.9亿吨公里，同比增长15.92%，占全国比重为40.85%，较去年同期增长3.42%。其中上海市完成水路货运量4.66亿吨，同比下降0.2%，完成货物周转量21885.4亿吨公里，同比增长30.6%；浙江省完成水路货运量6.54亿吨，同比下降

3.2%，完成货物周转量 7906 亿吨公里，同比增长 7.5%；江苏省完成水路货运量 7.35 亿吨，同比增长 5.9%，完成货物周转量 7746.5 亿吨公里，同比增长 4.2%。

【港口货物吞吐量增速放缓】 2014 年长三角地区主要港口全年共完成货物吞吐量 36.42 亿吨，同比增长 5.69%，长三角地区主要港口货物吞吐量占全国规模以上港口比重与去年同期相比稍微下降，为 32.63%。长三角地区港口在我国经济和港口航运发展中继续保持特别重要的地位和作用。

2014 年上海港完成货物吞吐量 7.55 亿吨，同比增长－2.64%。浙江省主要港口完成货物吞吐量 11.67 亿吨，同比增长 16%。江苏省主要港口完成货物吞吐量 17.2 亿吨，同比增长 3.37%。

2014 年长三角地区的主要港口中台州港和温州港的增速在 7%以上，上海港和江阴港均同比下降，扬州港、苏州港、太仓、常熟的增长势头迅猛。湖州港同比下降最多，达到 44.57%。各港情况见下图：

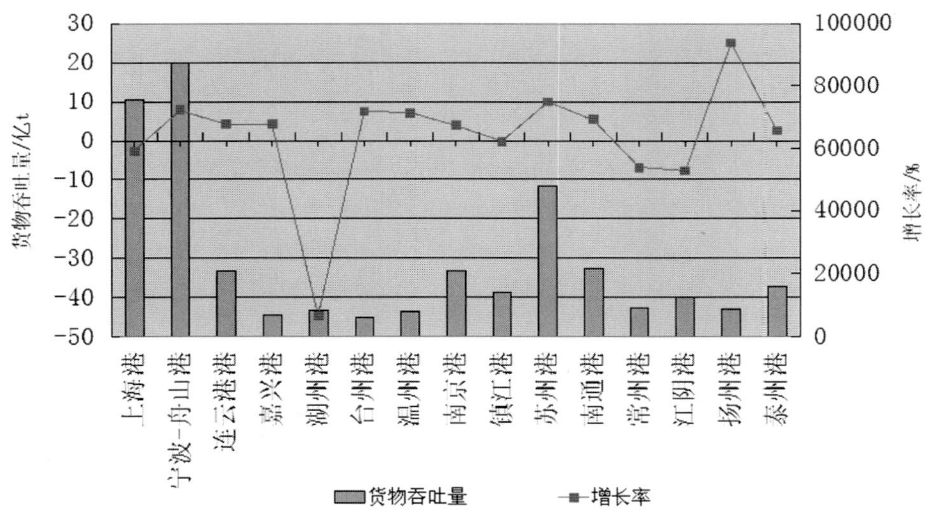

【港口外贸货物吞吐量增幅放缓】 2014 年长三角地区主要港口外贸货物吞吐量保持稳步增长，共完成 11.90 亿吨，同比增长 5.03%，占全国规模以上港口比重较去年同期略微下降，达到 34%。上海港完成 3.82 亿吨，同

比增长 1.33%；浙江省主要港口完成 4.41 亿吨，同比增长 8.35%；江苏省主要港口完成 3.67 亿吨，同比增长 4.86%。

有 5 个港口增幅较大，其中扬州港增幅最大，达到 48.29%以上，湖州港、太仓港和泰州港超过 20%、苏州港超过 15%。各港情况见下图：

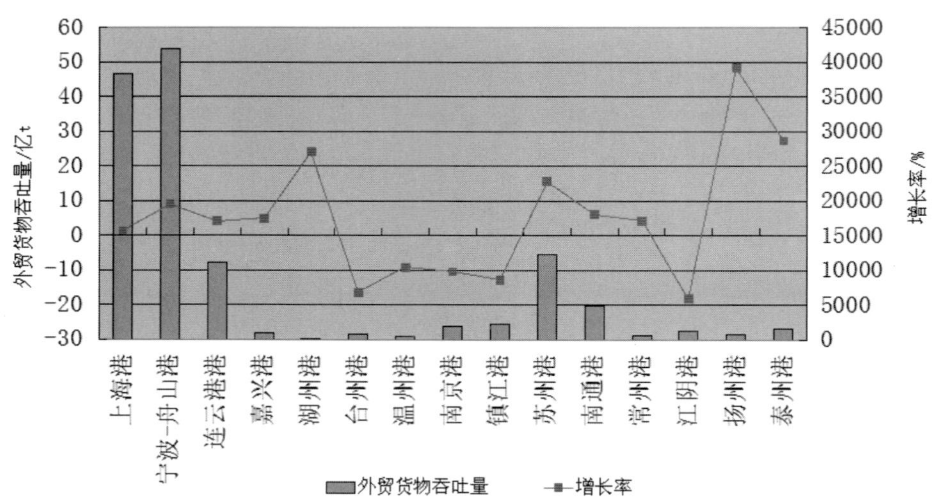

【港口集装箱吞吐量平稳增长】 2014 年长三角地区主要港口完成集装箱吞吐量 7154.58 万 TEU，同比增长 3.38%，占全国规模以上港口总量比重达为 35.76%。上海港完成 3528.5 万 TEU，同比增长 4.96%，集装箱吞吐量继续保持世界第一。浙江省主要港口集装箱吞吐量完成 2148.47 万 TEU，同比增长 12.50%。江苏省主要港口集装箱吞吐量完成 1477.61 万 TEU，同比增长－10.39%。上海国际航运中心长三角地区各港口集装箱吞吐量实现了平稳增长，总体上保持了良好的增长态势，增幅超过 10%的港口有 6 个。其中湖州港增速最快，同比增长 39.94%以上，苏州港、常州港的增幅在 20%以上，舟山、嘉兴、南通港的增速也在 10%以上，南京港增长缓慢。各港情况见下图：

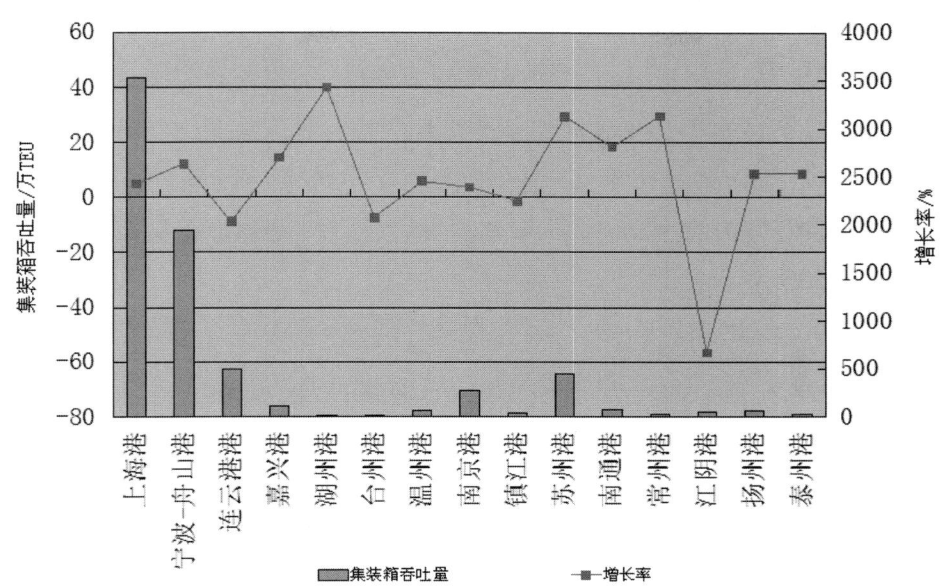

【上海组合港管委会办公室全力推进上海国际航运中心建设】2014年，上海组合港管委会办公室认真贯彻落实管委会历次会议决议和十八届三中全会、全国交通运输工作会议精神，紧紧围绕交通运输部、上海市、浙江省、江苏省港航发展的工作重点，积极发挥掌握港口经济运行和相关区域港航发展基本情况等优势，密切关注国际国内海运发展形势和发展趋势，积极开展政策研究，进行跨省市业务协调，推进区域信息化，发布经济形势分析，逐步完善长三角区域港口规划协调、市场监管和港航信息等规划处长、业务处长、安全处长、信息工作等协调机制，积极推进港航管理创新、组合港集疏运体系建设、现代航运服务业发展，研究建设港航信息服务平台，发布长三角地区港口经济形势分析和上海国际航运中心港口景气指数，围绕长江经济带建设分析港口发展面临的问题，推动港口间进一步紧密合作，组织长三角地区港航相关单位赴台业务交流，努力完成交通运输部交办的工作任务，务实做好推进上海国际航运中心建设和长三角地区港口、航运协调发展的各项工作，支持和帮助其他区域国际航运中心建设等。

【加强海运发展政策研究和调研】积极配合交通运输部水运局参与《国

务院关于促进海运业加大发展的若干意见》前期研究起草和相关材料的收集和整理工作。根据国务院意见，开展了《关于建设航运强国指标体系研究》，多次组织专家论证研讨，分析了我国航运发展情况和国际海运发展趋势，设计了一系列指标界定航运强国概念和评价体系，提出了促进我国由航运大国向海运强国发展需要进一步加强的方面等建议和意见，研究报告已基本完成。根据交通运输工作会议和国务院出台支持中小企业发展的意见，开展了《关于支持中小型航运企业发展的政策研究》，针对金融危机的冲击和影响，中小航运企业经营十分困难，如何保持中小航运企业的生存和发展，有效发挥我国水运市场国有大型航运企业和中小航运企业的相互补充、相互促进、相互协调发展的作用，具有十分重要的意义，经过深入调研、分析，提出了扶持中小型航运企业发展的政策建议，基本形成研究报告，即将报送国家相关部门供决策参考。为配合部水运局做好落实国务院进一步深化改革扩大开发的精神，完善水运发展政策体系，开展了基础性的研究工作:《改革开放以来水运发展政策研究》，历史文件查档、梳理和归纳整理工作正在抓紧进行之中，将以国际化视角审视当前我国水运政策，根据水运发展的新趋势和新要求，提出适合我国国情的水运发展政策建议。

与上海市、浙江省、江苏省有关管理部门、机构和企业一起，开展了洋山港区发展方向分析、自贸区与港口发展的关系、大洋山开发模式、太仓港纳入上海国际航运发展综合实验区方案研究、长三角内河集装箱运输组织问题等战略、政策及运输组织方式方面研究，供管理部门、企业制定发展政策、发展规划、经营策略等决策参考。

针对上海国际航运中心及海峡两岸集装箱运输市场华东地区出现的恶性竞争苗头，我办与上海国际航运中心发展促进会一起按照交通运输部的有关精神，开展了《两岸海运宏观调控及市场监管体系研究》和《两岸集装箱合理运价和航线布局优化研究》，研究提出了合理有效的控制两岸集装箱运力增长和加强市场监管的政策建议及指导航线和挂靠港的优化方案。

围绕国家“一带一路”和长江经济带建设发展战略，组织开展了推进黄金水道和长江经济带建设的专题项目调研，积极推进长三角地区与长江中上游港口间的战略合作，加快推进长三角区域港口一体化发展进程。

组织办内各业务处室赴江苏省和浙江省有关港口开展了业务协调和调研，就港口如何为长江经济带和区域经济发展服务，进一步提升综合服务能力和核心竞争力，推进区域港口信息共享，转变发展理念、创新经营模式，布局规划及运输生产组织调整，区域港口间进一步密切合作、协调发展等方面与相关单位进行了深层次的探讨与交流。

【围绕部省市港航重点工作做好区域港航发展协调】金融危机条件下，进出口贸易货源大幅度减少，港口之间、航运企业之间争揽货源的竞争有加剧的趋势。组合港办公室按照交通运输部水运局委托、企业呼声和主任办公会议确定的工作计划，根据长三角港航集装箱运输市场联动规则，积极开展上海国际航运中心航运市场秩序的监管，协助组织调查集装箱杀价竞争情况，核查违规开辟航线的行为，支持开展长三角港航中日、两岸集装箱运价协调，努力避免恶性竞争。组织开展两岸集装箱合理运价和航线布局优化座谈研究，参加企业自律协商会议，支持行业组织进行经营行为协调。

加强对长三角港口合作发展的推进和业务协调，积极促成跨省市干线港口和支线港口之间的业务合作，协调企业提出的实际问题。对长三角区域港口发展情况进行调研，提出报告，供领导决策参考。

积极为部省市政府做好港口、航运重点工作的业务协调，按照部省市的港航工作部署制定组合港办公室年度工作计划，稳步推进，积极完成部省市政府及有关司局委办委托参与的协调、指导任务，参加港航发展、水运建设相关协调会议，积极提出意见等。支持长三角内河航运发展，调研有关情况，积极为全国政协开展长三角大型集装箱河海直达船舶运输会议提供资料，协调推进河海直达船型研究和试验。

积极支持大连、天津、东南、重庆、武汉、西南等航运中心建设，根据要求发送材料、提出建议，给予指导和帮助。

【务实推进港航信息化建设】深入研究长三角港航信息平台建设方案。

与交通运输部水运局有关业务处室进行沟通，进一步组织研究长三角信息化工作方案，研究讨论《长三角港航信息服务平台建设方案》的思路和可行性，组织有关港航信息化领域专家召开座谈会，研究提升港航服务质量，增强国际竞争力，提出了建设面向管理部门和市场，具备应用和服务的港航信息平台建设思路，调研江苏、浙江有关港航管理部门及港口企业，针对定位、规划、重大项目等关键问题的协调，努力促进以信息化平台建设带动长三角地区港航业协调发展。

【积极做好港航信息服务】召开了长三角各个港口管理机构和港口、航运企业参加的长三角信息工作会议，研究措施，表彰先进，进一步研究完善长三角港航数据报送及信息发布机制。组织上海、浙江、江苏和安徽三省一市交通有关单位共同编制《长三角地区港航信息服务指南》。组织召开国际航运经济形势分析会，为长三角地区的港航管理部门、港航企业、行业协会、科研院校等介绍加快发展现代航运服务业情况、政策体系和策略，通报长三角地区港口经济运行情况和形势分析，分析了中国（上海）自由贸易试验区为港口发展带来的新机遇和新问题，为上海市、浙江省、江苏省及全国其他地区管理部门和港航企业搭建国际航运中心建设交流大平台，提供及时准确的决策支持和管理信息服务。

【编制发布行业报告】把《组合港信息》扩展为《国际航运中心发展情况通报》，加强了我国以上海国际航运中心为主体，兼顾报道其他航运中心港航信息及动态，每月为部省市政府有关部门和港航企业等单位及时反映国际航运中心建设和港航发展方面的政策动态、上海国际航运中心（组合港）建设情况、相关航运中心进展、重要国际国内航运信息及港口经济运行等情况，用信息服务和引导企业健康发展。这是我国第一份全面反映国际航运中心建设情况的信息资料。

充分利用组合港港口数据信息网络、组合港成员单位即时信息互通机制和长三角港航信息联络员队伍，继续做好长三角地区港航信息收集，密切关注国内外经济发展形势和港航业发展态势，进一步加强了研究分析和预测，定期发布《长三角地区港口经济运行情况和形势分析》报告，编辑分析整理发布《上海国际航运中心港口景气指数》，为部省市政府有关部门和港航企业等单位更好地开展相关工作提供决策参考。组织编制了《2014 年长三角内河航运发展报告》，提出促进内河航运发展的政策建议，积极推进完善区域现代化内河水运体系，促进长三角内河航运一体化联动发展。

【推进航运服务业发展】为积极应对金融危机影响和当前世界海运发展形势，协助交通运输部水运局维护运输市场秩序和公平竞争，召开相关会议，分析形势，指出利弊，促进行业自律。研究分析了产业结构和经济贸易形势，努力寻求各种方式为海运企业提供航运金融、船舶管理、船舶融资、人才培训等综合服务，帮助企业进一步提高经济效益。

【促进区域港口间紧密合作】积极推进长三角地区港口间的业务合作，积极推动上海港与太仓港业务深度合作，支持促进湖州港与扬州港的业务合作与交流，依托高等级内河航道和长江流域，利用各自港口资源和腹地经济等综合条件，发展沿江临港产业，推动形成港区建设与沿江开发互相促进的良好态势。

【组织对台港航合作交流】经交通运输部港澳台办公室和国务院台湾事务办公室的批准，组织长三角地区相关单位赴台湾地区开展了港航发展合作交流研讨会，与台湾港务股份有限公司就共同推进上海国际航运中心建设，促进海峡两岸港口、航运企业及有关机构之间开展经营、管理、技术、服务等方面业务达成了合作意向，积极推进建立长期稳定的合作关系，重点就完善上海国际航运中心投资和综合服务环境，吸引台湾地区各类航运机构在长三角地区设立经营性和非经营性机构，引进和培育中高端航运服务品牌，开拓港口相关业务的决策提供信息和支持，为长三角地区和台湾地区的相关机构进行国际和国内航运法律、航运人才、航运金融、航运保险等方面的咨询和培训业务，充分利用双方资源优势，开展多层次、多领域、全方位的业务合作。

【组织完善港航相关行业组织联席会议机制】继续组织长三角各航运、

港口、贸易、海关、代理、商业等学会协会20多家各相关社会团体和行业组织联席会议，定期交流相关行业情况，相互协调，共同服务于长三角地区港航管理机构、企业、中介组织开展相关工作和业务等，凝聚大家力量共同推进上海国际航运中心建设。

【积极参与相关活动】参加交通运输部召开的全国海运发展推进会议、部水运局关于促进全国海运发展的座谈会等，积极提出推进上海国际航运中心建设、长三角地区港口协调发展和全国水运健康发展的政策和管理措施建议。参加了上海市国际航运中心建设工作推进小组工作会议。参与了上海市北外滩航运产业“十三五”规划前期研究和上海市交通系统优秀航运人才专项调研工作，参与了新华一波罗的海国际航运中心发展指数编辑和上海国际航运中心建设年度报告的编辑工作，参加了推进国际航运中心核心功能区建设发展座谈会和上海市浦东新区航运发展重点扶持对象专家评审会和浦东国际航运服务中心年度工作座谈会。参与了宁波中国港口博物馆的筹备工作，提交了长三角地区港口发展和上海国际航运中心建设中的有关照片、文献资料、影视材料等，并在博物馆1号展厅(港通天下)单独展示长三角地区港口的发展历程和显著成绩。参加了长江航务管理局《长江航运发展报告》编辑工作、上海统计局航运中心建设统计编辑工作等。

(李雨衡)

航运交易

【概况】2014 年，在交通运输部和上海市的指导与帮助下，上海航运交易所(以下简称航交所)完成部市在《2014 年上海国际航运中心重点工作安排》中布置的工作任务，并探索创新“规范航运交易行为、维护航运市场公平、沟通航运动态信息”三大基本功能，在运价备案、指数研究、船舶交易等方面都取得了质与量的增长。

作为交通运输部指定的备案受理机构，航交所严格贯彻实施国际集装箱班轮运价精细化备案模式，2014 年接受班轮运价报备 4339 万条、无船承运人公布运价报备 105 万条、台湾运价报备 46.6 万条。此外，航交所还协助交通运输部贯彻落实了国内水路集装箱班轮运价备案制度，为政府及时准确掌握班轮市场情况提供了有效抓手。

2014 年，航交所的运价指数得到了进一步丰富，与厦门航运交易所共同研制开发的“台湾海峡两岸间集装箱运价指数”正式发布，并开始试运行中国进口集装箱运价指数和东南亚航线集装箱运价指数。

在面临船舶交易收费政策重大调整的情况下，航交所已实现从传统的交易鉴证转向船舶融资、管理、运营、保险、安全、中介、法务、修造、设计、信息、技术等高端定制化服务。2014 年，船舶评估艘次与总值均比 2013 年同期有较大幅度的上扬：船舶成交总金额为 18.3 亿元，同比增长 39%；公估勘验船舶 62 艘，同比增长 24%；招投标及中介船舶 33 艘，比 2013 年增加了 27 艘。

2014 年，航交所的航运运价交易平台调整优化产品序列，自 6 月起试运行分船型的国际进口干散货运力交易产品，覆盖国际集装箱(欧洲、美西)、国内沿海散货和进口散货三大领域，为航贸企业控制船运风险创造条件。9月成交了中国首笔以实际运力交付的合约。11月，国际干散货期租运力交易合同正式挂牌。

【完成《2013/2014年水运形势分析报告》】1月15日，航交所完成《2013/2014年水运形势分析报告》。该报告涵盖了集装箱运输、国际干散货、石油运输、沿海散货、液货危险品运输五大板块，就国际和国内航运市场的2013年总体形势和2014年走势做了总结和预测分析。该报告是航交所的年度固定信息产品，通过详细数据直观地反映了市场发展变化，为航交所会员及时掌握市场动态提供了翔实的信息，也是各级交通主管部门及港航企业了解市场环境有价值的参考资料。

【正式实施运价精细化备案模式】2月15日，根据交通运输部相关指令，中国水运市场的集装箱运价精细化备案模式正式实施。该举措完善了2009年8月实施的国际集装箱班轮运价备案制度，维护了国际集装箱班轮运输市场公平竞争秩序和环境，并能够保障运输各方当事人合法权益。航交所是交通运输部指定的唯一备案受理机构。

【参与发起设立"航运信息产业技术创新战略联盟"】4月，航交所分别与中海信息系统有限公司、上海海事大学、上海产业技术研究院、上海中远资讯科技有限公司、国家海洋局东海信息中心、上海计算机软件技术开发中心等单位共同发起设立"航运信息产业技术创新战略联盟"。该举措加强了产学研合作，推动上海国际航运中心的信息化建设和核心竞争力有效提升。

【完成2013年度《中国航运发展报告》】6月，航交所完成2013年度"航运白皮书"。该白皮书是在交通运输部的领导下，由交通运输部水运局与航交所组成的编委会共同完成。作为交通运输部发布的水运行业年度出版物，涵盖了国际航运、国内航运、集装箱运输、航运服务业、港口、水运建设、海事监管与搜救等内容。

【开展中日航线运价备案执行情况检查】7月29日，航交所根据交通运输部水运局《关于开展中日航线运价备案执行情况检查工作的通知》和"中日航线运价备案执行情况检查动员会"的部署，以及《关于中日航线运价备案执行情况检查工作具体安排的通知》的要求，协助各地交通运输部门在青岛，天津、大连口岸对经营中日航线集装箱班轮企业进行运价备案执行情况检查。经检查，最终对其中43家次企业的违规行为进行了行政罚款处罚，同时责令其限期整改。

【与国家统计局签署战略合作框架协议】9月30日，航交所与国家统计局在北京签署了战略合作框架协议，被国家统计局授予"国家统计局大数据合作平台单位"。双方合作内容包括：共同研究探讨建立大数据应用的统计标准，包括指标定义、口径、范围、分类、计算方法、代码等；共同研究确定利用企业数据完善、补充政府统计数据的内容、形式及实施步骤，包括数据采集、处理、分析、挖掘、发布等；各方一致同意的其他方面的合作。

【入选中石油船舶评估机构优选名录】11月，航交所旗下的上海船舶保险公估有限责任公司与中石油集团达成业务合作意向，入选该公司船舶评估机构名册，优先为其旗下的危险品船舶提供船舶勘验和价格评估服务。当月，航交所完成了中石油首艘油轮的船舶评估勘验，正式启动合作。

【举办第五届上海航运交易论坛】11月27日，航交所在虹口区北外滩茂悦酒店举办"第五届上海航运交易论坛"，来自上海自贸区、行业协会、研究机构、海事院校等500余名业内人士、专家、学者及媒体记者等参会。本次论坛以"航运的创新之路"为主题，各与会嘉宾就航运创新发展的必要条件、自贸区与航运发展的关系、全球资源配置对航运业发展的影响、航运联盟的未来以及航运金融创新等方面作了演讲。论坛上正式发布了"台湾海峡两岸间集装箱运价指数"(TWFI)，全面表征两岸间的集装箱班轮运输市场总体供需关系和市场景气程度。

【召开船舶交易服务年会】11月27日，航交所召开了"2014年船舶交易服务机构会员年会"，交通运输部水运局以及各船舶交易市场代表共40余人参会。航交所介绍了"中国船舶交易信息平台"信息报送及总体运行情况，并对国务院关于船舶交易的相关文件和精神进行了宣讲。各船舶交易市场就船舶交易鉴证业务、船舶交易创新经验和发展设想以及对会员服务工作的需求和建议进行了交流发言。

【加强“上海国际航运信息中心”信息集聚功能】 4月，航交所成立了事业部，通过着手开展多项调研工作，加强了“上海国际航运信息中心”信息集聚功能。截至2014年底，已完成《航运金融及衍生品市场的创新发展》和《上海设立船东互保协会可行性研究》课题。（汪相文）

口岸安全服务保障

【港口引航概况】 2014 年在全年大雾、大风等恶劣天气影响上海港累计 127 天的情况下，共完成引航任务 66417 艘次，同比减少 1232 艘次，降幅为 1.83%。这是上海港引航连续 5 年保持在 65000 艘次以上的高位运行。其中，进口船舶 31175 艘次，出口船舶 31454 艘次，移泊 3788 艘次；进出长江船舶 23300 艘次；集装箱船舶 28577 艘次，危险品船舶 10923 艘次；船长 180 米以上 29172 艘次，船长 250 米以上 15559 艘次，吃水 11 米以上 8640 艘次。

承担洋山深水港引航任务的上海港引航站洋山分站全年引航 9144 艘次，其中完成双向通航 180 艘次、双套泊作业 291 艘次、超大型集装箱船舶反潮水离泊试验 129 艘次、夜间套泊作业 148 艘次。

【引航艘次上半年小幅上升但下半年明显下降】 第一季度、第二季度分别同比增长 1.26%、1.03%，第三季度、第四季度分别同比下降 4.73%、4.79%。其中，进出长江的船舶艘次波动尤为显著，第一季度同比上升 8.45%，其中 1 月份与 3 月份的同比增长幅度都在 13%以上。至第四季度，进出长江的船舶艘次又呈现出明显下滑的态势，同比下降 8.43%。各船舶种类的艘次变化分布也不均衡。集装箱船艘次基本与上年度持平，仅下降 0.55%；散杂货船同比下降 3.82%；危险品船同比下降 2.69%；大型客轮增幅最明显，同比上升 37.24%。散杂货船艘次的变化大起大落。上半年尤其是第一季度大幅上升，如三月份同比增长 9.74%。七月以后持续下滑，第四季度同比下降 11.23%。如此剧烈的艘次升降变化为历年所罕见。分析上述船舶艘次变化情况，可以看出航运市场复苏乏力、散杂货市场不景气的整体态势依旧。

【进出上海港船舶大型化、专业化趋势进一步加剧】全年引领长度300米以上的超大型船舶5927艘次，增幅4.53%；引领吃水大于12米的超大吃水船舶559艘次，增幅5.47%；引领大型国际邮轮538艘次，增幅37.24%。

【为“海上联合2014”军事演习引领俄罗斯军舰】5月20日至21日，“亚洲相互协作与信任措施会议第四次峰会”（简称“亚信峰会”）在上海举行。峰会期间，中俄两国海军进行了代号为“海上联合2014”的军事演习。军演时间为5月18日至5月27日，中俄国家元首悉数出席，是我国一次十分重大的外事活动。上海港引航站承担了引领5艘俄罗斯军舰进出上海港的任务。

引航站专门成立“俄舰引领指挥小组”，指派12名技能等级高、业务水平精、政治素养好的引航员执行军舰引航任务，精心准备，多方协调，制定了详尽的引航方案及多项应急预案，全力确保俄舰进出上海港的安全。5月18日0820时，两名引航员登上俄罗斯011号导弹巡洋舰“瓦良格”号，在随后的1个小时内，另外10名引航员陆续登上被引军舰，12名引航员有条不紊地按照计划执行引航任务，在保证被引军舰安全的同时，严格按照海军的要求在规定的时间通过特定水域。按计划当旗舰011号经过主席台时俄中双方要鸣放21响国家礼炮，原先得知俄方21响礼炮将耗时120秒，登舰后引航员了解到实际耗时为189秒，误差达一分钟以上，足以让航行中的旗舰错开码头上的主席台。为此引航员蓝中、郕志伟再次计算经过主席台水域所需要的合理航速和鸣炮的起始位置，最终确保俄方礼炮鸣完21响后011旗舰舰首刚好抵达岸上的主席台位置，接着中方开始鸣放礼炮。这一小小的细节获得了俄中双方首长的高度赞扬。5月27日1100时，上海港国际客运码头，中国海军引导舰151舰、俄罗斯海军旗舰011舰解清最后一根缆绳，徐徐离开泊位，汽笛长鸣，中俄官兵依依作别。1740时，舰队抵达北槽D6灯浮，海港拖轮依次接下12位引航员和6位中方海军翻译官，151舰继续引导俄舰队驶向东海汇合点。至此，引航站顺利完成了引领5艘俄罗斯舰队两进两出上海港的任务。

【深入推进“阳光引航”工作】2014年先后两次接受上海市交通委联合督查组对站“阳光引航”工作的督查，得到充分肯定。一年来，引航站进一步规范拖轮调派，完善并实施《上海港引航作业辅助拖轮的配备标准和使用办法》；每天下午四时与晚上八时两次公开发布引航作业计划，接受全社会监督；开发引航费收模拟计算器，在网站公开，方便代理公司、船公司对引航费用的核算；对生产调度管理系统进行升级完善，做到重要操作留有痕迹，可供追溯；制订《生产调度、引航费收联合督查制度》，站联合督查小组定期和不定期对重点业务环节进行督查；站领导班子成员分别带队到30多家重点客户服务单位上门听取意见和建议；相继与宁波港引航站、舟山港引航站、长江引航中心等交流“阳光引航”工作。

【运用科技手段保障引航生产】完成引航员助航仪升级，实现同步录音，将引航计划导入引航系统，便于引航员及时掌握周边被引船舶的信息；完成引航安全实时同步监控“超速上墙”项目升级，实时动态监控被引船舶的航行状态，区分超速比例，记录超速次数及时间长度；完成汽车队车辆车载GPS设备升级，更新行车记录仪，升级实时路况、跟踪监督和状态查询功能。

【提升引航技术创新力量】依托海事大专院校及相关港航单位，完成《上海港国客中心码头大型国际邮轮双窗口开靠关键技术研究》、《南槽航道建设对船舶引航的影响与对策研究》、《洋山港区超大型集装箱船舶反潮水离泊》等课题项目，有关洋山雾航的课题研究稳步推进。

【强化安全生产标准化管理】完成安全生产标准化的文件编制、自评等工作，对危险源进行辨识，对重点部门危险源进行梳理，以975分的高分通过CCS考评，获得交通运输部颁发的《交通运输安全生产标准化一级企业》证书；通过上海海事局与上海市交通委组成的督查组对安全管理体系的督查，对11项不符合项及1项建议项及时予以整改落实。

【抓好先进典型培育】召开引航员立功授奖表彰大会，对177名一线引航员进行授奖；引航员蓝中荣获第二届“上海港劳动功臣”称号，引航员周弘

文荣获上海市“五一劳动奖章”，创建“周弘文引航创新工作室”。（江　炜）

【船舶检验概况】 2014年，上海地区船舶检验业务主要由中国船级社(CCS)所属的上海分社、上海市交通委下属的上海市船舶检验处和国外船级社（美、英、挪、德、法、意、日、韩）在沪机构分别承担。

中国船级社是国家的船舶技术检验机构，中国唯一从事船舶入级检验业务的专业机构，国际船级社协会的正式会员。依据国家有关法规和国际公约、规则，为船舶、海上设施及相关工业产品提供技术规范和标准，提供入级检验、鉴证检验、公证检验、认证认可服务，以及经中国政府、外国（地区）政府主管机关授权，开展法定检验和有关主管机关核准的其他业务。目前，CCS接受了32个国家或地区的政府授权，为悬挂这些国家或地区旗帜的船舶代行法定检验。

中国船级社上海分社是中国船级社设在上海的分支机构，成立于1959年，坐落在浦东陆家嘴金融区，员工近200人，主要负责上海地区的营运船舶、新造船舶、船用产品的现场检验、审核、认可、发证，以及苏州、嘉兴地区的船用产品检验、认可等工作。

中国船级社上海分社经过50多年的发展，技术能力得到了极大提升，相继承担了7000米“蛟龙号”载人潜水器、“海洋石油981”深水半潜式钻井平台、中海万箱船、“雪龙号”极地科考船、中国首艘LNG船“大鹏昊”、“海洋石油720”多缆物探船等高技术船舶或海工的检验工作，签发了中国首张《2006海事劳工公约（志愿）证书》和首份《船舶能效管理计划》，先后获得国家、上海市、交通运输部“文明单位”等荣誉称号。

2014年，中国船级社上海分社以“安全、环保、高效，为客户和社会创造价值”为宗旨，强化安全技术保障，加强人才培养，提升现场检验服务能力，为上海的航运、造船事业和国际航运中心建设做出了积极的贡献。

CSA 入级建造工作完成情况

单位	完工(合计)		在建(合计)	
	艘数	万总吨	艘数	万总吨
合计	24	137.5	35	162.3
占 CCS 系统比重	12.1%	30%		
2013 年同期数	14	58.6	33	194.8
同期比较	71.4%	134.6%	6.1%	−16.7%

国内建造工作完成情况(CSAD+持证)

部门/单位	完工(合计)		在建(合计)	
	艘数	总吨	艘数	总吨
合计	6	1577	8	3408
2013 年同期数	19	13494	4	652
同期比较	−68.4%	−88.3%	100.0%	422.7%

入级营运检验船舶

部门/单位	营运检验(合计)			ISM/ISPS 审核/SSP 审批		
	2014 艘次	2013 艘次	同期比较	2014 艘次	2013 艘次	同期比较
合计	639	704	−9.2%	854	729	17.1%

MLC2006 文件审批和实船检查艘次

部门/单位	文件审批艘数(合计)	实船检查艘数(合计)
合计	307	61

国内航行船舶营运检验

部门/单位	营运检验(合计)			NSM(合计)		
	2014 艘次	2013 艘次	同期比较	2014 艘次	2013 艘次	同期比较
合计	751	765	−1.8%	64	63	1.6%

船用产品

项目/单位	2014年	2013年	同期比较
检验控制号	3579	4653	－23.1％
工厂认可(家)	68	96	－29.2％
型式认可	115	176	－34.7％
产品审图	484	572	－15.4％

国内审图工作

专业	2014年			2013年		
	送审批次	完成批次	完成率	送审批次	完成批次	完成率
船体	582	589	101.2％	569	526	92.4％
轮机	322	344	106.8％	330	312	94.5％
电气	212	210	99.1％	151	142	94.0％

【做好重大任务的技术支持工作】亚信第四次峰会于2014年5月20日至21日在上海举行。为做好峰会的保障工作，中国船级社上海分社成立了“亚信会”保障工作小组，提前走访了黄浦江水上旅游客船公司，对各船公司应急预案的准备进行检查。小组的资深验船师对上海地区由我社检验发证的各类客船、客滚船开展了专项检查，确保船舶在亚信会期间的营运安全。会议期间，中国船级社上海分社亚信会保障工作小组与上海海事局各相关部门密切联系，扎实做好事故的应急处置工作，得到上海市政府和海事局等相关单位的充分肯定。此外，上海分社切实做好应急响应工作。2014年11月，接到“海德油9”轮在上海长兴岛附近主航道发生碰撞导致3＃货油舱(右)水线以下船体结构严重受损的信息后，立即安排资深验船师赶赴事故现场开展现场勘验、资料收集等工作，并通过认真分析该轮破舱稳性计算书、强度计算书、事发水域风、浪、流实际状况结合等情况，提出了准确的评估意见，确保事故船舶迅速、安全脱离主航道。

【顺利完成多项科研项目】2014年，中国船级社上海分社认真开展科研项目，顺利完成上海市交通委委托的“LNG燃料动力船推广应用配套措施和政策研究”、社总部立项的“符合香港公约产品认证/分级及数据库研究”等 2 项以及分社立项“船用计算机控制和报警系统软件评估研究”等 5 项课题。并按要求落实了工信部的“液化天然气船用殷瓦合金和绝缘箱胶合板关键技术应用研究”和社总部“LNG 运输船检验关键技术研究”等课题各阶段工作。其中,“LNG 燃料动力船推广应用配套措施和政策研究”是上海分社第一次接受上海市政府委托的课题。通过扎实、深入的课题研究,上海分社向上海市交通委提出了 13 项关于加快推进 LNG 燃料动力水上应用推广相关政策措施建议,得到上海市交通委的高度评价。该课题的研究成果直接为上海市政府在下阶段加快推进 LNG 燃料动力工作提供了可操作性的实施方案,进一步提升了上海分社在上海地区 LNG 燃料技术推广应用工作中的地位和话语权。

【强化现场检验服务】 为更好地服务上海船舶工业向高技术、高附加值项目发展的需要,中国船级社上海分社专门成立大型 LNG 船检验项目组,开展沪东中华造船(集团)有限公司大型薄膜型 17.4 万方 LNG 运输船检验;组织骨干力量开展招商能源股份有限公司 3+2 艘 31.8 万吨 VLCC 船、江南造船(集团)有限责任公司 2 艘 30000 方小型 LNG 船、10000TEU 集装箱船检验。积极推进 4500 米载人潜水器和特殊项目 LR-7 项目检验工作,开展碳合金材料耐用载人舱制造检验技术和标准研究,促进上海分社深海装备制造相关规范标准体系不断完善。在做好现场检验的同时,上海分社认真开展高技术、高附加值新造船和海工项目的建造检验手册及案例总结编写、培训工作,进一步提升服务能力。

【促进上海国际航运中心功能完善】 为更好地服务上海地区造船业和海洋装备工业向长兴岛转移发展战略,中国船级社上海分社于 2014 年 10 月 16 日正式揭牌成立中国船级社上海分社崇明检验处。该检验处成立之后,加强自身建设,实现业务平稳交接,圆满完成了 PIL 旗下 2 艘 4800TEU 集装箱船转级业务,受到了客户的高度赞扬。同时,作为 2014 年上海国际航运中心建设重点工作之一的上海亚洲船级社中心项目取得突破性进展。

上海分社通过与上海市交通委和上海市社团局多次交流沟通，获得了上海市社团局签发的核名函和上海市交通委关于设立“上海亚洲船级社中心”的批复。目前，上海亚洲船级社中心已完成验资账户设立、注册资本的验资工作，并在上海市社团局完成了最终的登记注册工作，即将挂牌成立。该项目落户将有力促进国内海事技术研发，为上海航运产业发展提供高标准的技术服务。

【助推 LNG 燃料动力船舶应用】中国船级社上海分社顺利完成上海地区首艘 LNG 双燃料重大改建船舶——“浦海 211”轮的改建检验工作。与中海集团科技信息部、浦海公司、集海航运公司、复兴船务公司、安顺船务公司等航运单位开展技术交流，介绍上海分社的相关规范、法规、试点流程，协助上述公司在新造船计划中开展 LNG 双燃料技术研究。

【积极应对 2014 年港口国监督组织集中大检查】中国船级社上海分社专门拍摄了“2014 年 CIC 集中大检查”视频材料，针对 STCW 公约对船员休息时间要求的实施，编写了 CIC 集中大检查指南。这些视频材料和指南被总部指定为各分社船公司安全会会议材料，并下发给各船公司作为船员的培训材料，有效地应对了本次集中大检查。韩国“岁月”轮沉没事故发生后，为应对中海国际的“紫玉兰”等 3 艘同类型客滚船接受韩国 PSC 的严格检查，上海分社与船公司保持 24 小时联系，从技术支持到应对预案提供及时有效服务，确保这些船舶顺利通过了检查。（杨海根）

【海上救助概况】2014 年，东海救助局认真履行海上应急抢险救助职责，以“海上动态待命”和“区域应急联动”为抓手，积极服务国家战略，共执行救助值班待命 6672 艘天，执行各类救助抢险任务 622 起，出动救助力量 794 次(其中：救助船舶 146 艘次，救助艇 91 艇次，直升机 159 架次，应急反应救助队 398 队次)，援救各类遇险人员 748 名，打捞遇险人员遗体 116 具，救助遇险船舶 26 艘，获救财产价值估算人民币 19.577 亿元。其中，执行上海辖区海(水)上及陆域涉水救助任务 143 起，出动救助力量 171 次(其中救助船舶 60 艘次、直升机 57 架次、应急反应救助队 54 队次)，援救各类遇险人员230名(其中外籍29名),打捞遇险人员遗体6具,救助遇险船舶6艘(其中外籍1艘),获救财产价值估算人民币10.38亿元。较好地完成了“春运”、“两会”等特殊时期,寒潮大风、台风汛期等重要时段,以及长江口等重点区域的海(水)上应急救助工作,圆满完成了马航MH370失联客机阶段性搜寻任务,为救助责任辖区海上安全形势稳定和经济社会发展做出了积极贡献。

【落实动态待命救助值班制度】定期开展辖区安全形势分析,深入研究辖区救助资源配置,科学部署待命力量,合理调度值守船舶,用最合理的资源和力量争取最大的救助效果。结合辖区险情和气候特点,加强应急值守,重点加强“春运”、“两会”、“四中全会”等特殊时期,国庆假期和台风汛期、寒潮大风等重要时段,以及长江口、舟山水域和台湾海峡等重点水域的应急救助力量布防。建立健全各类预案体系,组织实施船岸联合演习,积极参加各类演练。不断完善救助风险动态评估机制,深入开展救助事前、事中和事后评估,结合韩国“岁月”号沉船事件,专题分析研究辖区“应对大型客船事故应急搜救能力评估”。成功救助处置了主机故障集装箱船“和宏”轮和“日邮忠爱”轮上各20名遇险船员、受台风“麦德姆”影响侧翻外籍货船“安娜”轮上17名遇险船员、受冷空气影响即将遇险沉没货船“润武9”轮上15名遇险船员、“浙平湖渔00309”轮和“浙平湖渔00330”轮6名落水船员等多起海上应急救助任务。

【推进区域应急联动机制建设】各基地充分发挥“一个单位、一级组织、一支应急力量”的作用,立足海上保障,辐射沿海陆域,发挥志愿者队伍作用,加强与联动单位联系合作,区域应急联动机制建设的成效不断显现。连云港基地围绕服务“一带一路”战略,与连云港中韩轮渡有限公司签订联动备忘录,共同维护新欧亚大陆桥海上航行安全;上海基地加强与南通通州湾管委会合作交流,开展责任水域保障性动态巡航;宁波基地加强与辖区政府部门和相关联动单位的交流,积极开展“防溺水宣传教育”等活动,地方影响力不断提升;温州基地加强对救助志愿者队伍的指导协作,积极为地方大型水上活动提供安全保障服务，展示了专业救助队伍的良好形象；福州基地积极开展海峡客运船舶应急保障需求调研，与台方直航船东签订应急保障协议，为平潭综合实验区开发建设和海峡安全保驾护航；厦门基地积极融入地方政府应急体系，与当地驻军签订军民共建协议，为“东海救 202”轮进驻靠泊提供了高效保障；局应急反应救助队加强与辖区水上应急指挥中心等部门的联勤联动，救助辐射范围不断拓展。圆满完成了“4・4”宁波奉化市居民楼倒塌事故被困人员救助、“10・14”丽水运钞车坠河搜寻、“5・23”翻沉坠江客车及 7 名台湾籍失踪游客搜救等一系列应急救援任务。

【执行特殊专项应急保障任务】一是参与了马航 MH370 失联客机阶段性搜寻任务。按照部党组和部救捞局的统一部署和要求，在马航 MH370 客机失联的第一时间，派遣“东海救 101”轮和 6 名应急队员携水下专业搜寻等装备，远赴泰国湾和南印度洋疑似海域，历时搜寻 65 天，累计航行里程 13295 海里，搜寻海域面积 12.3 万平方公里，排查 12 处可疑区域，扫测面积 149 平方公里，打捞 10 件可疑漂浮物，向世界展示了中国救助人的精神风貌。二是有效保障国家重大专项活动任务。调派并组织 6 艘救助船、2 支应急分队、149 人次，出色完成了“亚信峰会”和“2014 中俄海上联合军演”水上应急保障任务，还积极完成了“南京青奥会”外围水域应急保障任`积极配合上海市交通委等部门开展航海日开放日活动。7 月 11 日，在上海国际客运中心码头举行了“2014 年航海日上海宣传和纪念活动”，我局作为本次航海日活动主办方之一，调派“东海救 101”轮、局应急反应救助队积极参加宣传和纪念活动，举行了船舶公众开放日，共有 1886 名社会各届人士登船参观，弘扬了航海精神。

【开展救助演练和实战训练】参与了“2014 海峡两岸海上联合搜救演练”，区域应急保障的综合能力和水平不断提升。同时，坚持救助与训练并重的原则，积极开展南海油田和平台实战训练，有效完成了上海外高桥造船有限公司 JU2000E 自升式钻井平台拖航等 18 起实战训练任务，参与实战训练船舶 23 艘次，在锻炼队伍的同时，保障了辖区大型海上装备制造发展和海洋资源开发,有效服务了地方经济社会发展。

【加速推进装备设施建设】认真落实"条块结合、以条为主"的管理模式,加强工程项目建设规范管理和安全管理,完成了连云港基地工程竣工验收,完成了大丰救助码头、横沙救助基地、舟山救助码头、宁波基地船员值班待命用房、湄洲救助基地码头、厦门救助基地和厦门基地船员值班待命用房工程等7个项目的交工验收和工程决算审计。加强洞头救助码头工程和舟山救助基地陆域工程2个在建工程项目管理。推进横沙救助基地防汛墙及配套设施工程、外高桥码头配套设施工程、刘五店救助码头工程、平潭救助基地工程、南通通州湾救助基地工程等7个建设项目的前期工作。

【初步建成救助特色信息化体系】以开展救助基地值班室标准化建设为契机,扩建局视频监控系统和会商系统,配备完善救助基地AIS系统,加强船岸通信系统的管理研究,初步建成了集救助值班、网络会商、远程监控、在线指挥等功能于一体、具有救助特色的信息化体系。加强科技项目攻关,推进了"高风险水域大型特殊设施拖救风险控制关键技术研究"等四个课题的研究,并形成了初步研究成果。加大新技术研发投入力度,开展了救助锚钩项目的研究自制和海上测试等工作,会同上海海事大学联合研发的"海上溢油处理水面机器人"课题顺利通过上海市科委评审和验收。　(段雪薇)

【海上打捞概况】交通运输部上海打捞局是一支国家专业救捞队伍,担负着北起连云港南至闽粤交界处辖区内的海上财产救助、沉船沉物打捞清障、沉船存油、难船溢油的应急清除和全国沿海地区海域所发生的突发事件抢险救难任务。一贯秉守"公益优先"的基本原则,积极履行国际公约及国家赋予的公益性抢险打捞、财产救助和环境救助的职责,保障上海港及周边水域的航道畅通,海洋环境和船舶财产安全,努力服务好上海市的社会稳定和经济建设。2014年度完成各类抢险救助打捞任务16起(国内海域15起,国外海域1起),其中公益性救助9起,商业性救助7起。全年安排法定长假、"春运"、"两会"等重要时段值班待命612艘天,较好地履行了抢险打捞职责。

【抢险打捞】抢险打捞是上海打捞局的立局之本。2014年度先后出动救助船舶16艘次，抢险救助小分队3批次，救助遇险、搁浅、故障等船舶5艘(中国籍船舶2艘，外国籍船舶3艘)，成功拯救遇险船员65人，其中外籍船员29人，获救船舶、货物估值达人民币3.64亿元。

2月13日至14日，救助拖轮“沪救18”轮及随船作业的潜水小分队对因渔网等杂物缠绕螺旋桨车叶而失去动力，被困于崇明岛附近水域的干货船“安洋河”进行救助，历时5个小时的拖航和9个小时的潜水作业，成功使难船脱困，圆满完成救助任务。

3月14日至16日，救助拖轮“沪救18”轮成功搜救长江口东侧水域漂失气象观测浮“上海2号”，并将气象观测浮安全拖至衢山岛船厂修理。

6月3日，救助拖轮“沪救18”轮成功救助南支航道A8浮附近进水下沉运砂船“泰长鑫机0688”上的4名遇险船员，并在附近警戒保障通航安全，直至与海事巡逻艇汇合交接。

6月21日至22日，救助拖轮“沪救16”轮成功救助因舵机失灵而被困于长江口S6浮附近的加油船“宏浦239”，及时消除了难船触礁泄漏引发上海港水域环境严重污染的威胁。

10月21日，上海打捞潜水小分队受上海市公安局杨浦分局刑侦支队的委托，前往上海市青浦区纪鹤公路、青龙公路附近河道内打捞证物。经过1个多小时的连续潜水探摸，成功打捞起了犯罪证物，所打捞证物对破获2014年6月以来的多起以假代购票证骗取财物的案件起着重要作用。上海打捞局专业抢险打捞团队高效的办事效率，获得了上海市公安局杨浦分局的肯定和赞赏。

11月3日，接上海海上搜救中心通知，渔船“浙嵊渔05885”在长江口灯船以东约80海里处，即30－49.3N/123－58.0E处，疑似被过路大船碰撞沉没，并委托上海打捞局派救捞力量前往事发海域进行探摸取证工作。接报后，“聚力”轮，“沪救18”轮立即进行人员、设备动员。11月4日清晨，两船先后出发，前往事发海域。4日17时“沪救18”轮抵达现场，用多波束扫测设备对沉船进行定位，确定沉船艏艉坐标。5日凌晨，“聚力”抵达现场，抛锚布场，开始潜水作业。由于现场水深50多米，又正值大潮汛期，流速快，加之渔网缆绳绞缠，水下环境复杂，给水下探摸取证带来了极大的困难，最终，现场克服上述种种困难，历时7天的艰苦作业，通过水下摄像锁定沉船船名确为“浙嵊渔05885”，并成功在破口处切割打捞起一块约50cm×40cm的钢板，连夜送交海事局。经鉴定，所取证物对判定和追责这起肇事逃逸的恶性事故起到了关键性作用，同时，上海打捞局救捞力量的专业表现也受到了上海海事局的赞扬和肯定。

11月6日，散货船“HONG TAI”轮在长江口航行途中与附近锚泊船锚链发生剐蹭，导致船体破损进水并逐渐下沉。接报后，“沪救18”轮和“联合正力”轮立即赶赴现场开展救助作业，历时8天，经过抽油、卸货、封堵、调载等措施，成功救助散货船“HONG TAI”轮。

12月18日，“沪救18”轮在上海海上搜救中心的统一协调指挥下，成功排除了北槽D8#灯浮至长江口灯船沿线水域，4个长约10米，直径约2米缓慢向南漂移的红色罐状漂浮物。

【远洋拖航】上海打捞局拖轮船队拥有各类拖轮、驳船10艘。2014年度拖轮船队在稳定了“德远”轮、“德海”轮、“德宏”轮、“德淞”轮、“德深”轮等5艘船舶的海工业务，承担深圳分公司深水作业和海工起重船“蓝疆”轮赴国外作业的有关任务的同时，积极应对持续低迷的拖航市场，抓好拖航市场的开拓和业务承揽，采取灵活的报价策略，克服海盗风险等困难，获得了拖铺管船从墨西哥图斯潘前往西非刚果黑角港、拖带驳船从上海驶往德国瓦尔纳明德港等6次跨洋拖航合同，执行了13起其他国内外拖航任务，较好地保持了COES品牌在国际上的影响力，为实现“走出去”战略的整体效益奠定了基础。

【海工服务】上海打捞局工程船队拥有各类工程船舶6艘，除了坚决完成抢险打捞任务外，还积极承接国内外海洋工程项目，2014年度在墨西哥湾先后完成了Saipem LITORAL－A 2306T导管架吊装、Saipem ZAAP－E

2653T上层组块吊装、Saipem EK—A2 2843T上层组块吊装、Saipem空气压缩模块吊装(约1000T)、Saipem 1200T组块吊装等重大件吊装项目,并高效完成了国内黄岩膨胀弯安装、曹妃甸膨胀弯安装、文昌FPSO单点系泊系统维修、黄岩14—1C导管架检测、BZ28/34海缆铺设工程、JZ9—3海缆铺设工程、曹妃甸单点维修海缆铺设工程、QHD—CEP 3.5米埋深电缆铺设工程、秦皇岛32—6海缆及安防缆铺设工程、垦利3—2电缆铺设工程、垦利10—1挖沟、平黄挖沟等一系列工程项目,全年累计铺设电缆82.6千米、累计海管挖沟196千米。

【近海油田服务】上海打捞局华威近海船舶运输公司拥有21艘三用拖轮和PSV近海供应船,为海上采油平台守护、运输、吊装、系泊提油和水下检测等各种服务以及为石油勘探钻井平台提供拖航、定位、起抛锚作业、并积极拓展大深度起、抛锚、ROV管线检测服务。2014年华威公司坚持"立足南海,开拓国内,关注国际"的市场策略,密切关注三用船服务市场,在履行好现有三用船服务合同的同时,跟踪了解业主的用船计划,加强与业主的沟通协商,提前做好合同期满船舶的用船准备,进一步巩固了与中海油深圳分公司等大型业主的合作关系。签订(续签)了"华腾"轮、"华跃"轮等船舶的服务合同,落实了"华虎"轮等新船的业务,船舶平均使用率始终保持在96.5%以上。华威公司作业技能精湛、服务安全优质,数艘船舶多次获得获得客户广泛赞誉和表扬,2014年连续第17次获得全国优秀外商投资企业称号,此外还荣获了康菲石油公司颁发的"2013年度承包商安全奖"以及深圳海上搜救中心颁发的"2013年度深圳海上两防一救工作先进单位"。

【饱和潜水】饱和潜水是上海打捞局的核心业务技术,该技术正广泛应用于抢险打捞、海洋工程、资源勘探等领域,是我国建设海洋强国战略的重要举措。2014年初,在距离深圳近200海里的南中国海,上海打捞局完成了国内首次300米饱和潜水海底出潜作业,最大巡回潜水深度达到313.5米,标志着国家饱和潜水海上应急抢险救助打捞作业技术的实际能力提升到300米以上,并成功跻身于国际先进国家行列。为保障国家"海洋强国"战略实施和上海国际航运中心建设，进一步加强水上安全及抢险打捞能力建设，经国家有关部委研究并经国务院批准的《国家水上交通安全监管和救助系统布局规划》，要求上海打捞局到2020年饱和潜水作业技术能力达到500米深度。为此，交通运输部批准立项并启动了500米深潜水工作母船项目工程，上海打捞局也专门成立了深潜水研发机构进行500米深潜水作业技术研究。目前，正在横沙岛开展交通运输部“十二五”规划项目—国家级饱和潜水员训练基地建设，旨在为培养能在深海500米深度潜水作业的潜水员创造条件，加快饱和潜水技术研究步伐。

【救捞装备】2014年，上海打捞局持续推进创新转型和结构调整，坚定不移优化装备结构，加快转变经济发展方式，新增了“德深”轮等3艘救捞船舶，淘汰了“德大”轮等4艘老旧船舶，使船舶结构得到进一步优化；积极推进大型溢油回收船项目、大型抢险打捞起起重船项目和500米深潜水工作母船项目。同时，努力将科研产品尽快转化为科技生产力，先后完成了深水非接触式挖沟机、链式提升器的建造，而集抽油法兰盘固定、油舱钢板开孔于一体的新型开孔机也已开工生产。此外，2014年度购置的“DESMI”章鱼系列海上大型收油机、围油栏、潜水装具等救捞物资、设备也均完成验收交接，一旦这些新型装备投入使用，将进一步提升上海打捞局在“大深度快速打捞、大吨位、大面积溢油应急处置”方面的抢险打捞和环境救助能力。

【应急救助与抢险打捞交通运输行业研发中心在沪揭牌成立】2014年12月11日，应急救助与抢险打捞交通运输行业研发中心在上海打捞局成立。应急救助与抢险打捞交通运输行业研发中心是交通运输部首批落成的7个行业研发中心之一，旨在落实部《关于加强专业救助打捞工作的意见》，加强救捞科技建设，提升交通运输安全水平及应急反应能力。行业研发中心建成后，将围绕海上救助装备与技术、深潜水技术与装备研发、超深水抢险打捞作业平台与机器人系统、大深度大吨位打捞技术与装备四个技术领域展开科研攻关和成果转化工作。（孙佳荣）

空运口岸

概述

上海空运口岸是中国目前最大的空运口岸，包括虹桥国际机场和浦东国际机场。目前，上海是中国大陆唯一拥有两座对外开放国际机场的城市。截至2014年底，上海航空口岸形成了浦东、虹桥2大国际机场，3座对外开放航站楼，5条跑道和一个公务机基地的开放格局。

2014年，上海空运口岸各项工作取得了新成绩。一是口岸运行情况良好。全年，上海浦东、虹桥两场出入境旅客2849.1万人次（占两场旅客吞吐总量8962.2万人次的31.8%），同比增长11.6%，出入境旅客占全国航空口岸的30%，继续保持国内航空口岸第一的地位。进出口货邮量284.2万吨（占两场货邮吞吐总量361万吨的78.7%），同比增长10.1%，国际货邮吞吐量占全国一半以上。开展国际中转集拼，国际快件中转量同比增长29.0%。出入境飞机20.01万架次（占两场飞机起降65.55万架次的30.1%），同比增长9.1%。截至当年年底，共有94家国内外航空公司开通了上海的定期航班（其中，国内27家，国际及港澳台地区67家），航线通达46个国家和地区，连接国际及港澳台地区通航点达到114个。二是机场重大基础设施建设按照年度节点目标任务推进。2014年，浦东、虹桥两场共有14项重大建设任务同时进行，全年共完成建设投资19.16亿元。其中浦东机场T1航站楼改造18米层以下基本完成施工，第四跑道工程完成竣工验收；虹桥机场T1航站楼改造正式开工建设。三是创新口岸监管作业模式，进一步提高通关效率。海关对空运出口普通货物监管通关作业流程进行调整，在全国海关空运业务现场率先实施“提前申报、运抵验放”作业模式，出口普货通关实现全程自动化。检验检疫局将“先报检、再报关、后查验”的传统流程，再造为“先检疫、再申报、合格货物即报即放”的新流程。上海边检以推进信息化建设为抓手，完成自助通关系统改扩建，加大了自助通关工作力度，进一步提升了边检口岸通关查验效能。四是机场服务水平提升，全球排名再创新高。在国际机场协会（ACI）公布的全球机场旅客满意度测评排名中，全年浦东机场排名第六；虹桥机场全排名第14，比2013年上升8位。在《亚洲货运物流资讯》组织筹办“亚洲货运及供应链大奖”活动中，浦东机场首度获评为“全球最佳货运机场”。在驻场单位的共同努力下，圆满完成了上海亚信峰会、南京青奥会、2014亚洲商务航空暨展览会等重大保障任务。

【上海虹桥国际机场口岸运行情况】目前，虹桥国际机场拥有两座航站楼（其中T2航站楼现为国内航班）、2条跑道、1个国际公务机基地。目前主要开通上海至日本、韩国等城市和中国香港、澳门、台湾等地区航线。2014年，虹桥国际机场日韩包机航线出入境旅客124.21万人次，同比增长14.58%；港澳台地区包机航线旅客161.75万人次，同比增长4.72%。出入境公务机航班1000余架次，出入境公务机旅客5000余人次，两项数据均创历史新高。

【上海浦东国际机场口岸运行情况】目前，浦东国际机场拥有两座航站楼、3条跑道，3个货运区，世界三大快递业巨头（UPS、FedEx、DHL）悉数入驻设立快件转运中心。2014年，浦东国际机场出入境旅客2606.37万人次，同比增长11.29，其中国际旅客1994.46万人次，同比增长9.81%，港澳台地区旅客611.91万人次，同比增长16.38%。货邮吞吐量317.8万吨，连续第七年位居世界第三。其中，国际货邮吞吐量238.4万吨，约占全国国际货邮吞吐量50%。全年浦东机场新增10家国内外航空公司、6个境内外通航点，并新增、加密多条国际长航线，其中，埃塞俄比亚航空公司开通亚的斯亚贝巴至上海航线，美国航空公司开通上海直飞达拉斯航线。此外，还加密了上海—莫斯科、洛杉矶、慕尼黑、多伦多、纽约、夏威夷等多条通航欧美的重要国际长航线。

（邹增强）

民航管理

【概况】2014 年，上海民航 2 个机场(虹桥国际机场、浦东国际机场)共完成旅客吞吐量 8965.9 万人次(含过站人数)，同比增长 8.3%，其中虹桥国际机场完成旅客吞吐量 3797.1 万人次，浦东国际机场完成旅客吞吐量 5168.8 万人次；全年两场完成货邮吞吐量 361.4 万吨，同比增长 7.4%，其中虹桥国际机场完成货邮吞吐量 43.2 万吨，浦东国际机场完成货邮吞吐量 318.2 万吨；2014 年两场共起降飞机 65.5 万架次，同比增长 6.6%，其中在虹桥国际机场起降 25.3 万架次，在浦东国际机场起降 40.2 万架次。分航线看，2014 年两场共完成国内航线旅客吞吐量(不含地区航线，下同)6073.6 万人次，占全年旅客吞吐量 67.7%，同比增长 7.0%，其中虹桥国际机场为 3511.1 万人次，浦东国际机场为 2562.4 万人次；完成国际航线旅客吞吐量 2118.7 万人次，占全年旅客吞吐量的 23.6%，同比增长 10.0%，其中虹桥国际机场为 124.2 万人次，浦东国际机场为 1994.5 万人次；完成地区航线旅客吞吐量 773.7 万人次，占全年旅客吞吐量的 8.6%，同比增长 13.7%，其中虹桥国际机场为 161.8 万人次，浦东国际机场为 611.9 万人次。分航线看，2014 年两场共完成国内航线货邮吞吐量 76.7 万吨，占全年货邮吞吐量的 21.2%，同比减少 0.3%，其中虹桥国际机场为 40.8 万吨，浦东国际机场为 35.9 万吨；完成国际航线货邮吞吐量 239.2 万吨，占全年货邮吞吐量的 66.2%，同比增长 8.3%，其中虹桥国际机场为 0.83 万吨，浦东国际机场为 238.4 万吨；完成地区航线货邮吞吐量 45.4 万吨，占全年货邮吞吐量的 12.6%，同比增长 18.1%，其中虹桥国际机场为 1.6 万吨，浦东国际机场为 43.9 万吨。截至 2014 年底，有 46 个国家和地区的 114 个通航点(含香港、澳门、台湾)和国内的125个通航点与上海通航。有27家国内航空公司和67家国际及地区航空公司开通了上海的定期航班。基地设在上海的运输航空公司有6家:中国东方航空股份有限公司、上海航空有限公司、春秋航空股份有限公司、上海吉祥航空股份有限公司、中国货运航空有限公司、扬子江快运航空有限公司;小型航空器商业运输运营人有3家:东方公务航空服务有限公司,上海金鹿公务航空有限公司,星联商务航空有限公司。

【中国东方航空股份有限公司】2014年,东方航空有限公司的旅客运输量为8381.15万人次,同比增长6%;货邮运输量为136.33万吨,同比减少3.33%。该公司在上海地区的旅客运输量为3591.05万人次:其中,国内旅客运输量为2769.76万人次,国际(地区)旅客运输量为821.29万人次;在上海地区的货邮运输量为87.08万吨:其中,国内货邮运输量为32.68万吨,国际(地区)货邮运输量为54.4万吨;截至2014年底,该公司拥有飞机497架,全年平均客座率为79.55%。

(备注:上述数据统计涵盖中国东方航空股份有限公司、上海航空有限公司和中国货运航空有限公司。)

【春秋航空股份有限公司】2014年,春秋航空股份有限公司的旅客运输量为1144.70万人次,同比增长8.49%;货邮运输量为4.7万吨,同比减少4.52%。该公司在上海地区的旅客运输量为851.15万人次:其中,国内旅客运输量为702.82万人次,国际(地区)旅客运输量为148.33万人次;在上海地区的货邮运输量为3.30万吨:其中,国内货邮运输量为3.07万吨,国际(地区)货邮运输量为0.23万吨;截至2014年底,该公司拥有飞机46架,全年平均客座率为95.4%。

【上海吉祥航空股份有限公司】2014年,上海吉祥航空股份有限公司的旅客运输量为816.25万人次,同比增长16%;货邮运输量为4.86万吨,同比减少7%。该公司在上海地区旅客运输量为720.13万人次:其中,国内旅客运输量为630.09万人次,国际(地区)旅客运输量为90.04万人次;在上海地区的货邮运输量为4.49万吨:其中,国内货邮运输量约为4.3万吨,国际(地区)货邮运输量约为0.19万吨;截至2014年底,该公司拥有飞机38架,全年平均客座率为83.99%。

【扬子江快运航空有限公司】2013年,扬子江快运航空有限公司的货邮运输量为21.96万吨,同比增加10.18%;其中,该公司在上海地区的货邮运输量为6.85万吨。截至2014年底,该公司拥有飞机23架。

【东方公务航空服务有限公司】2014年,东方公务航空服务有限公司的旅客总运输量为3972人次。截至2014年底,该公司托管及拥有飞机18架。

【上海金鹿公务航空有限公司】2014年,上海金鹿公务航空有限公司的旅客可运输量为4886人次。该公司在上海地区的旅客运输量为1316人次,其中,国内旅客运输量为1040人次,国际(地区)旅客运输量为276人次;截至2014年底,该公司拥有飞机18架。

【星联商务航空有限公司】2014年,星联商务航空公司的旅客运输量为1084人次。该公司在上海地区的旅客运输量为144人次:其中,国内旅客运输量为69人次,国际(地区)旅客运输量为75人次;截至2014年底,该公司拥有飞机3架。

(熊　巍)

【习近平主席出席东航与澳航签署合作协议】11月17日,国家主席习近平与澳大利亚总理阿博特在堪培拉出席并见证东航集团与澳航签署联合营销合作协议,东航集团总经理刘绍勇和澳航董事长Alan Joyce分别代表双方签字。

(郭晓静)

【民航华东局组织开展消费维权宣传活动】3月15日,民航华东地区管理局联合上海市工商行政管理局机场分局、上海市消保委空港办,在上海浦东国际机场共同组织开展以“新消法、新权益、新责任”为主题的消费维权宣传活动,东航、上航、春秋航、吉祥航、国航上海分公司、南航上海分公司、上海机场集团、工商机场分局、消保委空港办、机场海关、机场出入境检验检疫局、中航协华东代表处等驻场单位参加了此次活动。

【亚洲公务航空会议与展览会在上海举行】4月15日—17日,亚洲公务航空会议与展览会(ABACE)在上海虹桥国际机场上海霍克太平洋公务航空中心举行。ABACE是亚洲最重要的商务航空盛会,由美国国家商务航空协会(NBAA)、亚洲商务航空协会(AsBAA)和上海展览中心(SEC)联合举办,并与上海机场管理局(SAA)合作。会展展区面积4.8万平方米,吸引了182家参展商参展,展示飞机38架,为历年规模最大。本届ABACE总计收获88架各型公务机、直升机订单,其中以高端公务机为主。

【华东民航各运行单位圆满完成亚信峰会的专机保障任务】5月20日—21日,亚洲相互协作与信任措施会议第四次峰会在上海举行。在民航局督察组的指导和上海市政府相关部门的协同配合下,至5月25日,华东民航各运行单位克服低云复杂天气、计划变更频繁、保障人员设施等困难,圆满完成了此次亚信峰会28架次专机的保障任务。

【C919研制项目全面进入结构总装攻坚阶段】9月19日,C919大型客机首架机在中国商飞公司总装制造中心正式开始机体对接。这标志着C919研制项目全面进入结构总装攻坚阶段。C919大型客机机体结构主要包含机头、前机身、中机身/中央翼、外翼、副翼、中后机身、后机身、垂尾、平尾、活动面等部段和相关部件,由中国商飞设计研发中心设计,中航工业成飞、洪都、西飞、沈飞、哈飞、航天特种材料及工艺技术研究所和浙江西子航空工业有限公司等单位参与制造,中国商飞总装制造中心负责总装。

【签订邮政与民航安全管理协议】为进一步确保邮件、快件航空运输安全,经多次协商和沟通,民航华东地区管理局与上海市邮政管理局决定开展安全管理合作,共同落实安全规定,形成监管合力。10月8日,华东局与上海市邮政管理局在上海举行邮政与民航安全管理协议签订仪式。邮政与民航安全管理协议的签订,将是双方优势互补、信息共享、互利双赢的开始,民航华东局和上海市邮政管理局将努力构建安全合作与发展的新平台、新机制,不断深化资源利用、业务衔接、全程互动等全方位的安全合作与交流,提升合作层次和水平,增强安全监管创新能力,实现两个行业安全、科学、可持续发展。

【中国商飞第二架ARJ21—700交付机在沪首飞】10月27日，中国商用飞机有限责任公司第二架即将交付成都航空的ARJ21—700飞机(第106架)于当天下午进行了首飞，情况良好。在此之前，根据中国商飞的申请，民航华东地区管理局会同ARJ21—700飞机预投产检查组对该架飞机进行了颁发特许飞行证前适航检查。

【成功组织上海浦东国际机场第四跑道试飞】11月18日03:30—05:30，民航华东地区管理局组织协调上海监管局、东航、上海机场集团、华东空管局等单位，使用东航A330/B—6122号飞机，成功实施了对上海浦东国际机场第四跑道的试飞。第四跑道投入使用后，浦东机场将成为中国民航第一个拥有4条跑道、且实施同时仪表运行的机场。浦东机场运行保障能力将得到大幅提升，同时也将为国产大飞机试飞提供有力保障。

【国产新支线ARJ21—700飞机获颁型号合格证】12月30日，中国民用航空局在北京向中国商用飞机有限责任公司颁发了ARJ21—700飞机型号合格证。这标志着我国首款喷气支线客机通过了中国民用航空局型号合格审定，飞机设计满足保证安全的基本要求，获得了参与民用航空运输活动的“入场券”。

(熊　巍)

【东航完成贝鲁特维和部队包机运输任务】1月15日—16日，东航运送贝鲁特维和部队赶赴贝鲁特执行联合国维和任务，同时把在一线战地奋战了十个月的工兵团迎接回国。

【东航与迪士尼目的地牵手合作】1月24日，东航与迪士尼目的地国际部在上海正式签署合作谅解备忘录，此举标志着东航与迪士尼目的地正式牵手合作。

【东航完成全国“两会”上海代表团进京航班服务保障任务】3月2日，东航圆满完成全国“两会”上海代表团航班运输保障任务，125名全国政协委员和120名全国人大代表分别搭乘MU7239和MU7241航班从上海前往北京参会。

【东航与中国航信签署新一轮战略合作协议】3月3日，东航与中国航信在北京签署2014年战略合作协议，此举标志着双方在巩固和发展战略伙伴关系上再次迈出重要一步，双方的合作领域进一步扩大，合作层次和水平再上新台阶。

【东航成功试飞青海德令哈机场】3月5日，东航A319－115飞机飞达青海海西德令哈机场，按计划执行该机场各项试飞任务，该机也是德令哈机场迎来的第一架民航客机。

【中联航获京华旅游新榜样“最佳品牌推广”大奖】3月7日，由京华时报、京华旅游周刊主办的第三届京华旅游新榜样颁奖盛典在北京举行，东航中联航获得“最佳品牌推广”大奖。

【东航集团获中央企业法制工作考评A级】3月，国务院国资委公布中央企业落实法制工作第三个三年目标第二年度的考评结果，东航集团连续两年获得A级评价，也成为唯一一家获得A级评价的公共航空运输企业。

【东航与通用电气公司签署战略合作框架协议】3月24日，东航与通用电气公司在上海签署战略合作框架协议，双方在飞机分析应用、发动机管理分析应用、燃油管理项目、SEC运行支持等领域开展全方位合作。

【东航连续五年持续盈利】3月26日，东航对外公布2013年度财务会计报告，2013年东航实现净利润23.76亿元，连续五年实现盈利，资产负债率持续下降，资产质量不断改善，竞争能力显著增强，品牌形象全面提升。

【东航物流承接在韩志愿军遗骸运输任务】3月28日，在两架战斗机的护航下，CK256航班搭载着437具志愿军遗骸、38个遗物箱降落在沈阳桃仙机场，东航物流公司整合后圆满完成首次国家任务。

【东航集团与港中旅集团签署战略合作协议】4月29日，东航集团与港中旅集团签署战略合作协议，双方在航空票务、航空客运、货运物流、旅游综合产品服务、金融投资以及客户资源共享等领域开展全面深入合作。

【东航获2014年樟宜航空大奖“最佳合作伙伴奖”】4月29日，第九届樟宜航空大奖颁奖仪式落幕，东航获得其中最大的奖项“最佳合作伙伴奖”，这也是自该奖开办以来，中国大陆的航空企业首次获得该奖项。

【上航举行品牌建设推进大会】5月23日,上航在上海机场国际宾馆举行品牌建设推进大会,揭幕上航服务文化理念,并正式上线上航微信公众平台。

【空客A300机型退出东航运营】5月31日,由深圳飞往上海虹桥的MU5320航班安全降落,标志着服役25年的空客A300机型完全退出东航运营。

【东航举行首次反劫机实战综合演练】6月19日,东航在上海虹桥国际机场举办反劫、防炸机实战综合演练,进一步检验东航处置机上突发事件的综合能力和处置劫机、炸机事件的实战能力。

【东航开通上海至多伦多直飞航线】6月25日,东航使用A340—600机型开通上海至加拿大多伦多定期往返航线,这也是东航首次运营加拿大多伦多航线。

【中联航正式转型为低成本航空公司】7月2日,中联航正式转型成为低成本航空公司,此举标着东航全面建立起"多层次、差异化"的航空产品,成为中央企业中首家集"传统的全服务经营模式"和"低成本经营模式"于一体的"混合经营制"大型航空运输集团。

【东航保障"同心·共铸中国心云南行"大型医疗公益活动】7月7日—15日,东航投入三架飞机运力,支援"同心·共铸中国心云南行"大型医疗公益活动,运送近300名医疗专家和志愿者奔赴云南迪庆开展为期一周的医疗公益活动。

【东航联合中国电信完成国内首个通信卫星宽带空地互联商业航班飞行】7月23日,东航联合中国电信顺利完成中国大陆首个卫星宽带空地互联商业测试航班飞行任务,开创了旅客在万米高空实现上网商业应用的先河。

【东航实业集团有限公司正式挂牌成立】8月18日,由东航实业、东航旅业、杭州疗养院、东航物业四家单位整合组建的东航实业集团有限公司正式成立,这是继东航集团新传媒产业后东航非航产业改革第二家挂牌成立的公司。

【东航正式发布全新 VI 体系】9 月 9 日，东航举行全新视觉识别系统 VIS 发布会，东航新 LOGO、基准品牌色、辅助图形和各类延展应用组成的东航 VIS 正式亮相，这标志着东航在品牌建设道路上迈出了突破性的一步。

【东航引进首架 B777－300ER 飞机】9 月 26 日，东航引进的首架波音 777－300ER 飞机从美国西雅图顺利飞抵上海虹桥机场，随后该机开启了上海、北京、广州三地的静态展示之旅。

【东航 2 架飞机驰援云南景谷地震灾区】10 月 7 日，云南省普洱市景谷傣族彝族自治县发生地震，东航克服国庆黄金周返程运力紧张困难，紧急调配飞机第一时间运送工作组和救援部队飞赴灾区。

【东航与银联签署营销合作协议】11 月 11 日，东航与中国银联在珠海航展期间签署营销合作协议，双方将在联合营销、用户推广、联名信用卡、积分兑换等方面开展全方位合作，该协议的成功签订也标志着双方的战略合作迈向专项领域。

【东航展台亮相中国航空航天博览会】11 月 11 日，第十届中国国际航空航天博览会在珠海开幕，东航展台位于一号馆中心位置，每天循环推出客运、物流、航空保障、通用和公务航空专场等主题日活动，并通过 3D 投影对东航新 LOGO 和波音 777－300ER 新机型进行展示。

【东航 B777－300ER 首飞上海纽约直达航线】11 月 15 日，东航启用全球顶级配置的新一代波音 777－300ER 飞机执行上海往返纽约航班，这也是该机型在东航国际远程航线上的首次商业载客飞行。

【东航援非抗疫包机返沪】11 月 19 日，29 名执行援非抗疫紧急包机运输任务的东航机组及工作人员顺利返回上海，此次运输任务空中飞行时间达 46 小时，飞越 20 个国家领空，航程 4 万多公里，承运了 219 名传染病专家和军队医护人员前往西非疫区。

【东航执行首架民航救援客机飞赴康定地震灾区】11 月 22 日，四川省甘孜藏族自治州康定县发生地震，东航第一时间启动应急救援机制，并于次日执行了首架民航救援客机任务。

【东航飞行安全技术应用研究院揭牌】11 月 28 日，中国民航首家企业研究院——东航飞行安全技术应用研究院在上海揭牌，开创了中国民航企业自主研究的先河。该研究院是中国民航第一家企业性质的研究院，也是继中国民航科学技术研究院后，中国第二家从事专业航空安全研究的科研机构。

【东方航空电子商务有限公司成立】12 月 7 日，东方航空电子商务有限公司在上海正式成立，这也是东航转型发展、谋求创新突破的重要举措。

【东方航空技术有限公司正式挂牌】12 月 7 日，东方航空技术有限公司在上海正式挂牌成立，开创了国内航空公司独立运营民航维修企业的先河，为打造新的价值创造中心、降低航空主业经营风险、促进民航维修企业真正走向市场奠定了基础。（郭晓静）

【春秋航空成立首个海外基地】7 月 18 日春秋航空成立了首个海外基地—大阪基地，开辟大阪至天津、武汉、重庆航线。

【春秋航空日本株式会社首航】8 月 1 日，春秋航空日本株式会社的首个航班从成田国际机场始发，准时抵达目的地广岛机场。春秋航空日本株式会社于 2012 年 10 月开始筹备，2014 年 8 月 1 日正式开通成田至高松、广岛、佐贺 3 地航线。春秋航空股份有限公司成为中国大陆第一家在海外营运的低成本航空公司。（史纪萍）

【吉祥航空与上海机场集团签订战略协议】3 月 28 日，吉祥航空与上海机场集团在均瑶国际广场 32 层会议厅正式签订了《战略合作框架协议》，未来双方将在自贸区开展多领域、多层次的战略合作，共同推进上海国际枢纽港建设。根据协议，双方将通过六个方面合作重点、两大合作机制和六项合作实施方案，构建共赢、可持续发展的战略合作伙伴关系，为将上海打造成为世界级大型航空复合枢纽共同努力。同时，双方将针对发展中的困难及需要协商解决的问题定期举行战略沟通会。

【吉祥航空获“上海市著名商标”称号】12 月 25 日，上海市工商行政管理局网正式发布《上海市著名商标评审委员会关于认定第18批上海市著名商标的公告》，根据《上海市著名商标认定和保护办法》，经上海市著名商标评审委员会评审会议通过，吉祥航空商标被评为上海市著名商标。

（熊　巍）

基地设在上海的航空运输公司年度基本情况

航空公司	东方航空、上海航空	春秋航空	吉祥航空	中货航	扬子江快运
旅客运输量(万人次)	8381.15	1144.70	816.25	—	—
比上年增长(%)	6	8.49	16	—	—
在上海地区(万人次)	3591.05	851.15	720.13	—	—
占上海民航两个机场旅客运输量(%)	40.05	9.49	8.03	—	—
货邮运输量(万吨)	78.25	3.3	4.86	58.08	21.96
比上年增长(%)	0.9	−32.65	−7	−8.5	10.18
在上海地区(万吨)	42.36	3.07	4.49	44.72	6.85
占上海民航两个机场货邮运输量(%)	11.72	0.85	1.24	12.37	1.9
航线	826	120	78	21	27
拥有飞机(架)	485	46	38	12	23
年平均客座率(%)	79.55	95.4	83.99	—	—

注：根据东方航空、上海航空、春秋航空、吉祥航空、中货航、扬子江快运报送资料整理。

机场运营

【概况】2014年,在全球经济疲弱运行和国内经济形势异常复杂的不利形势下,上海机场航班起降架次、旅客吞吐量、货邮吞吐量持续增长。上海机场安全运行态势持续平稳,实现了第十五个安全年,上海两场的硬件保障能力和服务保障软实力持续提升,航空枢纽建设不断推进。

截至年底,有129个国内城市和51个国家和地区的109个城市与上海通航。70家国际和地区航空公司,27家国内航空公司通航上海。其中:浦东机场共有27家国内航空公司、61家国际、9家地区航空公司通航国内99个(客运98个)航点、国际103个(客运83)地区6个通航点。虹桥机场共有24家航空公司,其中14家国内、4家国际、6家地区航空公司,开通了国内80个、国际2个、地区3个通航城市的航班。

【上海机场三大运输生产指标位居全国第一】2014年,上海机场航班起降、旅客吞吐量、货邮吞吐量分别达到65.55万架次、8962万人次、361万吨,同比分别增长6.56%、8.25%和7.33%。上海机场三大生产指标完成量均位居全国城市民航机场第一,旅客吞吐量位居全球城亇第六,浦东机场货邮吞吐量连续第七年保持全球机场第三。

【上海航空口岸出入境旅客量同比两位数增长】2014年,上海两场航空口岸出入境旅客量保持国内航空口岸第一的地位,占到全国国际和地区旅客吞吐量的30%,完成2892.33万人次,同比增长11.04%,其中,国际旅客出入境完成2118.67人次,同比增长10.08%,地区旅客完成773.66万人次,同比增长13.76%。其中,浦东机场口岸出入境旅客2606.37万人次,同比增长11.29,其中国际旅客1994.46万人次,同比增长9.81%,地区旅客

611.91万人次，同比增长16.38%。虹桥机场日韩包机航线出入境旅客124.21万人次，同比增长14.58%，地区包机航线旅客161.75万人次，同比增长4.72%。

【上海机场实现了第十五个安全年】浦东、虹桥机场分别持续实现了第15、第27个安全年，圆满完成了亚信峰会、南京青奥会、2014亚洲商务航空暨展览会等重大保障任务。其中亚信峰会期间，上海两大机场进一步完善了重大保障任务管理机制，提升了空防安全和反恐防暴工作的总体水平，密集保障了各类专机28架次以及包机、要客航班、公务机144架次，实现了机场空防和安保"零案件"、接待服务"零投诉"、生产运营"零事故"的目标。

【上海航空口岸服务品质持续提升】上海机场服务水平日益得到国内外旅客的认可，服务质量全球排名同步创新高。在国际机场协会(ACI)公布的全球机场旅客满意度测评排名中，全年浦东机场在全球机场中排名第6；虹桥机场全球排名第14位，比2013年上升8位。在《亚洲货运物流资讯》组织筹办"亚洲货运及供应链大奖"活动中，浦东机场首度获评为"全球最佳货运机场"。虹桥、浦东机场在前四季度民航资源网机场服务评测"国内最佳机场"分别位列前两名。航空港窗口行业服务文明指数测评位于上海市窗口行业前列。

【浦东机场新增和加密多条国际长航线】全年浦东机场新增10家国内外航空公司、6个境内外通航点，虹桥机场新增3个航点。加大国际长航线营销力度，浦东机场新增、加密多条国际长航线。埃塞俄比亚航空开通亚的斯亚贝巴至上海航线，美国航空开通上海直飞达拉斯航线。此外，还加密了莫斯科、洛杉矶、慕尼黑、多伦多、纽约、夏威夷等多条欧美重要国际长航线。

【浦东机场客货运中转业务稳步发展】东航拓展通程航班，国航、吉祥、春秋等航空公司拓展中转业务，浦东机场中转旅客达到500万人次，旅客中转率达9.71%。加快推进浦东机场货运枢纽建设，扩大货邮中转集拼业务范围。11月，DHL按分运单模式开展国际中转集拼，转运通关时间进一步压缩；机坪直转模式由DHL扩展到UPS，国际快件中转量同比增长29.

0%。推进顺丰国内快件分拨中心建设工作，机场集团与顺丰签订了合作备忘录。加快布局长三角区域城市航站楼和远程值机网点，增强上海机场地面辐射能力。无锡城航楼7月9日投运，海门城航楼和虹桥新天地远程值机两个项目土建及装潢工程均已完工，正在进行设备安装。

【浦东机场国际货邮吞吐量占全国半壁江山】上海两场航空口岸国际航线货邮吞吐量239.23万吨，同比增长8.27%，地区货邮完成45.43万吨，同比增长18.18%。其中，浦东机场国际货邮吞吐量238.4万吨，占全国国际货邮吞吐量约50%。（徐志忠）

陆路口岸

概述

2014年，上海铁路口岸进出境列车364车次，出入境旅客140359人次，全年沪港直通列车平均上座率达到93.6%。按照正式对外开放口岸要求，铁路上海站和各口岸查验单位推出了一些新的举措，主要体现在三个方面：一是完善车站配套设施，优化通关作业流程。通过整修和改建，扩大旅客通关候车区域面积，增加相关服务设施，为出入境旅客提供了更好候检环境；同时调整联检区域布局，扩大联检作业区，进一步优化了口岸通关环境。二是加强口岸查验监管，保障口岸安全运行。通过完善现场监控系统，更新、增添相关设备，基本满足查验单位工作需要，进一步加强了口岸管理。三是健全工作机制，加强合作配合。通过建立口岸工作定期会商制度，铁路方面与各联检单位加强沟通、密切配合，及时协调解决相关问题，共同推动铁路口岸工作。（邹增强）

运行管理

【概况】2014年是上海铁路正式口岸顺利发展的重要一年。一年来,上海铁路口岸在做好出入境旅客运输的同时,围绕"文明口岸"的主题,探索新举措,取得新成效。

【优化列车乘降流程】在上海市口岸办的组织协调下,由铁路上海站与各联检单位,对沪港列车乘降区域的改造设施及相关作业内容进行实地调研。车站针对各联检单位提出的建议积极整改,于2014年9月1日启用沪港列车乘降新流程,车站专业部门实行跟班写实,收集旅客意见,逐步优化完善作业新流程,确保乘降秩序平稳有序。

【加强现场监控保障】上海站除了日常配合各查验单位,共同做好对监控设施设备的日常保养维护外,还不断完善监控系统,更新查验单位的监控屏,制作视频监控操作台,新增视频监控探头5个,基本满足查验单位监控需要。

【打造陆上门户品牌】上海站积极改进服务,努力与各联检单位共同将上海站铁路口岸打造成上海陆上门户的第一品牌。

一是拓展品牌服务。上海站铁路口岸服务的沪港列车老幼旅客多、旅游购物旅客多、学生旅客多,上海站围绕满足旅客个性化需求,大力拓展品牌服务。由服务明星汤杰为首的青年团队,承担上海铁路口岸的客运服务工作,针对各个服务环节和细节,以旅客需求为导向,精心策划和设计服务产品,做到服务内容体现旅客需要,服务过程尊重旅客习惯,服务细节温暖旅客情感,最大限度地便民利民。

二是强化服务意识。沪港列车开通以来,车站与各联检单位始终坚持

"一切为了旅客满意"的服务理念,把旅客的需求作为改进服务工作的出发点和落脚点。针对沪港直通车等级高、要求高和有别于普通列车组织模式等不同特点,上海站突出加强对员工的思想素质、业务技能、服务观念、文明礼仪方面的经常性培训,引导员工牢固树立用心服务意识和口岸满意意识,始终确立"无小事"的思想,规范自身的服务行为,真正让往返沪港两地的旅客满意,沪港列车全年的平均上座率也始终保持在93.6%以上。

【建立定期会商制度】为更好地服务出入境旅客,持续改进,规范管理,提供便利,车站专门成立了口岸工作领导小组,明确各部门责任分工,研究制订工作方案,协调解决车站内部相关问题。同时,在上海市口岸办的组织协调下,由铁路上海站与上海站公安段及各查验单位,共同建立了铁路口岸定期会商机制,每季度召开工作例会,沟通交流情况,解决铁路口岸日常运营过程中遇到的问题,协调推进上海站铁路口岸工作。 (李玉红)

特殊监管区域

概述

海关特殊监管区域是指经国务院批准在中华人民共和国境内设立的，由海关为主实施封闭监管的特定经济功能区域，现有保税区、出口加工区、保税物流园区、保税港区、综合保税区和跨境工业园区6类模式。

自1990年全国第一个保税区——上海外高桥保税区成立以来的二十余年中，上海共建成除跨境工业园区之外的5类共计10个海关特殊监管区域，分别为：1个保税港区（洋山保税港区）、1个综合保税区（浦东国际机场综合保税区）、1个保税区（外高桥保税区）、1个保税物流园区（外高桥保税物流园区）和6个出口加工区（松江、金桥、青浦、漕河泾、闵行、嘉定出口加工区），已封关运行面积近39平方公里。这些海关特殊监管区域已成为体现上海口岸城市综合服务功能的重要载体，对于全面提高对外开放水平，增强城市国际竞争力，推动上海“四个中心”建设发挥了积极作用。

2014年，本市海关特殊监管区域不断推进功能拓展与转型升级，区域经济发展态势良好。全年累计完成增加值1887.9亿元；实现工业总产值2788.8亿元；完成税收总额1575.3亿元，其中海关税收及代征税984.5亿元，分别占全国海关特殊监管区域的49.3%和45%；实现进出口总额1720.2亿美元，占全市进出口总额的36.9%，其中洋山保税港区、外高桥保税区、外高桥保税物流园区、松江出口加工区各项指标分别在全国保税港区、保税区、保税物流园区、出口加工区中位居前列。

2014年，上海海关特殊监管区域依托中国（上海）自由贸易试验区（由外高桥保税区、外高桥保税物流园区、洋山保税港区、浦东机场综合保税区组成）建设，不断推进功能创新与转型升级。深化实施“先入区、后报关”、“第三方检验结果采信”等贸易监管制度创新，“批次进出、集中申报”、“智能化卡口验放”、“简化无纸通关随附单证”、“区内自行运输”等制度创新向出口加工区复制推广。国际贸易“单一窗口”启动实施，一般贸易进口和船舶离港手续办理试点成功。跨境电子商务加快推进，试点公共平台不断完善，天猫国际电商平台落户松江出口加工区，美国亚马逊公司签约自贸试验区。自贸试验区大宗商品现货市场建设进展顺利，一批要素市场初步形成。本市出口加工区整合优化有序推进，形成了初步方案，全力推进区域类型、存量和管理的深度整合，全力推进区域产业、贸易、功能和监管的全面优化。

（冯　赟）

2014 年上海市海关特殊监管区域基本情况表

区域名称	规划面积（km^2）	封关面积（km^2）	封关时间	累计批准企业数（个）	累计批准投资额（亿美元）	2014 年进出口总额（亿美元）
洋山保税港区	14.16	14.16	2014.2	1743	155.3	121.2
浦东机场综合保税区	3.59	3.59	2010.4	588	48.7	76.5
外高桥保税区	10	8.9	1990.5	25824	1049.9	983.6
外高桥保税物流园区	1.03	1.03	2004.4	45	6.5	58.9
松江出口加工区（A 区）	2.98	2.98	2000.11	111	25.4	355
松江出口加工区（B 区）	2.98	1.3	2003.11			
金桥出口加工区	2.8	1.55	2002.6	36	16.8	6.9
青浦出口加工区	3	1.6	2003.11	31	8.1	9.7
漕河泾出口加工区	3	0.9	2003.11	20	6.9	86.8
闵行出口加工区	3	1.9	2003.11	26	5.9	16.9
嘉定出口加工区	3	0.99	2007.9	7	0.4	4.7
合计	49.54	38.9		28431	1323.9	1720.2

数据来源：中国保税区、出口加工区协会

中国(上海)自由贸易试验区

【概况】2014 年,上海自贸试验区围绕面向世界、服务全国的战略要求和上海“四个中心”建设的战略任务,以简政放权、放管结合的制度创新为核心,加快政府职能转变,探索体制机制创新,在建立以负面清单管理为核心的外商投资管理制度、以贸易便利化为重点的贸易监管制度、以资本项目可兑换和金融服务业开放为目标的金融创新制度、以政府职能转变为核心的事中事后监管制度等方面,形成了一批可复制、可推广的改革创新成果。2014 年 12 月,全国人大常委会授权国务院暂时调整有关法律规定,将上海自贸试验区扩展到陆家嘴金融片区、金桥开发区片区和张江高科技片区,总面积 120.72 平方公里。

截至 12 月底,在 28.78 平方公里海关特殊监管区内,投资企业累计达 23243 家,吸引从业人员超过 28 万人,159 家世界 500 强企业投资了 296 个项目。挂牌后,累计新设企业 14860 家(内资 12518 家,外资 2342 家),其中 2014 年新设企业 11353 家(内资 9216 家,外资 2137 家)。全年区内企业完成经营总收入 16000 亿元,同比增长 11%,其中,商品销售额 13800 亿元,增长 11.5%,约占全市的 1/5;航运物流服务收入 1180 亿元,增长 15%。完成进出口额 7623 亿元,同比增长 8.3%,其中进口额 5587 亿元,增长7.3%;出口额 2036 亿元,增长 11.2%。区内企业经营利润同比增长 20%。

【投资管理制度创新】完善负面清单管理模式。修订出台 2014 版负面清单,外商投资准入特别管理措施由 190 条减少到 139 条,并明确了 30 条管理措施的具体限制要求,进一步提高了开放度和透明度,进一步接轨国际通行规则。落实外商投资和境外投资备案管理制度。新设外资企业中，近90%通过备案方式设立；累计办结170个境外投资项目备案，中方投资额累计39.28亿美元。实施企业办事“单一窗口”制度。通过线上线下相结合，实现企业新设、变更的“一口受理、信息共享、并联办事、统一发证”。质监部门推出组织机构代码实时赋码，税务部门推出“税务登记号码网上自动赋码”等10项“办税一网通”创新措施。落实扩大开放领域措施。2013年《总体方案》明确的23项服务业开放措施，已有437个项目落地。2014年国务院又批准了新一轮31项开放措施，实现了从服务业向制造业等领域的拓展，已有33个项目落地。

【贸易监管制度创新】创新“一线放开、二线安全高效管住、区内自由”监管制度。海关以“简政集约、通关便利、安全高效”为重点，推出23项监管服务创新举措；检验检疫推出“通关无纸化”、“分线管理”、“第三方检验结果采信”等23项改革措施；海事推出船舶安全作业监管、高效率船舶登记流程等15项新制度；海关、检验检疫联动实施“一次申报、一次查验、一次放行”监管试点，并在一线出境、二线入区环节实现通关单无纸化。实施国际贸易“单一窗口”管理制度。借鉴国际通行规则，建立贸易、运输、加工、仓储等业务的跨部门综合管理服务平台。2014年先期建设口岸监管“单一窗口”，实现一般贸易进口和船舶离港手续办理等功能的上线试点运行。探索建立货物状态分类监管制度。实施“分类监管、分账管理、标识区分、联网监管、实货监控”的监管新模式，对保税货物、非保税货物、口岸货物进行分类监管，促进内外贸一体化发展。目前，已确定监管方案、操作规范和试点企业。

【金融制度创新】金融创新业务有序推进。围绕人民银行、银监会、证监会、保监会推出的51条创新举措，出台了38项实施细则，在自由贸易账户体系、投融资汇兑便利、人民币跨境使用、利率市场化、外汇管理改革5五个方面，形成了“一线放开、二线严格管理的宏观审慎”的金融制度框架和监管模式。截至12月底，金融领域大部分措施进入实际操作阶段，自由贸易账户业务已正式启动，10家中资银行接入自由贸易账户信息监测管理系统，开立9741个自由贸易账户，账户存款余额134亿元，账户体系运转良好，资金流动正常。金融监管和风险防范机制建立完善。“一行三会”驻沪机构和上海市政府建立了监管协调机制和跨境资金流动监测机制，人行上海总部和自贸试验区管委会建立了“反洗钱、反恐融资、反逃税”监管机制。同时，进一步完善金融宏观审慎管理措施和切实加强机构风险管理自我责任，制定异常情况下的应急管理办法，构建开放条件下的金融安全网。

【事中事后监管制度创新】健全社会信用体系。依托上海市公共信用信息服务平台，推动建设自贸试验区公共信用信息子平台，已经能够交互共享市公共信用信息服务平台、市法人库的信用数据，以及本市相关行业组织等提供的企业违约信息。中央驻沪单位、市级管理部门和自贸试验区驻区机构出台了一系列信用管理制度，初步建立了信用奖惩机制。建立企业年度报告公示和经营异常名录制度。3月1日发布实施自贸试验区年度报告公示办法、经营异常名录管理办法，共有10323家企业提交年度报告，公示率87.54%，其中7398家同时提交了会计师事务所出具的年度审计报告(有3122家为自愿提交)，工商部门已发布首批1463家企业经营异常名录(由于部分企业已经补报，目前为1192户)，并按3%的比例对315家企业进行公示信息抽查。健全信息共享和综合执法制度。在信息共享方面，建设以大数据中心和信息交换枢纽为主要功能的信息共享平台，已汇集口岸和金融等中央在沪单位、市级部门等34个部门近700万条信息数据，实现了各管理部门监管信息的归集应用和共享，促进了跨部门联合监管。在综合执法方面，自贸试验区管委会相对集中行使执法权，已承担市级层面在规划建设、劳动监察、知识产权等领域的行政执法权，启动试运行网上执法办案系统，着力形成联动执法、协调合作机制。建立社会力量参与市场监督制度。已成立由社会知名人士担任主任委员，企业、行业协会和商会代表组成的社会参与委员会，会计师事务所等专业服务机构已承担企业年报审计工作，第三方检验机构已为试验区进出口商品检验出具鉴定报告，商事纠纷调解中心已在区内开展业务,上海国际仲裁中心自贸试验区仲裁院已在区内设立。建立安全审查制度。在国家发改委、商务部的指导下,已经制定自贸试验区安全审查办法,明确外资安全审查的范围、内容、工作机制和程序。建立反垄断审查制度。在国家发改委、商务部、工商总局的支持下,已形成自贸试验区反垄断审查联席会议制度方案。

【形成一批可复制可推广的制度成果】经过第三方评估机构的综合评估,形成了一批可复制可推广的制度成果。12 月底,国务院印发《关于推广中国(上海)自由贸易试验区可复制改革试点经验的通知》(国发[2014]65号),除涉及法律修订、上海国际金融中心建设事项外,投资管理、贸易便利化、金融和服务业开放领域的 23 项措施和事中事后监管方面的 5 项措施将在全国推广,海关监管和检验检疫 6 项制度创新将在全国其他海关特殊监管区域复制推广。

【法治轨道上推进改革】制定发布《中国(上海)自由贸易试验区条例》。经上海市人大常委会审议通过,于 8 月 1 日起施行,是我国第一部关于自贸试验区的地方性法规,涵盖了管理体制、投资开放、贸易便利、金融服务、税收管理、综合监管、法制环境等七个方面的内容,从地方立法层面确立了推动自贸试验区建设和发展的制度框架。

【功能拓展稳步推进】总部经济稳步发展。制定了总部经济三年行动计划,新增 24 家亚太营运商获得集团总部授权,55 家企业试点跨国公司总部外汇资金集中运营管理,区内集聚总部经济企业近 260 家。自贸试验区境外投资服务平台上线运作。贸易功能不断增强。澳大利亚、俄罗斯进口商品国别中心启动运营;对外文化贸易基地引进微软、太田等企业近 300 家;森兰区域保税展示交易功能延伸至临港地区;平行进口汽车试点工作正式启动;大宗商品现货交易市场启动筹建;跨境电子商务探索形成保税进口、直邮中国两种模式,上线商家达到 60 家;全球维修检测再制造业务初具规模,中外运一杰浦电子全球维修、曼恩船舶维修等项目启动运作。金融服务功能不断增强。金融机构加快集聚,116 家有金融牌照的机构和一批金融服务企业入驻区内，启动实施了一批服务实体经济和投资贸易便利化的金融创新业务。上海国际能源交易中心、上海国际黄金交易中心等一批面向国际的要素市场平台在区内成立运营。融资租赁业务全面发展，累计引进326家境内外融资租赁母公司和336家SPV项目公司，注册资本总额1036亿元。试点国际中转集拼创新业务。配合海关制定监管方案，采用简化进境备案规范要素模式，启动国际中转集拼创新业务试点。（李　飞）

上海松江出口加工区

【概况】上海松江出口加工区由A区和B区组成,总规划面积5.96平方公里。上海松江出口加工区A区于2000年4月27日经国务院批准设立,为全国首批出口加工区之一,规划面积2.98平方公里,于2001年初封关运作,已全部开发完毕;B区于2003年3月14日经国务院批准设立,规划面积2.98平方公里,分二期开发,2003年11月一期1.33平方公里封关运作。

松江出口加工区的总体目标,是成为全球重要的IT产业生产基地和一流的现代化工业园区,实现内外销兼顾、保税物流功能完善、国内外贸易功能齐全、从研发到售后一条龙的综合性区域,为海内外投资者创造一个大展鸿图、投资兴业的家园。

【投资环境】上海松江出口加工区地理位置优越,距上海虹桥国际机场20公里;距上海浦东国际机场42公里;周边有沪昆高速公路、沈海高速公路、申嘉湖高速公路、嘉金高速公路等高等级的公路,构成便捷的公路交通网络。上海市区外环线距松江出口加工区仅18公里。

作为千年文化古城的松江,历来重视发展教育,注重人才素质的培养。目前已拥有一座包括7所大学的现代化大学城(其中包括上海外国语大学、上海对外贸易学院、上海立信会计大学、东华大学、华东政法大学、上海工程技术大学、上海视觉艺术学院),2所大专院校,31所中学,7职业学校,28所技术学校,1所电大。人力资源相当充沛,可以为区内企业提供不同专业、不同层次的专门人才,同时还可以为区内企业提供各种人员培训服务。

作为全国最早的出口加工区之一,上海松江出口加工区已经运作多年,基础设施配套完善，管理机构运作娴熟，各类服务措施齐全，是中外客商的投资宝地。松江出口加工区实行全封闭管理，区内海关、商检、税务、工商、银行、外贸、运输、报关等一应俱全，落户企业在区内可办理完一切进出口手续。目前区内货物进出口的通关物流时间只需4小时，达到先进国家水平。

【经济发展】 据统计，2014年全年，松江出口加工区共完成工业产值1633亿元；完成进出口总额367亿美元，其中进口89亿美元，出口278亿美元；完成利润总额13亿元；完成增加值88亿元；完成税收总额21亿元，其中海关及代征税15亿元，工商税收6亿元。自封关运行至2014年底，园区已累计实现进出口总额3952亿美元。

2014年上海松江出口加工区主要经济数据统计表

指标名称	单位	2014年	同比%
经营总收入	亿元	1622.7	4.2
商品销售额	亿元	1619.0	4.2
物流业务营业收入	亿元	3.7	0.4
进出口额	亿美元	366.9	0
其中：进口额	亿美元	89.2	9.3
出口额	亿美元	285.2	−2.6
工商税收	亿元	6.2	16.7

【招商引资】《国务院关于促进海关特殊监管区域科学发展的指导意见》(国发[2012]58号)指出“在基本不突破原规划面积的前提下，逐步将现有出口加工区、保税物流园区、跨境工业区、保税港区及符合条件的保税区整合为综合保税区”。松江出口加工区提前布局规划，完成园区功能调整的硬件配套；密切关注传统加工制造业动向，配合企业完成产业转型升级。2014年9月，上海海关将中国(上海)自由贸易试验区实施的海关监管创新制度在符合条件的海关特殊监管区域复制推广后，松江出口加工区作为首先享受自贸区改革“红利”的示范区域，不断创新监管服务模式。2014年10月，阿里巴巴跨境电商业务正式落户松江出口加工区，园区一直呼吁的保税

展示业务也已获批，前来咨询加工区新政策、有意落户的企业络绎不绝，其中不乏一些知名企业，这些利好消息也给加工区的未来发展指明了道路。2014年全年园区实现外商投资总额2200万美元。截止2014年底，区内落户企业达111家，其中外资84家，内资27家，外商投资总额24.54亿美元，2014年底园区从业人员近8万人，带动解决周边就业岗位约2万个。

【工业】经过2012年—2014年的调整，松江出口加工区内的出口型加工贸易企业面对国内外经济大环境的变迁主动转型，避免被淘汰的命运。尽管在成本、环境压力下，园区内部分产线已向中西部转移，但一些具有高技术含量、高附加值的产品也在逐渐被引入加工区。以广达集团为例，在成本、环境压力下，企业在松江出口加工区内部分产线已向中西部转移，笔记本电脑的产量也从高峰的年产5000万台锐减至半数，但在经过一段时间的调整之后，目前高端笔记本电脑和服务器占营收比重已大大提高，降低了企业对中低端笔记本市场的依赖。从2014的企业经济数据来看，新迁入区内的产线生产的产品价值明显高于原来的产线。园区内豪微企业由于新项目的投产，2014年产值比上年同期增长50%以上，五年内的产值将可望实现翻番增长。今后还可能在松江出口加工区设立研发中心，实现从单一的测试厂，向高技术多元化型企业转型。此外，海关总署《加贸司关于开展海关特殊监管区域内企业内销产品返区维修试点工作的通知》出台，支持发展服务贸易，促进外贸稳定增长，决定在海关特殊监管区域内开展企业内销产品返区维修试点。松江出口加工区内达利（上海）电脑有限公司位于全国12家试点企业之列，企业在获得内销维修资格后，已逐渐将原本迁出的维修业务再次转移进加工区内。

【物流】截至2014年12月，松江出口加工区内共有第三方物流企业21家，仓储面积达19.7万平方米，2014年全年完成营业收入3.7亿元；出入库金额达276亿美元。目前加工区保税物流业务除传统物流仓储业务之外，已衍生出简单装配、分拣、分拨配送等业务，并逐步尝试进口奢饰品、食品及生活用品等全新业务，发展空间巨大。

【自贸区政策复制推广】2014 年下半年，上海海关将中国(上海)自由贸易试验区实施的海关监管创新制度在符合条件的海关特殊监管区域复制推广后，松江出口加工区作为成为享受自贸区改革“红利”的示范区域。此次推广的“工单式核销”、“仓储企业联网监管”、“境内外维修”和“分批送货、集中报关”等 4 项创新制度，前期已经在松江出口加工区开展试点。达利电脑开展内销产品返区维修取得一定经验后，已向总署申请将国基电子作为第二批试点企业，为今后扩大复制推广范围奠定基础。此外，根据区内企业产业特点和实际需要，松江出口加工区先后有序推进“简化统一进出境备案清单”、“先进区、后报关”和“区内企业货物流转自行运输”3 项制度。除以上七项制度外，“智能化卡口验放”制度已先期在松江出口加工区复制推广。

【园区跨境电子商务业务】2014 年 9 月，上海海关批准松江出口加工区试点跨境电商业务(沪关行函[2014]313 号)。10 月 31 日，阿里巴巴(中国)有限公司与松江区政府“联姻”，阿里巴巴天猫国际正式落户松江出口加工区，迈出了转型发展中最坚实的一步，A 区未来发展方向愈加清晰。除了在原有传统行业形成从自主研发设计到核心制造、到售后维修服务的产业链，还要在新兴跨境电商行业成为连接国际、国内两个市场的中间站。同时，园区与区内物流公司联手成立茸华国际贸易有限公司，将合力打造松江出口加工区跨境电子商务公共服务平台，做大做强跨境电商业务，为实现加工区的转型作出努力。

【园区保税展示业务】为了使加工区在新形势下实现新的突破，园区努力探索在保税仓储方面的优势。跨境电商业务落户给园区带来了很多保税展示方面的需求，规划中的 B 区将建设一定规模的展示展销场所，实行集中超市式的"前店后仓"模式，按进口机电产品、快速消费品、食品、酒、奢侈品、化妆品等区域进行常年布展，集中开票销售；同时可利用临时进出区管理模式开展进口货物的国内外参展功能。园区规划在区内、区外分设保税展示平台，推动贸易与物流相结合的业务形式，提供交易物品的保税仓储、展示展销、产品发布、产品推广、产品试用、物流配送等多项服务。

【发展趋势】上海松江出口加工区已经经历了14年的发展，电子信息技术产业链已经日趋完善。然而出口加工区初创时以制造、外资、出口为主的发展模式及相关政策在当前国际市场低靡，国内产业转移大潮的背景下显得难以适应。要使出口加工区全面发展、协调发展、可持续发展，迫切需要由现行相对单一的外销模式转变为内外销兼顾、保税物流功能完善、国内外贸易功能齐全、从研发到售后一条龙的综合性模式。

国发(2012)第58号文《国务院关于促进海关特殊监管区域科学发展的指导意见》出台，明确提出要深入贯彻落实科学发展观，整合特殊监管区域类型，完善政策和功能强化监管和服务，促进特殊监管区域科学发展，更好地服务于改革开放和经济发展。这正是加工区转型升级的最佳契机，根据松江出口加工区发展现状，A区加工贸易企业众多，产业链成熟，宜推进物流与生产相结合的业务形式，物流以为生产型企业配套为主；B区发展空间广阔，潜力巨大，宜推动物流与贸易相结合的业务模式，实现园区业务从区内向区外的全面辐射。松江出口加工区将以继续鼓励发展支持电子信息等产业、继续鼓励发展保税物流仓储等业务、支持各类贸易公司开展进出口商品国内分销业务、连接国内外市场的进出口商品交易、完成从自主设计研发到售后维修的产业一条龙为发展目标，积极争取向综合保税区模式转型升级。

（袁　璐）

上海金桥出口加工区(南区)

【概况】金桥出口加工区(南区)位于上海浦东新区东南部,于2002年6月经国务院八部委验收通过,正式封关运行的特殊监管区,享受国家级出口加工区的各项优惠政策,是浦东新区唯一的国家级出口加工区,也是上海市经委命名的上海半导体装备基地。

作为全国最早的出口加工区之一,金桥出口加工区(南区)已经运作多年,基础设施配套完善,管理机构运作娴熟,区内实行全封闭管理,目前金桥出口加工区(南区)保税物流为"半日游",达到先进国家水平。

【工业经济态势良好】2014年,金桥出口加工区(南区)经济总量持续攀升,全年完成工业总产值22.98亿元,同比增长18.2%,其中区内重点企业中微半导体设备(上海)有限公司、艾默生船用过程控制系统(上海)有限公司等依托先进的科技和不断研发的新产品,发展迅猛。中微半导体设备(上海)有限公司开发的芯片刻蚀设备,在性能、输出量及成本等关键指标上都大幅领先于国际先进竞争产品,其介质刻蚀设备也在海内外一流客户芯片生产线不断地取代海外垄断公司设备,已被广泛地应用在国际一线客户从45纳米到1x纳米工艺的芯片加工制造。目前产品在韩国客户芯片生产线还通过了16纳米部分关键工艺认证并投入批量生产。

2014年,金桥出口加工区(南区)进出口量继续大幅上涨,中微半导体设备、英联川宁饮料和安集微电子等区内重点企业出口增长迅速,出口交货值分别增长80.0%、16.2%和25.6%;南区全年实现进出口额为6.92亿美元,同比增长29.0%,其中进口额3.40亿美元,同比增长37.2%,出口额3.52亿美元,同比增长22.1%。截至2014年底,金桥出口加工区(南区)共引进 36 家企业，总投资 16.8 亿美元。

上海金桥出口加工区（南区）2014 年工业经济主要数据表

指标名称	单位	2014 年数值	同比
工业总产值	亿元	22.98	18.2%
营业总收入	亿元	25.07	15.7%
进出口总额	亿美元	6.92	29.0%
其中:进口	亿美元	3.40	37.2%
出口	亿美元	3.52	22.1%

【保税物流功能拓展】金桥出口加工区（南区）自 2009 年正式开展保税物流业务后，在原先保税加工功能以外，拓展了保税物流功能，并开展研发、测试和维修等业务，使得区内企业享受到更加完善的政策配套，使金桥（南区）成为政策、效率、成本的最优化区域。截至 2014 年底，当年办理即进即出业务 3608 批，同比增长 11.3%，进出口量达到 6.60 亿美元，同比增长40.1%。

【服务企业水平提升】为提升落户企业服务工作实效和水平，金桥出口加工区（南区）管委会建立并完善工作例会制度，企业联络员制度等机制，注重加强企业与政府职能部门之间的沟通、协调。加强部门共建，打造规范高效的服务平台，建立了相应工作信息通报的例会制度。针对企业对通关环境、通关效率等方面的要求和需求，加工区与海关、检验检疫驻南区办事处合作，进行政策讲座、培训等服务企业措施。

【发展趋势】金桥出口加工区（南区）将继续加强海关监管区的管理，进一步完善南区“大通关”环境，促进建立和完善电子审批管理系统、海关联网监管系统和出口加工区智能化管理信息平台，与海关、检验检疫局联动，打造制度规范、和谐高效的政府服务平台。进一步开展保税物流及研发、监测、维修功能，将出口加工区由单一的加工贸易实体经济向上下游延伸，产业链拉长、物流成本降低、附加值提高转变，推进金桥南区成为出口加工生产中心，离岸保税物流中心、离岸调拨配送中心、研发与检测中心、售后服务和维修中心。同时，要充分利用金桥（南区）位于浦东新区中心的区位优势，调整产业规划，提高产业能级，促进加工贸易转型升级、将原有的加工制造业形态调整转变为先进制造业，由单一的加工制造向二产、三产联动发展，形成以现代服务业为支柱业态的产业园。（谢　昌）

上海青浦出口加工区

【概况】上海青浦出口加工区于2003年3月10日经国务院批准设立，属于国家海关监管特殊区域，位于上海市级开发区——青浦工业园区内，规划总面积约17.36平方公里，其中集建区规划面积约12.3平方公里，分为功能区和产业区。功能区规划面积3平方公里，为海关特殊监管区域，主要为出口型加工制造以及保税物流、检测、维修等业务拓展为主的高科技含量、高附加值的企业提供投资服务。产业区规划面积13平方公里，主要为现有落户企业和未来主导产业企业提供投资服务。目前，区域内已基本形成精密机械装备、汽车零部件、新材料、电子信息四大主导产业。

2014年，加工区主要经济指标稳步增长，基础设施进一步完善，经济效益进一步提升，经济发展继续保持平稳协调健康的良好态势。全年共计完成合同外资6019.67万美元，到位资金4174.23万美元，内资项目注册资金6.547亿元，分别完成区政府下达确保目标的100.33%、119.26%和310.98%；完成规模以上工业产值218.56亿元，完成区政府下达确保目标215.2亿元的101.56%，同比增长5.1%，其中44家亿元产值企业完成191.73亿元，占总产值的87.72%，主导产业、大中型企业优势明显；完成税收收入10.58亿元，同比增长11.6%，完成区级税收收入2.53亿元，同比增长14.5%。

【招商工作开创新局面】2014年全年，加工区共计引进外资项目14个，内资实体型项目14个，完成注册型项目招商197个，一批优质项目落户。

【特色产业园发展再上新台阶】尚之坊时尚创意园：全年税收1716万元，完成时尚产业板块规划方案，积极对接中国服装协会，常年展项目合作，已完成项目公司注册。移动智地产业园：全年税收1615万元，同比增长

59.51%，引进数果科技、燊浦信息、翔空等6家企业入驻。民用航空产业园：2014年有7家航空企业落户（其中实体型企业6家）；全力保障东航应用技术研发中心项目的建设进度，该项目2014年增资4.2亿元；成功引进上海啸翔通用航空服务有限公司。

【转型升级再创新业绩】通过土地回购、动迁迁出、产业转移，改造升级或淘汰退出等多种方式积极盘活闲置资源，完成17家企业转型升级，调整土地面积260亩，完成区政府下达确保目标246.67亩的105.4%；利用调整出来的闲置资源，新增内资实体投资1.51亿元，外资投资3346万美元；盘活闲置厂房30317平方米，利用闲置厂房引进一批优质项目；盘活闲置土地82亩。

【接轨自贸区工作取得良好成效】推进贸易便利化，工商允许物流贸易公司在特殊监管区内注册，海关推出保税展示、融资租赁等17项监管创新措施，检验检疫推出进境货物预检验、分线监督管理等8项监管创新措施，有力推动了加工区的发动机维修再利用、保税展示、跨境电子商务与国际快递、保税物流等产业的发展。推进相关政策复制推广，保税展示、融资租赁两项加工区一直在呼吁的政策和几项海关监管创新措施已于2014年8月起在加工区复制推广。推进旧发动机再利用业务监管创新，上海海关明确了“成套发动机散件出口”、“零部件合同清单备案留购”、“出区维修费料件费征税”、“原进原出”、“边角料按现行政策管理”等多条监管办法，并于2014年6月开始实际操作，使上海普惠公司降低维修成本3%，市场订单量提高20%。推进监管网络高效化改造，海关联网监控系统改造二程已完工并正式运行，区内多家生产型企业完成生产管理ERP系统与海关系统的对接，开展企业联网监管和工单式核销；区内物流企业完成仓储管理系统与海关系统的对接，开展仓储联网监管。

【基础设施进一步完善】政府性投资项目：动迁安置基地23#，24#地块提前2个月完成结构封顶；完成保税物流服务中心项目投资额调整，并提交审核。项目开竣工：完成开工项目10个，项目竣工12个，总建筑面积352192平方米。

（谷二艳）

上海漕河泾出口加工区

【概况】上海漕河泾出口加工区于2003年经国务院批准设立，规划面积2.9平方公里，一期开发0.9平方公里。是国务院批准的第三批出口加工区之一，规划面积2.9平方公里，一期开发0.9平方公里。2003年11月漕河泾出口加工区成功通过国务院八部委验收，并于次年3月1日正式封关运作。其地处上海市闵行区浦江镇，是距离市中心最近的保税监管区域。

【招商引资业绩】作为第三批通过验收的出口加工区，通过当地政府的大力协作及企业自身的不懈努力，截至2014年年底，共引进各类高科技企业23家。其中外资企业16家，主要来自港台、欧美、日本等国。园区共计吸引投资总额6.9亿美元，合同外资2.52亿美元，实际利用外资2.51亿美元。单位面积土地投资强度已达到7.6亿美元/平方公里；引进的18家企业中有17家生产型企业，主要集中在电子信息制造业、医疗器械制造业领域，目前均已投产运作，且均为年销售收入超过500万元的规模以上企业，其中有3家企业年产值逾百亿。区内三家“英氏企业”的英顺达、英业达及英华达连续多年进入上海出口企业200强名录。

【经济发展水平】漕河泾出口加工区2014年全年进出口总额为86.73亿美元，其中进口额为27.71亿美元，其中出口额为65.03亿美元，其进出口数据在中国出口加工区中位列前三。；园区创造了约2.2万个就业岗位。2004—2014年，园区工业总产值从136.11亿元增至427.88亿元；园区每平方公里实现工业总产值475亿元；且其基本为高新产业产值；税收收入从1.16亿元增至7.65亿元；十年来，漕河泾出口加工区累计进出口总额达1238.54亿美元，其中出口额达932.78亿美元，进口额达305.76亿美元。

经济发展水平位列全国出口加工区前列。

【投资环境】经过十年发展，目前加工区基础设施配套齐全，管理机构运作成熟，各类服务措施到位，受到各行业投资商的青睐。加工区内已经建成标准厂房11万平方米，区内道路、供电、供水、排水、排污、供暖、照明、网络通信等基础设施已经完善，区内海关商检、金融服务、政策咨询、注册服务、报关服务等软环境一应俱全。此外，由于加工区的对外辐射效应，带动了周边地域经济的又一次快速发展，目前，与加工区毗邻的地块已建成多处高档住宅，大型商业设施也纷纷落户周边，这些生活辅助设施使得加工区的投资环境有了本质的提升，为加工区进一步招商引资打下了坚实的基础，也为海外投资者创造一个大展宏图的平台。 （刘　葳）

上海闵行出口加工区

【概况】上海闵行出口加工区于2003年3月10日经国务院批准设立，坐落于上海市工业综合开发区境内，一期启动1.9平方公里，并于2003年11月23日经国务院八部委验收合格，已正式封关运行。作为上海西南部地区唯一的加工区，所在位置交通四通八大，左临洋山，右是上海连接外省市主要的水路、陆路、铁路出口通道；功能多样化，拥有着出口加工制造、保税仓储、国际物流分拨配送、售后服务、设计研发、维修、检测等众多功能。

2014年，闵行出口加工区坚持“没有服务的管理是没有人情的管理；没有管理的服务是没有力度的服务”的理念，服务与管理并举，促进国际经济贸易持续发展。

【产业涉及领域】截至2014年12月，闵行出口加工区共有注册企业26家，投资总额5.22亿美元，注册资本2.81亿美元，实际运作企业19家，其中保税加工企业15家，保税物流企业4家。产业涉及电子信息、机械设备制造、汽车配件等。

【经济运行情况】2014年，闵行出口加工区出口总额为123129.8万美元，同比增长5.90%；进口总额为41764.91万美元，同比减少27%；进出口总额164894.7万美元，同比减少5%。产值为733270万元，同比下降5.80%，其中内销为7670.51万美元，同比增长4.30%；深加工结转1532.92万美元，同比增长71%。

【获批开展“境内外检测维修”业务】2014年，闵行出口加工区内的上海卓耘电子科技有限公司获批开展“境内外检测维修”业务，成为自贸区外全国第一家此类企业。该公司将在未来数十年为众多世界500强企业提供检测维修服务。此举有助于加快出口加工区品牌建设,促进传统加工贸易向服务贸易转变,为自贸区政策复制推广提供宝贵经验。

【创新政策惠及加工区企业】自从上海自贸试验区14项政策复制推广以来,闵行出口加工区内许多企业已享受到便利。上海新市洋国际物流有限公司及纳图兹家具(中国)有限公司等已申请使用“批次进出、集中申报”政策,大大加快通关速度。上海新市洋国际物流有限公司申请使用了“保税交易展示”功能,大大丰富了加工区原有功能。上海奉贤近铁国际物流有限公司、纳图兹家具(中国)有限公司、上海双燕化工等企业陆续申请“区内自行运输”政策,降低运行成本。

【调整保税仓库经营模式】为推进物流业发展,闵行出口加工区对保税仓库的经营模式进行了调整,集中职能并统一管理,提高对企业的服务效率;调整租金,激励物流企业成长。(陈　立)

上海嘉定出口加工区

【概况】上海嘉定出口加工区于2005年6月3日经国务院批准设立，2008年4月1日正式封关运作，内设海关、检验检疫的专门办事机构，为企业的进出口报关、报检业务提供“5+2”的24小时服务。加工区位于上海的西北门户，连结上海市与江苏省，地处长三角十五个城市群的中心地带，是市场辐射的聚合点，加上四面通达、高效高速的交通条件，从地理空间上成为物流供需链上得天独厚的一块宝地和电商交易平台布点的优选地段。在嘉定出口加工区设立电商配送中心，2小时内货物服务圈既可覆盖全上海，同时辐射附近的其他多个江浙发达城市，进而辐射“长三角”。

【转型升级】2014年11月，上海嘉定出口加工区正式被上海海关批准为跨境电商试点单位。与自贸区拥有同样的产业政策，能够承接自贸区“溢出效应”，做好拓展示范区的功能衔接。加上嘉定区电子商务具有强大的基础优势，出口加工区将突破现有产业束缚，迅速向综合保税区转型，集保税区、出口加工区、保税物流区、港口功能与一身，发展国际中转、配送、采购、转口贸易和出口加工等业务。主要建立四大功能平台：一是，以嘉定电子商务产业园为依托，积极打造跨境电商平台；二是，用好汽车产业基础的雄厚优势，逐步打造汽车整车、零部件平台；三是，联手上海金融谷争取在园区内建成离岸与跨境结算中心、离岸金融服务外包中心、金融数据中心、金融凭证管理中心等的离岸金融平台；四是，推进食品、化妆品等交易平台的建设。

【经济发展】2014年，上海嘉定出口加工区完成进出口区总货值17.58亿美元，比上年增长18.53%。海关征收税款4.44亿元。嘉定出口加工区内的6家物流企业为周边千家企业提供便捷的保税物流服务，完成进出区货值总额13.34亿美元，与上年同比增长31.52%。（李　格）

协会工作

上海口岸联合会

【概况】上海口岸联合会是在原上海口岸协会(1995 年 6 月成立)的基础上,于 2010 年 10 月按照“变更名称、优化结构、提升功能、发挥作用”的思路,由口岸相关行业协会、学会及企业自愿组建而成,是一家跨行业、跨部门的非营利性社团组织。联合会以服务政府、服务口岸、服务企业为宗旨,努力搭建口岸交流和合作的平台,发挥桥梁和纽带作用,凝聚口岸相关协会(学会)的优势和合力,为优化上海口岸通关环境,提高口岸通关效率,营造便捷、高效、安全、法治的国际一流口岸开展活动。2013 年被评为“上海市先进社会组织”,并顺利通过上海市社团管理局组织的社会组织规范化建设 4A 级评估。

2014 年,上海口岸联合会在上海市口岸服务办公室的指导下,认真贯彻党的十八届三中全会关于社会组织改革的精神,坚持办会宗旨,加强自身建设,创新深化“联合”的内涵和外延,继续在服务政府、服务口岸、服务企业上下功夫,在拓展工作平台、当好桥梁纽带上做文章,服务的质量和水平、工作的实效性和影响力进一步提高。

【发挥桥梁纽带作用,促进政企紧密联系】联合会通过邀请参加每年两次秘书长工作例会、推荐定点联系企业等形式,协助上海市口岸服务办公室建立与口岸相关行业协会和口岸相关企业的紧密联系机制,使政企双向沟通更为畅通、有效。一年来,联合会紧紧围绕建设“便捷、高效、安全、法治”国际一流口岸的目标,充分依托自身优势,积极承办政府购买服务项目,其中参与或独立组织了 4 项课题调研,反映实情,建言献策,为政府部门科学决策提供重要参考。联合会积极配合政府部门开展有关工作,彰显桥梁组带作用，在协助上海市口岸服务办公室做好口岸信息的传播、交流工作方面，全年精心编纂《上海口岸》月刊12期和《上海口岸年鉴》（2013版），及时准确地反映、展示上海口岸工作改革创新的新进展、新成果、新面貌，同时也为口岸单位相互交流、借鉴工作思路和工作方法提供了有益帮助。联合会紧扣改革创新热点，借助协会网站、内部刊物以及组织专题宣讲培训，及时宣传口岸新政，扩大各项创新成果的社会影响，推动其更为顺畅实施、更好惠及企业。当上海国际贸易"单一窗口"启动试点后，联合会全力筹办了推进这一重大改革创新之举的大型宣讲会，组织口岸相关协会和企业300多人参加，受到广泛好评。

【积极反映行业诉求，提升服务企业水平】联合会坚持将了解反映行业诉求、助力企业健康发展作为办会的重要职责任务，主动作为，尽力而为。针对船务代理行业面临的新情况、新问题，3月初联合会召开"上海主要船代公司座谈会"，占上海船代市场80%以上份额的13家企业参加座谈，其中既有国有企业，也有民营或沪港合资的企业。中国船舶代理及无船承运人协会秘书长和上海市口岸服务办公室政策法规部门负责人应邀到会。会后，联合会将船代企业的反映和诉求梳理成6个方面共18个问题上报上海市口岸服务办公室，并分别走访上海市交通委、上海海事局的有关部门进行通报，以期进一步引起重视和关注。一年间，联合会还多次召开涉及港口运营、船舶修造、重装备制造、邮轮产业等领域的企业座谈会，了解企业对口岸服务环境的反映和诉求，将梳理成的39条意见以及联合会对此提出的10条建议，分别以《专报》形式主报上海市口岸服务办公室，同时主动走访上海市交通委和口岸监管单位的职能部门进行通报、沟通和协调，得到相关各方的积极回应。联合会还注重为会员企业提供个性化服务，当企业在口岸通关、口岸开放等方面遇到难处时尽力给予帮助。一年间，先后为上海果然国际货物运输代理公司解决异地口岸通关提供协助，为上海长兴岛渔港有限公司与上海市锦诚国际船务代理有限公司开展业务合作牵线搭桥。

【拓展服务口岸平台，扩大协会合作领域】联合会与12个口岸相关协会(学会)之间,通过定期召开秘书长工作例会、不定期双向走访、《上海口岸》月刊“会员单位风采”和“会员单位动态”栏目等渠道,建立了常态化的沟通交流机制,努力从内涵和外延上深化“联合”,情况互通,工作互助,优势互补,成果共享,不断提高服务口岸工作的实效性和贡献度。

与此同时,联合会积极开展同相关社会团体的跨会合作。6 月份,联合会协助上海市物流协会发出“上海物流业相关行业协会积极呼应上海自贸试验区运行、推动行业升级企业发展”的 6 项倡议,并参与发起成立“上海物流业行业组织合作联盟”。该联盟的主要任务是:更好推动政府发展物流业规划、政策的落实;共同完成政府部门布置的跨会任务;积极支持联盟成员发展产业、推动行业的举措和活动;不断创新联盟成员合作模式。借力于这一联盟,联合会增强了搭建更广泛、多层次、制度化服务口岸工作平台的空间和能力。11 月份,联合会再度同上海浦东现代物流行业协会合作,在小洋山岛举办了“以中国(上海)自由贸易试验区建设为契机,推进上海国际航运综合试验区发展”为主题的第三届《洋山论坛》。来自国内外航运业界专家、高等院校资深教授,围绕上海自贸试验区与上海国际航运综合试验区建设和发展的内在联系、上海国际航运综合试验区与国际上自由港的共同属性和差异、当前国际航运发展的基本方向和思路等热点问题发表了真知灼见。上海自贸试验区内企业和国内外航运、物流、贸易企业近 200 人参加,取得了良好的业界反映和社会效果。

【参与口岸文明建设,推动企业诚信自律】由联合会牵头组织的上海口岸巡访评议活动有计划、有重点、有针对性地持续开展,既认真当好“啄木鸟”,又注重传递正能量,进一步发挥了这一体现上海口岸文明创建特色活动的独特作用,成为联合会与相关协会参与口岸文明建设的有效切入点。与此同时,以口岸相关协会为主体,联合会积极协助,动员和组织会员单位深入开展企业诚信建设,倡导行业自律,践行社会主义核心价值观,促进了企业综合素质的提高和社会责任感的增强。

【严格贯彻规范化要求,加强联合会自身建设】联合会自 2013 年通过上海市社团管理局的社会组织规范化建设4A级评估后，更加严格地贯彻规范化要求，认真落实各项议事规则、办公程序、档案管理等制度，进一步加强基础工作、提高自身能力。在注重吸收一些口岸相关协会和口岸大型企业入会的同时，根据联合会章程的有关规定，对多年不履行会员义务也不参加联合会活动的个别会员视作自动退会，会员总数虽略有减少，但联合会的工作覆盖面更广，会员的层次和结构更趋合理。由国家口岸管理办公室主管、中国口岸协会主办的《中国口岸》双月刊，全年采用联合会报送的稿件20件，通过这一平台扩大了上海口岸工作改革创新、进步发展的社会影响。联合会的信息工作连续第八年被中国口岸协会评为一等奖。（郑一辛）

上海进出口商会

【概况】 上海进出口商会是上海从事进出口业务的企业和与进出口相关的单位、团体依法自愿组成的行业性、非营利性社会团体法人，成立于2009年11月，前身是上海对外经济贸易协会，曾被国家民政部评为“全国先进民间组织”。商会明确“企业之家、行业代表、政府助手”定位，坚持“自主办会、服务立会、创新强会”理念，履行“服务、协调、代表、自律”职能，努力在服务上海外贸发展大局中发挥作用，注重在服务外贸企业实践中取得实效，成为进出口企业与政府沟通的纽带、进出口企业与境外合作的桥梁、进出口企业相互交流的平台。2013年被评为“上海市先进社会组织”。

2014年，商会第二届理事会继往开来，进取创新，在服务上海外贸发展大局中发挥积极作用，贴近外贸企业实际需求提高服务成效。

【设立上海进出口商会自贸区分会】 针对企业希望在自贸区发展的意愿，商会在提供自贸区咨询服务，讲解自贸区政策和措施的同时，经积极申请和商会常务理事会议审议通过，9月2日正式成立上海进出口商会自贸区分会，成为第一家在上海自贸试验区设立分会的市级以上社团组织。商会自贸区分会也成为上海自贸试验区“社会参与委员会”42家发起人单位之一，并被推荐和选举为副主任单位。这为商会更好服务区内企业，进一步发挥社团组织在自贸区建设中的作用奠定了基础。

【开通商会微信平台】 商会微信平台于5月上旬开通，发布的信息包括政府政策措施、各会员单位动态、企业诉求、国际合作活动等。点击率一路攀升，上海市商务委官方微信也给予支持推送，会员企业反响热烈。通过商会微信牵线，日本广岛一家企业与商会会员企业达成钢材交易。商会在《上海外贸报》和微信上开辟“会长专栏”，发表商会兼职副会长的专栏文章，配发产品、物业等介绍。着力宣传优秀企业和企业带头人。发布兼职副会长工作动态和副会长单位重要信息，直接采编的内容大幅度增加。

【架设连接政府与企业的平台】为配合推进上海国际贸易“单一窗口”这一本市商务领域的重点实事工程，商会组织8家企业出席市口岸办召开的进出口企业座谈会，提出对“单一窗口”建设试点方案的意见和建议。“单一窗口”正式上线运行后，商会组织50余家企业参加上海市口岸办举行的政策宣讲会，积极在会员中宣传这一新政策，推荐会员企业成为“单一窗口”进口项目的第一批试点使用者，并组织开展实施情况调研。商会努力配合市商务委做好外贸公共服务平台资金第三方和专家评估及项目梳理工作，为促进外贸行业和外贸企业的发展服务。商会还坚持做好自动进口许可证窗口工作，全年为企业免费办证28125份。

【及时反映企业诉求】2014年末，商会获悉部分外贸企业因不能及时拿到退税款面临资金困难，经过调研编写了“建议筹措资金解决退税燃眉之急”的《情况反映》上报上海市商务委，反映企业呼声。一年来，商会先后反映了企业对进出口环节收费及通关效率问题的诉求、企业关注的准入限制和贸易壁垒议题、上海企业对日韩出口的相关情况，企业对自贸区发展和贸易便利化建议等，得到上海市商务委、上海市发改委的肯定。

【为企业提供个性化服务】商会通过走访上海民族乐器一厂、上海钢琴有限公司等企业，了解、搜集相关产品情况，努力探索为企业加强海外营销铺设平台。商会为有用人或就业需求的会员企业牵线搭桥，提供人才交流和人力资源信息服务。上海市商务委、上海进出口商会与银行、担保公司三结合，共同推进中小外贸企业融资担保业务发展。一年来，商会为200多家外贸企业出具“中小外贸企业融资担保推荐函”，有210家企业获得融资支持，融资总额为3.894亿元。商会秘书处坚持为会员企业办实事、做好事、解难事，全年为会员企业协调解决60余起出口退税、来料加工、融资和贷款年审等遇到的问题。商会主办的“上海外贸报”全年编发48期、196个版面，发布有关商务、海关、工商、检验、金融、税务、外汇、自贸区等公开信息600余条，有效服务了企业需求。

【开展政策宣传和业务培训】商会先后举办“2014年海关关税税率及进出口监管情况变化”、“进出口企业如何规范关务操作”、“海关企业信用管理”等专题沙龙活动，对会员企业进行相关政策通报和解读，受到普遍欢迎。商会为外贸新企业领导人和外贸业务、财务、单证等专业人员提供相关培训，全年办班44期，培训1876人次。商会组织2014年度国际商务单证员上海进出口商会考点考试，近千名考生参加。

【发布2014上海市进出口排行榜】商会于8月14日发布2014上海市进出口排行榜。本次排行榜设进出口总量等42个榜单，有2400家次企业上榜，合计上榜企业493家。上榜企业进出口总额为2641.6亿美元，占全市59.8%，其中出口1233.4亿美元，占60.4%；进口1408.1亿美元，占59.4%，显示上榜企业对上海进出口增长作出重要贡献。商会参与推进上海外贸进出口调查监测系统建设，上报率每月均保持在90%以上，并增加了200多家自贸区样本企业。商会全年编印《公平贸易参考》4期。

【发起创建“丝绸之路经济联盟”】2014年3月，上海进出口商会、新疆华和国际商务咨询有限公司等发起创建“丝绸之路经济联盟”。联盟在上海和新疆分别设立秘书处。7月29日商会召开联盟秘书处会议，江苏、浙江、安徽、宁波等省市外经贸商(协)会秘书长和上海相关企业负责人出席。8月18日，由“丝绸之路经济联盟”和吉尔吉斯斯坦经济部举办的“伊塞克湖经济论坛”开幕，来自5个国家的200余位代表共商丝绸之路经济带建设。上海市领导对此论坛高度重视，副市长周波应邀作书面致辞，上海市商务委主任尚玉英应邀发出贺信。上海市商务委、上海进出口商会和以商会副会长单位身份参会的上海华信石油集团有限公司均派代表在论坛发言。论坛期间，商会与参会国商(协)会洽商合作，分别与吉尔吉斯斯坦国家工商会和哈萨克斯坦卡拉干达州工商会签订“关于共建丝绸之路经济合作，推进沪吉、沪哈企业共同发展的框架协议”。12月8日，丝绸之路经济联盟秘书处(上海)在上海召开秘书处工作会议,商务部综合司和欧亚司、上海市商务委;中国外经贸企业协会、中国对外贸易学会、国际商报、中国纺织品进出口商会;上海、江苏、浙江、安徽、南京、宁波等省市进出口商(协)会;上海市相关企业和上海海事大学等单位负责人共48人出席会议。会议认为,商(协)会开展“一带一路”建设,要紧紧依靠政府支持,牢牢把握为企业搭建平台这一首要任务,与国外商(协)会沟通协作,发挥企业会员优势,促进中外企业充分交流,形成更多渠道和机会让企业受益。会议确定,为适应新的工作要求,丝绸之路经济联盟秘书处(上海)扩展为“一带一路”经济联盟秘书处(上海)。发起单位由原来的上海、江苏、浙江、安徽、宁波等进出口商(协)会,扩展为此次参会的商(协)会、企业、院校等单位共26家。秘书处(上海)仍设在上海进出口商会。在“一带一路”框架下,商会以丝路联盟秘书处为平台,先后与吉尔吉斯斯坦、哈萨克斯坦、俄罗斯、拉脱维亚、巴基斯坦、土耳其等丝路沿线国家的6家商(协)会(机构)签订合作协议或达成合作意向,呈现良好发展势头。

【逐步扩大国际交流合作】商会分别与香港工商总会、付货人委员会,澳门付货人协会,台湾托运人协会、台湾贸易中心上海代表处等签署合作备忘录。

2014海峡两岸货主联盟会议8月下旬在上海进出口商会召开,中国外经贸企业协会、香港付货人委员会、澳门付货人协会、台湾托运人协会、广东国际贸易货主协会、厦门外经贸企业协会等出席会议。海峡两岸货主协会通报了近期货主维权工作,就班轮公司垄断收费及不合理附加费、2M/G6联盟影响、IMO验证集装箱重量等问题进行了深入探讨,并一致同意采取积极措施,进一步推动海峡两岸货主组织间交流与合作。为推进第三轮沪港合作,商会承办组团参与12月4—6日在香港举行的“2014香港国际中小企博览”,承办上海市商务委在香港举办的“上海投资机遇暨上海投资环境推介会”,均获成功。一年间,商会先后接待英中贸易协会、多伦多商会、日本北陆银行、德国DHL总部及上海分公司、韩国贸易会社、法国盛瑞资金集团、香港玩具协会和香港玩具厂商会等来访。商会先后组织会员企业参加乌兹别克斯坦和保加利亚在沪举办的贸易投资活动，参加伊朗商机和波斯手工地毯研讨会、瑞典商贸企业在沪洽谈会、2014匈牙利—上海中小企业经贸对接会、“全球新框架下的物流企业—中国企业在北威州的新商机”推介会、斯里兰卡商贸推介会、保加利亚红酒品尝洽谈会、中巴（西）食品进出口企业洽谈圆桌会议、“2014上海国际食品展览会”等10多次对外交流合作活动。商会组织10家会员企业参加第2届南亚博览会暨第22届中国昆明进出口商品交易会，组织参与由台湾贸易中心举办的3次较大型经贸合作交流活动，开展广泛对外联系。

【推进行业诚信建设】商会发起“诚信互利、商通天下”倡议，并将其列为2014年研究课题后，“商通天下”课题进一步成为上海市商务委主任尚玉英亲自牵头的重点课题，由商会和上海市商务发展研究中心联合承担。这一课题得到了商务部政策研究室主任沈丹阳的高度重视和支持，亲自担任课题专家组组长。9月3日，《“商通天下”战略与推进方案研究》课题开题。“2014上海市进出口排行榜”首次增加了诚信核查内容，为此商会于6月成立“推动上海外经贸企业诚信工作专家委员会”，由海关、检验检疫、外管、财政、国税、工商、知识产权、质监和商务等单位相关咨询委员和专家组成，按照先易后难、先少后多的步骤推进诚信建设，建立诚信体系。经公示承诺和专家核查，有6家企业因诚信问题落榜。加强诚信核查不仅可为排行榜增色，也可为外贸行业的诚信建设及今后授牌等打下基础。

【加强商会基础建设】基于商会建设和发展的长远考虑，根据优化结构、适度调整原则，商会第二届理事会副会长人数从31人增加到54人，并增加了24名特邀副会长。商会新成员的加入，优化了商会结构，增添了发展的生机和活力。会员企业有的进入2014年《财富》世界500强；有的销售和利润创下新高；有的走出去，在国外进行项目投资；有的进出口并举，开出一片新天地；有的电子商务和供应链等新兴业态企业呈现跨越式发展态势；有的向地震灾区慷慨捐赠救灾物资，履行企业社会责任。商会新老成员之间互相交流，互通有无，增添了携手共赢的机会，也为商会进一步发挥平台作用夯实了基础。商会秘书处为多数副会长单位配备一名副秘书长，目前特邀副秘书长已有62名。商会明确特邀副秘书长的职责、任务，向副秘书长颁发证书。特邀副秘书长队伍的建立，极大地延展了商会秘书处的功能作用，为商会工作的可持续发展提供了组织保证。

兼职副会长积极参与搭建各类平台。有的副会长主导提出建立“全球展览营销联盟”，促进全球展览营销平台发展，发挥该平台对外贸企业实施海外营销的促进作用。商会予以支持，并以商会名义发起建立“全球展览营销联盟”，向全国各省市外经贸商（协）会发出加入营销联盟的邀请，得到响应。有的副会长主持举办国别风险专题讲座，特邀中国信保国别风险研究中心主任主讲中亚、南亚地区的国别风险与“一带一路”建设的战略意义，受到与会副会长单位的好评。有的副会长代表商会出访保加利亚和奥地利，推进了与保、奥商会的交流与合作。

【学习弘扬汤庆福精神】 10月，中宣部确定商会前会长汤庆福为全国“为民务实清廉”先进典型，授予他“时代楷模”称号。商会随即发出通知，号召会员单位及时收听收看相关媒体报道，认真学习汤庆福先进事迹和崇高精神。商会全力以赴配合进行汤庆福先进事迹报告、各主要媒体对汤庆福事迹的宣传报道、汤庆福事迹微电影拍摄等，把学习和宣传活动化为进一步加强商会建设的强劲动力，不断发展商会的业务和事业。（杨云丽）

上海市外商投资企业协会

【概况】 上海市外商投资企业协会成立于1988年，是经上海市政府批准成立的由外商投资企业、台港澳投资企业和其他有关组织联合组成的非营利性的社会团体法人。协会自成立以来，努力为会员和投资者服务，维护其合法权益，增进会员企业之间、外资会员企业和政府机构之间的沟通交流，反映企业诉求，解读政府政策，为改进企业商务环境提供服务，促进发展。截至2014年底，协会的直属会员数已达2500家左右，加上18个区县外资企业协会会员近万家，工作面已经覆盖全市运营的外资企业数的三分之一。

2014年面对复杂的国际形势和国内深化改革、创新发展的要求，协会在上海市商务委的领导下，把会员企业的期待变成协会的行动，把会员企业的希望变成协会的目标，求新务实，做到四个“努力”：充分发挥桥梁纽带作用，努力成为政府的好帮手；紧跟形势，紧抓热点，紧贴需求，努力创建名副其实的会员之家；整合各方资源，努力扩大协会的社会影响力；加强思想政治工作，努力打造想干事、能干事，干成事的工作团队，各项工作取得了新的进展。

【协助政府，组织会议】 2014年，完成政府委托的各种重大会议人员邀请工作10多次，主要有上海市政府“2014年上海商务情况通报会”、上海市政协大年开闭幕式、上海市商务委利用外资年度培训等，共邀请外籍人士、企业高管等近千人参加了各类会议，扩大了会议的影响。8月12日，协会与上海市商务委联合召开“首届上海外资企业社会责任(中国)报告发布会暨2013年度外资百强企业表彰会”，在表彰双优、百强企业的同时，首次集中发布外企社会责任(中国)报告,共有53家外企参与发布。会议得到参会的各委办局、外企和媒体的认可。解放日报等50多家网站媒体、3家电视台进行了报道,引起社会广泛关注。

【面对变化,做好年报】2014年,联合年检改为联合年报且全面推行无纸化等,年报工作变化大、要求高,企业咨询电话不断。协会联合年报团队克服各种困难,积极应对,有条不紊开展工作,共网上审核5468家,现场复核2718家按普通方式申报的企业,为1339家无纸化企业补盖联合年报章,还配合上海市商务委做好近38000家外企年报数据的汇总和纠错工作。

【申报奖项,服务企业】上海市白玉兰奖候选人推荐、APEC商务旅行卡和副董事长身份确认的申报是政府委托协会的工作,也是协会向外企高管提供的重要服务。2014年共推荐白玉兰奖候选人13人,经上海市政府批准,1位外籍人士荣获"白玉兰荣誉奖",4位外籍人士荣获"白玉兰纪念奖"。协会全年为外企申办APEC商务旅行卡50人次,为企业办理外籍非法人董事长及副董事长身份确认60人。

【投诉受理,均有落实】协会认真对待企业的投诉,2014年受理了7件外企投诉事件,除了英特尔公司外籍员工遭绑架和洗劫事件尚未破案以外,其余6件均已办结。卜蜂莲花蕴川店投诉的被供电局野蛮拉电闸停电、科文斯公司反映的办理进口血液样品受阻、麦当劳公司反映的被要求高于规定比例投保单用途预付卡、正大广场反映的被税务部门要求上交土地增值税、佛吉亚公司反映的跨区迁移中税务变更难等问题均得到了上海市商务委领导的高度重视并批示转给相关部门尽快处理。

【配合政府,编辑材料】协会集中人力物力协助上海市商务委完成了《2014上海外商投资环境白皮书》和《2014上海市外商投资企业运营报告》两本重要材料的编辑。另外,协会还完成了上海市商务委下达的重点调研课题《2014上海外商投资环境调查及建议》。

【倾听呼声,迅捷反映】协会是会员之家,掌握企业的需求是协会工作的前提。协会领导非常关注来自企业的问题和建议,通过接待、走访、座谈会等多种形式，加强与企业的沟通，倾听来自第一线的呼声。协会召开了商业企业座谈会，听取商业企业在经营中遇到的问题，召开了香港投资企业座谈会和日资企业座谈会，了解他们对上海投资环境的意见和建议。2014 年，协会领导接待外企高管和走访企业共近百家，了解会员企业的困难和需求。全年协会共撰写了 6 份《情况反映》，主要有：《办好华交会的八点建议》、《当前部分出口生产企业的反映》、《部分外资商业企业运营情况反映》、《日资企业投资新动向》、《2014 年度上海外商投资融资租赁行业调研报告》以及与华师大联合调研并发布《上海外资企业员工学习状况调查报告》等，这些都引起了政府有关部门的重视，有的建议已被采纳。

【抓住热点，信息到位】协会通过《外资信息》、《上海外资》、《商务法规选编》、《电子信息》、《News Letter》、《工作简报》、网站等信息品种，满足会员企业各个层次各个方面的信息需求。自贸区的发展和不断开放一直是 2014 年的热点，协会紧紧抓住这一热点，提供企业最关心的政策资讯。2014 年共收录自贸区相关法规 20 余篇，《外资信息》和《上海外资》上刊登自贸区相关文章 63 篇，内容涵盖自贸区全面介绍、进入自贸区路径和手续的问答、专家解读自贸区政策及发展前景、各委办局的最新举措、专业咨询机构的分析、已落户自贸区外企的分享等。2014 年 8 月份，协会适应新媒体大发展的趋势，新开通协会官方微信订阅号，经过 4 个月的运营，至年末粉丝已超过 1400 人。每个工作日都会推送 3 条以上资讯，包括外资动态、政策法规、活动通知及回顾等。微信上线的 103 个工作日中，共发布信息 316 条，其中自贸区有关的达到 52 条，占 16.5%。

【贸易服务，促进出口】2014 年，上海的出口企业依然面临外需不振，企业运行成本高的严峻形势，不少企业纷纷减员和外迁，出口企业遇到了“寒冬”。协会通过组织企业参加展会和反映呼声为他们“驱寒保暖”，2014 年一共组织 500 多家(次)企业及 3200 多名代表参加各类展会，设展位 1100 多个。尤其是广交会和华交会，协会通过优质服务和细化管理，树立了外资分团的服务品牌，使外资分团成了上海交易团旗下最大的分团，帮助上海外企把更多的优质产品推向了国际市场，扩大了出口，企业也获得了生存与发展的空间。协会还通过深入走访出口型企业，及时把他们在进出口贸易过程中各个环节遇到的的困难、建议和呼声形成情况简报反映给政府有关部门，在舆情上给与理解和支持。

【讲座培训，紧贴需求】2014 年协会举办各类大小活动超过 100 次，覆盖 11000 人次。举办宏观形势报告会和政策解读会。3 月份的“当前宏观经济形势与政策分析报告会”和 12 月份的“新常态下企业发展环境的变化趋势”报告会都帮助企业了解了企业发展所处的大环境。6 次早餐会分别聚焦“海关通关便利化”、“注册登记制度改革”、“中外人士出入境管理政策”、“最新外资政策”、“中小企业发展专项资金项目申报”和“专业技术人员职称评定”等，都是第一时间解读各相关政策。9 月 2 日的出入境政策讲座内容也很丰富，包括新版入出境管理法、中国公民出境免签、落地签政策及注意事项、外籍人员 24 小时直接过境及 72 小时免签过境政策等。4 月份的联合年报操作实务培训吸引了 1300 多人参加。举办外企管理培训研修班 10 期，包括：与市委组织部、市人社局联合举办的外企总部经济高管研修班、HR 总监研修班；协会主办的税务高管研修班、HR 经理研修班、法律法规研修班、企业社会责任专题培训班，以及《反垄断法》专题培训、“营改增”及自贸区政策培训专题培训等，累计培训天数 26 整天，外企中高层管理人员近 800 人次参加。

【分会工作，各具特色】8 个专业委员会是市协会开展专业化服务的平台，通过细分会员、组织业内企业活动凝聚会员，这些活动有政策性的，也有联谊性的，以点带面，真正发挥了协会的平台作用。2014 年按照本届理事会的计划，市协会第八个工作委员会金融服务工作委员会于年初成立，使协会专业化的服务更趋完善，与本市建设金融中心的目标匹配。该专委会也于年底交出满意的答卷：经过半年多的数据收集、走访企业和调研，完成《2014 年上海外商投资融资租赁行业调研报告》。研发中心工作委员会承办的“科技创新，建设美好家园”—2014 上海外资研发中心论坛，已连续第五年举办，成为外企研发中心的协会品牌栏目和欢聚盛会，为上海建设科技创新中心添砖加瓦。汽车分会和商工委的联谊活动有声有色：太太书画班，外企员工乒乓球赛，新能源车展，迎春联欢会受到了会员企业的一致好评。其他工作委员会通过政策宣讲，调研走访，参观互访，座谈互动等形式服务会员。全年协会举办的各项活动都有8个专委会的支持参与，5份情况反映中有3份出自专业委员会。

【专业活动，形式多样】外企人力资源经理俱乐部积极发挥外企HR经理人的作用，请他们共同参与策划活动、提供资源、担任嘉宾、分享经验，还设立“VIP积分制度”，鼓励会员对协会的凝聚力。2014年举办了“HR共享服务中心的设计和运营管理”等专题工作研讨会6次；组织去企业的参观和主题交流活动4次；组织与华师大联合开展调研并形成《上海外企员工学习状况调查报告》，众多媒体作了报道；组织去高职学院进行“人才招聘、校企合作”座谈参观、举办“外企人才专场招聘会，帮助企业招聘人才；还组织佘山桃花游园、中秋联谊合唱排练和表演等丰富的联谊交流活动。财务总监俱乐部去年结合自贸区热点，举办跨境双向资金池等4场专题研讨会，共有近400人次的财务负责人参加。法务总监俱乐部举办“外资并购涉及的合规审查”圆桌会议，30多位外企法务总监分享了有关政策。公关（媒体）俱乐部4月16日举办《突发事件应对和企业形象塑造》专题讲座，80多位外企公关经理等参加。

【联谊互动，加强交流】协会通过会长顾问会议、常务理事（扩大）会议、“2014上海外资之夜—海上玫瑰经典名曲音乐会”、“第十届”高尔夫球邀请赛、中秋联谊会和电影招待会等加强了与会员企业高管之间的交流。这些活动形式多样，寓教于乐，在外企中逐步形成了品牌效应，受到了会员企业的好评。协会还与外滩啤酒总汇合作，举办了5场联谊活动，协会会员中的HR经理、财务经理、法务经理等精英人士汇聚一堂，既促进了同行间交流，同时与知名医院医生、大学教授等非外企人士加强了交流。

【社会责任，共同推进】协会动员12家外企参加了市经团联举行的

“2014上海市企业社会责任报告发布会”并领取他们颁发的奖牌，其中英特尔公司做了主题发言，介绍他们的经验，帮助外企在市经团联的平台整体亮相，展现水平，得到上海市副市长周波等领导的鼓励。协会收集了53家外企的社会责任中国报告，并在外服公司的大力支持下做成光盘，在8月12日的“首届上海外资企业社会责任（中国）报告发布会暨2013年度外资百强企业表彰会”上首次对外发布，这在全国是一个先例，此次会议得到了媒体、政府部门和社会的广泛关注和传播。协会与市环保局合作，开展绿色供应链案例征集与评选活动，11月份开始接受外企报名，已有巴斯夫、贝尔、3M、康成投资等知名公司完成申报，另有富士胶片、瑞安等多家公司正在进行有关准备工作。2015年4、5月份将组织专家进行评选和表彰工作，引导和鼓励更多外企加强绿色供应链管理，在社会上形成注重环保、节能降耗的良好氛围。

【探讨交流，共谋发展】协会参加全国协会信息交流会和长三角协会联席会议，并做了交流发言，受到肯定。全年举办了4次本市各区县协会工作例会，与全国协会、长三角协会和区县协会交流工作，共谋协会的可持续发展。

【招商推介，牵线搭桥】2014年，协会协助桐乡、安徽、大丰、嵊州、都江堰、南通、南宁、嘉善、云南等9个地方政府部门在沪举办招商推介会，也组织了有关企业去当地考察交流。通过这项工作，既帮助了外地政府部门，也使参加活动的近200家企业加深了对国内经济的了解。 （刘　生）

上海港口行业协会

【概况】上海港口行业协会成立于1984年，是以本市港口装卸、仓储、服务、建设等企业为主，包括涉及港口行业的航运、航道、救捞、科教等相关企事业单位自愿组成的跨地区、跨部门、跨所有制的非营利行业性社会团体法人。协会工作范围：服务社会、服务行业、服务会员；开展行业管理、行业调查、行业规划工作；提供行业信息、咨询、培训、协调沟通、交流合作服务；维护会员的合法权益；保护行业整体利益；促进行业健康发展。

协会现有会员单位337家，行业覆盖面达90%以上。2014年，上海港口行业协会紧紧围绕上海国际航运中心建设和上海自贸试验区建设等战略部署，坚持“提供服务、反映诉求、规范行为”工作宗旨和“贴近市场、贴近行业、贴近会员”服务方针，较好地履行了行业协会的职能，有力促进了协会和会员单位的稳步、健康发展。

【着力加强调查研究，改善协会服务环境】一年来，协会十分注重“加强沟通联系、关注各方需求、提升工作质量”，通过问卷、研讨、走访等多种途径，把握会员单位需求，调整工作方式，着力提升服务会员单位的实际水平。

一是全面开展问卷式调查。为深入了解会员单位的所需所求，增强服务的针对性、有效性，协会围绕如何进一步发挥专业委员会独特作用；如何进一步发挥协会“二刊一网”（《港口信息》、《港口杂志》、《港口网站》）交流平台作用；如何进一步推进诚信企业创建活动深入发展；如何进一步提升协会为会员单位服务水准等内容，采用书面“问卷调查”形式展开全面调查，广泛征集会员单位的意见与建议。《问卷调查表》发送后得到了会员单位的积极响应和支持，有60家单位就发挥专业委员会作用提出了7方面建议，56家单位围绕协会“二刊一网”交流平台作用提出了8方面关注和强化的重点，55家单位就诚信企业创建活动表达了深入推进的心愿，28家单位对协会服务好会员单位提出了3方面需要加强的重点和希望。意见和建议的广泛征集，为协会进一步改进工作、提升服务质量提供了有益的帮助。

二是积极反映会员单位的诉求。协会通过多种渠道，注重了解会员单位的各类诉求反映，本着尽力而为、力所能及的态度积极做好协调和服务。对纳入协会当年重点关注项目的船供企业营运状况、船舶污染海洋环境应急防备和处置规定的具体实施、船载危险货物集装箱突发事件应急处置及设备保障措施的落实情况等，实施跟踪调查，针对反映的诉求或意见，在认真分析研究的基础上，主动与有关管理部门进行沟通协调，以求得重视和解决。如已连续获得市诚信企业创建五星级称号的部分会员单位对市诚信创建活动组委会的征信费用有不同看法，协会经多次与组委会进行沟通，首次同意调整征信费用并下发了减半收费的通知。协会还抓住调研课题和达标考评等赴现场之机，注意了解掌握相关会员单位的需求；充分利用协会举办的各类会议、活动等听取意见和诉求。

三是注重发挥各分支（代表）机构作用。为适应协会内不同行业特点开展工作，年内专门召集8个专业委员会和浦东联络处负责人进行磋商，进一步形成了各分支（代表）机构要努力建成“咨询、交流、反映、协商”工作平台；发挥好“互学、互帮、互动、互惠”作用；活动形式可以多样化；协会对进一步发挥各分支（代表）机构作用应做到“责任共担、议题共商、活动共办、资源共享、活动经费适当提供”等共识。一年来，各专业委员会和浦东联络处比较重视发挥“平台”作用，积极开展各类有专业特点的活动，得到了会员单位的认可。协会还根据会员单位提出的“跨专业”学习互动的建议，牵线组织了集装箱专委会成员单位向危险货物专委会的孚宝港务有限公司学习安全管理方面经验的活动。部分单位之间还利用“平台”开展了互惠互利的经营业务活动。

【承接政府购买服务，拓宽协会服务功能】 协会紧紧抓住政府新一轮机构改革和职能转变时机，主动承接政府转移的职能，有效承担政府部门委托的基本公共服务购买事项。

一是港口危险货物重大危险源评估结果的认定工作。协会根据交通运输部和国家有关标准，结合上海港危险货物码头的实际情况，首先确定港口重大危险源的辨识、分析和计算细则，规范评估内容，确保评估方法的正确性。然后，在管理部门的支持督促下，积极与码头企业沟通，形成各企业的港口危险货物重大危险源评估报告（初稿）。最后聘请有关专家审核、修改评估报告，完成了上海港 15 家企业、18 个重大危险源评估结果的认定工作。同时协助上海市交港局（现上海市交通委，下同）完成了各企业的重大危险源的备案资料的审核工作。为港口管理部门突出对港口重点部位的监管奠定了坚实基础。

二是港口危险货物码头企业安全生产标准化达标考评工作。协会在上海市交港局招投标《上海港口危险货物码头企业安全生产标准化达标考评》项目中中标并通过了上海市交港局对考评人员的考证工作。专项考评班子深入考评企业进行现场考评，共完成 72 家企业的安全生产标准化达标考评。其中，40 家企业获得了二级资质，30 家企业获得了三级资质，2 家企业不合格。达标企业都领到了交通运输部统一颁发的等级证书。

三是上海港船载危险货物集装箱突发事件应急处置预案及设备配置方案课题。协会在上海市交港局该项目的招投标中中标，协会实地走访调研有关单位和部门，积极磋商相关单位对突发事件处置的设施设备、处置费用配置及资金保障渠道等工作方案，历经近半年的调研和论证，形成了船载危险货物集装箱突发事件的应急处置流程、处置设施设备配置需求和资金保障等方案的报告编制，通过了专家组的评审。四是港口危险货物作业安全评价报告的专家评审。2014 年是港口危险货物作业企业《港口经营许可证》和《附证》有效期届满三年需要换证的年份。协会所属的上海港口安全评审中心面对换证企业多、工作量大的特点，精心组织安排，全年完成了 67 家企业的港口危险货物作业安全评价、预评价报告的专家评审。

【积极宣传引导，推进诚信企业创建活动】2014 年，会员单位获得上海市诚信创建企业共 140 家，占会员单位总数的 41.5%，其中五星级及其以上企业 56 家，14 家企业新加入了创建行列。主要做法是：一是抓好活动规划，引导健康发展。按照市诚信创建活动组委会创建活动新的要求，协会制定了 2014 年度企业诚信创建活动计划，着重发挥各专业委员会的作用，积极引导企业自律，提高社会信誉，促进企业健康发展。二是调整工作思路，改变活动形式。协会采纳了会员单位的建议，改变了以往召开大会总结、交流、表彰的形式，采用了“以各专业委员会为平台、以创建单位为主体、以共创共建为抓手”的新方法。将活动形式“划小”，使学习交流活动更深入更专业。三是加强活动宣传，推介新鲜经验。协会根据会员单位意见反馈，加大了《上海港口》杂志、《上海港口信息》和《上海港口网站》等媒体对诚信创建活动的宣传力度，提供更多的鲜活做法和成果范例。

【开展建会 30 周年纪念活动，增强协会凝聚力影响力】2014 年是协会建会 30 周年。为继承和发扬历届理事会的优良传统，增强协会的凝聚力与社会影响力，协会围绕“回顾、发展、展望”主题，本着“积极、隆重、简朴”的精神，广泛开展纪念活动。一是召开各类纪念活动座谈会。分别召开了历届理事会老领导、会员单位联络员、通讯员三个座谈会，在回顾 30 年工作成果和亲历亲为体会的同时展望了未来发展前程。二是编辑出版《建会 30 周年专刊》。专刊刊登了“协会 30 年来的主要历程”、“历届理事会组织架构”、“30 年重要活动和主要成果”等资料，以及历届理事会图文照片和各类纪念文章等，展示了协会 30 年来积累的宝贵财富，为协会上新台阶增添了动力。三是编辑制作《协会 30 年发展历程》专题宣传片。动态地展示协会 30 年沿革和主要工作成果。四是召开纪念大会，回顾协会 30 年来的主要工作历程，提出协会在新形势下新的工作要求。

【加强自身能力建设，满足会员单位需求】2014 年，协会结合新形势、新要求，切实加强了《上海港口》杂志、《上海港口信息》和《上海港口网站》等媒体的宣传和服务工作，据统计，共刊登各类信息和文章594篇。其中报道上海国际航运中心和中国(上海)自由贸易试验区建设相关政策等专稿和论文31篇；港航论坛13篇；法律法规政策导向7篇；会员单位诚信创建、安全生产等各类交流、推介文章176篇；免费为7家会员单位作了专版企业宣传。

(许家义)

上海空港物流协会

【概况】上海空港物流协会是经上海市社团管理局批准的专业性协会，于2013年7月25日召开成立大会，2014年1月份正式开展对外工作。协会作为一家社会中介组织，在上海航空货运枢纽建设中的主要作用是整合货运企业工作建议、搭建物流信息沟通与交流平台、促进上海机场物流服务质量与运营效率提升、承担专项委托研究等工作。协会成员单位覆盖了浦东机场航空物流链，聚集了上海空港属地内航空运输业主流力量，涵盖了机场、货站、航空公司、货运集成商、货代、地面运输等相关单位和企业。协会的成立为上海机场航空物流运营提供了功能性的协作平台，是提高上海空港物流整体运行管理水平，促进货运枢纽发展的重要举措之一。

2014年，协会围绕上海航空货运枢纽创建寻找工作需求，积极配合机场集团货运建设争创行动方案推行进度，有计划、有重点、有针对性地开展了一系列活动，较好的完成了会员单位意见和建议的沟通总结反馈，体现出协会的正面效应，较好地发挥了协会第三方平台功能作用，对优化和完善浦东机场货运大环境起到了一定的促进作用。协会自2013年底注册成立以来，经过一年运营进入了稳定发展阶段。

【借鉴其他协会经验，加强协会制度建设】认真学习研究其他协会的工作制度和经验，注重建章立制，逐步完善协会内部工作机制。一季度完成了内部各类管理制度和规范的制定，明确日常工作要求，规范协会各项往来，为有效发挥协会功能、加强与其他协会的交流协作打下了基础。

【加强对外交流合作，努力扩大业内影响】按照协会职能设计，积极开展业务交流活动，组织会员单位参加上海市有关部门的政策宣讲会议，先后有"自贸区口岸政策解读"、"货运业务'单一窗口'试行经验交流会"等。四月份,协会参与民航局危险品运输管理特别措施推行的阶段性工作,组织相关企业参加《中国民用航空局国家邮政局关于加强邮件、快件航空运输安全的意见(征求意见稿)》的意见征求工作。十月底,配合中航研究所和中国民航大学,承办联合调研组专项危险品上海站座谈调研活动,邀请部分航企、危险品货代参加调研,及时反映了新措施后危险品实际操作过程的现状和遇到的问题。为进一步扩大社会影响,协会利用微信平台送达功能,创建官方上海空港物流协会微信订阅账号,累计发送各类资料新闻150余件共76次,订阅回复评价优良。

【结合生产运营实际,积极开展调研工作】 年初,机场集团开展浦东机场基础设施开发利用情况研究,协会积极参与,通过邮件、访谈、实地考察等方式,调查浦东机场西货运区现有设施利用和工作流程改进情况,完成了《浦东机场全货机机组人员入出境通关环境优化可行性分析》研究报告,为改进货运环境提出参考意见。二季度末,根据上海机场货运发展战略需求,开展推进货运运营服务标准探索性工作。为做好浦东机场货运服务质量测评体系建立的前期工作,协会参研了大量相关文献,先后走访了3家集成商、5家货代公司、3家航空公司,收集一手材料,相互沟通交流。航空货运服务质量测评工作是一个极其复杂的系统工程,涉及到航空公司、机场货站、安全监控、代理处置、联检通关等许多单位和工作环节,为找出航空货运服务工作中问题产生的根本原因,摸索如何在市场经济新形势下提高上海机场货运服务质量的新思路和新措施,协会于八月底完成了服务质量评价构思,提交了《浦东机场货运服务质量评估研究及实施方案》审议报告。报告就体系建立的意义和可行性做了较完整分析,在已有设施设备环境、口岸运营单位服务提供、生产运营效率方面,定位了运行服务质量的两个主要单元,完成了评估体系框架的建立,对评估内容和实施方案做了具体说明。为更好的开展测评工作,协会还借鉴上海自贸试验区服务评估办法和上海市文明指数测评体系相关文案材料。十月份,协会按照服务测评工作方案,发放了服务质量测评表，回收表格 41 份，一定程度上代表了航空公司和货代企业对浦东机场货运现状的看法和建议。此外，年初依据上海市政府创建空港社区的调研任务要求，参与货物运输协调机制平台建设，提交货运协调平台和工作制度相关材料，为创建空港社区运营协调板块出谋献策。

（孙永强）

上海市国际货运代理行业协会

【概况】上海市国际货运代理行业协会成立于1992年7月，是由本市国际货运代理企业自愿组建，经上海市社团管理局批准，实行行业服务和自律管理，跨系统、跨部门、跨所有制的非营利的行业性社会团体法人。协会以“指导、服务、保护、协调”为宗旨，贯彻国家发展国际货代物流产业的各项方针、政策和法规，反映企业的正当愿望及合理诉求，维护行业合法权益；参与有关行业发展政策的政府决策认证，协助政府加强行业管理；开展行业自律，制订行业质量规范、服务标准；协调行业经营活动产生的争议，代表本行业参与行业性谈判；开展专业培训、技术咨询、法律援助；组织与国内外经济组织和团体的交流，发展行业的公益事业；承担法律法规授权、政府委托及章程规定的其它职能。

2014年，协会秘书处紧紧围绕会员大会决议，认真贯彻协会理事会提出的新要求，认真履职，积极创新，努力为行业持续发展服务，为会员企业创新发展服务。

【积极反映行业意见，努力维护行业利益】协会高度关注行业发展的共性问题，反映行业发展的合理诉求，营造行业发展的良好环境，在努力维护行业的正当权益中发挥了积极的推动作用。国家财税部门颁布[2013]37号文件后，协会敏锐地意识到“营改增”对行业的影响与可能存在的问题，一方面及时组织国税37号文的解析讲座，提醒企业重视政策变化，正确研判新政对行业业务活动的相关影响；另一方面，协会秘书处专程走访会员单位，广泛听取企业意见，真实掌握企业在实施37号文中所遇到的困难与问题，就行业营业额全额征税以及采购服务的相关费用不能抵扣等原因造成的货代企业税负增加、经营困难之实情，积极向上海市税务局、上海市商务委报告。通过详实的数据、客观的分析和可行的建议，形成书面报告反映行业诉求，真实的反映和积极合理的诉求，得到了政府有关部门的重视，为完善“营改增”试点政策提供了可行的依据。2014 年 5 月，协会秘书处应上海市税务局邀请，赴京参加国家财政部和税务总局联合召开的“关于营改增政策如何进一步完善的座谈会”。协会秘书处从降低国际贸易物流成本、提升中国物流企业在国际物流领域的话语权、如何充分发挥“营改增”积极效应等方面，提出要从更高层面突破制度瓶颈，创新增值税流转方式，避免出现系统性问题，为进一步完善“营改增”政策积极建言献策，竭力争取国际物流货代业发展更好的政策环境。国家财政部和税务总局在认真听取了包括协会反映的行业意见在内的各方面相关意见建议后，于 2014 年 7 月出台了国家税务总局 2014 年第 42 号《关于国际货运代理业务有关增值税问题的公告》，实现了货代企业免征增值税的政策优惠。协会随即组织专题讲座，向会员单位报告协会秘书处积极反映企业诉求，推动涉及国际货运代理业务有关增值税政策出台的背景，并解读了第 42 号公告的相关条款，为企业尽快掌握政策、运用政策、降低原有税负成本创造条件。

【开展行业业务培训，提高行业员工素质】2014 年，协会紧紧围绕行业热点、难点和政策变化，与各类专业机构合作，先后举办“货代保险知识讲座”、“单一窗口宣讲会”、“国税 42 号公告有关增值税政策报告会”、“营改增政策交流沙龙”、“长江经济带通关一体化政策宣讲会”等一系列讲座。特别是“营改增”相关政策的讲座，不仅在时间上做到了及时准确发布相关财税信息，而且着重提醒企业重视政策的变化，主动研判政策对企业业务活动的影响，把宣讲政策与解疑释难有机地结合起来，从而提升了培训的针对性和有效性，展现了协会专业有效的工作能力，得到了广大会员企业的好评。协会全年组织各类业务培训 7 次，共计 600 人次参加了培训。协会还在继续做好货代上岗证和国际航空运输销售代理证培训的基础上，探索开展国际货代中级证书的培训工作。

【加强对外合作交流，促进行业健康发展】 协会十分重视对外交流工作，每年利用各类社会资源，认真筹划组织一系列活动，为会员单位的业务拓展提供交流合作平台。2014 年 4 月下旬，协会组团赴江苏泰州举办“行业形势报告会”；6 月上旬，协会与上海银行同业公会合作，组织会员单位参加 2014 银行服务货代物流企业专场银企对接交流会；6 月中旬，协会组织会员单位出席西班牙“阿尔赫西拉斯港——牵手欧非大陆”推介会和“波兰——中欧物流枢纽”推介会；7 月中旬，协会组团赴吉林省蛟河市参加物流业考察交流活动；11 月上旬，协会组织会员单位参加中国货代协会与 WCA 联合举办的“第十一届中外货代物流企业洽谈会”；11 月下旬，协会组织会员单位出席韩国平泽港物流推介会、参加海峡物流节等活动。协会注重加强货代行业与货主、供应链上下游企业的合作交流，

6 月中旬与相关机构合作主办了“航运服务业跨界沙龙”，10 月下旬再次合作主办了“2014 创新物流服务模式跨界交流会”。2014 年期间，协会还分别接待了江苏省货代协会、吉林省蛟河市经济技术合作局的到访，为区域间合作交流常态化创造条件；接待了西班牙、波兰、印度等国的港口、机场、行业协会等机构的来访。

【服务政府发挥桥梁纽带作用】 协会积极配合政府各有关部门开展工作，在服务政府中彰显协会桥梁纽带作用，以工作实绩取得政府各有关部门及社会各界对协会工作的认可与支持。2014 年起，本市的国际货代企业备案工作全部移交至协会。协会秘书处配合上海市商务委，认真负责地做好各项备案登记工作，全年完成新企业备案 2030 家、企业备案表变更 380 家。特别是 2014 年国家税务总局颁布了 42 号公告，各地税务机关要求申请国际货代业务免征增值税手续的企业必须持有国际货代企业备案表。为此，8 月下旬至 10 月中旬迎来了货代企业申请备案高峰，最多一天协会接待备案企业 80 多家。为方便行业企业向税务机关办理免征增值税备案，协会秘书处将 3 至 5 个工作日取件改为受理日当日取件，期间共为 995 家货代企业办理了备案，为行业企业顺利进行免征增值税备案创造了便利条件，得到企

业的一致好评。协助上海市商务委开展2014年度上海市国际物流(货代)行业重点企业评审工作,有10家会员企业荣获重点企业称号。下半年协会又组织开展专项资金申报工作,有17家会员单位获市财政补贴。协助上海市商务委开展全国先进物流企业的申报评选工作,上海共有56家企业被评为"全国先进物流企业",其中有21家是协会推荐申报的会员单位。协会继续参与上海市口岸办组织的口岸巡访评议活动。积极协助海关、检验检疫部门做好口岸通关新政策的宣传推介工作。

【开展行业自律,服务行业企业】协会积极推进行业诚信体系建设,倡导行业诚信,开展行业自律。继续组织开展货代企业信用等级评估活动,期间协会主动与企业联系,解答参评企业的各类咨询并介绍评估过程。2014年有20家会员单位获得信用等级A级(含A级)以上称号,协会将其分别在《中国航务周刊》及协会网站上公示。通过多年坚持不懈的努力,累计已有86家会员企业获得A级(含A级)以上信用等级证书,推动了行业诚信体系建设工作的进程。

【加强协会民主建设和制度建设工作】2014年,协会提出并经会员大会审议通过,施行理事会提案制,积极引导会员企业关心和参与行业事务;认真清理内部管理制度,完成秘书处岗位职责和协会内部管理制度汇编成册工作;对照上海市社团局有关行业协会规范化建设的要求,启动新一轮本协会规范化建设的相关工作。协会秘书处认真接待每一起非会员单位的咨询、来访,并通过举办各类活动显示协会功能,积极吸引非会员单位加入行业组织,全年新增会员单位27家。对协会门户网站的信息内容做到每日及时更新,力求满足会员企业的信息需求。全年共出版网络版《信息交流》12期,每月一期,内容涉及进出口贸易数据、政策法规、业内动态、外贸形势分析预测等多个领域,不断提升协会信息服务的水平。 (林惠政)

上海船东协会

【概况】上海船东协会成立于2005年4月，为轮船同业及相关行业的企业自愿组成的非营利性行业社团组织。作为航运的公共组织，协会既有市场性、民间性、专业性和社会性，又有协调航运市场主体利益、提高市场配置效率的功能。协会的服务宗旨是：立足船东面向行业，当好政府参谋，尽职尽力维护企业合法权益，充分发挥协会在政府与企业间的桥梁纽带作用，发挥专业特长，努力服务企业，促进行业自律，推进有序竞争，为提高上海港航综合竞争力、促进上海国际航运中心健康发展发挥积极作用。协会的主要职能是：围绕市场调研、政策法律咨询、课题项目研究、信息服务、技术培训以及对外交流合作等方面开展活动。

2014年，上海船东协会始终坚持“贴近市场、贴近行业、贴近会员”的工作方针，突出工作重点，开展了一系列务实、有效的具体工作。特别是在助推上海国际航运中心建设与上海自贸试验区新政落实、改善航运市场服务环境、维护船东利益、应对航运市场低迷局面、深入开展热点问题调研、反映企业合理诉求、开展市场信息服务与研究、完成志书编纂计划、扩大对外合作交流、促进上海现代航运服务业发展等方面都做了卓有成效的工作，得到了政府各有关职能部门和会员单位及业界的充分肯定与认可。

【时刻关注市场发展形势，协助企业提升应对能力】2014年，航运企业发展仍面临较大压力，特别是运营成本增加、运力供大于求的状况依然突出。针对新形势新情况，协会紧紧围绕航运企业关注的热点、焦点问题，进行综合调研分析，探求适应航运市场特点的对策措施，分别以市场形势、财税管理、营销策略、安全环保、新政落实、法务解读、人事管理等专题多次召开研讨会与交流会，充分发挥协会“学习、交流、服务”平台的优势，努力为会员及行业排忧解难，取得积极效果。在三月份的“2014年市场形势与人事工作研讨会”、四月份的“航运企业财税管理与自贸区政策研讨会”、六月份的“航运企业营销策略与服务需求研讨会”、十月份的“上海自贸区海关新政解读”及十一月份的“航运市场形势交流会”等活动上，协会邀请市政府职能部门、自贸区管委会、上海海事局、上海海关、市人才中心、会员单位高管以及相关科研、院校专家到会，分别就相关议题进行研讨交流，深受广大会员单位欢迎。此外，协会还多次与业界联合举办“航运企业法务沙龙”等活动，邀请交通运输部法制司、上海国际航运仲裁院等法律事务单位有关领导为航运企业提供法务政策解读及咨询服务。

【发挥协会服务平台优势，助推上海国际航运中心建设】2014年，协会借助上海自贸试验区的发展机遇，积极、主动地投入到航运中心的建设之中，尤其是配合上海国际航运中心软环境建设，充分发挥社团组织作用，凝聚航运界的力量，促进与政府管理部门及港口、船代、口岸、货代、物流、法务、金融、保险和现代航运服务业等相关领域的互动，积极主办和参与政府部门的有关活动，深入研究航运中心建设的相关政策，切实为上海国际航运中心健康、稳步发展献计献策。为更好的配合政府有关部门做好服务工作，协会与市交通委、上海海事局、市口岸办、虹口区航运办、浦东新区航运办等政府职能部门加大合作力度，积极参与配合相关工作。特别是为配合市交通委开展扩大启运港退税政策试点申报工作，协会及时下发相关文件，为符合条件的航运企业提供申报及咨询服务；作为“上海海上劳动关系三方协调机制”三方代表之一，协会为维护船员的合法权益，帮助和指导航运企业做好履约做了大量务实有效的工作，包括多次与上海海事局、上海市交通港航工会召开三方工作会议，研讨《中国船员集体协议》在实践中的作用和影响，研究成立专门的工作团队负责在上海地区推广《中国船员集体协议》，加大对海员保障工作的宣传，助推上海国际航运中心软环境建设。

【加强政府与企业间沟通，及时反映企业合理诉求】协会在服务会员过程中，紧紧围绕上海国际航运中心和上海自贸试验区建设新的发展机遇作为工作重点，积极履行协会“服务船东、规范行为、发展产业”的基本职能，维护船东利益，促进行业自律，倡导有序竞争，推动行业发展。协会积极配合政府做好与企业的沟通、协调工作，充分发挥桥梁纽带作用，为服务企业、服务政府、服务社会作出了新的贡献。2014 年以来，协会除组织专题研讨，邀请政府相关职能部门和航运企业共同探求适应航运市场特点的对策措施外，还在各级政府及行政管理部门的相关会议上积极反映会员单位诉求，并走访多家具有代表性航运企业，听取并及时反映航运企业的诉求，呼吁政府给予关注与支持，帮助企业减负，共度难关。特别是协会就上海自贸试验区国际船舶登记制度、中资方便旗船舶回归过程中的登记流程等方面向市口岸办反映了企业的意见和建议。此外，在会员单位中就“上海自贸试验区航运服务意见”展开调研，并就航运企业对洋山保税港区新政落实存在的问题向自贸区管委会进行了专项汇报，得到了相关部门的认可。同时积极配合交通运输部和中国船东协会开展相关调研工作，如在向会员单位征求对交通运输部开展水路运输市场监管职能改革调研工作的意见后，协会及时综合整理成书面材料上报。

【参与政府决策研究，提供专业咨询服务】2014 年，协会凭借专家人才优势及丰富的信息资源，积极参与政府决策课题的咨询与研究，为会员及相关行业单位提供咨询服务。既为上海国际航运中心建设献智出力，又提升了协会在港航界与相关领域的影响力。一是为解决国际海员在洋山港停靠期间的服务需求，受市交通委委托，协会承担“成立上海国际海员俱乐部”的研究工作，目前正在进行相关市场调研与实地考察，并着手制定切实可行的建议方案提交市交通委。二是为对当前上海航运人才政策进行评估优化，从而适应国际航运中心建设中不断出现的新情况、新特点、新需求，受市交通委委托，市人才中心与协会共同承担了“上海国际航运中心人才政策评估”项目咨询工作，对建立航运重点机构准入标准和工作机制，建立重点机构名单和人才落户需求数据库等提供工作措施和建议，该课题已于 2014 年年底结题。三是在开展国际国内港航市场及相关领域的信息咨询服务的活动中，先后为政府、会员及相关行业免费提供信息与项目咨询服务30余次，从而在推动上海现代航运服务业的发展等方面发挥了积极的作用。

【改善口岸服务环境，助推企业诚信建设】2014年，协会加强与市口岸办和上海口岸联合会的合作，积极参与口岸巡访评议活动，并支持政府主导的改善口岸环境的各种服务举措，配合市口岸办在会员单位中积极宣传上海国际贸易“单一窗口”服务平台，协助政府有关部门做好航运市场监管工作，充分发挥行业协会在政企沟通、互动协调、相互支持乃至营造一个规范有序、高效廉洁、和谐畅通的口岸环境中的重要作用。协会继续推进企业诚信建设系列活动，倡导行业自律，完善行业自律性管理约束机制，规范会员行为，协调会员关系，避免企业之间出现恶性竞争，维护良好的航运市场环境。作为行业自律的重要载体，上海航运企业的诚信建设越来越受到政府与企业的重视。当年协会又推荐了中海集运、宝钢航运、中化思多而特、菁英航运、海洋石油局船舶分公司等5家单位参加诚信企业创建活动。目前，协会已有24家会员单位获得上海市诚信企业称号，占会员总数的三分之一强。其中中海油轮运输有限公司、上海远洋船舶供应公司、上海傲兴国际船舶管理有限公司、上海国际轮渡有限公司、上海振华船运有限公司5家会员单位获得上海市五星级诚信企业称号。

【开展多方位交流，拓展合作发展空间】2014年，协会继续从服务船东需求、维护船东利益、积极投入上海国际航运中心软环境建设的需求出发，在业内交流、业界交流以及国际交流等三个方面加强与各相关行业协会、科研院校、相关企业及国际组织的合作交流。全年与市航运人才服务中心、上海国际航运中心发展促进会、上海航运交易所、上海海事大学、大连海事大学、上海国际航运仲裁院、上海现代服务业联合会、上海口岸联合会、市交通运输协会、市物流协会、市货代协会、市港口行业协会、市航运保险协会、上海国际航运研究中心等单位进行了多次合作互动，取得了积极效果。同时还与香港贸发局、国际油轮防污染协会、韩国船级社、韩国船东协会以及德国、加拿大、新加坡、塞浦路斯等多国港航部门进行了交流合作，扩大了协会的影响力。

【志书编纂进展顺利，阶段任务达到预期要求】2014 年以来，协会根据市交通运输分志编委办的统一部署和要求，以及协会编纂室年初提出的工作目标，重点开展了《海洋运输卷》的初稿编写工作，并达到了预期的进度要求。至年底，编纂室已完成了全卷 11 篇的初稿纂写，以及对“大事记”、“概述”的初稿拟定，共计 80 余万字。其中，有 8 篇初稿已通过专家评审，从而为 2016 年全面完成《海洋运输卷》的编纂任务打下坚实的基础。

【加强协会基础管理，提高信息服务水平】一是加强协会基础管理，积极参与社会组织规范化建设。协会在服务会员、服务行业的同时，不断健全协会内部的管理制度，坚持自我约束、自我完善、自我发展。二是提升信息服务能力，启动英文网站建设。作为上海船东协会的会刊，《上海航运》创刊百期是一个新的起点。2014 年协会领导要求编辑部继续坚持“及时准确、贴近市场、贴近会员”的办刊宗旨，不断提高编辑出版与信息服务质量，增强杂志的航运专业性、可读性和参考性，努力为会员单位及相关行业提供丰富、及时、实用的市场信息服务。继续做好协会网站“上海船东网”的建设工作，丰富网站内容，提高信息质量。同时，为适应国际化趋势，有利于协会对外交流合作及扩大影响力，提升协会国际化服务能力与水平，将推进英文网站的建设作为一项重要任务，力争该英文网站在 2015 年 4 月协会成立十周年前建成。

（施聪裕）

上海市报关协会

【概况】上海市报关协会成立于1999年12月28日，系由在海关注册从事报关业务的进出口货物收发货人和报关企业、相关单位和个人自愿成立，并经团体管理机关核准登记的非营利性具法人资格的地区专业性组织。办会宗旨：为会员单位服务，为政府服务；依法代表会员利益，维护会员合法权益，促进会员间的交流与合作；配合管理部门开展对会员服务；规范报关行为，改善、维护报关市场的正常经营秩序；促进地区报关服务业的健康发展。协会执业精神：诚信、自律、合作、奋进。

2014年度，协会紧紧围绕中国报关协会工作重点和海关中心工作，始终不渝地坚持“服务海关、服务会员”宗旨，积极应对“简政放权，转变职能”的新形势给报关行业带来的新情况和新问题，继承发展，创新思路，稳中求进。

【坚持服务宗旨，落实重点工作】一是深入研究政府实行“简政放权，转变职能”后报关行业出现的新情况、新问题，积极宣传报关员资格管理制度改革的重要意义，积极探讨改革带给报关企业和从业人员管理基本模式的变化。二是围绕中国报关协会的工作重点和海关中心工作，坚持“服务海关、服务会员”的宗旨，全力推进协会的全面建设。三是认真落实行业自律，实现诚信创建常态化；建立关协联系配合办法，促进关协协作制度化；全面落实“八项措施”，支持企业发展措施具体化；紧贴海关改革热点，做到课题调研工作经常化；积极开展业务培训，力求培训实效最大化；加强内部管理，实现自身建设制度化。

【紧贴海关改革，推进协会服务一体化】加强长三角五地协会间的联系协调，积极配合长三角海关区域通关一体化改革试点，促进协会服务工作一体化的实现。上海地区先后组织了120家企业对长江流域经济带海关区域通关一体化改革方案进行了广泛动员及专题培训；与南京、杭州、宁波、安徽协会先后召开了三次联席会议，制定了五地协会一体化服务合作备忘录以及五地协会一体化服务会员办法；落实长三角五地协会服务会员单位一体化工作，做到资质互认、信息互通、资源互享、服务互担。

【强化行业建设，履行服务承诺】一是加强协会、海关、企业间的全面合作与交流。年内，协会先后与长三角五地协会以及青岛、武汉等地协会就区域通关、行业自律和诚信创建基础建设、有效开展会员发展和服务、行业培训等工作进行了交流和合作；与上海海关及有关部门紧密合作，进一步推广了“电子报关委托书/委托报关协议管理系统”、表彰了63家申报质量“五星级企业”。二是夯实自身基础，全面提升服务能力。围绕“两个紧贴”，将协会的工作重心向解决企业实际问题转化。年内，协会协助海关组织了政策解读、制度研讨近十场；组织部分预归类企业参与归类中心各项预归类服务管理制度的制定，协助海关开展了社会化预归类政策宣讲会；开展了电子《代理报关委托书》管理系统的宣传推进工作，热情接受企业咨询服务1000多起，解决通关疑难问题19起，受到企业的广泛赞誉。

【深入企业调研，呼吁政策支持】继续以海关重大业务改革为调研课题的契入点，深入企业，调查了解报关行业的现状和诉求，协调解决报关行业反映的突出问题，进一步增强协会和企业参与改革的责任意识和工作能力。通过近半年的努力，开展了“深入推进归类服务发展的了思考和建议”课题的调研，完成了调研报告，并通过了专家论证。7月10日，上海海关副关长郑巨刚作出批示：“读了报关协会《深入推进社会化预归类服务的若干思考与建议》的调研报告，很受启发。调研报告分析的问题以及提出的“五个进一步”，很有针对性。”年内，协会还通过请进来、走出去等形式，就企业面临的诸如“营改增”等政策给报关企业带来的困难以及对策等问题作广泛深入的调研。

【注重培训效果，满足企业需求】2014年是报关培训工作面临众多困难及挑战的一年，业务培训及考试规模骤减，同比减少了80.8%。在不利的形势下，协会提出了“热情服务不松劲、培训质量不降低”的要求，全年共组织举办各类讲座、培训和考试15期，共计3034人次参加。除此之外，协会还将培训的触角深入到报关企业及相关院校，协助外高桥国际贸易营运中心有限公司开展进出口业务技能竞赛；对报关水平考培中心和报名点的中高职院校开展宣传推介以及相关培训；为配合海关的通关无纸化作业改革，与浦江海关联合开展推广使用《<委托书/协议>管理系统》的宣讲会。

【坚持文化创建，为企业提供正能量】一是加强信息报道的及时性，对行业系统的重大要务开展集中宣传报道，如学习中国报关协会会长座谈会精神、长三角通关一体化改革试点、长三角五地协会历次联席会议精神。二是突出新闻报道的准确性，以“实事求是”的工作理念指导协会的信息报道工作，使之更加准确和精炼。三是充分发挥网站作用，重点报道报关行业发展中的热点问题；海关业务改革；会员单位诚信经营、规范申报、反腐倡廉、净化环境等方面的理论研讨、好的做法及经验。全年共采编动态信息64期，工作简报4期，编辑发行《上海报关》6期，网站点击率达到15万人次。

（顾百川）

上海出入境检验检疫协会

【概况】上海出入境检验检疫协会成立于2002年，是经上海市社团管理局批准，实行行业管理的非营利性社会团体，具有法人资格。协会的宗旨：联系和团结国内外致力于检验检疫事业及与此有关的机构、企事业单位、专家、学者、工作者、社会团体，拓展国内外学术、信息技术交流和交往，为振兴检验检疫事业、促进上海对外经贸发展服务。协会的业务范围：宣传政策、法规，开展学术讨论、交流，传达信息、动态，进行咨询、培训，保障会员权益。

2014年，协会围绕上海检验检疫局当年重点工作，努力提升为检验检疫局和会员单位服务的质量，按时完成了年初制定的协会各项工作目标。

【加强协会自身建设】协会领导班子结合开展党的群众路线教育实践活动，收集到意见和建议31条，查找班子存在的“四风”问题9个，有针对性地采取了整改措施，废除旧规章制度1项，修改规章制度5项，新建规章制度1项，提高了协会服务大局、服务群众的意识和水平，群众对协会班子采取的整改措施满意率达到100%。

【配合检验检疫局开展相关工作】2014年，协会承担了上海检验检疫局相关职能处室委托的自理报检单位注册登记、更改、终止备案；报检员注册受理、注销、年审、代理单位更改审核；完成进境动植物审批发证、许可证备案、密钥注册；食品许可单证等工作事务性工作，累计完成27454批次，协会承办工作质量得到相关部门的肯定。协会全年共受理进口食品收货人备案申请885批、变更申请578批。为更好地为进口食品收货企业备案服务，采取在协会网站上介绍整个办理流程、开辟“问与答”栏目、在现场办理处张贴办事指南等3项措施，提高了办事公开性、透明性。为配合上海检验检疫局认证处对进出口商品检验鉴定机构的管理，协会召开进出口商品检验鉴定分会工作会议，通报上海检验检疫局对第三方检验监管工作思路，向企业代表解读自贸区内对第三方检验鉴定机构的政策。2014年，协会还积极配合上海检验检疫局通关处行政审批制度的改革，承接了代理报检单位备案工作，从3月起至年末，共办理企业备案121家。

【积极主动服务会员单位】2014年，协会结合上海检验检疫局工作，先后为会员单位提供了与上海检验检疫局部分职能部门开展面对面的交流活动、对外商务谈判、培训支持、解决实际工作难题等各类服务。在组织会员单位活动时，协会还加强对会员单位需求的调研和分析，使活动能更贴近会员单位的需求，提升了会员单位的满意度。主要活动包括：

1.为会员单位举办检验检疫和消费者投诉法制工作交流会，邀请上海检验检疫局法制处领导介绍行政处罚工作情况，通报消费者在进口食品方面的投诉情况，就相关情况的处理与企业进行了沟通。

2.组织召开2014年检验检疫通关工作交流会，邀请上海检验检疫局通关处领导向会员单位介绍上海检验检疫局服务自由贸易区、促进贸易便利化工作情况，重点介绍准备推广的8项检验检疫措施和上海口岸电子商务检验检疫政策和措施，现场解答会员单位提出的关于第三方检验鉴定机构采信、电子商务以及其他检验检疫相关问题。

3.组织开展出入境卫生检疫政策通报会，邀请上海检验检疫局卫生处领导与会员单位交流，介绍上海口岸卫生检疫、卫生处理、自贸区特殊物品入境检疫最新政策，介绍当前的埃博拉疫情，宣传相关的防疫措施，现场回答企业关心的自贸区特殊物品经营企业备案工作等问题。

4.协会派员参加上海市工商局组织的企业信息公示制度的培训。会后，及时向会员单位介绍国务院制定的企业信息公示相关条例，敦促相关会员单位从10月1日起按新规定做好企业信息公示工作，避免被列入异常名录，影响企业诚信。

5.上海爱丽公司、ABS公司向协会反映公司检验鉴定从业人员因内部原因未及时办理换证手续，协会秘书处主动与中国检验检疫协会进出口商品检验鉴定分会联系，妥善解决了公司的问题，并要求公司加强内部管理。

6.协会积极推动会员单位增强质量诚信意识。在协会支持下，协会副会长单位——上海欣海报关公司狠抓报检工作质量，在全公司范围内开展检验检疫知识培训，邀请浦江检验检疫局专家授课，开展首次报检技能大比武，通过书面考试和3轮现场比赛，在公司内部评选了一批星级报检员，提高了公司报检工作质量。

7.协会积极为会员单位创造接触国际食品交流平台的机会，先后推荐2家会员单位出访土耳其，考察当地食品厂商；推荐5家会员出访墨尔本，参加澳洲食品推荐活动；推荐2家会员参加马来西亚清真食品展；推荐4家酒类企业赴阿根廷进行酒类商务洽谈；先后组织会员单位在上海参加SIAL上海国际食品展、荷兰、丹麦、南非、波兰食品推介会，并在会上向国外食品生产和贸易商介绍了中国检验检疫政策和上海地区进口食品状况。

8.经上海检验检疫局批准，协会先后带领12家会员单位和4家会员单位组团出访西班牙和土耳其，与当地相关协会开展交流活动，组织会员单位与当地食品出口商开展一对一的商务谈判，促成进口食品贸易。

【协助中国检验检疫协会工作】协会协助中国检验检疫协会在上海举办“中法猪肉合作论坛”和全国检验检疫协会工作交流会，并组织部分会员单位参加活动。5月和11月，协会完成2次检验鉴定人员水平考试的组织工作，上海考区共计6300多人次参加考试，考试过程顺利，未发现作弊情况，也未发生网络和设备故障。协会受中国检验检疫协会委托开展2014年第一次检验鉴定从业人员资格证书的对外发放工作以及2010年第一次资格证书到期换发工作。10月，接中国检验检疫协会通知，2014年报检员水平测试工作定于2015年1月举行，协会在最短时间内完成了报名场地的确认工作，启动了考试的准备工作。

【组织开展各类培训】2014年，协会根据会员单位的需求，为第三方检验鉴定机构举办了检验鉴定从业人员水平考试培训班，会员单位共计200多人参加培训，经回访，会员单位对本次培训效果表示满意。为提高会员单位质量诚信意识，检验检疫协会39家会员单位和食品协会21家会员单位参加了由上海市“企业诚信创建”活动组委会举办的“企业诚信创建”基础培训班，并获得了合格证书。协会到目前为止有上海市诚信创建企业6家，一星级诚信创建企业3家，二星级诚信创建企业1家，三星级诚信创建企业3家，四星级诚信创建企业5家。

当年，协会开展了原产地证申领员的培训，为上海出口企业传授原产地证规则，降低企业出口成本，共计404人参加培训，402人通过考核。

【推动企业质量诚信建设】5月，协会召开年上海地区进出口企业质量诚信表彰会，对上海地区31家2013年度“中国质量诚信企业”进行表彰、颁发奖牌，有力地推动了上海地区进出口企业质量诚信创建工作。7月，协会完成了2014年上海地区进出口质量诚信企业初审工作，对有关分支机构推荐的进出口企业的资料进行了审核，报上海检验检疫局同意，并经对外公示，共上报了19家企业为2014年中国进出口质量诚信企业候选名单，全部被中国出入境检验检疫协会评为中国进出口质量诚信企业，其中7家中国质量诚信企业代表到北京参加中国质量诚信企业表彰会，接受国家质检总局领导颁奖。协会继续推进第三方检验鉴定机构从业人员公约执行工作，全年向公约签署单位发出通报4批，对5名违纪人员在行业内部进行了通报。从6月起，协会根据多年来公约执行情况，提出了修改公约的建议，在广泛征集会员单位意见和建议得基础上完成了进出口商品检验鉴定从业人员道德公约的修订工作。新修订的公约分别通过上海检验检疫局认证处和法制处的审查，使公约能更加符合国家法律法规的要求和实际工作。

（陆颖佳）

上海市物流协会

【概况】上海市物流协会是本市物流与商贸流通企业以及其他经济组织等自愿组成，实行行业服务和自律管理的跨系统、跨部门、跨所有制的非盈利的社会团体法人。现有团体会员1100余家。协会是上海地区A级物流企业唯一评审单位，是名牌企业评审专家组组长单位，是上海市物流行业先进个人与集体评选主要组织单位。协会以行业服务、行业自律、行业代表、行业协调为基本职能，发挥政府与企业之间和企业与企业之间的桥梁作用，服务政府、服务会员、服务行业，维护会员合法权益；加强与外省市同行的合作，加强与国际同行的交流；立足上海，联合长三角地区，辐射全国，走向世界；推动上海现代物流产业的发展。

【呼应自贸试验区改革，积极创新，推动行业和企业发展】2014年，协会围绕上海自贸试验区建设，全力做好为区域、为企业的服务。一是自贸区金融改革辅导服务。二是自贸区考察、洽谈服务。三是自贸区投资贸易服务。四是自贸区物流企业名牌创建服务。协会主动适应自贸区改革发展的新形势，推动成立了上海物流行业组织合作联盟。在政府物流主管部门的见证下，上海物流行业协会组织合作联盟召开了联盟成员会议，举行了合作意向书的签约。

【积极配合政府，主动作为，加强行业管理和自律】协会组织开展了上海市“2014年度全国先进物流企业”评选工作，共评选出上海市56家“2014年度全国先进物流企业”，占全国296家先进物流企业总数的18.9%。协会参与研究和制定的“上海市商务专门人才申办常住户口的评估认定机制”，通过了上海市商务委、上海市委宣传部、上海市人社局和有关专家的评审。

协会主持开展了2014年度现代物流行业上海名牌专家组评审活动，对申报2014年上海名牌的22家物流企业进行了审核。协会还组织了“十三五”上海市现代物流专项规划建议的行业调研。

【做好为会员企业的服务，拓展经营，办实事重实效出实绩】一是展会服务。二是论坛服务。三是A级物流企业评估服务，2013至2014年度共评估A级物流企业22家（其中5A级3家，4A级13家，3A级6家），使上海地区A级物流企业达到146家。四是信用建设服务，先后两次举办企业诚信创建培训班，参加培训的有80余家物流企业；有60余家物流企业参加上海企业诚信创建，36家企业被评为星级诚信企业。五是高级物流培训服务，年内举办了3期高级物流师培训班，共有78名学员参加，其中已经参加国家统一考试的有53人。六是新能源物流装备推广服务。七是诉求表达和帮扶服务，协会召开17家重点物流企业座谈会，就有关土地政策的14号和26号文件听取意见，并将表达的诉求整理成7点意见和2条建议，书面报告上海市政府。八是区域合作联动服务，组织上海物流企业、高校专家教授共50余人参加“2014长三角现代物流联动发展大会暨中国（江苏）长三角物流发展与合作论坛”；与四川、广东物流协会就建立“川粤沪综合物流基地暨物流产业发展联盟”进行了考察和商谈，签署了三方合作协议书。

【加强规范化建设，夯实基础，提高协会专业化服务水平】协会以创建A级协会为重点，积极开展规范化建设，创建成5A行业协会。（张悦来）

上海邮轮游船游艇业行业协会

【概况】上海邮轮游船游艇业行业协会成立于2006年3月，同时接受上海市交通委、上海海事局、上海市社会团体管理局的业务指导和管理。协会宗旨：为会员提供服务、维护会员合法权益，保障行业公平竞争，沟通会员与会员、会员与政府、会员与社会的联系，不断促进行业经济的发展。

随着经济、社会的发展和人民消费水平的提高，邮轮，游船和游艇业日趋发展，已成为上海市民又一种新型的旅游消费方式。2014年，邮轮旅游业呈现“爆发式”的递增，全年共接待国际邮轮靠泊271艘次，游客吞吐量达到122.81万人次。其中仅以上海为母港的邮轮就达242艘次，同比增长44.04%；接待出入境游客116.36万人次，同比增长了66.7%；访问港邮轮为29艘次，出入境游客6.46万人次，中国本土化邮轮产业发展在上海有了质的“飞跃”。游艇业在上海有了长足的发展。在有关部门关注下，行业紧紧围绕上海发展的大方向，结合上海实际开展和丰富了游艇的水上各类活动，“游艇”在上海市民中的影响力日趋加强。黄浦江游船旅游业务有了进一步提升，全年共接待中外宾客298.02万人次，同比增长12.2%，游船个性化服务也得到进一步的加强。

【深入行业调研，了解发展需求】近年来，上海邮轮游船游艇业在相关部门关心、支持下，有了比较快的发展，但发展过程并不平衡。尤以游艇业在上海发展的现状为例，与上海国际大都市的经济地位和国际影响力极不匹配，与周边二、三线城市相比也有较大差距，特别是在公共和不可再生资源上配置甚缺。为此，协会在得到有关部门支持、肯定后，一同从行业健康、持续发展角度，就“寻找病因、对症下药”展开调查研究，着力查找影响和制约行业发展的主要问题和原因，积极探索上海游艇业如何更快发展的思路和对策。通过调查研究取得了一些阶段性成果。目前上海游艇产业主要存在的问题是：岸线规划相对滞后、停泊租赁费用过高；业态规模甚小，体量不大，产值不高；产业链不够完善、产业聚集效应差；相关专业人才奇缺，行业快速发展受阻；俱乐部要素不够完善，真正有质量的缺少；租赁业务少规范，市场价格随意性大；相关保险不到位，游客安全系数较低；适航范围有限，业务拓展困难。对于未来上海游艇产业发展，提出相关建议：一是要明确定位，合理布局上海游艇业，优化和提升上海城市现代服务业的发展；二是要凸显以政府引导为主，市场化运作、企业化经营为辅的上海游艇业发展总思路，进一步加快游艇业基础设施的规划和建设；三是要加强上海游艇市场营运管理，维护和规范游艇租赁市场的营运次序；四是要转变和提升上海游艇产业发展结构，重点建设形成上海地区游艇产业聚集“四大建设高地”的效应；五是要政府牵头，通过企业参与、市场化运作，建立和完善游艇游客的意外保险。

【参与相关工作，发挥协会作用】作为一个新兴业态的行业社团组织，如何提升行业业态、引领行业发展、发挥行业整体优势，是协会面向企业、服务会员的重要命题。近年来，上海邮轮游船游艇业在在业务快速递增的态势下，相关单位在业务接待中出现了一些问题，如邮轮服务质量下降，航线产品单一，游客缺乏选择性；游艇适航水域匮乏，租赁市场缺少规范，码头泊位租赁费甚高；浦江游船因为“大气候”的原因也出现发展瓶颈等等。究其原因，除了国家层面法律法规的滞后，行业的相关规划、标准也缺失。2014年，为提升行业可持续发展，进一步塑造上海“三游”国际形象，在有关部门的重视下，组织开展了多项课题研究。协会主动对接，先后参与了交通部《关于游艇营运管理办法》和上海市交通委《关于邮轮无目的地航线市场准入条件》等研究，以及与上海邮轮游船游艇业有关的《关于上海“十三五”航运规划的前期研究》。5 月 20 日的“亚信峰会”在黄浦江畔召开，对上海“三游人”是一次安全和素质的大考量。会议实施严密的安全保障措施，水上禁航时间长，管控水域面积大，管理措施非常严。协会积极配合有关方面做好工作，牵头组织相关会议，布置、落实安全保障措施。面对如此高级别的国际性会务，上海“三游”行业的各企业，始终坚持国家利益为重，秉持为确保峰会安全提供一切的服务理念，为保证峰会顺利举办作贡献，向世界展示了上海邮轮游船游艇行业的风采。

（翟耀华）

上海海关学会

【概况】上海海关学会是由上海海关发起成立，研究海关理论与实践问题的学术性群众团体。其正式成立于2000年3月4日。现有基层学会中心组6个、学会小组40个，会员1415人。2014年，学会加强自身建设和人才培养；以征文为抓手，积极推进群众性理论研究；集思广益，完善学会平台建设。

【加强自身建设，夯实学会基础】学会自成立以来，陆续制订并公布实施了一批规章制度，形成《上海海关学会规章制度汇编》并编印成册，用以规范和指导学会日常工作。随着学会工作的发展，原有规章制度已明显滞后。为适应新形势下学会工作的目标和要求，2014年，学会通过实践探索和经验总结，在原有制度的基础上相继制订、增补了新的管理办法和规定，形成《上海海关学会规章制度汇编》(2014年修订本)，涵盖学会日常工作规范、工作人员岗位责任制以及相关管理办法等，目的是通过建章立制，进一步强化制度建设，夯实基础工作，促使学会在开展群众性理论研究中，达到更规范、更有序、更深入、更活跃的目标。

【加强人才培养，发挥会员优势】近年来，随着越来越多的青年理论骨干加入会员队伍，学会理论研究的整体实力得到加强。对此，学会始终以培养发现青年理论骨干为己任，不断吸收新会员，不断凝聚优秀人才，不断优化队伍结构。一年来，学会组织理论骨干参加中国海关学会总会及上海分会举办的各类专题讲座4批次，组织论文作者参加相关研讨活动3次。学会还会同上海海关政研室共同开展政研骨干的遴选和聘用工作，积极为他们提供机会、创造条件。特别是总会年内在上海开办第二期“青年理论骨干”培训班时，学会积极推荐，尽可能安排更多的青年理论骨干参加培训。与此同时，学会充分发挥特约编辑的优势，向总会及海关学院理论研究部推荐各类优秀文章，其中，《海关研究》共刊登学会推荐论文 28 篇，《上海海关学院学报》刊登学会推荐论文 5 篇，极大激发了广大会员开展理论研究的热情。

【组织开展多个层面征文活动】当年征文任务较往年偏重，既有专题征文、又有非专题征文。其中，专题又分总会、分会和学会三个层面，而且分会又设两个年度专题。

1、总会专题征文。要求从国家治理体系和治理能力现代化的大格局出发，积极思考海关治理体系和治理能力现代化的实现途径，深入研究海关改革发展的大方向和新举措，并在政策完善、体制改进、机制创新、模式优化及口岸管理等方面提出建议对策。为此，学会采取面上广泛发动与重点落实相结合的办法，一方面，及时下发征文通知，要求各基层学会组织结合本部门实际，广泛动员，将征文活动作为推动学会能力建设的一项重要工作抓好、抓实；另一方面，相继前往部分基层学会进行走访和调研，与基层学会共同探讨、研究征文的主题和内涵。同时，组织部分理论骨干就总会专题进行破题和解读，确定选题、落实作者、分工到人，确保总会专题征文的质量。

2、上海分会确立的两个专题征文。一个是“创新自贸试验区海关监管制度研究”，另一个是“建设服务型海关研究”。有关自贸区方面的论文，学会共征集到 43 篇，从中挑选出 5 篇参加今年 6 月份上海分会联合上海社会科学院经济研究所共同举办的《创新自贸试验区海关监管制度研究》研讨会，并荣获一、二、三等奖各两篇的好成绩。关于“建设服务型海关研究”方面的论文，征集了 31 篇，并从挑选了 14 篇推荐到分会。

3、学会确定的专题征文。主题为“跨境电子商务与海关监管”。近年来跨境电子商务飞速发展，其无形的虚拟信息产品与有形的实体产品对海关传统的税收、监管、稽查、缉私模式构成了新的挑战，作为国家进出境监督管理机关，海关更应积极主动适应这一新型贸易业态，不断研究、探索海关对跨境电子商务的管理模式和手段。征文下发后，各中心组、学会小组积极响应，撰写、报送相关文章百余篇。这些论文内容涉及海关监管、税收、加工贸易、信息技术等方面，其中不乏佳作精品。

除总会专题征文外，总会今年还设立了非专题征文，即综合类论文。这类论文主题可自行拟定，内容也可根据各关业务自行选择。学会在抓好专题征文的同时，积极落实综合类征文活动，共推荐了65篇参加分会及总会的综合类论文评选。

据统计，全年上海海关系统共撰写论文532篇，推荐报送学会352篇，经初选参评188篇。经评审小组评选，评出一等奖10篇、二等奖20篇、三等奖60篇、“成果转化提名奖”3篇。学会向上海分会推荐各类论文60余篇。其中，总会层面的获奖情况为：总会专题类征文二等奖1篇；总会综合类征文一等奖2篇、二等奖1篇、三等奖2篇。分会层面的获奖情况为：分会“直属关领导论文”特别奖4篇；分会“总会专题征文提名奖”一等奖1篇、二等奖1篇、三等奖3篇；分会“总会非专题征文提名奖”一等奖3篇、二等奖2篇、三等奖3篇；分会专题类征文一等奖1篇、三等奖1篇。尤其在总会综合类论文中，学会有5篇获奖，位居榜首。

【理论研究呈现新亮点】一是各级领导高度重视。有的单位不仅年初就制订出政研论文写作计划，而且单位一把手还亲自带头撰写论文，起到了引导和促进作用。统计处处长梁丹虹撰写的《国际贸易单一窗口数据元集的建立与应用研究》一文，以跨境贸易监管部门的视角，从国际贸易“单一窗口”数据标准化的必要性入手进行分析，提出以WCO数据模型3.0版本为基础，建立与国际贸易“单一窗口”相配套的数据元集的见解和思路，不仅具有前瞻性，而且还具有一定的可操作性。这篇文章在总会组织的论文评审中，评委给予很高的评价，被评为总会综合类论文一等奖。外港海关学会中心组立足口岸实际，由关领导亲自带队，分别就多式联运、大型集装箱检查、口岸海关查验机制改革以及报关单结构顶层设计等4个课题开展深入调研，共撰写论文64篇。该关关长张毅还亲自撰写了题为《论口岸海关在全面深化改革中的转型和作为》的文章，深入分析影响口岸海关职责发挥的突出问题和矛盾焦点，并就口岸海关如何在海关新一轮改革中有所作为提出建议对策。这篇文章在总会综合类论文评审中也被评为一等奖。此外，外港海关课题组撰写的《海关治理体系和治理能力现代化初探》一文，还被上海分会评为"总合专题类征文提名奖"二等奖。

二是各基层学会积极组织，表现出色。如财务处学会小组今年共上报参评论文 10 篇，其中 3 篇分获学会年度优秀论文二、三等奖。此外，财务处学会小组还根据《财务司关于传达署领导重要批示开展"深化海关财务改革"专题征文的通知》要求，由处领导牵头积极参与相关论文撰写。经财务司征文活动领导小组审定，10 篇投稿论文中共有 6 篇获奖，其中一等奖 3 篇、二等奖 2 篇、三等奖 1 篇。技术处学会小组今年共上报参评论文 10 篇，其中 4 篇分别获学会一、三等奖。以上两个学会小组分别被评为上海分会和学会 2014 年度先进集体。

三是研究内容切合实际，突出成果转化效能。如浦江海关结合企业普遍反映的纸质证明联打印模式耗时过长等问题，撰写了《拓展通关无纸化改革外延提高贸易通关便利化水平——论证明联操作模式改革的现实需求》一文，通过对证明联各操作环节的分析和论证，提出"以无纸化通关为契机，对退税证明联等单证全面实行电子数据传输，或改由报关公司、经营单位自助打印"等操作思路，为进一步简化通关手续、提升通关效率提供了切实可行的解决方案。这篇论文的观点和思路经学会汇编形成《建言献策》，引起总会重视并上报海关总署领导。

再比如奉贤海关结合奉贤经济发展实际，主动向区政府提出"两港一区"研究课题，并联合区有关部门开展课题调研，撰写了《自贸试验区效应辐射下推动奉贤"两港一区"保税仓储物流业集聚发展的思考与探索》的论文，对"两港一区"保税仓储物流业发展的现状及前景进行了分析和展望，并对推进"两港一区"保税仓储物流业发展提出对策建议。目前，这一研究成果已成为奉贤区政协重点提案及区政府年内重点改革项目。

【推动理论成果转化】学会结合本关实际，配合行政，积极探索，不断推动理论成果在海关实践中的应用。一方面，在论文评审中，继续采取专业评审办法，由秘书处将各单位报送的论文进行专业分类，然后按业务类别交给相关职能处室牵头评审。这样的评审办法，不仅使评审结果更为公平、合理，而且有助于职能处室从论文中汲取、采纳好的建议和想法，推动理论成果转化为工作实践。另一方面，为鼓励、支持理论成果的转化，继续开展“成果转化奖”及“成果转化提名奖”评审工作。关于“成果转化奖”的评审，确立了“学会秘书处初评、评审小组评审、评审领导小组复审的”三级评审制度，全年共评出获奖论文 9 篇，其中一等奖 2 篇、二等奖 2 篇、三等奖 3 篇、优秀奖 2 篇。成果转化提名奖则是学会年度论文评比中的一个单项奖，只要其中建议有新意，并且具备一定的可行性和可操作性，在短期内可实施成果转化的，即可列入评选范围。根据学会《年度论文成果转化提名奖评选管理办法》，该奖项与年度优秀论文评选活动同步进行，先由学会秘书处初评，再由相关职能部门组织力量对其中的观点和建议进行重点审核，确保观点鲜明、内容准确、建议到位。年内共有 3 篇论文入围“成果转化提名奖”。

【积极撰写《建言献策》】结合海关当前的热点、难点，编发具有实际操作性的优秀论文的观点和内容，供相关部门参阅。6 月，学会与浙江海关学会联合举办“跨境电子商务发展与海关监管创新”研讨活动，并将研讨活动中的观点和建议摘编成《建言献策》，题为“对跨境电子商务个人网购物品监管的几点建议”。通过对当前海关在跨境电子商务个人网购物品监管中存在的问题，提出相关建议，目的是希望引起行政部门对理论研究成果的关注，最终促进理论成果的转化。学会还针对当前进出口企业要求提高口岸通关效率的呼声和诉求，组织上海海关监管通关处撰写《上海口岸通关效率调研报告》，并将其中观点建议编发成《建言献策》，提出“建立口岸物流状态信息系统、加快推广‘一个窗口’建设、取消不必要的纸质单证”等建议，为提高口岸通关效率、促进贸易便利化献计献策。这一期的《建言献策》得到总会领导的认可和批示。总会全年从各地海关学会报送的近 50 篇《建言献策》中仅选编出4篇报送海关总署领导，其中就有上海学会报送的两篇。

【编发《海关研究》专刊】为了让海关系统更多的人了解中国(上海)自由贸易试验区的出台背景及重大意义，了解海关在促进自贸区发展中的作用，学会积极向中国海关学会申请刊发《海关研究》上海自贸区管理专刊，获得总会批准和上海海关领导支持。6月，该专刊正式编发印制。总会会长李克农为专刊作序，上海海关关长李书玉、副关长张华鲁也撰写文章。该专刊及时向全国海关介绍了上海海关在自贸区建设中的各项创新举措，发行后取得了较好的反响。

【联合开展专题研讨】6月，学会会同浙江海关学会共同举办以"跨境电子商务与海关监管创新"为主题的研讨活动，围绕跨境电子商务这个主题进行研讨和交流，并共同前往阿里巴巴集团总部进行实地调研和考察。这次研讨活动也是学会在理论研究领域与行政密切配合的一次有益尝试。研讨活动结束后，中欧世贸项目两位官员还特地专程造访上海海关，了解目前跨境电子商务海关监管情况。学会还联合上海海关外事办组织行邮处、技术处、邮办处、浦东国际机场海关快件处和自贸实验区工作组(筹备)等部门，就贸易便利化、自贸区发展及跨境电子商务监管等议题进行了研讨、交流。

【稳步推进近代海关史研究】中国近代海关史是中国近代史的重要组成部分，总会专门立项启动了"近代海关历史档案资料翻译整理和研究"专项课题，并将其中的翻译及扫描任务交给上海海关学会承担。学会认真组织实施。目前，翻译工作经过青年翻译志愿者两年多的努力，已顺利完成了译文初稿及部分初稿的复审。关于扫描工作，已完成了设备选型、场所选定、人员选聘、建章立制等工作，正在有序进行。

【完善学会平台建设】学会的一项主要功能就是为海关系统开展群众性理论研究提供平台、创造条件。在这方面，主要开展了以下三项工作：

一是继续办好学会会刊。《沪关学苑》作为上海海关学会会刊，是展示理论研究成果的重要平台。学会努力把握会刊的定位和导向，拓宽海关理论研究的广度和深度，刊发具有较强思想性、理论性的文章。全年共出版4

期会刊及1期增刊，先后开辟了十八大精神、关处长论坛、改革热点、综改视野、监管与服务、课题研究、学习与思考、学会动态、海关史志等栏目，力求做到重点突出，内容集中。洋山海关自2005年12月10日开关以来，先后开展了“中美大港口计划”辐射探测反恐国际合作，率先安装启用全国首台通道式H986，启动了保税期货交割、保税仓单质押等新型项目，为上海海关各项改革提供了宝贵的实践经验。尤其是中国(上海)自由贸易试验区的正式成立，为洋山海关在前沿理论研究领域提供了更为广阔的空间。为此，学会专门增设1期《沪关学苑》洋山海关专刊，刊登洋山海关关领导及一线关员撰写的12篇理论文章。这些文章涵盖了该关对自贸试验区建设、海关监管服务、队伍人才管理、缉私工作探索等多个领域的思考。

二是加强信息建设。年内共编发简报6篇、信息8条，使上级学会及时了解上海学会各项工作动态。

三是完善学会网站。在上海海关内网开辟了学会网页，包括学会动态、学会文件、荣誉长廊、沪关学苑、论文荟萃等9个栏目5大版块，并做好维护工作，为广大会员查阅论文和资料以及了解学会最新工作动态提供了便利。

（杨　洁）

政策法规选编

国务院关于在中国(上海)自由贸易试验区内暂时调整实施有关行政法规和经国务院批准的部门规章规定的准入特别管理措施的决定

国发〔2014〕38号

各省、自治区、直辖市人民政府,国务院各部委、各直属机构:

为适应在中国(上海)自由贸易试验区进一步扩大开放的需要,国务院决定在试验区内暂时调整实施《中华人民共和国国际海运条例》、《中华人民共和国认证认可条例》、《盐业管理条例》以及《外商投资产业指导目录》、《汽车产业发展政策》、《外商投资民用航空业规定》规定的有关资质要求、股比限制、经营范围等准入特别管理措施(目录附后)。

国务院有关部门、上海市人民政府要根据上述调整,及时对本部门、本市制定的规章和规范性文件作相应调整,建立与进一步扩大开放相适应的管理制度。

国务院将根据试验区改革开放措施的实施情况,适时对本决定的内容进行调整。

附件:国务院决定在中国(上海)自由贸易试验区内暂时调整实施有关行政法规和经国务院批准的部门规章规定的准入特别管理措施目录

国务院

2014年9月4日

附件：

国务院决定在中国（上海）自由贸易试验区内暂时调整实施有关行政法规和经国务院批准的部门规章规定的准入特别管理措施目录

序号	准入特别管理措施	调整实施情况
1	《中华人民共和国国际海运条例》 第二十九条第一款：经国务院交通主管部门批准，外商可以依照有关法律、行政法规以及国家其他有关规定，投资设立中外合资经营企业或者中外合作经营企业，经营国际船舶运输、国际船舶代理、国际船舶管理、国际海运货物装卸、国际海运货物仓储、国际海运集装箱站和堆场业务；并可以投资设立外资企业经营国际海运货物仓储业务。	暂时停止实施相关内容，允许外商以独资形式从事国际海运货物装卸、国际海运集装箱站和堆场业务
2	《中华人民共和国国际海运条例》 第二十九条第二款、第三款： 经营国际船舶运输、国际船舶代理业务的中外合资经营企业，企业中外商的出资比例不得超过49%。 经营国际船舶运输、国际船舶代理业务的中外合作经营企业，企业中外商的投资比例比照适用前款规定。 《外商投资产业指导目录》 限制外商投资产业目录 六、批发和零售业 5.船舶代理（中方控股）、外轮理货（限于合资、合作）	暂时停止实施相关内容，允许外商以合资、合作形式从事公共国际船舶代理业务，外方持股比例放宽至51%
3	《中华人民共和国认证认可条例》 第十一条第一款：设立外商投资的认证机构除应当符合本条例第十条规定的条件外，还应当符合下列条件： （一）外方投资者取得其所在国家或者地区认可机构的认可； （二）外方投资者具有3年以上从事认证活动的业务经历。 《外商投资产业指导目录》 限制外商投资产业目录 十、科学研究、技术服务和地质勘查业 2.进出口商品检验、鉴定、认证公司	暂时停止实施相关内容，取消对外商投资进出口商品认证公司的限制，取消对投资方的资质要求

序号	准入特别管理措施	调整实施情况
4	《盐业管理条例》 第二十条:盐的批发业务,由各级盐业公司统一经营。未设盐业公司的地方,由县级以上人民政府授权的单位统一组织经营。	暂时停止实施相关内容,允许外商以独资形式从事盐的批发,服务范围限于试验区内
5	《外商投资产业指导目录》 鼓励外商投资产业目录 二、采矿业 4.提高原油采收率及相关新技术的开发应用(限于合资、合作)	暂时停止实施相关内容,允许外商以独资形式从事提高原油采收率(以工程服务形式)及相关新技术的开发应用
6	《外商投资产业指导目录》 鼓励外商投资产业目录 二、采矿业 5.物探、钻井、测井、录井、井下作业等石油勘探开发新技术的开发与应用(限于合资、合作)	暂时停止实施相关内容,允许外商以独资形式从事物探、钻井、测井、录井、井下作业等石油勘探开发新技术的开发与应用
7	《外商投资产业指导目录》 禁止外商投资产业目录 三、制造业 (一)饮料制造业 1.我国传统工艺的绿茶及特种茶加工(名茶、黑茶等)	暂时停止实施相关内容,允许外商以合资、合作形式(中方控股)从事中国传统工艺的绿茶加工
8	《外商投资产业指导目录》 鼓励外商投资产业目录 三、制造业 (八)造纸及纸制品业 1.主要利用境外木材资源的单条生产线年产30万吨及以上规模化学木浆和单条生产线年产10万吨及以上规模化学机械木浆以及同步建设的高档纸及纸板生产(限于合资、合作)	暂时停止实施相关内容,允许外商以独资形式从事主要利用境外木材资源的单条生产线年产30万吨及以上规模化学木浆和单条生产线年产10万吨及以上规模化学机械木浆以及同步建设的高档纸及纸板生产
9	《外商投资产业指导目录》 鼓励外商投资产业目录 三、制造业 (十七)通用设备制造业 7.400吨及以上轮式、履带式起重机械制造(限于合资、合作)	暂时停止实施相关内容,允许外商以独资形式从事400吨及以上轮式、履带式起重机械制造

序号	准入特别管理措施	调整实施情况
10	《外商投资产业指导目录》 限制外商投资产业目录 三、制造业 (十)通用设备制造业 1.各类普通级(P0)轴承及零件(钢球、保持架)、毛坯制造	暂时停止实施相关内容,取消对外商投资各类普通级(P0)轴承及零件(钢球、保持架)、毛坯制造的限制
11	《外商投资产业指导目录》 限制外商投资产业目录 三、制造业 (十一)专用设备制造业 2. 320马力及以下推土机、30吨级及以下液压挖掘机、6吨级及以下轮式装载机、220马力及以下平地机、压路机、叉车、135吨级及以下电力传动非公路自卸翻斗车、60吨级及以下液力机械传动非公路自卸翻斗车、沥青混凝土搅拌与摊铺设备和高空作业机械、园林机械和机具、商品混凝土机械(托泵、搅拌车、搅拌站、泵车)制造	暂时停止实施相关内容,取消对外商投资15吨级以下(不含15吨)液压挖掘机、3吨级以下(不含3吨)轮式装载机制造的限制
12	《外商投资产业指导目录》 限制外商投资产业目录 三、制造业 (十一)专用设备制造业 1.一般涤纶长丝、短纤维设备制造	暂时停止实施相关内容,取消对外商投资一般涤纶长丝、短纤维设备制造的限制
13	《外商投资产业指导目录》 鼓励外商投资产业目录 三、制造业 (十九)交通运输设备制造业 3.汽车电子装置制造与研发:发动机和底盘电子控制系统及关键零部件,车载电子技术(汽车信息系统和导航系统),汽车电子总线网络技术(限于合资),电子控制系统的输入(传感器和采样系统)输出(执行器)部件,电动助力转向系统电子控制器(限于合资),嵌入式电子集成系统(限于合资、合作)、电控式空气弹簧,电子控制式悬挂系统,电子气门系统装置,电子组合仪表,ABS/TCS/ESP系统,电路制动系统(BBW),变速器电控单元(TCU),轮胎气压监测系统(TPMS),车载故障诊断仪(OBD),发动机防盗系统,自动避撞系统,汽车、摩托车型试验及维修用检测系统	暂时停止实施相关内容,允许外商以独资形式从事汽车电子总线网络技术、电动助力转向系统电子控制器制造与研发

序号	准入特别管理措施	调整实施情况
14	《外商投资产业指导目录》 鼓励外商投资产业目录 三、制造业 (十九)交通运输设备制造业 6.轨道交通运输设备(限于合资、合作):高速铁路、铁路客运专线、城际铁路、干线铁路及城市轨道交通运输设备的整车和关键零部件(牵引传动系统、控制系统、制动系统)的研发、设计与制造;高速铁路、铁路客运专线、城际铁路及城市轨道交通乘客服务设施和设备的研发、设计与制造,信息化建设中有关信息系统的设计与研发;高速铁路、铁路客运专线、城际铁路的轨道和桥梁设备研发、设计与制造,轨道交通运输通信信号系统的研发、设计与制造,电气化铁路设备和器材制造、铁路噪声和振动控制技术与研发、铁路客车排污设备制造、铁路运输安全监测设备制造	暂时停止实施相关内容,允许外商以独资形式投资与高速铁路、铁路客运专线、城际铁路配套的乘客服务设施和设备的研发、设计与制造,与高速铁路、铁路客运专线、城际铁路相关的轨道和桥梁设备研发、设计与制造,电气化铁路设备和器材制造、铁路客车排污设备制造
15	《外商投资产业指导目录》 鼓励外商投资产业目录 三、制造业 (十九)交通运输设备制造业 18.豪华邮轮及深水(3000米以上)海洋工程装备的设计(限于合资、合作) 24.游艇的设计与制造(限于合资、合作)	暂时停止实施相关内容,允许外商以独资形式从事豪华邮轮、游艇的设计
16	《外商投资产业指导目录》 鼓励外商投资产业目录 三、制造业 (十九)交通运输设备制造业 22.船舶舱室机械的设计与制造(中方相对控股)	暂时停止实施相关内容,允许外商以独资形式从事船舶舱室机械的设计
17	《外商投资产业指导目录》 鼓励外商投资产业目录 三、制造业 (十九)交通运输设备制造业 13.航空发动机及零部件、航空辅助动力系统设计、制造与维修(限于合资、合作)	暂时停止实施相关内容,允许外商以独资形式从事航空发动机零部件的设计、制造与维修

序号	准入特别管理措施	调整实施情况
18	《汽车产业发展政策》 第四十八条：汽车整车、专用汽车、农用运输车和摩托车中外合资生产企业的中方股份比例不得低于50%。股票上市的汽车整车、专用汽车、农用运输车和摩托车股份公司对外出售法人股份时，中方法人之一必须相对控股且大于外资法人股之和。同一家外商可在国内建立两家（含两家）以下生产同类（乘用车类、商用车类、摩托车类）整车产品的合资企业，如与中方合资伙伴联合兼并国内其它汽车生产企业可不受两家的限制。境外具有法人资格的企业相对控股另一家企业，则视为同一家外商。	暂时停止实施相关内容，允许外商以独资形式从事摩托车（排量≤250ml）生产
19	《外商投资产业指导目录》 鼓励外商投资产业目录 三、制造业 （十九）交通运输设备制造业 5. 大排量（排量＞250ml）摩托车关键零部件制造：摩托车电控燃油喷射技术（限于合资、合作）、达到中国摩托车Ⅲ阶段污染物排放标准的发动机排放控制装置	暂时停止实施相关内容，允许外商以独资形式从事大排量（排量＞250ml）摩托车关键零部件制造：摩托车电控燃油喷射技术
20	《外商投资产业指导目录》 鼓励外商投资产业目录 三、制造业 （二十）电气机械及器材制造业 6. 输变电设备制造（限于合资、合作）：非晶态合金变压器、500千伏及以上高压开关用操作机构、灭弧装置、大型盆式绝缘子（1000千伏、50千安以上），500千伏及以上变压器用出线装置、套管（交流500、750、1000千伏，直流所有规格）、调压开关（交流500、750、1000千伏有载、无载调压开关），直流输电用干式平波电抗器，±800千伏直流输电用换流阀（水冷设备、直流场设备），符合欧盟RoHS指令的电器触头材料及无Pb、Cd的焊料	暂时停止实施相关内容，允许外商以独资形式从事符合欧盟RoHS指令的电器触头材料及无Pb、Cd的焊料制造
21	《外商投资产业指导目录》 鼓励外商投资产业目录 五、交通运输、仓储和邮政业 2. 支线铁路、地方铁路及其桥梁、隧道、轮渡和站场设施的建设、经营（限于合资、合作）	暂时停止实施相关内容，允许外商以独资形式从事地方铁路及其桥梁、隧道、轮渡和站场设施的建设、经营

序号	准入特别管理措施	调整实施情况
22	《外商投资产业指导目录》 限制外商投资产业目录 六、批发和零售业 2.粮食收购，粮食、棉花、植物油、食糖、烟草、原油、农药、农膜、化肥的批发、零售、配送(设立超过30家分店、销售来自多个供应商的不同种类和品牌商品的连锁店由中方控股)	暂时停止实施相关内容，允许外商以独资形式从事植物油、食糖、化肥的批发、零售、配送，粮食、棉花的零售、配送，取消门店数量限制
23	《外商投资产业指导目录》 限制外商投资产业目录 六、批发和零售业 1.直销、邮购、网上销售	暂时停止实施相关内容，取消对外商投资邮购和一般商品网上销售的限制
24	《外商投资产业指导目录》 限制外商投资产业目录 五、交通运输、仓储和邮政业 1.铁路货物运输公司	暂时停止实施相关内容，允许外商以独资形式从事铁路货物运输业务
25	《外商投资民用航空业规定》 第四条：外商投资方式包括： (一)合资、合作经营(简称“合营”)； (二)购买民航企业的股份，包括民航企业在境外发行的股票以及在境内发行的上市外资股； (三)其他经批准的投资方式。 外商以合作经营方式投资公共航空运输和从事公务飞行、空中游览的通用航空企业，必须取得中国法人资格。	允许外商以独资形式从事航空运输销售代理业务
26	《外商投资产业指导目录》 限制外商投资产业目录 八、房地产业 3.房地产二级市场交易及房地产中介或经纪公司	暂时停止实施相关内容，取消对外商投资房地产中介或经纪公司的限制
27	《外商投资产业指导目录》 限制外商投资产业目录 十、科学研究、技术服务和地质勘查业 3.摄影服务(含空中摄影等特技摄影服务，但不包括测绘航空摄影，限于合资)	暂时停止实施相关内容，允许外商以独资形式从事摄影服务(不含空中摄影等特技摄影服务)

国务院关于依托黄金水道推动长江经济带发展的指导意见

国发〔2014〕39 号

各省、自治区、直辖市人民政府，国务院各部委、各直属机构：

长江是货运量位居全球内河第一的黄金水道，长江通道是我国国土空间开发最重要的东西轴线，在区域发展总体格局中具有重要战略地位。依托黄金水道推动长江经济带发展，打造中国经济新支撑带，是党中央、国务院审时度势，谋划中国经济新棋局作出的既利当前又惠长远的重大战略决策。为进一步开发长江黄金水道，加快推动长江经济带发展，现提出以下意见。

一、重大意义和总体要求

长江经济带覆盖上海、江苏、浙江、安徽、江西、湖北、湖南、重庆、四川、云南、贵州等 11 省市，面积约 205 万平方公里，人口和生产总值均超过全国的 40%。长江经济带横跨我国东中西三大区域，具有独特优势和巨大发展潜力。改革开放以来，长江经济带已发展成为我国综合实力最强、战略支撑作用最大的区域之一。在国际环境发生深刻变化、国内发展面临诸多矛盾的背景下，依托黄金水道推动长江经济带发展，有利于挖掘中上游广阔腹地蕴含的巨大内需潜力，促进经济增长空间从沿海向沿江内陆拓展；有利于优化沿江产业结构和城镇化布局，推动我国经济提质增效升级；有利于形成上中下游优势互补、协作互动格局，缩小东中西部地区发展差距；有利于建设陆海双向对外开放新走廊，培育国际经济合作竞争新优势；有利于保护长江生态环境，引领全国生态文明建设，对于全面建成小康社会，实现中华民族伟大复兴的中国梦具有重要现实意义和深远战略意义。

（一）指导思想。以邓小平理论、“三个代表”重要思想、科学发展观为指导，深入贯彻党的十八大和十八届二中、三中全会精神，认真落实党中央和国务院的决策部署，充分发挥市场配置资源的决定性作用，更好发挥政府规划和政策的引导作用，以改革激发活力、以创新增强动力、以开放提升竞争力，依托长江黄金水道，高起点高水平建设综合交通运输体系，推动上中下游地区协调发展、沿海沿江沿边全面开放，构建横贯东西、辐射南北、通江达海、经济高效、生态良好的长江经济带。

（二）基本原则。

改革引领、创新驱动。坚持制度创新、科技创新，推动重点领域改革先行先试。健全技术创新市场导向机制，增强市场主体创新能力，促进创新资源综合集成，建设统一开放、竞争有序的现代市场体系。

通道支撑、融合发展。以沿江综合运输大通道为支撑，促进上中下游要素合理流动、产业分工协作。着力推进信息化和工业化深度融合，积极引导沿江城镇布局与产业发展有机融合，持续增强区域现代农业、特色农业优势。

海陆统筹、双向开放。深化向东开放，加快向西开放，统筹沿海内陆开放，扩大沿边开放。更好推动“引进来”和“走出去”相结合，更好利用国际国内两个市场、两种资源，构建开放型经济新体制，形成全方位开放新格局。

江湖和谐、生态文明。建立健全最严格的生态环境保护和水资源管理制度，加强长江全流域生态环境监管和综合治理，尊重自然规律及河流演变规律，协调好江河湖泊、上中下游、干流支流关系，保护和改善流域生态服务功能，推动流域绿色循环低碳发展。

（三）战略定位。

具有全球影响力的内河经济带。发挥长江黄金水道的独特作用，构建现代化综合交通运输体系，推动沿江产业结构优化升级，打造世界级产业集群,培育具有国际竞争力的城市群,使长江经济带成为充分体现国家综合经济实力、积极参与国际竞争与合作的内河经济带。

东中西互动合作的协调发展带。立足长江上中下游地区的比较优势,统筹人口分布、经济布局与资源环境承载能力,发挥长江三角洲地区的辐射引领作用,促进中上游地区有序承接产业转移,提高要素配置效率,激发内生发展活力,使长江经济带成为推动我国区域协调发展的示范带。

沿海沿江沿边全面推进的对内对外开放带。用好海陆双向开放的区位资源,创新开放模式,促进优势互补,培育内陆开放高地,加快同周边国家和地区基础设施互联互通,加强与丝绸之路经济带、海上丝绸之路的衔接互动,使长江经济带成为横贯东中西、连接南北方的开放合作走廊。

生态文明建设的先行示范带。统筹江河湖泊丰富多样的生态要素,推进长江经济带生态文明建设,构建以长江干支流为经脉、以山水林田湖为有机整体,江湖关系和谐、流域水质优良、生态流量充足、水土保持有效、生物种类多样的生态安全格局,使长江经济带成为水清地绿天蓝的生态廊道。

二、提升长江黄金水道功能

充分发挥长江运能大、成本低、能耗少等优势,加快推进长江干线航道系统治理,整治浚深下游航道,有效缓解中上游瓶颈,改善支流通航条件,优化港口功能布局,加强集疏运体系建设,发展江海联运和干支直达运输,打造畅通、高效、平安、绿色的黄金水道。

(四)增强干线航运能力。加快实施重大航道整治工程,下游重点实施12.5米深水航道延伸至南京工程;中游重点实施荆江河段航道整治工程,加强航道工程模型试验研究;上游重点研究实施重庆至宜宾段航道整治工程。加快推进内河船型标准化,研究推广三峡船型和江海直达船型,鼓励发展节能环保船舶。

(五)改善支流通航条件。积极推进航道整治和梯级渠化,提高支流航道等级,形成与长江干线有机衔接的支线网络。加快信江、赣江、江汉运河、汉江、沅水、湘江、乌江、岷江等高等级航道建设，研究论证合裕线、嘉陵江高等级航道建设和金沙江攀枝花至水富段航运资源开发。抓紧实施京杭运河航道建设和船闸扩能工程，系统建设长江三角洲地区高等级航道网络，统筹推进其他支流航道建设。

（六）优化港口功能布局。促进港口合理布局，加强分工合作，推进专业化、规模化和现代化建设，大力发展现代航运服务业。加快上海国际航运中心、武汉长江中游航运中心、重庆长江上游航运中心和南京区域性航运物流中心建设。提升上海港、宁波—舟山港、江苏沿江港口功能，加快芜湖、马鞍山、安庆、九江、黄石、荆州、宜昌、岳阳、泸州、宜宾等港口建设，完善集装箱、大宗散货、汽车滚装及江海中转运输系统。

（七）加强集疏运体系建设。以航运中心和主要港口为重点，加快铁路、高等级公路与重要港区的连接线建设，强化集疏运服务功能，提升货物中转能力和效率，有效解决“最后一公里”问题。推进港口与沿江开发区、物流园区的通道建设，拓展港口运输服务的辐射范围。

（八）扩大三峡枢纽通过能力。挖掘三峡及葛洲坝既有船闸潜力，完善公路翻坝转运系统，推进铁路联运系统建设，建设三峡枢纽货运分流的油气管道，积极实施货源地分流。加快三峡枢纽水运新通道和葛洲坝枢纽水运配套工程前期研究工作。

（九）健全智能服务和安全保障系统。完善长江航运等智能化信息系统，推进多种运输方式综合服务信息平台建设，实现运输信息系统互联互通。加强多部门信息共享，建设长江干线全方位覆盖、全天候运行、具备快速反应能力的水上安全监管和应急救助体系。

（十）合理布局过江通道。统筹规划建设过江通道，加强隧道桥梁方案比选论证工作，充分利用江上和水下空间，推进铁路、公路、城市交通合并过江；优化整合渡口渡线，加强渡运安全管理，促进过江通道与长江航运、防洪安全和生态环境的协调发展。

三、建设综合立体交通走廊

依托长江黄金水道，统筹铁路、公路、航空、管道建设，加强各种运输方式的衔接和综合交通枢纽建设，加快多式联运发展，建成安全便捷、绿色低碳的综合立体交通走廊，增强对长江经济带发展的战略支撑力。

（十一）形成快速大能力铁路通道。建设上海经南京、合肥、武汉、重庆至成都的沿江高速铁路和上海经杭州、南昌、长沙、贵阳至昆明的沪昆高速铁路，连通南北高速铁路和快速铁路，形成覆盖50万人口以上城市的快速铁路网。改扩建沿江大能力普通铁路，规划建设衢州至丽江铁路，提升沪昆铁路既有运能，形成覆盖20万人口以上城市客货共线的普通铁路网。

（十二）建设高等级广覆盖公路网。以上海至成都、上海至重庆、上海至昆明、杭州至瑞丽等国家高速公路为重点，建成连通重点区域、中心城市、主要港口和重要边境口岸的高速公路网络。提高国省干线公路技术等级和安全服务水平，普通国道二级及以上公路比重达到80%以上。加快县乡连通路、资源开发路、旅游景区路、山区扶贫路建设，实现具备条件的乡镇、建制村通沥青（水泥）路。

（十三）推进航空网络建设。加快上海国际航空枢纽建设，强化重庆、成都、昆明、贵阳、长沙、武汉、南京、杭州等机场的区域枢纽功能，发挥南昌、合肥、宁波、无锡等干线机场作用，推进支线机场建设，形成长江上、中、下游机场群。完善航线网络，提高主要城市间航班密度，增加国际运输航线。深化空域管理改革，大力发展通用航空。依托空港资源，发展临空经济。

（十四）完善油气管道布局。统筹油气运输通道和储备系统建设，合理布局沿江管网设施。加强长江三角洲向内陆地区、沿江地区向腹地辐射的原油和成品油输送管道建设，完善区域性油气管网，加快互联互通，形成以沿江干线管道为主轴，连接沿江城市群的油气供应保障体系。

（十五）建设综合交通枢纽。按照“零距离换乘、无缝化衔接”要求，加强水运、铁路、公路、航空和管道的有机衔接，建设和完善能力匹配的集疏运系统。加快建设上海、南京、连云港、徐州、合肥、杭州、宁波、武汉、长沙、南昌、重庆、成都、昆明、贵阳等14个全国性综合交通枢纽，有序发展区域性综合交通枢纽，提高综合交通运输体系的运行效率，增强对产业布局的引导和城镇发展的支撑作用。

(十六)加快发展多式联运。抓紧制定标准规范，培育多式联运经营人，鼓励发展铁水、公水、空铁等多式联运，提高集装箱和大宗散货铁水联运比重。加快智能物流网络建设，增强沿江物流园区综合服务功能，培育壮大现代物流企业，形成若干区域性物流中心，提高物流效率，降低物流成本。

四、创新驱动促进产业转型升级

顺应全球新一轮科技革命和产业变革趋势，推动沿江产业由要素驱动向创新驱动转变，大力发展战略性新兴产业，加快改造提升传统产业，大幅提高服务业比重，引导产业合理布局和有序转移，培育形成具有国际水平的产业集群，增强长江经济带产业竞争力。

(十七)增强自主创新能力。强化企业的技术创新主体地位，引导创新资源向企业集聚，培育若干领军企业。设立新兴产业创业投资基金，激发中小企业创新活力。深化产学研合作，鼓励发展产业技术创新战略联盟。在统筹考虑现状和优化整合科技资源的前提下，布局一批国家工程中心(实验室)和企业技术中心。运用市场化机制探索建立新型科研机构，推动设立知识产权法院。深化科技成果使用、处置和收益权改革。发挥上海张江、武汉东湖自主创新示范区和合芜蚌(合肥、芜湖、蚌埠)自主创新综合试验区的引领示范作用，推进长株潭自主创新示范区建设，推进攀西战略资源创新开发。研究制定长江经济带创新驱动产业转型升级方案。

(十八)推进信息化与产业融合发展。支持沿江地区加快新一代信息基础设施建设，完善上海、南京、武汉、重庆、成都等骨干节点，进一步加强网间互联互通，增加中上游地区光缆路由密度。大力推进有线和无线宽带接入网建设，扩大4G(第四代移动通信)网络覆盖范围。推进沿江下一代互联网示范城市建设，优化布局数据中心，继续完善上海、云南面向国际的陆海缆建设。充分利用互联网、物联网、大数据、云计算、人工智能等新一代信息技术改造提升传统产业，培育形成新兴产业，推动生产组织、企业管理、商业运营模式创新。推动沿江国家电子商务示范城市建设，加快农业、制造业和服务业的电子商务应用。

（十九）培育世界级产业集群。以沿江国家级、省级开发区为载体，以大型企业为骨干，打造电子信息、高端装备、汽车、家电、纺织服装等世界级制造业集群，建设具有国际先进水平的长江口造船基地和长江中游轨道交通装备、工程机械制造基地，突破核心关键技术，培育知名自主品牌。在沿江布局一批战略性新兴产业集聚区、国家高技术产业基地和国家新型工业化产业示范基地。推动石化、钢铁、有色金属等产业转型升级，促进沿江炼化一体化和园区化发展，提升油品质量，加快钢铁、有色金属产品结构调整，淘汰落后产能。

（二十）加快发展现代服务业。改革服务业发展体制，创新发展模式和业态，扩大服务业对内对外开放，放宽外资准入限制。围绕服务实体经济，优先发展金融保险、节能环保、现代物流、航运服务等生产性服务业；围绕满足居民需求，加快发展旅游休闲、健康养老、家庭服务、文化教育等生活性服务业。依托国家高技术服务业基地，发展信息技术、电子商务、研发设计、知识产权、检验检测、认证认可等服务产业。积极推动区域中心城市逐步形成以服务业为主的产业结构。充分发挥长江沿线各地独具特色的历史文化、自然山水和民俗风情等优势，打造旅游城市、精品线路、旅游景区、旅游度假休闲区和生态旅游目的地，大力发展特色旅游业，把长江沿线培育成为国际黄金旅游带。

（二十一）打造沿江绿色能源产业带。积极开发利用水电，在做好环境保护和移民安置的前提下，以金沙江、雅砻江、大渡河、澜沧江等为重点，加快水电基地和送出通道建设，扩大向下游地区送电规模。加快内蒙古西部至华中煤运通道建设，在中游地区适度规划布局大型高效清洁燃煤电站，增加电力、天然气等输入能力。研究制定新城镇新能源新生活行动计划,大力发展分布式能源、智能电网、绿色建筑和新能源汽车,推进能源生产和消费方式变革。立足资源优势,创新体制机制,推进页岩气勘查开发,通过竞争等方式出让页岩气探矿权,建设四川长宁—威远、滇黔北、重庆涪陵等国家级页岩气综合开发示范区。稳步推进沿海液化天然气接收站建设,统筹利用国内外天然气,提高居民用气水平。

(二十二)提升现代农业和特色农业发展水平。保护和利用好长江流域宝贵农业资源,推进农产品主产区特别是农业优势产业带和特色产业带建设,建设一批高水平现代农业示范区,推进国家有机食品生产基地建设,着力打造现代农业发展先行区。上游地区立足山多草多林多地少的资源条件,在稳定优势农产品生产的基础上,大力发展以草食畜牧业为代表的特色生态农业和以自然生态区、少数民族地区为代表的休闲农业与乡村旅游。中游地区立足农业生产条件较好、耕地资源丰富的基础,强化粮食、水产品等重要农产品供给保障能力,提高农业机械化水平,积极发展现代种业,打造粮食生产核心区和主要农产品优势区。下游地区立足人均耕地资源少、资本技术人才资源优势,在稳定粮食生产的同时,大力发展高效精品农业和都市农业,加快推进标准化生产和集约化品牌化经营。

(二十三)引导产业有序转移和分工协作。按照区域资源禀赋条件、生态环境容量和主体功能定位,促进产业布局调整和集聚发展。在着力推动下游地区产业转型升级的同时,依托中上游地区广阔腹地,增强基础设施和产业配套能力,引导具有成本优势的资源加工型、劳动密集型产业和具有市场需求的资本、技术密集型产业向中上游地区转移。支持和鼓励开展产业园区战略合作,建立产业转移跨区域合作机制,以中上游地区国家级、省级开发区为载体,建设承接产业转移示范区和加工贸易梯度转移承接地,推动产业协同合作、联动发展。借鉴负面清单管理模式,加强对产业转移的引导,促进中上游特别是三峡库区产业布局与区域资源生态环境相协调,防止出现污染转移和环境风险聚集,避免低水平重复建设。

五、全面推进新型城镇化

按照沿江集聚、组团发展、互动协作、因地制宜的思路，推进以人为核心的新型城镇化，优化城镇化布局和形态，增强城市可持续发展能力，创新城镇化发展体制机制，全面提高长江经济带城镇化质量。

（二十四）优化沿江城镇化格局。以沿江综合运输大通道为轴线，以长江三角洲、长江中游和成渝三大跨区域城市群为主体，以黔中和滇中两大区域性城市群为补充，以沿江大中小城市和小城镇为依托，促进城市群之间、城市群内部的分工协作，强化基础设施建设和联通，优化空间布局，推动产城融合，引导人口集聚，形成集约高效、绿色低碳的新型城镇化发展格局。

（二十五）提升长江三角洲城市群国际竞争力。促进长江三角洲一体化发展，打造具有国际竞争力的世界级城市群。充分发挥上海国际大都市的龙头作用，加快国际金融、航运、贸易中心建设。提升南京、杭州、合肥都市区的国际化水平。推进苏南现代化建设示范区、浙江舟山群岛新区、浙江海洋经济发展示范区、皖江承接产业转移示范区、皖南国际文化旅游示范区建设和通州湾江海联动开发。优化提升沪宁合（上海、南京、合肥）、沪杭（上海、杭州）主轴带功能，培育壮大沿江、沿海、杭湖宁（杭州、湖州、南京）、杭绍甬舟（杭州、绍兴、宁波、舟山）等发展轴带。合理划定中心城市边界，保护城郊农业用地和绿色开敞空间，控制特大城市过度蔓延扩张。

（二十六）培育发展长江中游城市群。增强武汉、长沙、南昌中心城市功能，促进三大城市组团之间的资源优势互补、产业分工协作、城市互动合作，把长江中游城市群建设成为引领中部地区崛起的核心增长极和资源节约型、环境友好型社会示范区。优化提升武汉城市圈辐射带动功能，开展武汉市国家创新型城市试点，建设中部地区现代服务业中心。加快推进环长株潭城市群建设，提升湘江新区和湘北湘南中心城市发展水平。培育壮大环鄱阳湖城市群，促进南昌、九江一体化和赣西城镇带发展。建设鄱阳湖、洞庭湖生态经济区。

(二十七)促进成渝城市群一体化发展。提升重庆、成都中心城市功能和国际化水平,发挥双引擎带动和支撑作用,推进资源整合与一体发展,把成渝城市群打造成为现代产业基地、西部地区重要经济中心和长江上游开放高地,建设深化内陆开放的试验区和统筹城乡发展的示范区。重点建设成渝主轴带和沿长江、成绵乐(成都、绵阳、乐山)等次轴带,加快重庆两江新区开发开放,推动成都天府新区创新发展。

(二十八)推动黔中和滇中区域性城市群发展。增强贵阳产业配套和要素集聚能力,重点建设遵义—贵阳—安顺主轴带,推动贵安新区成为内陆开放型经济示范区,重要的能源资源深加工、特色轻工业和民族文化旅游基地,推进大数据应用服务基地建设,打造西部地区新的经济增长极和生态文明建设先行区。提升昆明面向东南亚、南亚开放的中心城市功能,重点建设曲靖—昆明—楚雄、玉溪—昆明—武定发展轴,推动滇中产业集聚区发展,建设特色资源深加工基地和文化旅游基地,打造面向西南开放重要桥头堡的核心区和高原生态宜居城市群。

(二十九)科学引导沿江城市发展。依托近山傍水的自然生态环境,合理确定城市功能布局和空间形态,促进城市建设与山脉水系相互融合,建设富有江城特色的宜居城市。加强城区河湖水域岸线管理。集聚科技创新要素,节约集约利用资源,提升信息化水平。延续城市历史文脉,推进创新城市、绿色城市、智慧城市、人文城市建设。加强公共交通、防洪排涝等基础设施建设,提高教育、医疗等公共服务水平,提高承载能力。

(三十)强化城市群交通网络建设。充分利用区域运输通道资源,重点加快城际铁路建设,形成与新型城镇化布局相匹配的城际交通网络。长江三角洲城市群要建设以上海为中心,南京、杭州、合肥为副中心,“多三角、放射状”的城际交通网络;长江中游城市群要建设以武汉、长沙、南昌为中心的“三角形、放射状”城际交通网络;成渝城市群要建设以重庆、成都为中心的“一主轴、放射状”城际交通网络,实现城市群内中心城市之间、中心城市与节点城市之间1—2小时通达。建设黔中、滇中城际交通网络,实现省会城市与周边节点城市之间1—2小时通达。

（三十一）创新城镇化发展体制机制。根据上中下游城镇综合承载能力和发展潜力，实施差别化落户政策。下游地区要增强对农业转移人口的吸纳能力，有序推进外来人口市民化；中上游地区要增强产业集聚能力，更多吸纳农业转移人口。建立健全与居住年限等条件相挂钩的基本公共服务提供机制。探索实行城镇建设用地增加规模与农村建设用地减少挂钩、与吸纳农业转移人口落户数量挂钩政策。稳步推进农村宅基地制度改革。开展新型城镇化试点示范，探索建立农业转移人口市民化成本分担机制，构建多元化、可持续的城镇化投融资机制，建立有利于创新行政管理、降低行政成本的设市设区模式。选择具备条件的开发区进行城市功能区转型试点，引导产业和城市同步融合发展。

六、培育全方位对外开放新优势

发挥长江三角洲地区对外开放引领作用，建设向西开放的国际大通道，加强与东南亚、南亚、中亚等国家的经济合作，构建高水平对外开放平台，形成与国际投资、贸易通行规则相衔接的制度体系，全面提升长江经济带开放型经济水平。

（三十二）发挥上海对沿江开放的引领带动作用。加快建设中国（上海）自由贸易试验区，大力推进投资、贸易、金融、综合监管等领域制度创新，完善负面清单管理模式，打造国际化、法治化的营商环境，建立与国际投资、贸易通行规则相衔接的基本制度框架，形成可复制、可推广的成功经验。通过先行先试、经验推广和开放合作，充分发挥上海对外开放的辐射效应、枢纽功能和示范引领作用，带动长江经济带更高水平开放，增强国际竞争力。

（三十三）增强云南面向西南开放重要桥头堡功能。提升云南向东南亚、南亚开放的通道功能和门户作用。推进孟中印缅、中老泰等国际运输通道建设，实现基础设施互联互通。推动孟中印缅经济走廊合作，深化参与中国—东盟湄公河流域开发、大湄公河次区域经济合作，率先在口岸、边境城市、边境经济合作区和重点开发开放试验区实施人员往来、加工物流、旅游等方面的特殊政策。将云南建设成为面向西南周边国家开放的试验区和西部省份"走出去"的先行区,提升中上游地区向东南亚、南亚开放水平。

(三十四)加强与丝绸之路经济带的战略互动。发挥重庆长江经济带西部中心枢纽作用,增强对丝绸之路经济带的战略支撑。发挥成都战略支点作用,把四川培育成为连接丝绸之路经济带的重要纽带。构建多层次对外交通运输通道,加强各种运输方式的有效衔接,形成区域物流集聚效应,打造现代化综合交通枢纽。优化整合向西国际物流资源,提高连云港陆桥通道桥头堡水平,提升"渝新欧"、"蓉新欧"、"义新欧"等中欧班列国际运输功能,建立中欧铁路通道协调机制,增强对中亚、欧洲等地区进出口货物的吸引能力,着力解决双向运输不平衡问题。加强与沿线国家海关的合作,提高贸易便利化水平。提升江苏、浙江对海上丝绸之路的支撑能力。加快武汉、长沙、南昌、合肥、贵阳等中心城市内陆经济开放高地建设。推进中上游地区与俄罗斯伏尔加河沿岸联邦区合作。

(三十五)推动对外开放口岸和特殊区域建设。增强沿江沿边开放口岸和特殊区域功能,打造高水平对外开放平台。在中上游地区适当增设口岸及后续监管场所,在有条件的地方增设铁路、内河港口一类开放口岸,推动口岸信息系统互联共享。条件成熟时,在基本不突破原规划面积的前提下,逐步将沿江各类海关特殊监管区域整合为综合保税区,探索使用社会运输工具进行转关作业。在符合全国总量控制目标的前提下,支持具备条件的边境地区按程序申请设立综合保税区,支持符合条件的边境地区设立边境经济合作区和边境旅游合作区,研究完善人员免签、旅游签证等政策。推动境外经济贸易合作区和农业合作区发展,鼓励金融机构在境外开设分支机构并提供融资支持。

(三十六)构建长江大通关体制。加强内陆海关与沿海沿边口岸海关的协作配合,加强口岸与内陆检验检疫机构的合作,全面推进"一次申报、一次查验、一次放行”模式，实现长江经济带海关区域通关一体化和检验检疫一体化。在有效防控风险前提下，适时扩大启运港退税的启运地、承运企业和运输工具等范围。推进口岸执法部门信息互换、监管互认和执法互助。

七、建设绿色生态廊道

顺应自然，保育生态，强化长江水资源保护和合理利用，加大重点生态功能区保护力度，加强流域生态系统修复和环境综合治理，稳步提高长江流域水质，显著改善长江生态环境。

（三十七）切实保护和利用好长江水资源。落实最严格水资源管理制度，明确长江水资源开发利用红线、用水效率红线。加强流域水资源统一调度，保障生活、生产和生态用水安全。严格相关规划和建设项目的水资源论证。加强饮用水水源地保护，优化沿江取水口和排污口布局，取缔饮用水水源保护区内的排污口，鼓励各地区建设饮用水应急水源。建设水源地环境风险防控工程，确保城乡饮用水安全。严厉打击河道非法采砂。优化水资源配置格局，加快推进云贵川渝等地区大中型骨干水源工程及配套工程建设。建设沿江、沿河、环湖水资源保护带、生态隔离带，增强水源涵养和水土保持能力。

（三十八）严格控制和治理长江水污染。明确水功能区限制纳污红线，完善水功能区监督管理制度，科学核定水域纳污容量，严格控制入河（湖）排污总量。大幅削减化学需氧量、氨氮排放量，加大总磷、总氮排放等污染物控制力度。加大沿江化工、造纸、印染、有色等排污行业环境隐患排查和集中治理力度，实行长江干支流沿线城镇污水垃圾全收集全处理，加强农业畜禽、水产养殖污染物排放控制及农村污水垃圾治理，强化水上危险品运输安全环保监管、船舶溢油风险防范和船舶污水排放控制。完善应急救援体系，提高应急处置能力。建立环境风险大、涉及有毒有害污染物排放的产业园区退出或转型机制。加强三峡库区、丹江口库区、洞庭湖、鄱阳湖、长江口及长江源头等水体的水质监测和综合治理，强化重点水域保护，确保流域水质稳步改善。

（三十九）妥善处理江河湖泊关系。综合考虑防洪、生态、供水、航运和发电等需求，进一步开展以三峡水库为核心的长江上游水库群联合调度研究与实践。加强长江与洞庭湖、鄱阳湖演变与治理研究，论证洞庭湖、鄱阳湖水系整治工程，进行蓄滞洪区的分类和调整研究。完善防洪保障体系，实施长江河道崩岸治理及河道综合整治工程，尽快完成长江流域山洪灾害防治项目，推进长江中下游蓄滞洪区建设及中小河流治理。

（四十）加强流域环境综合治理。完善污染物排放总量控制制度，加强二氧化硫、氮氧化物、$PM_{2.5}$（细颗粒物）等主要大气污染物综合防治，严格控制煤炭消费总量。加强挥发性有机物排放重点行业整治，扭转中下游地区、四川盆地等区域性雾霾、酸雨恶化态势，改善沿江城市空气质量。推进农村环境综合整治，降低农药和化肥使用强度，加大土壤污染防治力度，强化重点行业和重点区域重金属污染综合治理。大力推进工业园区污染集中治理和循环化改造，鼓励企业采用清洁生产技术。积极推进城镇污水处理设施和配套污水管网建设，提高现有污水处理设施处理效率。

（四十一）强化沿江生态保护和修复。坚定不移实施主体功能区制度，率先划定沿江生态保护红线，强化国土空间合理开发与保护，加大重点生态功能区建设和保护力度，构建中上游生态屏障。推进太湖、巢湖、滇池、草海等全流域湿地生态保护与修复工程，加强金沙江、乌江、嘉陵江、三峡库区、汉江、洞庭湖和鄱阳湖水系等重点区域水土流失治理和地质灾害防治，中上游重点实施山地丘陵地区坡耕地治理、退耕还林还草和岩溶地区石漠化治理，中下游重点实施生态清洁小流域综合治理及退田还草还湖还湿。加大沿江天然林草资源保护和长江防护林体系建设力度，加强沿江风景名胜资源保护和山地丘陵地区林草植被保护。加强长江物种及其栖息繁衍场所保护，强化自然保护区和水产种质资源保护区建设和管护。探索建立沿江国家公园。研究制定长江生态环境保护规划。

（四十二）促进长江岸线有序开发。建立健全长江岸线开发利用和保护协调机制，统筹规划长江岸线资源，严格分区管理和用途管制，合理安排沿江工业与港口岸线、过江通道岸线与取水口岸线,加大生态和生活岸线保护力度。严格河道管理范围内建设项目工程建设方案审查制度。统筹岸线与后方土地的使用和管理,提高岸线资源集约利用水平。依法建立岸线资源有偿使用制度。有效保护岸线原始风貌,利用沿江风景名胜和其他自然人文景观资源,为居民提供便捷舒适亲水空间。

八、创新区域协调发展体制机制

打破行政区划界限和壁垒,加强规划统筹和衔接,形成市场体系统一开放、基础设施共建共享、生态环境联防联治、流域管理统筹协调的区域协调发展新机制。

(四十三)建立区域互动合作机制。加强国家层面协调指导,统筹研究解决长江经济带发展中的重大问题,建立推动长江经济带发展部际联席会议制度。发挥水利部长江水利委员会、交通运输部长江航务管理局、农业部长江流域渔政监督管理办公室以及环境保护部华东、华南、西南环境保护督查中心等机构作用,协同推进长江防洪、航运、发电、生态环境保护等工作。建立健全地方政府之间协商合作机制,共同研究解决区域合作中的重大事项。充分调动社会力量,建立各类跨地区合作组织。

(四十四)推进一体化市场体系建设。进一步简政放权,清理阻碍要素合理流动的地方性政策法规,打破区域性市场壁垒,实施统一的市场准入制度和标准,推动劳动力、资本、技术等要素跨区域流动和优化配置。健全知识产权保护机制。推动社会信用体系建设,扩大信息资源开放共享,提高基础设施网络化、一体化服务水平。

(四十五)加大金融合作创新力度。适时推进符合条件的民间资本在中上游地区发起设立民营银行等中小金融机构。引导区域内符合条件的创新型、创业型、成长型中小企业到全国中小企业股份转让系统挂牌进行股权融资、债权融资、资产重组等。探索创新金融产品,鼓励开展融资租赁服务,支持长江船型标准化建设。鼓励大型港航企业以资本为纽带整合沿江港口和航运资源。鼓励政策性金融机构加大对沿江综合交通体系建设的支持力度。

（四十六）建立生态环境协同保护治理机制。完善长江环境污染联防联控机制和预警应急体系。鼓励和支持沿江省市共同设立长江水环境保护治理基金，加大对环境突出问题的联合治理力度。按照“谁受益谁补偿”的原则，探索上中下游开发地区、受益地区与生态保护地区试点横向生态补偿机制。依托重点生态功能区开展生态补偿示范区建设。推进水权、碳排放权、排污权交易，推行环境污染第三方治理。

（四十七）建立公共服务和社会治理协调机制。适应上中下游劳动力转移流动的趋势，加强跨区域职业教育合作和劳务对接，推进统一规范的劳动用工、资格认证和跨区域教育培训等就业服务制度。加大基本养老保险、基本医疗保险等社会保险关系转移接续政策的落实力度。应对长江事故灾难、环境污染、公共卫生等跨区域突发事件，构建协同联动的社会治理机制。建立区域协调配合的安全监管工作机制，加强跨区域重点工程项目的监管，有效预防和减少生产安全事故。完善集中连片特殊困难地区扶贫机制，加大政策支持力度。

附件：长江经济带综合立体交通走廊规划（2014－2020年）

国务院

2014年9月12日

附件

长江经济带综合立体交通走廊规划

（2014—2020年）

为统筹长江经济带交通基础设施建设，加强各种运输方式有机衔接，完善综合交通运输体系，特编制长江经济带综合立体交通走廊规划。规划期为2014—2020年。

一、规划基础

（一）现实条件。

改革开放以来，长江经济带交通基础设施建设成效显著，路网规模持续扩大，结构布局不断改善，技术水平明显提升，运输能力大幅增强，初步形成了以长江黄金水道为依托，水路、铁路、公路、民航、管道等多种运输方式协同发展的综合交通网络。

与推动长江经济带发展要求相比，综合交通网建设仍然存在较大差距，主要表现在：一是长江航运潜能尚未充分发挥，高等级航道比重不高，中上游航道梗阻问题突出，高效集疏运体系尚未形成。二是东西向铁路、公路运输能力不足，南北向通道能力紧张，向西开放的国际通道能力薄弱。三是网络结构不完善，覆盖广度不够，通达深度不足，技术等级偏低。四是各种运输方式衔接不畅，铁水、公水、空铁等尚未实现有效衔接。综合交通枢纽建设亟待加强。五是城际铁路建设滞后，城际交通网络功能不完善，不适应城镇化格局和城市群空间布局。

专栏1　改革开放以来长江经济带综合交通网建设情况

指标	单位	1978年	2013年	增长(倍)
一、内河航道里程	万公里	8.9	8.9	—
高等级航道里程	万公里	0.23	0.67	1.9
二、铁路营业里程	万公里	1.4	2.96	1.1
高速铁路里程	万公里	0	0.4	—
复线率	%	11.9	49.8	—
电化率	%	2.7	69.7	—
三、公路通车里程	万公里	35	188.8	4.4
国家高速公路里程	万公里	0	3.2	—
四、输油(气)管道里程	万公里	0.06	4.4	72.3
五、城市轨道交通营业里程	公里	0	1089	—
六、民用运输机场数	个	20	74	2.7

(二)发展要求。

依托黄金水道,推动长江经济带发展,对现代化综合交通运输体系建设提出新的更高要求。

1.为内河经济带建设提供支撑。长江经济带建设将推动产业转型升级,提升整体实力和国际竞争力,深入推进新型城镇化,形成以城市群为主体形态的城镇化格局,要求加快构建综合运输大通道,打造高效快捷的交通走廊,加快完善城际交通网络,提高运输能力和服务水平。

2.为东中西协调发展奠定基础。长江经济带横跨我国东中西三大地带,是实现区域协调发展的重要载体。促进长江经济带上中下游协调发展,要求提高东部地区交通网络畅通水平,扩大中西部地区交通网络覆盖范围,为引导要素合理流动和优化配置,缩小地区发展差距,形成优势互补、分工合作、协同发展的区域格局提供保障。

3.为陆海双向开放创造条件。长江经济带建设充分发挥沿海沿江沿边的区位优势，深化向东开放，加快向西开放，培育开放型经济新格局，全面提升对外开放水平，要求统筹推进沿海沿江港口建设，充分发挥上海国际航运中心的引领作用，加快国际运输通道建设，实现与周边国家基础设施互联互通，为海陆双向开放创造交通先行条件。

4.为生态文明建设做好示范。长江经济带是我国重要的人口密集区和产业承载区，随着经济社会快速发展，土地、能源、岸线等资源日益紧缺，生态环境压力持续增大。加强资源节约和环境保护，要求加快转变交通发展方式，节约集约利用交通运输资源，优化综合交通网络结构，发挥水运和铁路的节能环保优势，实现交通绿色低碳发展。

专栏2　2020年长江经济带交通运输量预测

指标	单位	2013年	2020年	年均增长(%)
客运量	亿人	181	310	8.0
旅客周转量	亿人公里	15867	26320	7.5
货运量	亿吨	179	270	6.0
货物周转量	亿吨公里	68203	103910	6.2

二、总体思路和发展目标

(一)总体思路。

按照全面建成小康社会的总体部署和推动长江经济带发展的战略要求，加快打造长江黄金水道，扩大交通网络规模，优化交通运输结构，强化各种运输方式的衔接，提升综合运输能力，率先建成网络化、标准化、智能化的综合立体交通走廊，为建设中国经济新支撑带提供有力保障。

(二)基本原则。

合理布局。区域间实现高效畅通，城市间实现快速通达，乡村实现便捷联通，城市体现公交优先，形成层次分明、覆盖广泛、功能完善的综合交通网络。

优化结构。统筹水路、铁路、公路、民航和管道发展，以提高主要通道运输能力为重点，加快水路和铁路建设，提升设施技术等级水平，强化综合交通枢纽功能，充分发挥各种运输方式的比较优势和组合效率。

适度超前。顺应经济转型升级、全面对外开放等趋势，在满足客货运输需求基础上，适当扩大运力余量，预留技术标准提升空间，加快基础设施建设，发挥交通运输基础保障和先行引导作用。

平安绿色。将安全第一、资源节约和环境保护贯穿于规划、设计、建设和运营全过程，着力提升安全性、可靠性和应急保障能力。节约集约利用土地、岸线、线位等资源，避让环境敏感区和生态脆弱区，实现安全、低碳、永续发展。

（三）发展目标。

到 2020 年，建成横贯东西、沟通南北、通江达海、便捷高效的长江经济带综合立体交通走廊。

——建成畅通的黄金水道。形成以上海国际航运中心为龙头、长江干线为骨干、干支流网络衔接、集疏运体系完善的长江黄金水道，高等级航道里程达到 1.2 万公里。

——建成高效的铁路网络。形成以沿江、沪昆高速铁路为骨架的快速铁路网和以沿江、衢（州）丽（江）、沪昆铁路为骨架的普通铁路网。

——建成便捷的公路网络。形成以沪蓉、沪渝、沪昆、杭瑞高速公路为骨架的国家高速公路网和覆盖所有县城的普通国道网，实现具备条件的乡镇、建制村通沥青（水泥）路。

——建成发达的航空网络。形成以上海国际航空枢纽和重庆、成都、昆明、贵阳、长沙、武汉、南京、杭州等区域航空枢纽为核心的民用航空网。

——基本建成区域相连的油气管网。形成以沿江干线管道为主轴，连接成渝城市群、长江中游城市群、长江三角洲城市群的油气管网。

——基本建成一体发展的城际交通网。形成以快速铁路、高速公路等为骨干的城际交通网，实现中心城市之间以及中心城市与周边城市之间 1—2 小时交通圈。

专栏 3　长江经济带综合交通网发展目标

指标	单位	2013 年	2020 年
一、内河航道里程	万公里	8.9	8.9
高等级航道里程	万公里	0.67	1.2
二、铁路营业里程	万公里	2.96	4
高速铁路里程	万公里	0.4	0.9
复线率	%	49.8	60.7
电化率	%	69.7	88.5
三、公路通车里程	万公里	188.8	200
国家高速公路里程	万公里	3.2	4.2
乡镇通沥青(水泥)路率	%	97.9	100
建制村通沥青(水泥)路率	%	84.7	100
四、输油(气)管道里程	万公里	4.4	7.0
五、城市轨道交通营业里程	公里	1089	3600
六、民用运输机场数	个	74	100
七、长江干线过江桥梁(含隧道)数	座	89	180

三、打造长江黄金水道

充分发挥长江水运运能大、成本低、能耗少等优势，加快推进长江干线航道系统治理，整治浚深下游航道，有效缓解中上游瓶颈，改善支流通航条件，优化港口功能布局，加强集疏运体系建设，打造畅通、高效、平安、绿色的黄金水道。

(一)全面推进长江干线航道系统化治理。加快实施重大航道整治工程，充分利用航道自然水深条件和信息化技术，进一步提升干线航道通航能力。下游重点实施 12.5 米深水航道延伸至南京工程；中游重点实施荆江河段航道整治工程，抓紧开展宜昌至安庆段航道工程模型试验研究；上游重点实施重庆至宜宾段航道整治工程，研究论证宜宾至水富段航道整治工程。

专栏4　长江干线航道规划重点项目

实施九龙坡至朝天门航道、宜昌至昌门溪航道、昌门溪至熊家洲航道、赤壁至潘家湾航道、中游天兴洲航道、湖广至罗湖洲航道、牯牛沙水道航道二期、鲤鱼山水道航道、下游江心洲水道航道整治工程，南京以下12.5米深水航道建设工程，长江口深水航道减淤工程，长江口北港航道治理工程、长江口南支航道扁担沙守护工程等。

（二）统筹推进支线航道建设。积极推进航道整治和梯级渠化，提高支流航道等级，形成与长江干线有机衔接的支线网络。加快建设合裕线、信江、赣江、江汉运河、汉江、沅水、湘江、乌江、岷江等高等级航道，抓紧实施京杭运河航道建设和船闸扩能工程，系统建设长江三角洲地区高等级航道网络。研究论证金沙江攀枝花至水富、引江济淮通航和长江水系具有开发潜力航道升级改造的可能性。统筹推进其他支线航道建设。

专栏5　长江支线航道规划重点项目

实施连申线、芜申线、杭申线、苏申内港线、苏申外港线、长湖申线、通扬线、湖嘉申线、杭甬运河、杭平申线、钱塘江、大芦线等航道整治工程，岷江、乌江、湘江、汉江、赣江、合裕线等航道升级改造工程。研究建设岷江犍为、龙溪口、东风岩、嘉陵江利泽、汉江雅口、赣江新干、井冈山等航电枢纽。研究推进洞庭湖、鄱阳湖支线航道建设。实施京杭运河山东段、湖西段、苏南段、浙江段航道扩能改造。

（三）促进港口合理布局。优化港口功能，加强分工合作，积极推进专业化、规模化和现代化建设，大力发展现代航运服务业。加快上海国际航运中心、武汉长江中游航运中心、重庆长江上游航运中心和南京区域性航运物流中心建设。推进上海港、宁波—舟山港、江苏沿江港口功能提升，有序推进内河主要港口建设，完善集装箱、大宗散货、汽车滚装及江海中转运输系统。

专栏6　长江港口系统规划重点项目

海港

建设上海港、宁波—舟山港、苏州港、南京港集装箱码头，宁波—舟山港、连云港进口铁矿石码头，宁波—舟山港、苏州港、镇江港煤炭中转储运基地码头。

河港

加快无锡港、徐州港、嘉兴内河港、杭州港、湖州港、马鞍山港、芜湖港、安庆港、合肥港、蚌埠港、九江港、南昌港、武汉港、黄石港、荆州港、宜昌港、岳阳港、长沙港、重庆港、泸州港等主要港口集约化港区建设，提高现代化水平。

(四)加强集疏运体系建设。以航运中心和主要港口为重点，加快铁路、高等级公路等与重要港区的连接线建设，强化集疏运服务功能，提升货物中转能力和效率，有效解决“最后一公里”问题。推进港口与沿江开发区、物流园区的通道建设，扩大港口运输服务的覆盖范围。

(五)扩大三峡枢纽通过能力。挖掘既有船闸潜力，启动三峡及葛洲坝既有船闸扩能和三峡至葛洲坝两坝间航道整治工程。加快完善公路水路无缝衔接的翻坝转运系统，大力推进铁路水路有效连接的联运系统建设，抓紧建设三峡枢纽货运分流油气管道，积极实施货源地分流。加强三峡枢纽水运新通道和葛洲坝枢纽水运配套工程前期研究工作。

(六)增强长江干线过江能力。统筹规划、合理布局过江通道，做好隧道桥梁方案比选、洪水影响评价等论证工作，充分利用江上和水下空间，着力推进铁路、公路、城市交通合并过江，节约集约利用土地和岸线资源。优化整合渡口渡线，加强渡运安全管理。促进过江通道与长江航运、防洪安全和生态环境协调发展，实现长江两岸区域间、城市间以及城市组团间便捷顺畅连接，形成功能完善、安全可靠的过江通道系统。

专栏7　长江干线新建过江通道规划重点项目

江苏省(14座):建设锦文路、南京第五、七乡河公路过江通道,汉中西路、和燕路、张靖城市道路过江通道,南京4号线城市轨道过江通道,上元门、宁仪城际铁路过江通道,五峰山、常泰、江阴第二、江阴第三、锡通公铁两用过江通道。

安徽省(17座):建设池州、姑孰公路过江通道,横港、铜陵开发区、芜湖城南、泰山路、马鞍山龙山路城市道路过江通道,海口、安庆、池安、江口、梅龙、龙窝湖、弋矶山第二、九华路、湖北路、慈湖公铁两用过江通道。

江西省、安徽省(1座):建设宿松公铁两用过江通道。

湖北省(19座):建设红花套、枝江、荆州第二、石首、赤壁、嘉鱼、沌口、青山、棋盘洲、武穴公路过江通道,伍家岗、杨泗港、鄂黄第二城市道路过江通道,武汉11号线、武汉7号线、武汉8号线、武汉10号线城市轨道过江通道,陡山沱、宜昌轨道公铁两用过江通道。

重庆市(27座):建设白沙、油溪、五举沱、珞璜、长寿第二、长寿第三、韩家沱、兴义、顺溪、西沱、万州绕城高速、故陵、安坪、奉节公路过江通道,小南海、黄桷坪、果园、新田城市道路过江通道,李家沱、鹅公岩城市轨道过江通道,白居寺、雷家坡、黄桷沱、郭家沱、铁路东南环线、新田港铁路、安张铁路公铁两用过江通道。

四川省(17座):建设豆坝、普和金沙江、罗龙、南溪公路过江通道,白塔山、盐坪坝、安富第二、蓝田、沙茜、泰安第二、合江县城城市道路过江通道,绵遂内宜铁路、江安第二、纳溪、安富第一、合江新城、榕山公铁两用过江通道。

注:1. 公铁两用过江通道系指公路或城市道路与铁路或城市轨道交通合并过江形成的通道的统称。

2. 过江通道采用的建设方案(隧道或桥梁)在项目前期工作中研究论证后确定。

四、建设综合立体交通走廊

依托长江黄金水道,统筹发展水路、铁路、公路、航空、管道等各种运输方式,加快综合交通枢纽和国际通道建设,建成衔接高效、安全便捷、绿色低碳的综合立体交通走廊,增强对长江经济带发展的战略支撑力。

(一)强化铁路运输网络。加强快速铁路建设,重点建设上海经南京、合肥、武汉、重庆至成都的沿江高速铁路和上海经杭州、南昌、长沙、贵阳至昆明的沪昆高速铁路,建设商丘经合肥至杭州、重庆至贵阳等南北向高速铁路和快速铁路,形成覆盖50万人口以上城市的快速铁路网。

加快普通铁路新建和既有线路改扩建,改扩建沿长江普通铁路。新建衢州至丽江铁路,进一步提高沪昆铁路既有运能,加快南北向铁路、中西部干线建设,加强既有铁路扩能改造,形成覆盖20万人口以上城市客货共线的普通铁路网。

专栏8　铁路规划重点项目

快速铁路

建设上海至南通、上海经江阴至南京、连云港经扬州至镇江、徐州经淮安至盐城、杭州经长沙至昆明、杭州至黄山、商丘经合肥至杭州、郑州至合肥、合肥至九江、南昌至赣州、赣州至深圳、九江至武汉、武汉至西安、怀化经邵阳至衡阳、重庆至郑州、重庆至贵阳、重庆至昆明、成都至重庆、汉中经巴中至重庆、成都至贵阳、贵阳至南宁等铁路。

普通铁路

建设衢州经九江、岳阳、常德、黔江、遵义、昭通、攀枝花至丽江,上海至乍浦,南通至启东,庐江至铜陵,六安经安庆至景德镇,鹰潭至梅州,内蒙古西部至华中煤炭运输通道,成都至康定等铁路。实施皖赣、渝怀、成昆等铁路扩能改造。

(二)优化公路运输网络。积极推进国家高速公路建设。以上海至成都、上海至重庆、上海至昆明、杭州至瑞丽等国家高速公路为重点,统筹推进高速公路建设,消除省际间“断头路”,尽快形成连通20万人口以上城市、地级行政中心、重点经济区、主要港口和重要边境口岸的高速公路网络。在科学论证和规划基础上,建设必要的地方高速公路,作为国家高速公路网的延伸和补充。

加大普通国省道改造力度。加快普通国道建设,消除瓶颈路段制约,提高技术等级和安全水平,使东中部地区普通国道二级及以上公路比重达到

90%以上,西部地区普通国道二级及以上公路比重达到70%以上。配套完善道路安全防护设施和交通管理设施设备。加强省际通道和连接重要口岸、旅游景区、矿产资源基地等的公路建设,实现主要港口、民航机场、铁路枢纽、重要边境口岸、省级以上工业园区基本通二级及以上公路。

专栏9　公路规划重点项目

国家高速公路

新建桐庐至金华、景宁至泰顺、大丰港至盐城、苏浙界至嘉善、巢湖至庐江、桐城至岳西、利辛至祁门、广德至宁国、歙县至淳安、船顶隘至吉安、南昌至茅店、张家界至武冈、张家界至龙山、湘鄂界至慈利、来凤至咸丰、建始至恩施、黔江至石柱、涪陵至南川、雅安至康定、汶川至马尔康、绵阳至九寨沟、丽江至香格里拉、都匀经安顺至西昌、惠水至罗甸、弥勒至楚雄、新平至临沧等公路,启动井研经攀枝花至丽江公路前期研究。

普通国道

改扩建G104、G105、G106、G107、G108、G204、G205、G206、G207、G209、G210、G211、G212、G213、G214、G215、G220、G230、G240、G241、G242、G312、G316、G318、G319、G320、G346、G348等普通国道相关路段。

(三)拓展航空运输网络。加快上海国际航空枢纽建设,强化重庆、成都、昆明、贵阳、长沙、武汉、南京、杭州等机场的区域枢纽功能,发挥南昌、合肥、宁波、温州、无锡、丽江、西双版纳等干线机场作用,完善支线机场布局,形成长江上、中、下游机场群。优化航线网络,科学论证,提高主要城市间航班密度,增加国际运输航线。深化低空空域管理改革,发展通用航空。依托空港资源,发展临空经济。

专栏 10　机场规划重点项目

长江下游机场群

实施上海浦东、南京、合肥、宁波、温州机场扩建工程，新建嘉兴、丽水、芜湖、蚌埠、亳州、宿州、滁州等机场。

长江中游机场群

实施武汉、长沙机场扩建工程，新建上饶、抚州、瑞金、神农架、十堰、荆州、黄冈、衡阳、岳阳、武冈、湘西、郴州、娄底等机场。

长江上游机场群

实施重庆、贵阳机场扩建工程，推进成都新机场建设，新建乐山、红原、甘孜、巴中、阆中、巫山、武隆、六盘水、仁怀、威宁、黔北、罗甸、泸沽湖、红河、沧源、澜沧、元阳、丘北、宣威等机场。

（四）完善油气管道布局。统筹规划、合理布局沿江油气管网，加快建设主干管道，配套建设输配体系和储备设施，提高原油、成品油管输比例，增加天然气供应能力。完善长江三角洲、长江中游、川渝云贵地区原油、成品油输送管道以及区域天然气管网，加快油气管道互联互通，形成以沿江干线管道为主轴，连接成渝城市群、长江中游城市群、长江三角洲城市群的油气供应保障体系。

专栏 11　油气管道规划重点项目

依托兰成原油管道、中卫—贵阳天然气管道，配套建设区域干支线、相国寺储气库等。加大西部天然气引入力度，建设西气东输三线、新疆煤制气外输管道等主干管道向长江中游城市群供气支线。建设仪征至长岭原油管道复线，长岭至重庆原油管道，荆门经宜昌至巴东成品油管道及配套设施，中俄东线南段（永清至上海）、青岛至南京、如东经海门至崇明岛等天然气管道及支线，浙江舟山 LNG（液化天然气）加注站和江苏金坛、刘庄、淮安储气库。优化布局长江三角洲地区 LNG 接收站及分销转运站。

（五）加强综合交通枢纽建设。按照“零距离换乘、无缝化衔接”要求，加快建设 14 个全国性综合交通枢纽（节点城市）和重要区域性综合交通枢纽

（节点城市）。

加强客运枢纽一体化衔接。根据城市空间形态、旅客出行等特征，合理布局不同层次、不同功能的客运枢纽。实现城市轨道交通、地面公共交通、市郊铁路、私人交通等设施与干线铁路、城际铁路、干线公路、机场等紧密衔接。鼓励采取开放式、立体化方式建设交通枢纽，尽可能实现同站换乘。

完善货运枢纽集疏运功能。统筹货运枢纽与开发区、物流园区等的空间布局。按照“无缝化衔接”要求，建设能力匹配的公路、铁路连接线和换装设施，提高货物换装的便捷性、兼容性和安全性，降低物流成本。

加快综合交通枢纽规划工作，做好与省域城镇体系规划、城市总体规划、土地利用总体规划等的衔接与协调。统筹综合交通枢纽与产业布局、城市功能布局的关系，以综合交通枢纽为核心，协调枢纽与通道的发展。

专栏 12　综合交通枢纽（节点城市）

建设上海、南京、连云港、徐州、杭州、宁波、合肥、南昌、长沙、武汉、重庆、成都、贵阳、昆明等全国性综合交通枢纽（节点城市）以及南通、芜湖、九江、岳阳、宜昌、泸州等重要区域性综合交通枢纽（节点城市）。

（六）建设国际运输通道。建设孟中印缅通道、中老泰通道和中越通道，加快基础设施互联互通。推进昆明至缅甸铁路、公路和油气管道建设，形成至南亚的国际运输通道。推进昆明至越南、老挝的铁路和公路建设，形成至东南亚的国际运输通道。开发利用国际河流航运资源，建设澜沧江、红河等水路国际运输通道。配套建设与国际通道相关的基础设施，完善口岸功能。

专栏 13　国际通道规划重点项目

建设中缅铁路大理至瑞丽段，中老泰铁路玉溪至磨憨段，中越铁路玉溪至河口段，祥云经临沧至普洱铁路，杭瑞国家高速公路龙陵至瑞丽段，银昆国家高速公路景洪至磨憨段。与中缅油气管道相配套，建设区域干支线及安宁储气库，昆明炼厂成品油外输管道。

五、加快城市群交通网络建设

以快速铁路和高速公路为骨干，以国省干线公路为补充，建设长江三角洲、长江中游、成渝、滇中和黔中城市群城际交通网络，实现城市群内中心城市之间、中心城市与周边城市之间的快速通达，完善城市公共交通和乡村交通网络，促进新型城镇化有序发展。

（一）完善长江三角洲城市群城际交通网络。打造以上海为中心，南京、杭州、合肥为副中心，城际铁路为主通道的“多三角、放射状”城际交通网络。建设以上海为中心，南京、杭州、合肥、宁波、南通为节点的“多三角”城际交通网。建设以上海为中心，连通南通、苏州、嘉兴、宁波等城市的放射状城际交通网。建设以南京为中心，连通苏州、无锡、常州、镇江、南通、泰州、扬州等城市的放射状城际交通网。建设以杭州为中心，连通绍兴、宁波、舟山、台州、湖州、嘉兴等城市的放射状城际交通网。建设以合肥为中心，连通芜湖、马鞍山、宣城、铜陵、池州、安庆、淮南、蚌埠、滁洲等城市的放射状城际交通网。实现城市群内中心城市之间以及中心城市与周边城市之间1—2小时通达。

（二）扩大长江中游城市群城际交通网络。打造长江中游城市群“三角形、放射状”城际交通网络。建设以武汉、长沙、南昌为中心，快速铁路为主通道的“三角形”城际交通网。建设以武汉为中心，连通黄石、鄂州、咸宁、宜昌、荆州、荆门、潜江、仙桃、天门、孝感、黄冈等城市的放射状城际交通网。建设以长沙为中心，连通株洲、湘潭、衡阳、娄底、岳阳、益阳、常德等城市的放射状城际交通网。建设以南昌为中心，连通九江、景德镇、鹰潭、抚州、新余、宜春、萍乡等城市的放射状城际交通网。实现武汉、长沙、南昌之间2小时通达，武汉、长沙、南昌与周边城市之间1—2小时通达。

（三）构建成渝城市群城际交通网络。打造以重庆、成都为中心的“一主轴、放射状”城际交通网络。建设以重庆至成都铁路客运专线为主通道的运输主轴，重庆中心城区连通万州、涪陵、江津、永川、合川等区（县）的放射状城际交通网，成都连通德阳、绵阳、遂宁、南充、广安、达州、资阳、内江、自贡、泸州、宜宾、乐山、眉山、雅安等城市的放射状城际交通网。实现重庆、成都之间以及与周边城市之间1—2小时通达。

（四）建设黔中、滇中城市群城际交通网络。建设以贵阳为中心，连通安顺、遵义、毕节、都匀、凯里的放射状城际交通网络，实现贵阳与周边城市之间1小时通达。建设以昆明为中心，连通曲靖、玉溪、楚雄等城市的放射状城际交通网，实现昆明与周边城市之间1小时通达。

（五）提升城市公共交通网络能力。贯彻落实公共交通优先政策，统筹城市发展与重大交通基础设施建设。有序发展城市轨道交通，上海、南京、武汉、重庆、成都等建成城市轨道交通网络，杭州、合肥、南昌、长沙、贵阳、昆明、宁波、苏州、无锡等建成城市轨道交通主骨架。充分利用现有铁路资源，积极推进市郊铁路建设。提升公共交通枢纽场站规划建设水平，基本实现大城市中心城区公共交通站点500米全覆盖，公共交通占机动化出行比例达到60%左右。强化城市主干道路建设，完善路网结构，改善微循环系统，优化交通组织，广泛应用智能交通技术，提高道路通行效率。加强静态交通管理。进一步推动城市步行和自行车交通系统建设。

（六）改善乡村交通条件。以满足农村交通需求为出发点，继续实施以通沥青（水泥）路为重点的通畅工程，加快集中连片特殊困难地区农村公路建设，形成以县城为中心，辐射乡镇，覆盖行政村的乡村公路网络，实现上中下游地区具备条件的乡镇、建制村通沥青（水泥）路率达到100%。实施县乡道改造和连通工程，提高乡村公路骨架网络质量。实施乡村公路的桥涵建设、危桥改造以及客运场站等公交配套工程，加强乡村公路的标识、标线、护栏等设施建设，提高乡村公路安全保障水平。大力发展农村客运，实现乡镇、建制村通客车率达到100%。

六、保障措施

（一）深化交通投融资体制改革。创新交通发展投融资方式，进一步完善国家投资、地方筹资、社会融资、利用外资的投融资机制。深化铁路投融资体制改革，扩大铁路发展基金募集规模，优化结构和投向。创新轨道交通导向型土地综合开发模式。完善普通公路投融资体制，建立以公共财政为基础，各级政府责任清晰、事权和支出责任相适应的投融资长效机制，加大财政性资金对普通公路建设的支持力度。继续加大中央资金对内河航道和中西部支线机场的投入。开展综合交通枢纽开发试点工作，并给予必要政策支持。

（二）拓宽交通建设融资渠道。抓紧制定鼓励包括民营资本在内的社会资本投资交通基础设施建设的政策措施，破解融资瓶颈。鼓励政策性金融机构加大对交通基础设施建设的支持力度，鼓励保险和各类融资性担保机构提供信用支持。推进经营性内河水运工程市场化融资，支持符合条件的企业通过发行债券满足城际铁路、普通公路、内河航道等建设资金需求。

（三）加快推进船型标准化。加大专项资金投入，创新金融业务和产品，鼓励开展融资租赁业务，大力推进长江干线船型标准化。积极推广应用节能环保、经济高效船舶，加快淘汰低效率高污染老旧船型；坚持安全第一，严格按照有关规定使用专业化船舶运输危险品。抓紧推广三峡船型，充分释放三峡船闸通航潜力。根据跨江桥梁净空高度、航道水深和运输需求等条件，积极发展江海直达船型，进一步提高运输效率和效益。

（四）大力发展多式联运。加快推进铁水、空铁、公水等联运发展，扩大辐射范围，提高联运比重。抓紧制定多式联运标准规范，完善运输装备技术标准体系，推广标准合同范本，统一多式联运单证。培育多式联运经营人，鼓励大型港航、铁路和公路运输企业以长江为依托开展多式联运业务，构筑长江黄金水道快捷高效的进出口货运大通道。充分发挥“渝新欧”、“蓉新欧”、“义新欧”等既有通道作用，优化整合中欧通道国际集装箱班列，打造具有国际影响力的运输平台。整合航空货运资源，加快发展现代航空物流。推动联运企业信息系统互联互通，提高联运效率。

（五）提升智能服务和安全保障水平。建立全面感知、广泛互联、深度融合、机制完善的智能航道技术体系，健全高速公路联网收费和不停车收费系统。全面推动铁路、公路、水运、民航、城市交通等客运综合服务信息平台建设，加快智能物流网络发展。提升交通行业安全监管和应急保障水平，加快建设长江干线全方位覆盖、全天候运行、具备快速反应能力的水上安全监管和应急救助体系。

（六）强化资源节约和环境保护。加强长江干线岸线管理和保护，严格水域岸线用途管制和河道管理范围内建设项目审批，探索以公开招标方式确定岸线使用人和港口岸线有偿使用办法。鼓励大型港航企业以资本为纽带整合沿江港口资源。对规划通航河流，水利水电梯级开发应同步建设或改造现有通航设施。进一步优化运输组织，改进船舶技术条件，推进节能减排。鼓励内河船舶使用液化天然气等清洁燃料。完善船舶污染防治标准，加强水上危险品运输监管、船舶溢油防治和污染物处理，严格控制船舶污染排放。确立公共交通在城市交通中的主体地位，加快新能源、清洁能源车辆在城市公共交通、出租运营和城市配送等方面的推广应用。

（七）科学组织项目实施。统筹规划，科学论证，突出重点，区分轻重缓急，有序推进项目实施，避免一哄而上。加快畅通长江黄金水道项目建设，优先实施消除铁路“卡脖子”和公路“断头路”、“瓶颈路段”工程。抓好铁路公路连接线建设，解决进港铁路、高等级公路“最后一公里”问题。加强过江通道研究论证，通道选址、过江方式（隧道或桥梁）和建设方案等均应满足通航、岸线利用、防洪等要求。

七、规划环评

（一）规划实施环境影响分析。本规划实施对环境的影响主要体现在资源占用、生态影响、污染排放和社会经济影响等四个方面。交通基础设施建设和运营会消耗土地和大量物资资源，并可能对局部地区地理生态环境产生影响。同时，运输装备运营和服务系统运行向周边环境排放废气、污水、噪声和固体废物等污染物，影响环境质量。规划期间，预计长江经济带将新增交通用地约 50 万公顷；新增能源消耗 2600 万吨标准煤，年均增速 5% 左右。

（二）规划实施环境影响评价。本规划与国家相关政策和发展战略规划保持一致，以建成横贯东西、沟通南北、通江达海、便捷高效的综合立体交通走廊为目标，发挥交通对长江经济带的重要引导和支撑作用。从与国家相关战略规划的协调性看，本规划较好地体现了与《全国主体功能区规划》、《国家新型城镇化规划（2014—2020年）》、《中华人民共和国国民经济和社会发展第十二个五年规划纲要》、《国家环境保护“十二五”规划》、《全国重要江河湖泊水功能区划（2011—2030年）》、《节能中长期专项规划》、《综合交通网中长期发展规划》、《中长期铁路网规划（2008年调整）》、《国家公路网规划（2013—2030年）》、《全国内河航道与港口布局规划》、《全国民用机场布局规划》以及沿江有关城市总体规划等的衔接。本规划提出的项目将在国家“十三五”时期有关建设规划中进一步落实，同时充分吸纳相关专项规划环评工作的成果，不突破相应环评结论，并将有关环评结论作为后续规划实施的依据。

（三）预防和降低环境不良影响的措施。优化交通运输结构，优先发展轨道交通、水路等资源节约型、环境友好型运输方式。鼓励轨道交通、公路等共用线位、桥位资源，减少土地占用。鼓励建设公用码头，提高岸线资源利用效率。发展先进适用的运输节能减排技术，采用新型节能的运输工具，推行更高的排放标准，鼓励使用清洁能源，逐步淘汰落后技术和高能耗、低效率的运输设备，提高铁路电气化水平，实施营运车船燃料排放消耗限制标准，推广清洁环保车辆。

积极开展生态环境恢复和污染治理。切实采取措施，防止水土流失，做好地形、地貌、生态环境恢复和土地复垦工作。合理设计项目线路走向和场站选址，避绕水源地、自然保护区、风景名胜等环境敏感区域，保护生态环境。注重景观修复，积极推动生态恢复工程和绿色通道建设，积极恢复和改善交通建设中遭破坏的生态环境和自然景观。大力推广采用环保新技术，促进废气、废水和固体废物的循环使用和综合利用。鼓励运输企业采用清洁生产工艺，加强交通运输领域工业“三废”和生活废物的资源化利用，积极开展烟气脱硫脱硝除尘、机动车尾气净化工作。

完善环境监控体系。严格执行《中华人民共和国环境保护法》和《中华人民共和国环境影响评价法》等法律法规，严格项目论证审核和土地、环保准入。规范管理制度和监测方法，强化建设项目全过程环境管理，建立完善、统一、高效的环境监控体系。

附图：（略）

国务院关于推广中国(上海)自由贸易试验区可复制改革试点经验的通知

国发〔2014〕65号

各省、自治区、直辖市人民政府,国务院各部委、各直属机构:

设立中国(上海)自由贸易试验区(以下简称上海自贸试验区)是党中央、国务院作出的重大决策。上海自贸试验区成立一年多来,上海市和有关部门以简政放权、放管结合的制度创新为核心,加快政府职能转变,探索体制机制创新,在建立以负面清单管理为核心的外商投资管理制度、以贸易便利化为重点的贸易监管制度、以资本项目可兑换和金融服务业开放为目标的金融创新制度、以政府职能转变为核心的事中事后监管制度等方面,形成了一批可复制、可推广的改革创新成果。经党中央、国务院批准,上海自贸试验区的可复制改革试点经验将在全国范围内推广。现就有关事项通知如下:

一、可复制推广的主要内容

上海自贸试验区可复制改革试点经验,原则上,除涉及法律修订、上海国际金融中心建设事项外,能在其他地区推广的要尽快推广,能在全国范围内推广的要推广到全国。有关部门结合自身深化改革的各项工作,已在全国范围复制推广了一批经验和做法。在此基础上,进一步推广以下事项:

(一)在全国范围内复制推广的改革事项。

1.投资管理领域:外商投资广告企业项目备案制、涉税事项网上审批备案、税务登记号码网上自动赋码、网上自主办税、纳税信用管理的网上信用评级、组织机构代码实时赋码、企业标准备案管理制度创新、取消生产许可证委托加工备案、企业设立实行“单一窗口”等。

2. 贸易便利化领域：全球维修产业检验检疫监管、中转货物产地来源证管理、检验检疫通关无纸化、第三方检验结果采信、出入境生物材料制品风险管理等。

3. 金融领域：个人其他经常项下人民币结算业务、外商投资企业外汇资本金意愿结汇、银行办理大宗商品衍生品柜台交易涉及的结售汇业务、直接投资项下外汇登记及变更登记下放银行办理等。

4. 服务业开放领域：允许融资租赁公司兼营与主营业务有关的商业保理业务、允许设立外商投资资信调查公司、允许设立股份制外资投资性公司、融资租赁公司设立子公司不设最低注册资本限制、允许内外资企业从事游戏游艺设备生产和销售等。

5. 事中事后监管措施：社会信用体系、信息共享和综合执法制度、企业年度报告公示和经营异常名录制度、社会力量参与市场监督制度，以及各部门的专业监管制度。

（二）在全国其他海关特殊监管区域复制推广的改革事项。

1. 海关监管制度创新：期货保税交割海关监管制度、境内外维修海关监管制度、融资租赁海关监管制度等措施。

2. 检验检疫制度创新：进口货物预检验、分线监督管理制度、动植物及其产品检疫审批负面清单管理等措施。

二、高度重视推广工作

各地区、各部门要深刻认识推广上海自贸试验区可复制改革试点经验的重大意义，将推广工作作为全面深化改革的重要举措，积极转变政府管理理念，以开放促改革，结合本地区、本部门实际情况，着力解决市场体系不完善、政府干预过多和监管不到位等问题，更好地发挥市场在资源配置中的决定性作用和政府作用。要适应经济全球化的趋势，逐步构建与我国开放型经济发展要求相适应的新体制、新模式，释放改革红利，促进国际国内要素有序自由流动、资源高效配置、市场深度融合，加快培育参与和引领国际经济合作竞争的新优势。

三、切实做好组织实施

各省（区、市）人民政府要因地制宜，将推广相关体制机制改革措施列为本地区重点工作，建立健全领导机制，积极创造条件、扎实推进，确保改革试点经验生根落地，产生实效。国务院各有关部门要按照规定时限完成相关改革试点经验推广工作。各省（区、市）人民政府和国务院各有关部门要制订工作方案，明确具体任务、时间节点和可检验的成果形式，于 2015 年 1 月 31 日前送商务部，由商务部汇总后报国务院。改革试点经验推广过程中遇到的重大问题，要及时报告国务院。

附件：（略）

国务院

2014 年 12 月 21 日

财政部　海关总署　国家税务总局
关于扩大启运港退税政策试点范围的通知

财税[2014]53 号

各省、自治区、直辖市、计划单列市财政厅(局)、国家税务局，海关总署广东分署、各直属海关，新疆生产建设兵团财务局：

根据《国务院关于印发中国(上海)自由贸易试验区总体方案的通知》(国发〔2013〕38 号)的有关规定，结合前期试点情况，决定扩大启运港退税政策试点。现将有关事项通知如下：

一、政策适用范围

对从启运地启运报关出口，并由符合条件的运输企业承运，从水路转关直航运输经上海(以下称离境地)洋山保税港区(以下称离境港)离境的集装箱货物，实行启运港退税政策。

(一)适用启运港退税政策的启运地口岸为南京市龙潭港、苏州市太仓港、连云港市连云港港、芜湖市朱家桥港、九江市城西港、青岛市前湾港、武汉市阳逻港、岳阳市城陵矶港(以下称启运港)，出口口岸为洋山保税港区，运输方式为水路运输。

(二)适用启运港退税政策的运输企业和运输工具应满足以下条件：

1. 运输企业应在启运地与离境地之间设有直航航线，纳税信用级别被税务机关评价为 B 级及以上，并且三年内无走私违规记录。

2. 运输工具应配备导航定位、全程视频监控设备，并且符合海关对承运海关监管货物的运输工具的相关要求。

相关省、直辖市、计划单列市的税务部门应会同当地财政、海关等部门，根据上述条件确定运输企业和运输工具名单，定期报国家税务总局汇总发布。

（三）适用启运港退税政策的出口企业应同时满足以下条件：

1. 纳税信用级别被税务机关评价为B级及以上，并且不属于出口退税审核关注信息中关注企业级别为一至三级的自营出口企业。

2. 属于海关管理的B类及以上企业。

二、主要流程

（一）启运地海关依出口企业申请，对其从启运港启运的符合条件的货物办理放行手续后，签发出口货物报关单（出口退税专用）（以下称退税证明联）。

（二）出口企业凭启运地海关出具的退税证明联及相关材料到主管退税的税务机关申请办理退税。出口企业首次申请办理退税前，应向主管出口退税的税务机关进行启运港退税备案。

（三）在退税证明联所列全部货物进入离境港后，离境地海关办理转关核销手续，启运地海关办理结关核销手续。

（四）海关总署将已启运并签发退税证明联的报关单数据（加标识）实时发送给国家税务总局，每月将正常结关核销的报关单数据（加标识）和未实际到达离境港货物的报关单数据（加标识）发送给国家税务总局。国家税务总局将已退税的报关单数据反馈海关总署。

（五）主管出口退税的税务机关，根据国家税务总局清分的退税证明联及结关核销报关单数据，为出口企业办理退税及调整已退税额。

对已办理出口退税手续的货物，自启运日起2个月内未办理结关核销手续的，视为未实际出口货物，应追缴已退税款，不再享受启运港退税政策。

（六）货物如未运抵离境港出口，海关撤销出口货物报关单，收回已签发的退税证明联并由海关总署向国家税务总局提供相应的电子数据。对已办理出口退税手续的货物，企业应按照现行规定向海关提供税务机关出具的货物已补税或未退税证明。

三、启运港退税的具体管理办法，由海关总署和国家税务总局另行制定。

四、各地海关和国税部门应加强沟通，建立联系配合机制，互通企业守法诚信信息和货物异常出运情况。财政、海关和国税部门要密切跟踪启运港退税政策运行情况，对工作中出现的问题及时上报财政部（税政司）、海关总署（监管司）和国家税务总局（货物和劳务税司）。

五、本通知自2014年9月1日起执行。《财政部国家税务总局关于在上海试行启运港退税政策的通知》（财税〔2012〕14号）自本通知执行之日起废止。

财政部　海关总署　国家税务总局

2014年7月30日

交通运输部关于促进我国邮轮运输业持续健康发展的指导意见

交水发[2014]68号

各省、自治区、直辖市交通运输厅(局、委),天津市、上海市交通运输和港口管理局,部属各单位,部内各单位:

随着我国经济社会的发展和居民消费水平的提高,邮轮旅游已成为新型消费方式,具有广阔发展前景。邮轮运输是邮轮经济的核心,在邮轮产业发展中具有关键性作用。发展邮轮运输业对促进国家海洋经济和旅游业发展战略的实施具有重要意义;有利于培育新的经济增长点,推动区域经济发展;有利于适应人民群众日益增长的物质文化需求,促进旅游业发展;有利于有效推动水运转型升级,拓展港航现代服务功能,提升现代服务业发展水平。为大力促进邮轮运输业持续健康发展,提出以下指导意见。

一、总体要求

(一)指导思想。

深入贯彻落实党的十八大和十八届三中全会精神,满足人民群众日益增长的邮轮旅游需求;以邮轮运输带动邮轮经济发展,将邮轮经济打造成新的经济增长点;遵循市场发展规律,积极开拓国际市场,不断开发国内市场;完善服务功能,提升服务质量,增强国际竞争力,促进邮轮运输业持续健康发展。

(二)基本原则。

以人为本,服务经济。以邮轮旅客需求为出发点,提供高效、便捷、舒适的服务。积极培育市场,延伸产业链,壮大邮轮经济规模,推动区域经济发展。

市场主导，政府引导。充分发挥市场配置资源的决定性作用，突出企业的市场主体地位。更好地发挥政府的市场引导作用，创造良好的发展环境。

试点示范，探索创新。鼓励各地积极利用已有的基础和发展优势，开展试点工作，先行先试，以点带面，创新体制机制，探索适合我国邮轮运输业发展的模式。

科学发展，安全绿色。建立健全法规体系，规范市场行为，提升管理的科学化水平。强化安全管理，鼓励技术创新，促进节能减排，推进平安交通、绿色交通发展。

（三）发展目标。

到 2020 年，东北亚、东南亚、台湾海峡、南海诸岛等邮轮航线、航班显著增加，沿海邮轮运输市场初步形成，旅客数量高速增长，预计 2020 年邮轮旅客数量达到 450 万人，与 2013 年相比年均增长 33%，成为亚太地区最具活力和最大的邮轮市场；邮轮运力适应发展需要，邮轮船队初具规模；邮轮港口布局合理，设施功能完善，形成 2—3 个具有影响力的邮轮母港；邮轮旅客服务功能不断拓展，物流配送等配套功能齐全，服务水平达到国际标准；邮轮产业链不断延伸，邮轮经济规模不断扩大，对经济社会的贡献显著增强。

二、主要任务

（四）积极培育邮轮市场。

大力开发邮轮航线。进一步拓展东北亚、东南亚等邮轮目的地，打造精品航线。结合台湾海峡、南海诸岛及其它国内沿海旅游资源开发，依托各地自然风光、历史古迹、民族民俗文化、爱国教育等特色，积极设计和开发内涵丰富、主题鲜明的邮轮产品，打造具有特色的邮轮航线和邮轮目的地。探索开辟无目的地邮轮航线，积极开辟洲际及环球邮轮航线。

大力拓展客源市场。根据我国居民消费理念和水平，研究设计符合我国旅客需求的邮轮旅游产品。相关部门、企业及行业协会应加强合作，广泛开展邮轮旅游宣传推介、文化推广和体验活动，提升居民对邮轮旅游的认知度，逐步培育海洋文化，倡导文明出游；积极研究出台吸引国际邮轮访问的扶持政策，采取“走出去与引进来”的邮轮市场开发策略，更多的吸引国外邮轮旅客到我国观光，不断扩大国内和国际客源市场。

优化市场主体结构。鼓励多元资本进入邮轮运输业，通过中资与外资企业开展合资合作等方式，扶持中资邮轮企业起步发展；鼓励通过新建、购置或租赁船舶等多种方式，逐步发展中资邮轮运力，积极发展邮轮船队，优先发展中资邮轮从事沿海运输；支持外资邮轮公司在我国开辟国际航线，经批准可开展我国沿海港口多点挂靠业务。引导外资邮轮公司与我国企业加强合作，鼓励我国企业为其提供邮轮维修、船供、物流配送等相关服务，提高对中国邮轮经济的贡献度。

（五）完善邮轮港口功能。

完善港口功能布局。完善邮轮港口布局规划，形成布局合理、层次分明、功能完善的母港、始发港、访问港邮轮港口体系。将具有广阔的客源腹地，丰富的邮轮始发航线，完善的城市配套设施，能够同时靠泊多艘大型邮轮，并能吸引邮轮公司设立亚太地区总部或中国地区总部的港口，逐步建成区域性邮轮母港。

有序推进港口设施建设。突出港口的功能性、实用性和服务性。按照运输需求，有序推进邮轮码头建设，合理控制建设标准和规模；鼓励通过老港区功能调整、改造现有设施以满足邮轮靠泊要求；地方人民政府应加大邮轮码头及周边地区公共交通设施建设，为旅客提供便利的交通服务。

提高港口运营效率。借鉴国际经验，研究探索方便旅客出入境的管理模式。积极协调有关部门，为旅客出行、通关提供高效、便捷的服务。支持邮轮码头在非邮轮停靠期拓展其它港口业务，提高码头使用效率，降低运营成本。

（六）加强邮轮运输行业监管。

引入竞争机制，打破市场垄断，防止恶性竞争，形成统一开放、竞争有序的市场体系。加强邮轮运输市场监督管理，建立监督机制，依法查处违规行为，维护旅客权益。充分利用信息技术，提升管理水平。充分发挥行业协会在服务标准建立、诚信体系建设、信息发布、行业自律等方面的作用。

（七）提升邮轮服务水平。

提升邮轮运输服务水平。建立和完善邮轮运输服务标准体系，全面提升邮轮运输服务质量。根据中外旅客文化习惯、消费特征，优化邮轮休闲、娱乐、运动等服务功能，提供个性化、差异化和多元化的旅游休闲服务。

提高邮轮配套服务质量。构建集邮轮航线、产品销售、教育培训、咨询服务等于一体的邮轮信息网络，实现信息共享。完善城市配套服务体系，并结合美丽中国和生态文明建设，为旅客创造环境优美、卫生安全、诚信规范的舒适旅游环境。为邮轮合理配备和使用拖轮，并优先引航。

（八）促进邮轮经济发展。

做大做强核心产业。邮轮运输是邮轮经济的核心和支撑，应当大力发展邮轮公司和船队，支持发展中资方便旗邮轮，积极参与市场竞争。提升邮轮供给配送能力，壮大邮轮物流产业规模。大力提升邮轮供油、供水等配套服务能力；吸引国际邮轮公司扩大对中国食品、酒店用品及其它商品等采购规模；积极发展邮轮保税仓储，吸引邮轮全球采购商品在我国港口集中配送。鼓励有条件的地区发展邮轮维修保养、设计建造等业务。

带动相关产业发展。大力推动邮轮港口城市服务业发展，提升城市商贸、餐饮、娱乐、休闲及购物等配套服务能力，带动城市经济发展，提升城市竞争力。促进邮轮运输与航空、铁路、公路等其它运输方式的有效衔接，扩大辐射范围，拉动运输需求增长，提升运输服务能力。鼓励有条件的省市发展邮轮相关金融、法律、保险、理赔、培训、咨询等业务，拓展邮轮增值服务。完善我国邮轮产业链，壮大邮轮经济规模，提升对我国经济社会发展的贡献度。

（九）推动平安绿色发展。

不断加强安全保障能力。港航企业应健全安全管理制度，加强员工培训，切实落实安全责任。有关部门应加强安全监管，不断完善安全监管、搜救和防污染设施装备建设，提升大规模人命救助、防污应急等保障能力。各级交通运输主管部门及港航企业应建立邮轮突发事件应急预案。

促进节能环保和技术创新。港航企业应优先选用技术先进、能耗低、安全环保的设施设备；鼓励使用清洁燃料；新建邮轮码头、船舶宜使用岸电，鼓励改造现有邮轮码头、船舶使用岸电。依托科技创新，不断改善和提升港口、船舶及配套设施的技术水平，提升港口、船舶的污水、垃圾处理能力。

（十）加快邮轮人才培养。

通过引进、合作交流、联合办学、教育培训等方式加大培养邮轮运输业发展所亟需的邮轮设计、检验、海员、海乘、邮轮经营管理、邮轮旅游销售、法律咨询服务等多种类、多层面专业人才，为邮轮运输业持续健康发展提供人才保障。加快制定相关培训标准，完善考核体系，建立人才培养机制。

三、保障措施

（十一）强化组织协调。

各级交通运输主管部门应充分认识邮轮运输业在邮轮产业发展中的关键作用，重视和加强组织协调工作，推动建立口岸管理部门间的协调机制，形成合力，强化服务，共同推进邮轮产业持续健康发展。

（十二）创新政策法规。

各有关单位要结合本地区、本部门实际，积极争取政策支持。重点是完善与国际接轨的口岸管理、财税政策。与相关部门共同研究推广国际邮轮补给出口退税政策。配合相关部门积极争取国际旅客的“过境免签”政策，吸引国际邮轮访问我国。在市场培育期，经批准，港澳地区、中国（上海）自由贸易试验区和其他试验区注册的内地资本邮轮企业所属的方便旗邮轮，可从事两岸四地运输和其他国内运输。调整进口二手邮轮和进出中国港口邮轮的船龄限制条件。提出调整邮轮码头收费政策意见。制定邮轮运营、邮轮统计以及邮轮运输安全监督等管理办法。

（十三）制定规划标准。

研究制定邮轮运输业发展规划，引导邮轮运输业科学发展。建立邮轮运输和港口服务标准，逐步与国际标准接轨。制定邮轮码头设计规范和邮轮设计、建造和检验规范，保证邮轮码头和船舶的质量，从源头保障邮轮运输的平安发展。

（十四）开展试点示范。

通过试点，研究制定经营沿海、无目的地和两岸四地邮轮航线的市场准入条件；按照国际惯例，推进邮轮船票销售和凭票上船制度的建立。鼓励企业探索建立邮轮产业发展基金，创新邮轮运输业发展融资模式。建立邮轮运输突发事件应急保障体系。

（十五）加强国内外交流合作。

加强国内沿海港口的交流合作，实现信息共享，建立区域互动、优势互补的联动机制。积极搭建国内外邮轮运输交流合作平台，引导港航企业加强国际交流合作，拓展合作领域，学习、借鉴发达国家邮轮运输业的发展经验，积极推动我国邮轮运输业走向国际。

交通运输部

2014 年 3 月 7 日

交通运输部关于推进港口转型升级的指导意见

交水发[2014]112号

各省、自治区、直辖市交通运输厅(局、委),天津市交通运输和港口管理局,各有关计划单列市交通运输(港口)局,有关行业协会,部交科院、规划院、水运院,有关港口、航运企业,部内有关单位:

港口是国家重要基础设施和综合交通运输体系重要枢纽。改革开放以来,我国港口发展取得了巨大成就,已成为世界港口大国,对国民经济和对外贸易发挥了重要支撑作用。面对新的形势和任务,我国港口在服务功能、服务质量、节能环保等方面还存在差距和不足,需要加快转型升级,提高资源节约、环境友好水平,由单一装卸仓储功能向物流、商贸、信息、金融等功能拓展,提升质量效益和服务水平。为推进我国港口转型升级,实现持续健康发展,现提出如下指导意见。本意见以沿海港口和内河主要港口为指导对象,其他内河港口参照执行。

一、总体要求

(一)指导思想。认真贯彻落实党的十八大和十八届二中、三中全会精神,紧紧围绕服务经济社会发展,以加快转变港口发展方式为主线,着力改革创新,调整优化结构,夯实发展基础,拓展港口功能,推进平安港口、绿色港口建设,促进港口提质增效升级。

(二)发展目标。到2020年,基本形成质量效益高、枢纽作用强、绿色安全、集约发展、高效便捷的现代港口服务体系,适应我国经济社会发展需求。港口信息化带动作用更加突出,标准的基础性作用得到充分发挥。港口发展基本实现由主要依靠增加资源投入向主要依靠科技进步、劳动者素质提高和管理创新转变,由主要提供装卸服务向提供装卸服务和现代港口服务并重转变，由主要追求吞吐量增长向着力提升质量和效益转变。

二、主要任务

（三）拓展服务功能，发展现代港口业。

1.完善港口功能体系。港口企业在着力提升装卸仓储服务基础上，加强港口与区域内产业互动，积极发展临港工业服务功能。注重港口与保税、临港物流园区经济融合，加快发展港口物流服务功能。有条件的港口企业要积极拓展现代服务功能。按照功能定位和实际条件积极提升港口服务功能，发挥特色优势，构建定位明确、层次分明、布局合理、配套协调的服务体系。

2.大力发展港口物流。支持港口企业大力发展中转配送、流通加工服务，开展冷链、汽车、化工等专业物流业务，拓展港口物流地产，创新发展全方位、多层次物流服务。鼓励港口企业开展多元化经营，以港口主业为基础，积极发展与航运、商贸等关联产业的合作经营，延伸港口物流产业链。

3.积极发展现代服务业务。积极推进国际和区域性航运中心建设，鼓励有条件的港口充分发挥保税港区、综合保税区、自由贸易试验区政策优势，依托主业大力发展港航信息、贸易、金融、保险、咨询等现代服务业务。支持港口加快培育电子商务服务。有序建设邮轮码头，逐步完善邮轮港口服务功能。积极发展港口水上旅游等休闲服务和港口文化产业。

4.培育发展市场主体。引导港口企业加快建立完善现代企业制度，创新经营理念和经营方式，全面推进精益化管理，不断提高港口经营专业化和服务规范化水平，提升员工素质，提高核心竞争力。引导港口企业围绕效率、服务、品牌开展公平竞争，鼓励大型港口企业从生产经营型管理向资本营运型管理转变，鼓励民间资本依法投资经营港口业务，支持国有港口企业发展混合所有制经济。

（四）完善港口运输系统，推进综合交通枢纽建设。

5.完善港口基础设施。以完善港口主要货类运输系统为重点加强基础设施建设，把握外贸原油接卸码头、集装箱码头、北方煤炭装船码头、外贸铁矿石接卸码头建设节奏，提高南方煤炭接卸公用码头能力。鼓励发展公用码头，加强港口公用航道、锚地建设。

6.加强港口集疏运体系建设。加强规划协调，推进各种运输方式与港口有效衔接，鼓励具备条件的城市建设港口专用公路和铁路专用线。加快建设大型集装箱港区和大宗干散货港区的铁路集疏运通道，鼓励港口企业推动内陆“无水港”建设。加快“两横一纵两网”内河高等级航道建设，充分发挥内河的集疏运作用。

7.积极发展以港口为枢纽的联运业务。充分发挥港口衔接各种运输方式的优势，积极发展铁水联运、江海联运、水水中转、甩挂运输，加快推进集装箱多式联运，不断提升港口对区域经济的辐射带动作用。

（五）科学配置港口资源，引导港口集约发展。

8.调整港口结构。贯彻国家区域协调发展战略，完善港口布局规划，继续强化沿海港口和内河主要港口在全国综合交通运输体系中的枢纽作用和对区域经济发展的支撑作用。强化港口的区域性作用，通过管理创新、发挥资本纽带作用，优化资源配置，促进区域港口协调发展。合理实施新港区开发，合理确定开发规模和分期实施方案，防止新港区低水平重复建设和过度超前。

9.打造港口服务网络。发挥港口企业市场主体作用，鼓励港口企业以资本为纽带配置资源，建立区域性服务网络，依据市场规则、市场价格、市场竞争实现效益最大化和效率最优化。落实“21世纪海上丝绸之路”发展战略，支持有条件的港口企业“走出去”，开展境外投资和跨国经营业务，打造具有国际竞争力的全球性码头运营商。

（六）加强技术和管理创新，推动港口绿色发展。

10.集约利用资源。强化规划管理，集约利用港口岸线、陆域、水域等资源。统筹新港区开发与老港区改造搬迁，促进港口与城市协调发展。加强既有码头技术改造和基础设施维护，提高港口资源利用效率。大力推广应用港口节能节水节材的新技术新工艺，综合利用疏浚土、污泥等固体废弃物，促进资源节约循环利用。

11.优化港口能源利用。鼓励港口企业应用液化天然气、风能、太阳能等，提高清洁能源和可再生能源在港口的使用比例。引导港口企业开展能源管理体系认证，实行能效管理。支持港口企业开展既有设施设备节能改造，大力推广应用节能新产品、新技术。

12.加强港口环境保护。积极推广应用节能减排新技术和设施设备，控制和减少到港车船在港口的污染排放。加强环境保护设施建设，严格依法配备污染监视监测、污染物接收处理、污染事故应急处置的设施、设备和器材。加强港口环境监测、粉尘和噪声污染防治，引导港口企业开展生态型港口工程示范和环境管理体系认证工作。积极推进港口开展生态保护与修复工程，支持开展港口污染防治、环境污染事故应急等环境保护技术研究。

（七）加强港口安全管理，深化港口平安建设。

13.强化港口安全责任制。全面推进企业安全生产标准化。港口企业加强安全管理规章制度建设，建立安全风险管理体系和隐患排查治理体系。建立港口工程施工风险评估制度。切实落实客运码头、滚装码头、油气液体化工品码头及库区、油气危险化学品输送管线等安全生产的企业主体责任和港口行政管理部门职责范围内的监管责任。

14.加强港口安全保障能力建设。引导企业不断提升港口装卸、输送、储存、运输等设备设施的安全可靠性，夯实安全生产基础。建立港口安全监管信息系统，建立健全客船旅客和司乘人员信息登记制度，完善港口安全应急体系。加强安全事故应急救援装备、专业队伍和港口危险货物事故应急物资储备基地建设。加强港口安全行政管理人员配备和装备建设，建立健全危险货物安全管理专家库。

15.建立健全港口治安防控体系。加快港口重要区域技术防控、物理防控装备设施和治安保卫队伍建设，推进港区监控信息系统互联和治安防控资源共享。推进国内客运码头港口设施保安、重点港口全港保安工作。研究建立港口劳动关系协调机制，构建和谐稳定环境。

(八)提升港口信息化水平,促进港口服务高效便捷。

16.加快港口信息化应用。港口企业加快推进信息化与港口生产、服务、管理各环节全过程融合,提升港口服务效率、安全性能、服务质量和服务便捷性。港口企业加快建立完善物流信息平台,提供港口物流全过程动态信息服务。鼓励港口企业发展第三方港航信息服务、电子商务服务,延伸港口物流信息增值服务。继续推进集装箱铁水联运物联网应用工程。

17.提升港口装备智能化水平。支持港口企业加强科技创新,提高码头前沿装卸设备、水平运输车辆、堆场装卸机械等关键设备的自动化、智能化水平,提升货物在港口的换装作业效率。鼓励港口企业推进自动化装卸设备、智能化流程优化与控制、管控一体化等的应用,开发应用专业化码头生产智能调度系统,开展全自动化码头应用试点。

18.促进智慧型港口建设。大力推进物联网、云计算、大数据等新一代信息技术在港口推广应用。支持港口企业加快建设高效、安全、智能的感知网络,积极打造港口数据云服务平台,发展基于大数据的高品质增值信息服务新业态,实现资源集中管理与大集成应用,全面提升港口物流供应链一体化服务能力与水平。

19.促进口岸便利化。推进港口公共信息服务平台建设,完善港口、航运、货主、代理、口岸监管部门间的电子数据联网交换。继续推进交通电子口岸建设,推动水运口岸形成“单一窗口”,实现港航、海事、海关、国检、边检等部门的监管信息互联互通。推动港口行政管理部门、海事管理机构与口岸相关部门建立信息互换、监管互认、执法互助合作机制,优化口岸环境。

三、主要措施

(九)加强分类指导。

各级交通运输主管部门和港口行政管理部门要高度重视港口转型升级工作,加强领导,明确责任分工,积极争取中央有关部门和地方政府的支持,充分发挥行业中介组织的作用,合力推进。借鉴国内外典型案例和先进做法,从实际出发,分类指导。加强舆论宣传和学习交流,形成推进港口转型升级的良好氛围。

（十）深化港口改革开放。

研究完善港口行政分级管理体制机制，减少下放行政审批项目，简化审批程序，建立权力清单制度。将理货经营市场准入、沿海港口（长江南京以下港口除外）引航机构设置审批由部下放至省级港口行政管理部门。深化港口公安管理体制改革，统一纳入国家司法管理体系。按照国家事业单位改革要求，推进引航机构深化改革。研究建立港口锚地的共享公用机制。研究完善港口评价机制，开展绿色港口等级评价，试点开展基于港口增加值的港口经济运行综合评价。

进一步开放港口市场，加快探索负面清单管理模式。清理和废除妨碍全国港口统一市场和公平竞争的各种规定和做法，制止地区保护和企业垄断行为。鼓励企业专用码头在公平竞争前提下提供社会化服务。研究推进港口收费市场化改革，逐步完善价格形成机制，合理调整收费结构和标准，放开竞争性环节收费，规范港口企业价格行为。

（十一）加强港口规划管理。

切实维护港口规划的权威性和严肃性。港口规划一经批准，必须严格执行。港口基础设施必须先规划、后建设，港口建设项目不得突破规划。加强对港口规划实施情况的监督与检查，对发现的问题依法制止和纠正。

严格港口规划的修订与调整。不得随意对批准的规划进行修订与调整。如需进行修订与调整，必须严格按照《港口规划管理规定》，对原规划实施情况进行评估经批准后，按规定启动修订与调整程序。

（十二）提升行业监管和服务水平。

提高港口行业治理能力，进一步强化港口岸线资源管理，严格执行岸线管理制度，严格按照基本建设程序开展港口项目建设，推行施工安全标准化，提升港口工程质量管理水平。建立健全港口经营市场诚信体系，加强港口规划、建设、经营行为监督管理。加强港口行政管理信息系统建设，推行行政许可网上审批。加强信息公开，加大信息引导力度。加强港口行政管理队伍建设,规范行政执法行为。

(十三)完善政策法规。

落实《港口法》的规定,促进有关人民政府保证必要的资金投入,用于港口公用的航道、防波堤、锚地等基础设施的建设和维护。督促落实港口建设费地方分成资金使用的规定,主要用于港口公用基础设施以及航运支持保障系统的建设和维护。研究制定多式联运规则。加强港口管理法规立、改、废工作。

(十四)发挥标准的基础性作用。

完善港口标准化体系,加强节能减排、环境保护、安全管理等方面标准的制修订。加快港口设施装备、货物装载、信息交换、服务质量等标准的制修订,促进不同运输方式有效衔接。鼓励企业在"走出去"过程中推广应用中国港口标准,提高我国企业国际竞争力。支持参与国际标准化工作,增强我国在港口领域国际标准制修订中的话语权和影响力。

交通运输部

2014 年 6 月 3 日

交通运输部关于印发贯彻落实《国务院关于促进海运业健康发展的若干意见》的实施方案的通知

交水发〔2014〕208 号

各省、自治区、直辖市交通运输厅(委),中远、中海、中外运长航、招商局集团,上海航运交易所,中国船东、港口协会,部属各单位,部内各单位:

现将《贯彻落实<国务院关于促进海运业健康发展的若干意见>的实施方案》印发给你们,请结合实际,认真贯彻执行。

交通运输部

2014 年 10 月 8 日

贯彻落实《国务院关于促进海运业健康发展的若干意见》的实施方案

国务院《关于促进海运业健康发展的若干意见》(国发〔2014〕32 号,以下简称《海运意见》)确立了海运业在经济社会发展中重要的基础产业地位,明确提出到 2020 年基本建成安全、便捷、高效、绿色、具有国际竞争力的现代海运体系的发展目标。为积极推进海运强国建设,按照依法落实、开放性落实、创造性落实的要求,深入贯彻《海运意见》,现提出如下实施方案:

一、加快海运结构调整

（一）着力建设现代化海运船队。

1. 认真落实老旧运输船舶和单壳油轮提前报废更新实施方案，加快淘汰一批老旧运输船舶和单壳油轮，鼓励建造符合国际新规范和新标准的船舶。（交通运输部水运局、海事局牵头，财审司、国际司配合，2015 年完成）

2. 严格执行船舶强制报废制度，完善船舶技术政策和标准规范，大力发展节能环保、经济高效船舶。鼓励符合条件的国内航运企业和船舶从事国际运输，加强国内沿海客船、危险品船运力调控，引导运力有序投放和合理增长。促进干支线运输联动发展，完善集装箱运输服务网络，提高集装箱班轮运输国际竞争力。（交通运输部水运局、海事局牵头，2016 年取得阶段性成果。）

3. 在天津、上海、福建、海南等地开展邮轮运输创新试点示范工作，拓展邮轮航线，逐步发展中资邮轮运力，培育本土邮轮运输品牌。到 2020 年，邮轮航线、航班显著增加，形成 2—3 个有影响力的邮轮母港。（交通运输部水运局牵头，2016 年取得阶段性成果）

（二）优化市场主体结构。

4. 引导鼓励符合条件的民营企业从事海运业务，有序发展中小海运企业，支持民营企业、中小海运企业合作发展和联合、联盟经营。完善市场准入和退出机制，采取综合调控手段，促进客船、危险品运输企业结构优化。（交通运输部水运局牵头，持续实施）

5. 加强与相关主管部门的沟通协调，研究出台相关制度和办法，推动海运企业兼并重组，促进专业化、规模化经营。支持海运企业在做强做优海运主业的同时，适度开展多元化经营，拓展服务产业链，平抑海运市场大幅波动风险，构建有效的风险防范体系。（交通运输部水运局牵头，法制司、海事局等配合，2015 年取得阶段性成果）

二、加快航运服务业转型升级

（三）大力发展现代航运服务业。

6.研究制定航运服务业发展意见，推动传统航运服务业转型升级，加快发展现代航运服务业。（交通运输部水运局牵头，政研室、规划司等配合，2014 年完成）

7.规范船舶管理、船舶代理等服务业发展，提升传统航运服务业发展质量。优化航运交易服务机构区域布局，推进航运交易信息共享，编制发布运价指数、船舶交易价格指数等指数。推动建立一批有影响力的航运研究咨询机构，支持航运法律服务机构和仲裁机构发展。（交通运输部水运局牵头，规划司、科技司等配合，2016 年取得阶段性成果）

8.推动金融保险机构加大对航运业支持力度，积极发展船舶融资租赁，鼓励海运企业参与组建船舶融资租赁公司，支持保险企业开展航运保险业务。（交通运输部水运局牵头，财审司配合，2015 年取得阶段性成果）

（四）加快建设国际航运中心。

9.引导港航及相关行业集聚，完善组合港协调机制，推进建立国际航运发展综合试验区，打造国际航运中心。（交通运输部水运局牵头，法制司、国际司、海事局等配合，2016 年取得阶段性成果）

10.鼓励开展航运发展政策、航运金融保险创新。支持建立市场化运作的海运发展基金，推动制定有竞争力的航运融资政策措施，完善国际船舶登记、船舶融资租赁、船舶保险与责任担保制度。在风险可控的前提下，积极探索开展航运衍生品交易，建设海运交易平台和相关信息服务平台，完善信息发布机制，提高海运交易和定价的国际影响力。（交通运输部水运局、海事局牵头，法制司、财审司、国际司等配合，2016 年取得阶段性成果）

（五）推进口岸便利化。

11.推动港口管理部门、海事管理机构与其他口岸部门建立信息互换、监管互认、执法互助合作机制，健全与海关总署、质检总局的合作机制。推进港航电子数据交换（EDI）中心和交通电子口岸建设，加快建设进出境船舶联合查验单一窗口系统。（交通运输部水运局、海事局牵头，科技司、公安局等配合，2016 年取得阶段性成果）

三、积极推进港口升级和现代物流发展

（六）加强港口基础设施建设。

12.完善全国沿海港口布局规划和主要港口总体规划，优化煤炭、石油、矿石、集装箱、粮食等主要货类运输系统，引导液化天然气（LNG）、商品汽车及邮轮等码头合理布局。（交通运输部规划司牵头，水运局配合，2016年取得阶段性成果）

13.有序推进沿海新港区开发和港口重点项目建设，鼓励发展公用码头，加强深水航道、防波堤、锚地等公共设施建设，建立区域港口航道、锚地共享公用机制。（交通运输部规划司、水运局牵头，海事局配合，2016年取得阶段性成果）

14.加强港口集疏运体系建设，加快主要集装箱港区疏港专用公路建设，推进港口铁路集疏运通道及场站建设。（交通运输部规划司、水运局、公路局牵头，持续实施）

（七）完善港口服务功能体系。

15.积极拓展港口服务功能，引导港口企业由主要提供装卸仓储服务向提供装卸仓储服务和现代港口服务并重转变。鼓励有条件的港口依托主业发展物料供应、中转配送、流通加工服务，拓展港口物流地产，培育电子商务服务。2020年基本建成现代港口服务体系。（交通运输部水运局牵头，2017年取得阶段性成果）

16.推进港口收费市场化改革，放开竞争性环节收费，修订港口收费规则。（交通运输部水运局牵头，财审司配合，2015年完成）

（八）促进现代物流发展。

17.鼓励港航企业与公路、铁路、航空运输企业深化合作，培育多式联运经营人，推进"门到门"、"一票到底"的一体化运输模式。（交通运输部水运局、运输司牵头，持续实施）

18.制定完善联运单证、标准和集装箱铁水联运规则，大力发展铁水联运、江海联运、滚装甩挂运输，推广应用江海直达船型和联运设施，提高集装

箱、大宗物资、商品汽车等联运能力。(交通运输部水运局、运输司牵头,海事局配合,2015年取得阶段性成果)

19.大力发展以港口为枢纽的物流业务,开展冷链、汽车、化工等专业物流业务,积极推进与港口衔接的物流园区、保税区、内陆“无水港”的建设。(交通运输部水运局、规划司牵头,运输司配合,持续实施)

四、构建改革开放新优势

(九)深化海运改革开放。

20.加强与相关主管部门的沟通协调,推动海运企业健全现代企业制度,深化国有海运企业改革,积极发展混合所有制海运企业。(交通运输部水运局牵头,政研室配合,持续实施)

21.在中国(上海)自由贸易试验区稳妥开展外商成立独资船舶管理公司、控股合资海运公司、海员外派机构等对外开放试点,总结评估效果并形成可复制、可推广的经验,建立海运领域外商投资准入前国民待遇加负面清单管理模式。(交通运输部水运局、海事局牵头,法制司、国际司配合,2015年完成)

(十)加快构建全球海运网络。

22.支持符合条件的中资海运企业对外投资和跨国经营,与资源能源企业、制造企业合作拓展海外业务。(交通运输部水运局、国际司牵头,2017年取得阶段性成果)

23.争取利用国家相关专项资金和金融机构的支持,积极参与国际相关基础设施的投资建设和运营,构建海上支点和服务网络,形成具有较强国际竞争力的港口建设和运营商、全球物流经营人。(交通运输部国际司牵头,水运局配合,2017年取得阶段性成果)

24.积极推进海上丝绸之路建设,加大重要国际海运通道和北极事务的研究和参与力度,支持企业参与北极航线的运行,加强国际海运保障能力建设。(交通运输部国际司牵头,规划司、水运局、科技司、搜救中心、海事局、救捞局等配合,2017年取得阶段性成果)

（十一）提升海运国际竞争力。

25.积极参与相关国际组织工作，提高参与制定国际公约、规则、标准和规范的能力和水平，推进国内海运标准规范的国际化工作，树立负责任的海运大国形象。（交通运输部国际司、水运局、海事局牵头，法制司、科技司、搜救中心等配合，2018年取得阶段性成果）

26.深化双边、多边海运海事领域国际合作，积极开展海运会谈，维护我国海运和海员合法权益。（交通运输部国际司、水运局、海事局牵头，搜救中心配合，2017年取得阶段性成果）

五、努力提升运输服务保障能力

（十二）健全运输合作机制。

27.推动海运企业与货主紧密合作，签订长期运输合同，以资本为纽带合资合作经营；推进我国货主、贸易商积极签署海运国际贸易合同，促进海运服务贸易进出口平衡发展。支持船东协会与货主协会、货代协会等相关协会加强协调，促进企业间紧密合作。（交通运输部水运局牵头，2015年取得阶段性成果）

28.加强与相关主管部门的沟通协调，研究出台意见，支持海运企业与货主、贸易商建立长效合作机制和相互约束机制，建立相应的监督考核机制。（交通运输部水运局牵头，政研室、法制司配合，2015年完成）

（十三）强化重点物资运输保障。

29.加强与相关主管部门的沟通协调，完善重点物资运输保障机制，建立必要的运力储备，强化运输组织协调，及时、优先保障重点物资、紧急物资运输，提高原油、铁矿石、液化天然气、煤炭、粮食等重点物资的承运保障能力。（交通运输部水运局牵头，2015年取得阶段性成果）

六、积极推进海运安全绿色发展

（十四）健全海运安全应急保障体系。

30.健全规章制度，推进并规范海运企业安全管理体系建设或安全生产标准化工作。（交通运输部海事局、安全质量司牵头，2015年取得阶段性

成果)

31.加大安全隐患排查力度,深入开展危险品运输、中韩客货班轮运输等专项整治。(交通运输部水运局牵头,安全质量司、海事局配合,2015年完成)

32.对列入“黑名单”的船舶、老旧运输船舶进出我国港口进一步加强港口国监督检查。进一步完善安全监管体制机制,推进船舶定线制,加强安全监管与救助打捞能力建设。(交通运输部海事局牵头,规划司、人教司、水运局、安全质量司、救捞局配合,2016年取得阶段性成果)

33.加强海运应急体系建设,完善应急预案和应急管理体制机制,强化监测、预测、预警和应急演练等工作,加强专业和社会应急救援力量以及应急装备、应急物资储备建设,着力提升海上搜救、海上溢油和危化品泄露等监测与处置能力。(搜救中心牵头,规划司、水运局、国际司、公安局、海事局、救捞局配合,2016年取得阶段性成果)

(十五)积极建设绿色海运。

34.落实水运节能减排方案,健全船舶能源消耗管理体系,完善海运节能减排监测、考核制度。(交通运输部法制司、水运局、海事局牵头,规划司、国际司配合,2016年取得阶段性成果)

35.优化海运业用能结构,加快清洁能源在海运业的推广应用,开展LNG动力船舶、港口设备等清洁能源试点示范工作,继续推进主要港口码头船舶岸电设施工程的实施。(交通运输部法制司、水运局、海事局牵头,规划司、科技司配合,2015年取得阶段性成果)

36.加强绿色海运标准体系建设,制定完善船舶能效规范、清洁能源动力船舶检验规范等标准规范。(交通运输部科技司、水运局、海事局牵头,国际司配合,2016年取得阶段性成果)

37.健全防治船舶污染管理体系,实施船舶污染排放限值标准,加强船舶防污设施建设。(交通运输部海事局牵头,水运局、国际司配合,2015年取得阶段性成果)

七、加强和改进行业管理

（十六）完善政策法规体系。

38.抓紧评估完善老旧运输船舶提前报废更新政策，争取政策延续实施。（交通运输部水运局牵头，财审司配合，2014 年完成）

39.加强与相关主管部门的沟通协调，推动促进海运业发展的各类专项资金的整合完善，配合有关部门，研究完善海员个人所得税、海运企业税收制度等国际海运财税政策体系。地方交通运输主管部门要加强与同级财政、发展改革等部门的协调，争取出台促进本地区海运业健康发展的财税政策。（交通运输部财审司牵头，水运局、海事局配合，2015 年完成或与财税改革同步）

40.研究推动《海上交通安全法》、《港口法》和《国际海运条例》等相关法规的制修订工作。（交通运输部法制司牵头，水运局、海事局配合，2018 年完成）

（十七）改进提升行政管理服务水平。

41.强化海运顶层设计，研究制定海运发展战略。（交通运输部水运局牵头、规划司、搜救中心等配合，2016 年完成）

42.深化海运行政审批制度改革，推进网上审批和备案，建立海运海事管理权力清单制度。（交通运输部法制司、水运局、海事局牵头，2015 年完成）

43.加强海运市场监测，定期公布市场分析报告。建立健全服务质量评价体系，完善客货运服务规范。（交通运输部水运局牵头，2016 年取得阶段性成果）

44.规范海运行政事业性收费，清理不合理的相关服务收费，公布收费项目清单。（交通运输部财审司、水运局、海事局、国际司牵头，2015 年完成）

（十八）完善统一开放、竞争有序的市场体系。

45.加强海运企业经营资质、安全资质的监管，建立健全经营资质监督检查和预警制度。强化海运市场信用体系建设，建立守信激励、失信惩戒机

制。(交通运输部水运局、海事局牵头,法制司配合,2015 年完成)

46.严肃查处垄断经营、不正当竞争、无证无照经营等违法违规行为,创新完善集装箱运价备案等市场监管制度,坚决遏制以低于正常合理水平运价提供服务等妨碍公平竞争的行为。支持协会等中介组织采取维护市场秩序、促进运力有序发展等加强自律的措施。(交通运输部水运局牵头,法制司配合,2016 年取得阶段性成果)

47.积极推进海运行政执法、监管职能改革,建立健全港航、海事管理部门协同监管机制。(交通运输部法制司、水运局、海事局、公安局牵头,2016 年完成)

八、强化科技信息和人才保障

(十九)加快海运科技进步。

48.强化海运科技创新,鼓励以企业为主体、产学研协同创新,大力开展船舶节能减排、危险品和客滚运输安全营运等专项技术研发,推广应用船舶先进适用技术与产品。(交通运输部水运局、科技司牵头,法制司、规划司、搜救中心、海事局配合,2016 年取得阶段性成果)

49.加大对海运应用基础研究、科研基地建设和科技信息资源共享平台建设的投入。(交通运输部规划司、科技司牵头,持续实施)

50.加强船舶检验机构质量管理和考核,加快船舶检验技术创新和服务创新,建设国际一流的船舶检验机构。(交通运输部海事局牵头,中国船级社配合,2017 年取得阶段性成果)

51.加强航海院校和科研院所建设,深化航海及相关领域理论和应用基础研究,打造国际一流的海运教育和科研机构。(交通运输部人教司、科技司牵头,规划司、水运局、海事局配合,2017 年取得阶段性成果)

(二十)努力提升信息化水平。

52.加强物联网、云计算、卫星导航、船舶自动识别系统(AIS)等技术在海运领域的应用发展,推进集装箱海铁联运、远洋运输管理物联网应用示范工程建设,提升信息化、智能化水平。(交通运输部水运局、海事局、规划司

牵头，科技司、公安局、搜救中心配合，2016 年取得阶段性成果）

53.加快建设水路运输建设综合管理信息系统、长江危险化学品动态监管信息平台等综合信息服务平台，逐步建成全国港口、航道、船舶、船员和企业数据库。（交通运输部水运局、海事局牵头，规划司、安全质量司、科技司配合，2016 年完成）

54.加快建设东北亚物流信息平台，促进国际间海运信息共享。（交通运输部规划司、国际司牵头，水运局、科技司配合，2016 年取得阶段性成果）

（二十一）加强人才队伍建设。

55.完善海运业职业资格制度，探索建立符合国际化要求的海运人才培养模式。（交通运输部人教司、水运局、海事局牵头，2016 年取得阶段性成果）

56.加快发展海员现代职业教育，加强船员适任性技能训练，健全覆盖全国的船员考试评估基地。规范海员劳务市场和派遣机构管理，健全海员权益保障机制，建立海员诚信管理体系。（交通运输部海事局、人教司牵头，2016 年取得阶段性成果）

57.加大海运科技人才、专业人才的选拔和培养力度，重点引进和培养航运法律、航运金融、海事仲裁、航运经纪、邮轮服务等复合型人才。（交通运输部人教司、科技司牵头，水运局、海事局配合，2016 年取得阶段性成果）

58.加强港航、海事管理队伍建设，推进执法队伍专业化、规范化。（交通运输部水运局、海事局、法制司、人教司牵头，2016 年取得阶段性成果）

九、切实强化组织实施

（二十二）加强领导，落实责任。

59.有关交通运输主管部门要紧密结合本地实际，会同有关部门加快制定分工方案，细化任务措施，明确重点工作分工和进度安排。落实责任，建立年度监督考核机制，加强监督检查，确保各项工作落到实处。各有关省级交通运输主管部门应于每年年底前将落实情况报部。（交通运输部办公厅、水运局牵头，持续实施）

（二十三）营造氛围，形成合力。

60.有关交通运输主管部门要制定海运宣传方案，加强对《海运意见》精神和海运业发展的宣传报道。结合“航海日”活动，共同营造航海文化。建立工作协调机制，加强协作配合，凝聚各方面促进海运健康发展的共识和力量。（交通运输部水运局、政研室牵头，持续实施）

交通运输部　国家发展改革委
关于放开港口竞争性服务收费有关问题的通知

交水发〔2014〕253号

各省、自治区、直辖市交通运输厅(委)、发展改革委、物价局,有关港口、航运企业,中国船东协会、港口协会、船舶代理及无船承运人协会、引航协会、理货协会,交通运输部长江、珠江航务管理局:

为贯彻落实党的十八届三中全会精神,发挥市场对资源配置的决定性作用,促进我国港口事业持续健康发展,更好地保障国民经济和对外贸易平稳运行,决定进一步完善港口收费政策,对竞争性服务收费标准实行市场调节。现将有关事项通知如下:

一、放开港口劳务性和船舶供应服务收费标准

集装箱、外贸散杂货装卸作业,国际客运码头作业等劳务性收费,以及船舶垃圾处理、供水等服务收费,由现行分别实行政府指导价、政府定价统一改为市场调节,由港口经营人、船舶供应服务企业根据市场供求和竞争状况、生产经营成本自主制定收费标准,堆存保管费继续实行市场调节价。

二、规范劳务性收费计费方式

对内外贸集装箱、散杂货装卸作业费(不含堆存保管费),国际客运码头作业费等各类劳务性收费,由现行按作业环节单独设项收费改为包干收费,综合计收港口作业包干费。国际客运码头作业包干费统一由国际客运和旅游客运运营企业支付,不得再向旅客收取。

三、简化港口收费项目

港口作业包干计费范围为集装箱、散杂货在港口作业的全部过程。港口经营人应当将下列收费项目对应作业或者服务纳入包干范围一并计费：外贸散杂货装卸费，内外贸集装箱装卸包干费，集装箱铁路线使用费，集装箱货车取送费，集装箱汽车装卸、搬移、翻装费，集装箱火车、驳船装卸费，集装箱拆、装箱包干费，起重船、起重机、吸扬机使用费，起货机工力费，拆包和倒包费，灌包和缝包费，分票费，挑样费，一般扫舱和拆隔舱板费，装卸用防雨设备、防雨罩使用费，装卸及其他作业工时费，岸机使用费，国际客运、旅游客运码头服务费，港站使用服务费，行李代理费，行李装卸费和迎送旅客码头票费。内贸散杂货港口作业包干费继续按照《关于调整港口内贸收费规定和标准的通知》(交水发〔2005〕234 号)规定执行。港口经营人不得在港口作业包干费、堆存保管费以外，对任何集装箱、散杂货港口作业单独设项、另行收费。

四、加强港口收费行为监管

港口经营人、船舶供应服务企业应当建立服务、收费目录清单制度，在其经营场所显著位置公示收费项目、对应服务内容和收费标准，接受社会监督。自主制定、调整收费标准时，要充分考虑用户承受能力，至少于执行前 1 个月对外公布，并采取书面、电话、短信息、电子邮件等多种方式通知用户，确保用户周知。要严格执行国家价格政策，坚持用户自愿原则，不得采取强制服务强行收费、价格歧视、价格欺诈等不正当手段，损害用户合法权益。要切实加强内部管理，自觉规范经营和价格行为，努力降低经营成本，为用户提供更优质、更低廉、更透明的服务。中国港口协会要在交通运输部、国家发展改革委工作指导下，制定港口行业服务标准和价格自律规范，引导企业合法经营、有序竞争，维护行业正常价格秩序。

各级交通运输、价格主管部门要按照各自法定职责加强对港口经营人、船舶供应服务企业的指导、监督，加强价格监督检查，依法查处企业各类违法违规收费行为，切实保护用户合法权益。

五、完善港口收费规则

交通运输部商国家发展改革委，按照本通知规定内容统一我国港口内贸、外贸收费规定，研究制定《中华人民共和国港口收费规则》，另行公布。

本通知自2015年1月1日起执行。《交通部关于修订公布国际客运、旅游船舶和旅客码头收费试行办法的通知》（交运字〔1991〕433号）、《交通部、国家计委关于发布＜国内水路集装箱港口收费办法＞的通知》（交水发〔2000〕156号）同时废止，凡与本通知相抵触的有关规定，以本通知为准。

交通运输部　国家发改委

2014年11月22日

关于深入推进通关作业无纸化改革工作有关事项的公告

海关总署公告2014年第25号

为进一步做好2014年通关作业无纸化改革工作，海关总署决定，在2013年改革试点取得明显成效的基础上，在全国海关深入推进通关作业无纸化改革工作。现就有关事项公告如下：

一、扩大试点范围：

（一）试点范围扩大至全国海关的全部通关业务现场。

（二）全面推进转关货物和“属地申报、属地放行”货物通关作业无纸化改革，加快区域通关改革无纸化作业的深化应用。

（三）启动快件、邮运货物通关作业无纸化改革试点。

二、试点简化报关单随附单证：

（一）进口货物

1. 加工贸易及保税类报关单：

合同、装箱清单、载货清单（舱单）等随附单证企业在申报时可不向海关提交，海关审核时如需要再提交。

2. 非加工贸易及保税类报关单：

装箱清单、载货清单（舱单）等随附单证企业在申报时可不向海关提交，海关审核时如需要再提交。

3. 京津冀海关实施区域通关一体化改革的报关单：

合同、装箱清单、载货清单（舱单）等随附单证企业在申报时可不向海关提交，海关审核时如需要再提交。

（二）出口货物

出口货物各类报关单，企业向海关申报时，合同、发票、装箱清单、载货清单（舱单）等随附单证可不提交，海关审核时如需要再提交。

三、试点企业经报关所在地直属海关同意，在与报关所在地直属海关、第三方认证机构（中国电子口岸数据中心）签订电子数据应用协议后，可在该海关范围内适用“通关作业无纸化”通关方式。

经海关同意准予适用“通关作业无纸化”通关方式的进出口企业需要委托报关企业代理报关的，应当委托经海关准予适用“通关作业无纸化”通关方式的报关企业。

四、经海关批准的试点企业可以自行选择有纸或无纸作业方式。选择无纸作业方式的企业在货物申报时，应在电子口岸录入端选择“通关无纸化”方式。

五、对于经海关批准且选择“通关作业无纸化”方式申报的经营单位管理类别为AA类企业或A类生产型企业的，申报时可不向海关发送随附单证电子数据，通关过程中根据海关要求及时提供，海关放行之日起10日内由企业向海关提交，经海关批准符合企业存单（单证暂存）条件的可由企业保管。

对于经海关批准且选择“通关作业无纸化”方式申报的其他管理类别的经营单位，应在货物申报时向海关同时发送报关单和随附单证电子数据。

六、各有关单位需要查阅、复制海关存档的报关单及随附单证电子数据档案时，应按照规定办理手续，海关根据电子档案出具纸质件并加盖单证管理部门印章。

七、涉及许可证件但未实现许可证件电子数据联网核查的进出口货物暂不适用“通关作业无纸化”作业方式。

本公告内容自2014年4月1日起施行，海关总署公告2013年第19号同时废止。

特此公告。

海关总署

2014年4月1日

关于调整内外贸集装箱同船运输以及中国籍国际航行船舶承运转关运输货物试点工作的公告

海关总署公告2014年第44号

为推动上海国际航运中心和中国(上海)自由贸易试验区建设,提高口岸综合竞争能力,根据交通运输部《关于在上海试行中资非五星旗国际航行船舶沿海捎带的公告》(2013年第55号)的规定,海关总署决定对《海关总署关于开展内外贸集装箱同船运输以及中国籍国际航行船舶承运转关运输货物试点工作的公告》(海关总署公告2005年第3号)相关政策进行调整。现就有关事项公告如下:

一、港口企业、船运公司拟开展同船运输试点业务的,应当参照海关对承运海关监管货物运输工具监管及监管场所的相关要求,向主管地直属海关办理备案手续。

二、中国籍国际航行船舶,拟开展承运海关转关运输集装箱货物试点业务的,应当参照《中华人民共和国海关关于境内公路承运海关监管货物的运输企业及其车辆、驾驶员的管理办法》(海关总署令第121号)的要求,向主管地直属海关办理备案手续,并在《国际航行船舶进出境(港)海关监管簿》的“船舶情况登记表”备注栏内批注登记编号。

三、中资航运公司全资或控股拥有的非中国籍国际航行船舶,拟开展承运海关转关运输集装箱货物试点业务的,应当持交通运输部核发的《中资非五星旗国际航行船舶试点沿海捎带业务备案证明书》,参照《中华人民共和国海关关于境内公路承运海关监管货物的运输企业及其车辆、驾驶员的管理办法》(海关总署令第121号)的要求,向主管地直属海关办理备案手续。

四、港口企业在存储内贸和外贸集装箱货物时，应当划分区域、分别堆存、不得混放，并设立明显标识；对于装卸同船运输集装箱货物的港区码头，应当按照海关对监管场所的管理要求，实施封闭式卡口管理，并与海关计算机联网传输相关数据。

五、中资航运公司全资或控股拥有的非中国籍国际航行船舶，承运海关转关运输集装箱货物试点业务，仅限以上海港为国际中转港、在国内对外开放港口与上海港之间开展。中资航运公司不得将经海关备案，开展承运海关转关运输集装箱货物试点业务的船舶转租他人。

六、同船运输集装箱箱体应当符合《中华人民共和国海关对用于装载海关监管货物的集装箱和集装箱式货车车厢的监管办法》（海关总署令第110号）的标准。

七、本公告自发布之日起执行，海关总署公告2005年第3号同时废止。

特此公告。

海关总署

2014年6月17日

关于开展长江经济带海关区域通关一体化改革的公告

海关总署公告2014年第65号

为落实区域协同发展重要国家战略，加快经济紧密联系地区区域通关一体化改革步伐，为进出口企业创造更加公平、公正的进出口环境，切实提高通关效率，有力促进贸易便利，海关总署决定在上海、南京、杭州、宁波、合肥、南昌、武汉、长沙、重庆、成都、贵阳、昆明海关启动长江经济带海关区域通关一体化改革，建立区域通关中心，构建统一的申报平台、风险防控平台、专业审单平台和现场接单平台，形成涵盖长江经济带海关通关全流程的一体化管理机制和运行模式，实现长江经济带通关作业一体化。现将有关事项公告如下：

一、自2014年9月22日起，首先在上海、南京、杭州、宁波、合肥海关（以下简称长三角地区海关）启用区域通关一体化通关方式；在总结评估的基础上，适时在南昌、武汉、长沙、重庆、成都、贵阳、昆明海关启用该通关方式。

二、长三角地区海关区域通关一体化通关方式适用于上海市、江苏省、浙江省、安徽省（以下简称长三角地区）企业在长三角地区各口岸海关进出口的货物。长三角地区企业可自主选择向经营单位注册地、货物实际进出境地海关或其直属海关集中报关点办理申报、纳税和查验放行手续。

企业可根据实际需要，自主选择口岸清关、转关、“属地申报、口岸验放”、“属地申报、属地放行”、区域通关一体化等任何一种通关方式。

三、取消长三角地区报关企业跨关区从事报关服务的限制，允许报关企业在长三角地区“一地注册、五地报关”。报关企业在长三角地区内任一海关备案的分支机构，均可以在长三角地区各海关从事报关服务。

四、长三角地区海关间互认商品预归类、价格预审核、原产地预确定和许可证件、归类、价格等专业认定结果以及暂时进出境等行政许可决定；待系统完善后，在银行总担保及汇总征税项目的基础上，实现企业的一份税款保函在长三角地区海关互认通用。

五、长三角地区海关区域通关一体化报关单审核、税单打印、税费核注核销、无纸转有纸、汇总征税试点等操作按现行规定办理。

六、长三角地区海关区域通关一体化报关单可由企业根据物流实际需求，自主选择在口岸或属地海关监管场所实施查验。对需转运分流到属地监管场所实施查验的，进出境货物及其运输工具应符合海关途中监管的要求。

七、为规范进出口货物收发货人的申报行为，自2014年9月22日起，对“进出境运输方式”和“境内运输方式”均为水运的出口中转货物，报关单电子数据申报时，“报关单类型”应申报为“水运中转”。

八、长三角地区海关可凭电子放行信息办理货物出场（库、区）手续，实现卡口自动核放。

九、长三角地区海关通过“中国海关网上服务大厅”和海关“12360”服务热线，为企业提供通关、舱单状态查询、疑难咨询等公共服务。

特此公告。

海关总署

2014年9月9日

国家税务总局
关于发布《启运港退(免)税管理办法》的公告

国家税务总局公告2014年第52号

根据《财政部海关总署国家税务总局关于扩大启运港退税政策试点范围的通知》(财税〔2014〕53号),现将调整后的《启运港退(免)税管理办法》予以公告,自2014年9月1日(以出口货物报关单〔出口退税专用〕上注明的出口日期为准)起开始执行。原《启运港退(免)税管理办法》(国家税务总局公告2012年第44号)同时废止。

特此公告。

国家税务总局

2014年8月28日

启运港退(免)税管理办法

第一章　退(免)税备案

第一条　出口企业适用启运港退(免)税政策须同时满足以下条件：

(一)已办理出口退(免)税资格认定开展自营出口货物的增值税一般纳税人；

(二)纳税信用等级被税务机关评为B级及以上,且不属于出口退税审核关注信息中关注企业级别为一至三级的出口企业。

(三)海关实行B类及以上管理的出口企业(以海关提供的带“启运港标识”的出口货物报关单电子信息为准)。

第二条　出口企业启运港退(免)税备案方式为,出口企业申报退(免)税时,税务机关在出口退税审核系统中自动确认。税务机关在读入海关提供的带“启运港标识”的出口货物报关单电子信息时,出口退税审核系统自动在相关出口企业的“企业代码”库中置上“启运港退税”标志。

第二章　运输企业和运输工具确定

第三条　符合适用启运港退(免)税政策条件的运输企业及运输工具由其所在地的省级国家税务局会同当地财政、海关等部门认定。

第四条　省级国家税务局应在本公告发布后将认定的符合适用启运港退(免)税政策条件的运输企业及运输工具名单上报国家税务总局,之后本地区新增及调整的符合条件的运输企业及运输工具名单应在每年的6月底和12月底上报国家税务总局。由国家税务总局汇总发布。

第三章　退(免)税申报

第五条　出口企业自营出口适用启运港退(免)税政策的货物,凭启运地海关签发的出口货物报关单(出口退税专用)(以下称退税证明联)按现行出口货物劳务退(免)税规定向税务机关申报办理出口退(免)税。

第六条　出口企业申报启运港退(免)税时,应在申报的明细表的"退(免)税业务类型"栏内填写"QY"标识。外贸企业应使用单独关联号申报适用启运港退税政策的出口货物退税。

第七条　适用启运港退(免)税政策的出口货物其退税率执行时间以启运地海关签发的退税证明联上注明的"出口日期"为准。

第八条　出口企业其他申报出口退(免)税要求按现行规定执行。

第四章　退(免)税审核

第九条　各地税务机关应按照现行电子传输系统出口退税子系统的管理规定,及时下载并读入税务总局下发的海关加注"启运港标识"的报关单数据:

(一)启运地海关签发退税证明联的报关单数据(以下称启运数据)。

(二)正常办理结关核销的报关单数据(以下称正常结关数据)。

(三)未实际到达离境港货物的报关单数据(以下称未到达数据)。

(四)货物未运抵离境港不再出口,海关收回已签发的退税证明联的报关单数据(以下称撤销报关单数据)。

第十条　各地税务机关对适用启运港退税政策的出口货物,应使用"启运数据"审核办理退(免)税。

第十一条　出口退税审核关注信息中关注企业级别列为一至三级的出口企业,各地税务机关必须使用正常结关数据审核办理退(免)税,不得使用启运数据审核办理退(免)税。

第十二条 各地税务机关应加强启运港退(免)税的复核工作,及时在出口退税审核系统中根据海关提供的加注“启运港标识”的报关单数据,生成复核数据。对自动复核比对异常的数据应按如下原则进行人工处理:

(一)对启运数据中的出口数量及单位、总价等项目与正常结关数据不一致的,以正常结关数据为准调整已退(免)税额。

(二)对复核数据中涉及撤销报关单数据和未到达数据的,根据现行规定追缴已(免)退税款或进行调整处理。

(三)对复核数据中涉及自启运日起2个月内未办理结关核销手续、未收到正常结关数据的报关单数据(以下称逾期未结关数据),根据现行规定追缴已退(免)税款或进行调整处理,不再享受启运港退税政策。

对按上述规定已处理完毕的逾期未结关数据,海关又结关核销、收到正常结关数据的,出口企业可凭启运地海关签发的退税证明联重新申报退税,主管出口退税的税务机关依据正常结关数据按现行规定予以审核办理。

第十三条 各地税务机关应及时将复核结果反馈出口企业,并督促出口企业依照反馈信息补缴已(免)退税款或在次月增值税纳税申报期调整申报数据。出口企业未按时补缴已退(免)税款或调整申报数据的,各地税务机关应及时予以追缴。

第五章 其他

第十四条 货物未运抵离境港不再实际出口的,出口企业应按照现行规定向税务机关申请出具《出口货物退运已补税(未退税)证明》,出口企业未申报退(免)税的,不得再申报退(免)税;已申报办理退(免)税的,应补缴已退(免)税款。税务机关在审核出具证明时,应审核比对海关提供的未到达数据和撤销报关单数据。

第十五条　实行增值税免税政策的出口货物，主管税务机关应按正常结关数据审核免税。

第十六条　各级税务机关应准确及时办理启运港退税，加强启运港退税有关业务的日常复核和预警评估工作。

附件：（略）

中国(上海)自由贸易试验区条例

(上海市人民代表大会常务委员会公告第14号)

《中国(上海)自由贸易试验区条例》已由上海市第十四届人民代表大会常务委员会第十四次会议于2014年7月25日通过,现予公布,自2014年8月1日起施行。

上海市人民代表大会常务委员会

2014年7月25日

中国(上海)自由贸易试验区条例

(2014年7月25日上海市第十四届人民代表大会常务委员会第十四次会议通过)

第一章 总则

第一条 为推进和保障中国(上海)自由贸易试验区建设,充分发挥其推进改革和提高开放型经济水平"试验田"的作用,根据《全国人民代表大会常务委员会关于授权国务院在中国(上海)自由贸易试验区暂时调整有关法律规定的行政审批的决定》、国务院批准的《中国(上海)自由贸易试验区总体方案》(以下简称"《总体方案》")、《国务院关于在中国(上海)自由贸易试验区内暂时调整有关行政法规和国务院文件规定的行政审批或者准入特别管理措施的决定》和其他有关法律、行政法规，制定本条例。

第二条 本条例适用于经国务院批准设立的中国(上海)自由贸易试验区(以下简称“自贸试验区”)。

第三条 推进自贸试验区建设应当围绕国家战略要求和上海国际金融中心、国际贸易中心、国际航运中心、国际经济中心建设，按照先行先试、风险可控、分步推进、逐步完善的原则，将扩大开放与体制改革相结合，将培育功能与政策创新相结合，加快转变政府职能，建立与国际投资、贸易通行规则相衔接的基本制度体系和监管模式，培育国际化、市场化、法治化的营商环境，建设具有国际水准的投资贸易便利、监管高效便捷、法治环境规范的自由贸易试验区。

第四条 本市推进自贸试验区建设应当聚焦制度创新的重点领域和关键环节，充分运用现行法律制度和政策资源，改革妨碍制度创新的体制、机制，不断激发制度创新的主动性、积极性，营造自主改革、积极进取的良好氛围。

第五条 充分激发市场主体活力，法律、法规、规章未禁止的事项，鼓励公民、法人和其他组织在自贸试验区积极开展改革创新活动。

第二章 管理体制

第六条 按照深化行政体制改革的要求，坚持简政放权、放管结合，积极推行告知承诺制等制度，在自贸试验区建立事权划分科学、管理高效统一、运行公开透明的行政管理体制。

第七条 市人民政府在国务院领导和国家有关部门指导、支持下，根据《总体方案》明确的目标定位和先行先试任务，组织实施改革试点工作，依法制定与自贸试验区建设、管理有关的规章和政策措施。

本市建立自贸试验区建设协调机制，推进改革试点工作，组织有关部门制定、落实阶段性目标和各项措施。

第八条 中国(上海)自由贸易试验区管理委员会(以下简称“管委会”)为市人民政府派出机构,具体落实自贸试验区改革试点任务,统筹管理和协调自贸试验区有关行政事务,依照本条例履行下列职责:

(一)负责组织实施自贸试验区发展规划和政策措施,制定有关行政管理制度。

(二)负责自贸试验区内投资、贸易、金融服务、规划国土、建设、交通、绿化市容、环境保护、人力资源、知识产权、统计、房屋、民防、水务、市政等有关行政管理工作。

(三)领导工商、质监、税务、公安等部门在区内的行政管理工作;协调金融、海关、检验检疫、海事、边检等部门在区内的行政管理工作。

(四)组织实施自贸试验区信用管理和监管信息共享工作,依法履行国家安全审查、反垄断审查有关职责。

(五)统筹指导区内产业布局和开发建设活动,协调推进重大投资项目建设。

(六)发布公共信息,为企业和相关机构提供指导、咨询和服务。

(七)履行市人民政府赋予的其他职责。

市人民政府在自贸试验区建立综合审批、相对集中行政处罚的体制和机制,由管委会集中行使本市有关行政审批权和行政处罚权。管委会实施行政审批和行政处罚的具体事项,由市人民政府确定并公布。

第九条 海关、检验检疫、海事、边检、工商、质监、税务、公安等部门设立自贸试验区工作机构(以下统称“驻区机构”),依法履行有关行政管理职责。

市人民政府其他有关部门和浦东新区人民政府(以下统称“有关部门”)按照各自职责,支持管委会的各项工作,承担自贸试验区其他行政事务。

第十条 管委会应当与驻区机构、有关部门建立合作协调和联动执法工作机制,提高执法效率和管理水平。

第十一条 管委会、驻区机构应当公布依法行使的行政审批权、行政处罚权和相关行政权力的清单及运行流程。发生调整的，应当及时更新。

第三章 投资开放

第十二条 自贸试验区在金融服务、航运服务、商贸服务、专业服务、文化服务、社会服务和一般制造业等领域扩大开放，暂停、取消或者放宽投资者资质要求、外资股比限制、经营范围限制等准入特别管理措施。

第十三条 自贸试验区内国家规定对外商投资实施的准入特别管理措施，由市人民政府发布负面清单予以列明，并根据发展实际适时调整。

自贸试验区实行外商投资准入前国民待遇加负面清单管理模式。负面清单之外的领域，按照内外资一致的原则，外商投资项目实行备案制，国务院规定对国内投资项目保留核准的除外；外商投资企业设立和变更实行备案管理。负面清单之内的领域，外商投资项目实行核准制，国务院规定对外商投资项目实行备案的除外；外商投资企业设立和变更实行审批管理。

外商投资项目和外商投资企业的备案办法，由市人民政府制定。

第十四条 自贸试验区推进企业注册登记制度便利化，依法实行注册资本认缴登记制。

工商行政管理部门组织建立外商投资项目核准（备案）、企业设立和变更审批（备案）等行政事务的企业准入单一窗口工作机制，统一接收申请材料，统一送达有关文书。投资者在自贸试验区设立外商投资企业，可以自主约定经营期限，法律、行政法规另有规定的除外。

在自贸试验区内登记设立的企业（以下简称“区内企业”）可以到区外再投资或者开展业务，有专项规定要求办理相关手续的，按照规定办理。

第十五条 区内企业取得营业执照后，即可从事一般生产经营活动；从事需要审批的生产经营活动的，可以在取得营业执照后，向有关部门申请办理。

从事法律、行政法规或者国务院决定规定需要前置审批的生产经营活动的，应当在申请办理营业执照前，依法办理批准手续。

第十六条 自贸试验区内投资者可以开展多种形式的境外投资。境外投资一般项目实行备案管理，境外投资开办企业实行以备案制为主的管理，由管委会统一接收申请材料，并统一送达有关文书。

境外投资项目和境外投资开办企业的备案办法，由市人民政府制定。

第十七条 区内企业解散、被宣告破产的，应当依法清算并办理注销登记等手续。

依法实行注册资本认缴制的区内企业，股东以认缴的出资额或者认购的股份为限对企业债务承担责任。

第四章 贸易便利

第十八条 自贸试验区与境外之间的管理为“一线”管理，自贸试验区与境内区外之间的管理为“二线”管理，按照“一线放开、二线安全高效管住、区内流转自由”的原则，在自贸试验区建立与国际贸易等业务发展需求相适应的监管模式。

第十九条 按照通关便利、安全高效的要求，在自贸试验区开展海关监管制度创新，促进新型贸易业态发展。

海关在自贸试验区建立货物状态分类监管制度，实行电子围网管理，推行通关无纸化、低风险快速放行。

境外进入区内的货物，可以凭进口舱单先行入区，分步办理进境申报手续。口岸出口货物实行先报关、后进港。

对区内和境内区外之间进出的货物，实行进出境备案清单比对、企业账册管理、电子信息联网等监管制度。

区内保税存储货物不设存储期限。简化区内货物流转流程，允许分送集报、自行运输；实现区内与其他海关特殊监管区域之间货物的高效便捷流转。

第二十条　按照进境检疫、适当放宽进出口检验，方便进出、严密防范质量安全风险的原则，在自贸试验区开展检验检疫监管制度创新。

检验检疫部门在自贸试验区运用信息化手段，建立出入境质量安全和疫病疫情风险管理机制，实施无纸化申报、签证、放行，实现风险信息的收集、分析、通报和运用，提供出入境货物检验检疫信息查询服务。

境外进入区内的货物属于检疫范围的，应当接受入境检疫；除重点敏感货物外，其他货物免于检验。

区内货物出区依企业申请，实行预检验制度，一次集中检验，分批核销放行。进出自贸试验区的保税展示商品免于检验。

区内企业之间仓储物流货物，免于检验检疫。

在自贸试验区建立有利于第三方检验鉴定机构发展和规范的管理制度，检验检疫部门按照国际通行规则，采信第三方检测结果。

第二十一条　自贸试验区建立国际贸易单一窗口，形成区内跨部门的贸易、运输、加工、仓储等业务的综合管理服务平台，实现部门之间信息互换、监管互认、执法互助。

企业可以通过单一窗口一次性递交各管理部门要求的标准化电子信息，处理结果通过单一窗口反馈。

第二十二条　自贸试验区实行内外贸一体化发展，鼓励区内企业统筹开展国际贸易和国内贸易，培育贸易新型业态和功能，形成以技术、品牌、质量、服务为核心的竞争优势。

自贸试验区支持国际贸易、仓储物流、加工制造等基础业务转型升级和服务贸易发展。鼓励离岸贸易、国际大宗商品交易、融资租赁、期货保税交割、跨境电子商务等新型贸易发展，推动生物医药研发、软件和信息服务、数据处理等外包业务发展。

鼓励跨国公司在区内设立总部，建立整合贸易、物流、结算等功能的营运中心。

第二十三条 自贸试验区加强与海港、空港枢纽的联动,加强与区外航运产业集聚区协同发展,探索形成具有国际竞争力的航运发展制度和运作模式。

自贸试验区支持国际中转、集拼、分拨业务以及集装箱转运业务和航空货邮国际中转业务发展。符合条件的航运企业可以在国内沿海港口与上海港之间从事外贸进出口集装箱沿海捎带业务。

完善航运服务发展环境,在自贸试验区发展航运金融、国际船舶运输、国际船舶管理、国际船员服务和国际航运经纪等产业,发展航运运价指数衍生品交易业务,集聚航运服务功能性机构。

在自贸试验区实行以“中国洋山港”为船籍港的国际船舶登记制度,建立高效率的船舶登记流程。

第二十四条 自贸试验区简化区内企业外籍员工就业许可审批手续,放宽签证、居留许可有效期限,提供入境、出境和居留的便利。

对接受区内企业邀请开展商务贸易的外籍人员,出入境管理部门应当按照规定给予过境免签和临时入境便利。

对区内企业因业务需要多次出国、出境的中国籍员工,出入境管理部门应当提供办理出国出境证件的便利。

第五章　金融服务

第二十五条 在风险可控的前提下,在自贸试验区内创造条件稳步进行人民币资本项目可兑换、金融市场利率市场化、人民币跨境使用和外汇管理改革等方面的先行先试。

鼓励金融要素市场、金融机构根据国家规定,进行自贸试验区金融产品、业务、服务和风险管理等方面的创新。本市有关部门应当为自贸试验区金融创新提供支持和便利。

本市建立国家金融管理部门驻沪机构、市金融服务部门和管委会参加的自贸试验区金融工作协调机制。

第二十六条 自贸试验区建立有利于风险管理的自由贸易账户体系，实现分账核算管理。区内居民可以按照规定开立居民自由贸易账户；非居民可以在区内银行开立非居民自由贸易账户，按照准入前国民待遇原则享受相关金融服务；上海地区金融机构可以通过设立分账核算单元，提供自由贸易账户相关金融服务。

自由贸易账户之间以及自由贸易账户与境外账户、境内区外的非居民机构账户之间的资金，可以自由划转。自由贸易账户可以按照规定，办理跨境融资、担保等业务。居民自由贸易账户与境内区外的银行结算账户资金流动，视同跨境业务管理。同一非金融机构主体的居民自由贸易账户与其他银行结算账户之间，可以按照规定，办理资金划转。

第二十七条 自贸试验区跨境资金流动按照金融宏观审慎原则实施管理。简化自贸试验区跨境直接投资汇兑手续，自贸试验区跨境直接投资与前置核准脱钩，直接向银行办理所涉及的跨境收付、汇兑业务。各类区内主体可以按照规定开展相关的跨境投融资汇兑业务。

区内个人可以按照规定，办理经常项下跨境人民币收付业务，开展包括证券投资在内的各类跨境投资。区内个体工商户可以根据业务需要，向其境外经营主体提供跨境贷款。

区内金融机构和企业可以按照规定，进入证券和期货交易场所进行投资和交易。区内企业的境外母公司可以按照规定，在境内资本市场发行人民币债券。区内企业可以按照规定，开展境外证券投资以及衍生品投资业务。

区内企业、非银行金融机构以及其他经济组织可以按照规定，从境外融入本外币资金，在区内或者境外开展风险对冲管理。

第二十八条 根据中国人民银行有关规定，国家出台的各项鼓励和支持扩大人民币跨境使用的政策措施，均适用于自贸试验区。

简化自贸试验区经常项下以及直接投资项下人民币跨境使用。区内金融机构和企业可以从境外借入人民币资金。区内企业可以根据自身经营需要，开展跨境双向人民币资金池以及经常项下跨境人民币集中收付业务。上海地区银行业金融机构可以与符合条件的支付机构合作，提供跨境电子商务的人民币结算服务。

第二十九条 在自贸试验区推进利率市场化体系建设，完善自由贸易账户本外币资金利率市场化定价监测机制，区内符合条件的金融机构可以优先发行大额可转让存单，放开区内外币存款利率上限。

第三十条 建立与自贸试验区发展需求相适应的外汇管理体制。简化经常项目单证审核、直接投资项下外汇登记手续。放宽对外债权债务管理。改进跨国公司总部外汇资金集中运营管理、外币资金池以及国际贸易结算中心外汇管理。完善结售汇管理，便利开展大宗商品衍生品的柜台交易。

第三十一条 根据自贸试验区需要，经金融管理部门批准，支持不同层级、不同功能、不同类型、不同所有制的金融机构进入自贸试验区；引导和鼓励民间资本投资区内金融业；支持自贸试验区互联网金融发展；支持在区内建立面向国际的金融交易以及服务平台，提供登记、托管、交易和清算等服务；支持在区内建立完善信托登记平台，探索信托受益权流转机制。

第三十二条 本市配合金融管理部门完善金融风险监测和评估，建立与自贸试验区金融业务发展相适应的风险防范机制。

开展自贸试验区业务的上海地区金融机构和特定非金融机构应当按照规定，向金融管理部门报送相关信息，履行反洗钱、反恐怖融资和反逃税等义务，配合金融管理部门关注跨境异常资金流动，落实金融消费者和投资者保护责任。

第六章 税收管理

第三十三条 自贸试验区按照国家规定，实施促进投资和贸易的有关税收政策；其所属的上海外高桥保税区、上海外高桥保税物流园区、洋山保税港区和上海浦东机场综合保税区执行相应的海关特殊监管区域的税收政策。

遵循税制改革方向和国际惯例，积极研究完善不导致利润转移、税基侵蚀的适应境外股权投资和离岸业务发展的税收政策。

第三十四条 税务部门应当在自贸试验区建立便捷的税务服务体系，实施税务专业化集中审批，逐步取消前置核查，推行先审批后核查、核查审批分离的工作方式；推行网上办税，提供在线纳税咨询、涉税事项办理情况查询等服务，逐步实现跨区域税务通办。

第三十五条 税务部门应当在自贸试验区开展税收征管现代化试点，提高税收效率，营造有利于企业发展、公平竞争的税收环境。

税务部门应当运用税收信息系统和自贸试验区监管信息共享平台进行税收风险监测，提高税收管理水平。

第七章 综合监管

第三十六条 在自贸试验区创新行政管理方式，推进政府管理由注重事先审批转为注重事中事后监管，提高监管参与度，推动形成行政监管、行业自律、社会监督、公众参与的综合监管体系。

第三十七条 自贸试验区建立涉及外资的国家安全审查工作机制。对属于国家安全审查范围的外商投资，投资者应当申请进行国家安全审查；有关管理部门、行业协会、同业企业以及上下游企业可以提出国家安全审查建议。

当事人应当配合国家安全审查工作，提供必要的材料和信息，接受有关询问。

第三十八条 自贸试验区建立反垄断工作机制。

涉及区内企业的经营者集中，达到国务院规定的申报标准的，经营者应当事先申报，未申报的不得实施集中。对垄断协议、滥用市场支配地位以及滥用行政权力排除、限制竞争等行为,依法开展调查和执法。

第三十九条 管委会、驻区机构和有关部门应当记录企业及其有关责任人员的信用相关信息,并按照公共信用信息目录向市公共信用信息服务平台自贸试验区子平台归集。

管委会、驻区机构和有关部门可以在市场准入、货物通关、政府采购以及招投标等工作中,查询相对人的信用记录,使用信用产品,并对信用良好的企业和个人实施便利措施,对失信企业和个人实施约束和惩戒。

自贸试验区鼓励信用服务机构利用各方面信用信息开发信用产品,为行政监管、市场交易等提供信用服务;鼓励企业和个人使用信用产品和服务。

第四十条 自贸试验区实行企业年度报告公示制度和企业经营异常名录制度。

区内企业应当按照规定,报送企业年度报告,并对年度报告信息的真实性、合法性负责。企业年度报告按照规定向社会公示,涉及国家秘密、商业秘密和个人隐私的内容除外。

工商行政管理部门对区内企业报送年度报告的情况开展监督检查。发现企业未按照规定履行年度报告公示义务等情况的,应当载入企业经营异常名录,并向社会公示。

公民、法人和其他组织可以查阅企业年度报告和经营异常名录等公示信息,工商行政管理等部门应当提供查询便利。

企业年度报告公示和企业经营异常名录管理办法,由市工商行政管理部门制定。

第四十一条 在自贸试验区建设统一的监管信息共享平台,促进监管信息的归集、交换和共享。管委会、驻区机构和有关部门应当及时主动提供信息,参与信息交换和共享。

管委会、驻区机构和有关部门应当依托监管信息共享平台,整合监管资源,推动全程动态监管,提高联合监管和协同服务的效能。

监管信息归集、交换、共享的办法，由管委会组织驻区机构和有关部门制定。

第四十二条 鼓励律师事务所、会计师事务所、税务师事务所、知识产权服务机构、报关报检机构、检验检测机构、认证机构、船舶和船员代理机构、公证机构、司法鉴定机构、信用服务机构等专业机构在自贸试验区开展业务。

管委会、驻区机构和有关部门应当通过制度安排，将区内适合专业机构办理的事项，交由专业机构承担，或者引入竞争机制，通过购买服务等方式，引导和培育专业机构发展。

第四十三条 自贸试验区建立企业和相关组织代表等组成的社会参与机制，引导企业和相关组织等表达利益诉求、参与试点政策评估和市场监督。

支持行业协会、商会等参与自贸试验区建设，推动行业协会、商会等制定行业管理标准和行业公约，加强行业自律。

区内企业从事经营活动，应当遵守社会公德、商业道德，接受社会公众的监督。

第四十四条 在自贸试验区推进电子政务建设，在行政管理领域推广电子签名和具有法律效力的电子公文，实行电子文件归档和电子档案管理。电子档案与纸质档案具有同等法律效力。

第四十五条 本市建立自贸试验区综合性评估机制。市发展改革部门应当会同管委会和有关部门，自行或者委托第三方开展监管制度创新、行业整体、行业企业试点政策实施情况和风险防范等方面的评估，为推进完善扩大开放领域、改革试点任务和制度创新措施提供政策建议。

第八章 法治环境

第四十六条 坚持运用法治思维、法治方式在自贸试验区开展各项改革创新，为自贸试验区建设营造良好的法治环境。

国家规定的自贸试验区投资、贸易、金融、税收等改革试点措施发生调整，或者国家规定其他区域改革试点措施可适用于自贸试验区的，按照相关规定执行。

本市地方性法规不适应自贸试验区发展的，市人民政府可以提请市人大及其常委会就其在自贸试验区的适用作出相应规定；本市规章不适应自贸试验区发展的，管委会可以提请市人民政府就其在自贸试验区的适用作出相应规定。

第四十七条　自贸试验区内各类市场主体的平等地位和发展权利，受法律保护。区内各类市场主体在监管、税收和政府采购等方面享有公平待遇。

第四十八条　自贸试验区内投资者合法拥有的企业、股权、知识产权、利润以及其他财产和商业利益，受法律保护。

第四十九条　自贸试验区内劳动者平等就业、选择职业、取得劳动报酬、休息休假、获得劳动安全卫生保护、接受职业技能培训、享受社会保险和福利、参与企业民主管理等权利，受法律保护。

在自贸试验区推行企业和劳动者集体协商机制，推动双方就劳动报酬、劳动安全卫生等有关事项进行平等协商。发挥工会在维护职工权益、促进劳动关系和谐稳定方面的作用。

在自贸试验区健全公正、公开、高效、便民的劳动保障监察和劳动争议处理机制，保护劳动者和用人单位双方的合法权益。

第五十条　加强自贸试验区环境保护工作，探索开展环境影响评价分类管理，提高环境保护管理水平和效率。

鼓励区内企业申请国际通行的环境和能源管理体系标准认证，采用先进生产工艺和技术，节约能源，减少污染物和温室气体排放。

第五十一条　加强自贸试验区知识产权保护工作，完善行政保护与司法保护衔接机制。

本市有关部门应当和国家有关部门加强协作，实行知识产权进出境保护和境内保护的协同管理和执法配合，探索建立自贸试验区知识产权统一管理和执法的体制、机制。

完善自贸试验区知识产权纠纷多元解决机制，鼓励行业协会和调解、仲裁、知识产权中介服务等机构在协调解决知识产权纠纷中发挥作用。

第五十二条 本市制定有关自贸试验区的地方性法规、政府规章、规范性文件，应当主动公开草案内容，征求社会公众、相关行业组织和企业等方面的意见；通过并公布后，应当对社会各方意见的处理情况作出说明；在公布和实施之间，应当预留合理期限，作为实施准备期。但因紧急情况等原因需要立即制定和施行的除外。

本市制定的有关自贸试验区的地方性法规、政府规章、规范性文件，应当在通过后及时公开，并予以解读和说明。

第五十三条 公民、法人和其他组织对管委会制定的规范性文件有异议的，可以提请市人民政府进行审查。审查规则由市人民政府制定。

第五十四条 本市建立自贸试验区信息发布机制，通过新闻发布会、信息通报例会或者书面发布等形式，及时发布自贸试验区相关信息。

管委会应当收集国家和本市关于自贸试验区的法律、法规、规章、政策、办事程序等信息，在中国(上海)自由贸易试验区门户网站上公布，方便各方面查询。

第五十五条 自贸试验区实行相对集中行政复议权制度。

公民、法人或者其他组织不服管委会、市人民政府工作部门及其驻区机构、浦东新区人民政府在自贸试验区内作出的具体行政行为，可以向市人民政府申请行政复议；不服浦东新区人民政府工作部门在自贸试验区内作出的具体行政行为，可以向浦东新区人民政府申请行政复议。重大、复杂、疑难的行政复议案件，应当由行政复议委员会审议。

第五十六条 依法在自贸试验区设立司法机构，公正高效地保障中外当事人合法权益。

本市依法设立的仲裁机构应当依据法律、法规并借鉴国际商事仲裁惯例，适应自贸试验区特点完善仲裁规则，提高商事纠纷仲裁的国际化程度，并基于当事人的自主选择，提供独立、公正、专业、高效的仲裁服务。

本市设立的行业协会、商会以及商事纠纷专业调解机构等可以参与自贸试验区商事纠纷调解，发挥争议解决作用。

第九章　附则

第五十七条　本条例自2014年8月1日起施行。1996年12月19日上海市第十届人民代表大会常务委员会第三十二次会议审议通过的《上海外高桥保税区条例》同时废止。

中国(上海)自由贸易试验区外商投资准入特别管理措施(负面清单)(2014年修订)

上海市人民政府公告

2014年　第1号

根据有关法律法规、国务院批准的《中国(上海)自由贸易试验区总体方案》、《中国(上海)自由贸易试验区进一步扩大开放的措施》、《外商投资产业指导目录(2011年修订)》,现予公布《中国(上海)自由贸易试验区外商投资准入特别管理措施(负面清单)(2014年修订)》。

特此公告。

上海市人民政府

2014年6月30日

中国(上海)自由贸易试验区外商投资准入特别管理措施(负面清单)(2014年修订)

上海市人民政府

说　明

《中国(上海)自由贸易试验区外商投资准入特别管理措施(负面清单)(2014年修订)》(以下简称"负面清单"),以有关法律法规、国务院批准的《中国(上海)自由贸易试验区总体方案》、《中国(上海)自由贸易试验区进一步扩大开放的措施》、《外商投资产业指导目录(2011年修订)》等为依据,列明中国(上海)自由贸易试验区(以下简称"自贸试验区")内对外商投资项目和设立外商投资企业采取的与国民待遇等不符的准入措施。负面清单按照《国民经济行业分类及代码》(2011年版)分类编制,包括18个行业门类。S公共管理、社会保障和社会组织、T国际组织2个行业门类不适用负面清单。

对负面清单之外的领域,按照内外资一致的管理原则,外商投资项目实行备案制(国务院规定对国内投资项目保留核准的除外);外商投资企业设立和变更实行备案管理。对负面清单之内的领域,外商投资项目实行核准制(国务院规定对外商投资项目实行备案的除外);外商投资企业设立和变更实行审批管理。

除列明的外商投资准入特别管理措施,禁止(限制)外商投资国家以及中国缔结或者参加的国际条约规定禁止(限制)的产业,禁止外商投资危害国家安全和社会安全的项目,禁止从事损害社会公共利益的经营活动。

自贸试验区内的外资并购、外国投资者对上市公司的战略投资、境外投资者以其持有的中国境内企业股权出资，应符合相关规定要求；涉及国家安全审查、反垄断审查的，按照相关规定办理。

香港特别行政区、澳门特别行政区、台湾地区投资者在自贸试验区内投资参照负面清单执行。内地与香港特别行政区、澳门特别行政区《关于建立更紧密经贸关系的安排》及其补充协议、《海峡两岸经济合作框架协议》及其后续《海峡两岸服务贸易协议》、我国签署的自贸协定中适用于自贸试验区并对符合条件的投资者有更优惠的开放措施的，按照相关协议或协定的规定执行。

根据有关法律法规和自贸试验区发展需要，负面清单将适时调整。

中国(上海)自由贸易试验区外商投资准入特别管理措施(负面清单)

(2014 年修订)

部门	领域	序号	特别管理措施	国民经济行业分类代码
A农、林、牧、渔业	A01 农业、A02 林业、A03 畜牧业、A04 渔业、A05 农、林、牧、渔服务业	1	投资中药材种植、养殖须合资、合作	A01
		2	限制投资农作物新品种选育和种子生产(中方控股)	A01
		3	投资农作物种子须合资、合作,且注册资本不低于50万美元,其中粮、棉、油作物种子企业中方投资比例应大于50%,且注册资本不低于200万美元	A01
		4	限制投资珍贵树种原木加工(限于合资、合作)	A02
		5	禁止投资中国稀有和特有的珍贵优良品种研发、养殖、种植以及相关繁殖材料生产(包括种植业、畜牧业、水产业优良基因),转基因生物研发和转基因农作物种子、种畜禽、水产苗种生产	A
		6	禁止投资中国管辖海域及内陆水域水产品捕捞	A04
B 采矿业	B06 煤炭开采和洗选业	7	限制投资特殊和稀缺煤类勘查、开采(中方控股)	B06 M747
	B07 石油和天然气开采业	8	投资煤层气勘探、开发和矿井瓦斯利用须合资、合作	B07 M747
		9	投资石油、天然气的风险勘探、开发须合资、合作	B07 M747
		10	投资低渗透油气藏(田)的开发须合资、合作	B07
		11	投资油页岩、油砂、重油、超重油等非常规石油资源勘探、开发须合资、合作	B07 M747
		12	投资页岩气、海底天然气水合物等非常规天然气资源勘探、开发须合资、合作	B07 M747
	B08 黑色金属矿采选业	13	限制投资硫铁矿开采、选矿,以及硼镁铁矿石开采	B08
	B09 有色金属矿采选业	14	限制投资硼镁石开采,锂矿开采、选矿,以及贵金属(金、银、铂族)勘查、开采	B09 M747
		15	禁止投资钨、钼、锡、锑的勘查、开采和稀土、放射性矿产的勘查、开采、选矿	B09 M747
	B10 非金属矿采选业	16	限制投资重晶石勘查、开采(限于合资、合作)	B10 M747
		17	限制投资金刚石、高铝耐火粘土、硅灰石、石墨等重要非金属矿勘查、开采,磷矿开采、选矿,盐湖卤水资源的提炼,以及天青石开采	B10 M747
		18	限制投资大洋锰结核、海砂的开采(中方控股)	B10
		19	禁止投资萤石勘查、开采	B10 M747
	B11 开采辅助活动	20	限制投资硼镁铁矿石加工	B11

部门	领域	序号	特别管理措施	国民经济行业分类代码
C制造业	C13农副食品加工业	21	限制投资大米、面粉加工	C131
		22	限制投资豆油、菜籽油、花生油、棉籽油、茶籽油、葵花籽油、棕榈油等食用油脂加工(中方控股)	C133
		23	限制投资生物液液燃料(燃料乙醇、生物柴油)生产(中方控股)	C136
		24	限制投资玉米深加工	C139
	C15酒、饮料和精制茶制造业	25	限制投资黄酒、名优白酒生产(中方控股)	C151
		26	投资中国传统工艺的绿茶生产加工须中方控股.禁止投资中国传统工艺的特种茶(白茶、黄茶、乌龙茶、黑茶、紧压茶等)生产加工	C153
	C16烟草制品业	27	限制投资打叶复烤烟叶加工生产	C161
		28	投资二醋酸纤维素及丝束加工须合资、合作	C169
	C23印刷和记录媒介复制业	29	限制投资出版物印刷(中方控股),注册资本不得低于1000万元人民币	C231
		30	投资只读类光盘复制须合资、合作,且中方控股或占主导地位	C233
	C24文教、工美、体育和娱乐用品制造业	31	禁止投资象牙雕刻,虎骨加工,脱胎漆器、珐琅制品、宣纸、墨锭生产	C243
	C25石油加工、炼焦和核燃料加工业	32	禁止投资放射性矿产冶炼、加工	C253
	C26化学原料和化学制品制造业	33	限制投资乙炔法聚氯乙烯以及规模以下乙烯和后加工产品、纯碱、烧碱、硫酸、硝酸、钾碱、无机盐的生产	C261
		34	限制投资丁二烯橡胶(高顺式丁二烯橡胶除外)、乳液聚合丁苯橡胶、热塑性丁苯橡胶生产	C265
		35	限制投资易制毒化学品生产(麻黄素、3·4–亚基二氧苯基–2–丙酮、苯乙酸、1–苯基–2–丙酮、胡椒醛、黄樟脑、异黄樟脑、醋酸酐)、氟化氢等低端氟氯烃或氟氯化合物生产、感光材料生产	C266
		36	禁止投资武器弹药制造	C267
	C27医药制造业	37	限制投资麻醉药品及一类精神药品原料药生产(中方控股)	C271
		38	禁止投资列入《野生药材资源保护条例》和《中国珍稀、濒危保护植物名录》的中药材加工	C273 C274
		39	禁止投资中药饮片的蒸、炒、炙、锻等炮制技术应用及中成药保密处方产品的生产	C273 C274
		40	限制投资血液制品的生产、纳入国家免疫规划的疫苗品种生产	C276

部门	领域	序号	特别管理措施	国民经济行业分类代码
C制造业	C32有色金属冶炼和压延加工业	41	限制投资稀土冶炼、分离(限于合资、合作)	C323
	C34通用设备制造业	42	限制投资400吨以下轮式、履带式起重机械制造(限于合资、合作)	C343
	C35专用设备制造业	43	投资深水(3000米以上)海洋工程装备的设计须合资、合作	C351
		44	限制投资320马力及以下推土机、15吨级及以上30吨级及以下液压挖掘机、3吨级及以上6吨级及以下轮式装载机、220马力及以下平地机、压路机、叉车、135吨级及以下电力传动非公路自卸翻斗车、60吨级及以下液力机械传动非公路自卸翻斗车、60吨级及以下液力机械传动非公路自卸翻斗车、沥青混凝土搅拌与摊铺设备和高空作业机械、园林机械和机具、商品混凝土机械(托泵、搅拌车、搅拌站、泵车)制造	C351
		45	投资大型煤化工成套设备制造须合资、合作	C352
		46	投资空中交通管制系统设备制造须合资、合作	C359
	C36汽车制造业	47	投资汽车整车、专用汽车、农用运输车生产须合资,中方股份比例不得低于50%;股票上市的汽车整车、专用汽车、农用运输车股份公司对外出售法人股时,中方法人之一必须相对控股且大于外资法人股份之和;同一家外商可在国内建立2家以下(含2家)生产同类(乘用车类、商用车类)整车产品的合资企业,如与中方合资伙伴联合兼并国内其他汽车生产企业可不受2家的限制	C36
		48	投资汽车嵌入式电子集成系统的制造与研发须合资、合作	C366
		49	投资新能源汽车能量型动力电池(能量密度≥110Wh/kg,循环寿命≥2000次)外资比例不超过50%	C366
	C37铁路、船舶、航空航天和其他运输设备制造业	50	投资轨道交通运输设备须合资、合作:高速铁路、铁路客运专线、城际铁路、干线铁路及城市轨道交通运输设备的整车和关键零部件(牵引传动系统、控制系统、制动系统)的研发、设计与制造;城市轨道交通乘客服务设施和设备的研发、设计与制造,高速铁路、铁路客运专线、城际铁路及城市轨道交通信息化建设中有关信息系统的设计与研发;轨道交通运输通信信号系统的研发、设计与制造,铁路噪声和振动控制技术与研发、铁路运输安全监测设备制造	C371 C372
		51	投资船舶低、中速柴油机及其零部件的设计,游艇的制造须合资、合作	C373
		52	投资船舶低、中速柴油机及曲轴的制造须中方控股	C373
		53	投资船舶舱室机械制造须中方相对控股	C373
		54	限制投资船舶(含分段)的设计、制造与修理(中方控股);投资海洋工程装备(含模块)制造与修理须中方控股	C373 C351 C433
		55	投资民用通用飞机的设计、制造与维修须合资、合作	C374 C433

部门	领域	序号	特别管理措施	国民经济行业分类代码
C制造业	C37铁路、船舶、航空航天和其他运输设备制造业	56	投资航空发动机、航空辅助动力系统的设计、制造与维修须合资、合作；投资民用航空机载设备设计与制造须合资、合作	C374 C433
		57	投资3吨级以下民用直升机设计与制造须合资、合作，投资3吨级及以上民用直升机设计与制造须中方控股	C374
		58	投资民用干线、支线飞机的设计、制造与维修须中方控股	C374 C433 G563
		59	投资地面、水面效应飞机制造及无人机、浮空器设计与制造须中方控股	C374
		60	大排量(排量>250ml)摩托车中外合资生产企业的中方股份比例不得低于50%；股票上市的大排量(排量>250ml)摩托车股份公司对外出售法人股份时，中方法人之一必须相对控股且大于外资法人股之和；同一家外商可在国内建立2家以下(含2家)生产摩托车类整车产品的合资企业，如与中方合资伙伴联合兼并国内其他汽车生产企业可不受2家的限制	C375
	C38电气机械和器材制造业	61	投资100万千瓦超超临界火电机组用关键辅机设备制造须合资、合作：安全阀、调节阀	C381
		62	投资输变电设备制造须合资、合作：非晶态合金变压器、500千伏及以上高压开关用操作机构、灭弧装置、大型盆式绝缘子(1000千伏、50千安以上)，500千伏及以上变压器用出线装置、套管(交流500、750、1000千伏，直流所有规格)、调压开关(交流500、750、1000千伏有载、无载调压开关)，直流输电用干式平波电抗器，±800千伏直流输电用换流阀(水冷设备、直流场设备)	C381
		63	投资额定功率350MW及以上大型抽水蓄能机组制造须合资、合作：水泵水轮机及调速器、大型变速可逆式水泵水轮机组、发电电动机及励磁、启动装置等附属设备	C381
		64	禁止投资开口式(即酸雾直接外排式)铅酸电池、含汞扣式氧化银电池、含汞扣式碱性锌锰电池糊式锌锰电池、镉镍电池制造	C384
	C39计算机、通信和其他电子设备制造业	65	投资民用卫星设计与制造、民用卫星有效载荷制造须中方控股	C392
		66	限制投资卫星电视广播地面接收设施及关键件生产	C393
D电力、热力、燃气及水生产和供应业	D44电力、热力生产和供应业	67	投资核电站的建设、经营须中方控股	D44
		68	限制投资电网的建设、经营(中方控股)，限制投资城市人口50万以上的城市热力管网、燃气管网、供排水管网的建设、经营(中方控股)	D44 D45 D46
E建筑业	E48土木工程建筑业	69	投资支线铁路及其桥梁、隧道、轮渡和站场设施的建设、经营须合资、合作	E481
		70	投资铁路干线路网的建设、经营须中方控股	E481
		71	投资高速铁路、铁路客运专线、城际铁路基础设施综合维修须中方控股	E481
		72	投资城市地铁、轻轨等轨道交通的建设、经营须中方控股	E481

部门	领域	序号	特别管理措施	国民经济行业分类代码
F批发和零售业	F51批发业、F52零售业	73	限制投资粮食收购，承担储备粮经营管理和军粮供应任务的粮食企业须国有控股，限制投资粮食、棉花的批发，限制投资大型农产品批发市场建设、经营	F511
		74	限制投资烟草的批发、零售、配送	F512 F522
		75	除香港、澳门服务提供者可以独资、合资、合作形式提供音像制品（含后电影产品）分销外，限制其他国家或地区投资者投资音像制品（除电影外）的分销（限于合作）	F514 F524 L712
		76	限制投资农药、农膜、保税油的批发、配送	F516
		77	禁止投资文物拍卖和文物商店	F518 F524
		78	限制投资农药、农膜的零售、配送（设立超过30家分店、销售来自多个供应商的不同种类和品牌商品的连锁店由中方控股）	F521
		79	除同一香港、澳门服务提供者投资图书、报纸、期刊连锁经营的出资比例不得超过65%外，其他国家或地区投资者投资图书、报纸、期刊连锁经营，连锁门店超过30家的，不允许控股	F524 L712
		80	限制投资加油站（同一外国投资者设立超过30家分店、销售来自多个供应商的不同种类和品牌成品油的连锁加油站，由中方控股）建设、经营	F526
		81	限制投资直销，投资者须具有3年以上在中国境外从事直销活动的经验，且公司实缴注册资本不低于8000万元人民币；限制投资网上销售（一般商品的网上销售除外）	F529
G交通运输、仓储和邮政业	G53铁路运输业	82	限制投资铁路旅客运输公司（中方控股）	G531
	G54道路运输业	83	限制投资公路旅客运输公司（限于合资），从事班线客运、旅游客运、包车客运外资比例不超过49%，主要投资者中至少一方必须是中国境内从事5年以上道路旅客运输服务的企业；从事道路客运站（场）经营须合资（外资比例不超过49%）或合作	G542
		84	限制投资出入境汽车运输公司	G543
	G55水上运输业	85	限制投资国内水路运输业务（中方控股），投资定期、不定期国际海上运输业务须合资、合作	G551 G552
		86	除从事公共国际船舶代理业务的，外资比例不超过51%外，限制投资船舶代理（中方控股）	G553
		87	限制投资外轮理货（限于合资、合作）	G553
	G56航空运输业	88	投资航空运输业须中方控股，法定代表人须为中国籍公民，经营年限不得超过30年，其中投资公共航空运输业务的，单个外方（含关联方）投资比例 不得超过25%	G561
		89	投资农、林、渔业通用航空公司须合资、合作，法定代表人须为中国籍公民，经营年限不得超过30年	G562
		90	投资从事公务飞行、空中游览的通用航空企业须中方控股，限制投资摄影、探矿、工业等通用航空企业（中方控股），法定代表人须为中国籍公民，经营年限不得超过30年	G562

部门	领域	序号	特别管理措施	国民经济行业分类代码
G交通运输、仓储和邮政业	G56航空运输业	91	除香港、澳门服务提供者可以独资形式提供代理服务、装卸控制和通信联络及离港控制系统服务、集装设备管理服务、旅客与行李服务、货物与邮件服务、机坪服务、飞机服务等七项航空运输地面服务外，其他国家或地区投资者投资航空运输地面服务须合资、合作	G563
		92	投资航空油料项目须中方控股	G563
		93	除中国与其他世贸组织成员签署的自由贸易区协议允许的相关世贸组织成员服务提供者可与中国内地的计算机订座系统服务提供者成立中国内地企业控股的合资企业外，禁止其他国家或地区投资者投资民航计算机订座系统，相关投资需进行经济需求测试	G563
		94	投资民用机场 的建设、经营须中方相对控股	G563
		95	禁止投资空中交通管制公司	G563
	G60邮政业	96	禁止投资经营信件的国内快递业务和投资邮政公司	G601 G602
I信息传输、软件和信息技术服务业	I63电信、广播电视和卫星传输服务	97	限制投资基础电信业务，外资比例不超过49%	I63
		98	禁止投资各级广播电台(站)、电视台(站)、广播电视频道(率)、广播电视传输覆盖网(发射台、传播台、广播电视卫星、卫星上行站、卫星收转站、微波站、监测台、有线广播电视传输覆盖网)	I63
	I64互联网和相关服务	99	除应用商店以外，投资经营其他信息服务业务的外方投资比例不得超过50%	I64
		100	投资经营国内因特网虚拟专用网业务的外方投资比例不得超过50%	I64
		101	禁止投资新闻网站、网络视听节目服务、互联网上网服务营业场所、互联网方化经营(音乐除外)	I64
		102	禁止直接或间接从事和参与网络游戏运营服务	I64
	I65软件和信息技术服务业	103	除投资经营类电子商务的外方投资比例不得超过55%以外，投资经营其他在线数据处理与交易处理业务的外方投资比例不得超过50%	I65
		104	禁止投资经营因特网数据中心业务	I65

部门	领域	序号	特别管理措施	国民经济行业分类代码
J金融业	J66货币金融服务、J67资本市场服务、J68保险业、J69其他金融业	105	投资银行业金融机构须符合现行规定	J66
		106	限制投资保险公司(含集团公司,寿险公司外方投资比例不超过50%)、保险中介机构(含保险经纪、代理、公估公司)、保险资产管理公司	J68
		107	限制投资证券公司,外方参股比例不超过49%,初设时业务范围限于股票(包括人民币普通股、外资股)和债券(包括政府债券、公司债券)的承销与保荐、外资股的经纪、债券(包括政府债券、公司债券)的经纪和自营,持续经营2年以上符合相关条件的,可申请扩大业务范围;限制投资证券投资基金管理公司,外方参股比例不超过49%;限制投资证券投资咨询机构,仅限港澳证券公司,参股比例不超过49%;限制投资期货公司,仅限港澳服务提供者,参股比例不超过49%	J67
		108	投资融资租赁公司的外国投资者总资产不得低于500万美元;公司注册资本不低于1000万美元,高级管理人员应具有相应专业资质和不少于3年从业经验	J69
K房地产业	K70房地产业	109	限以项目公司形式投资高档宾馆、高档写字楼、国际会展中心	K701
		110	禁止投资别墅的建设、经营	K701
		111	限以项目公司形式投资房地产二级市场交易	K704
L租赁和商务服务业	L72商务服务业	112	投资设立投资性公司,注册资本不得低于3000万美元,外国投资者应为外国公司、企业 或其他经济组织,申请前一年该投资者的资产总额不低于4亿美元,且该投资者在中国境内已设立投资企业,其实缴注册资本超过1000万美元,或该投资者在中国境内已设立10个以上投资企业,其实缴注册资本超过3000万美元	L721
		113	限制投资法律咨询,外国律师事务所限以设立代表处的形式提供法律服务	L722
		114	投资会计师事务所须合伙	L723
		115	限制投资市场调查(限于合资、合作)	L723
		116	禁止投资社会调查	L723
		117	除允许香港、澳门服务提供者设立独资人才中介机构外,其他国家或地区投资者只能设立中外合资人才中介机构,外资比例不超过70%,最低注册资本为12.5万美元,外方投资者应当是从事3年以上人才中介服务的外国公司、企业和其他经济组织	L726
		118	投资从事出境旅游业务的旅行社限合资(不得从事赴台湾地区旅游业务)	L727
		119	投资武装守护押运服务的保安服务公司外方投资比例不得超过49%	L728
		120	限制投资评级服务公司	L729

部门	领域	序号	特别管理措施	国民经济行业分类代码
M科学研究和技术服务业	M73研究和试验发展	121	禁止投资人体干细胞技术开发和应用	M731
		122	禁止投资基因诊断与治疗技术开发和应用	M734
	M74专业技术服务业	123	限制投资测绘公司(中方控股);禁止投资大地测量、海洋测绘、测绘航空摄影、行政区域界线测绘、地形图、世界政区地图、全国政区地图、省级及以下政区地图、全国性教学地图、地方性教学地图和真三维地图的编制、导航电子地图编制以及国务院测绘行政主管部门规定的其他测绘活动	M744
		124	限制投资空中摄影等特技摄影服务(限于合资)	M749
N水利、环境和公共设施管理业	N76水利管理业	125	投资综合水利枢纽的建设、经营须中方控股	N762 N763
	N77生态保护和环境治理业	126	禁止投资自然保护区和国际重要湿地的建设、经营	N771
		127	禁止投资国家保护的原产于中国的野生动、植物资源开发	N771
P教育	P82教育	128	投资经营性教育培训机构、职业技能培训机构须合作	P82
		129	投资非经营性学前教育、中等职业教育、普通高中教育、高等教育等教育机构,以及非经营性教育培训机构、职业技能培训机构限合作,不允许设立分支机构	P82
		130	禁止投资义务教育,以及军事、警察、政治、宗教和党校等特殊领域教育机构;禁止投资经营性学前教育、中等职业教育、普通高中教育、高等教育等教育机构	P82
Q卫生和社会工作	Q83卫生	131	投资医疗机构不允许设立分支机构	Q83
R文化、体育和娱乐业	R85新闻和出版业	132	禁止投资新闻机构	R851
		133	禁止投资图书、报纸、期刊的出版业务	R852
		134	禁止投资音像制品和电子出版物的出版、制作业务	R852
	R86广播、电视、电影和影视录音制作业	135	除香港、澳门服务提供者外,限制投资电影院的建设、经营(中方控股)	R86
		136	限制投资广播电视节目、电影的制作业务(限于合作)	R86
		137	禁止投资广播电视节目制作经营公司、电影制作公司、发行公司、院线公司	R86
	R88体育	138	禁止投资高尔夫球场的建设、经营	R882
	R89娱乐业	139	限制投资大型主题公园的建设、经营	R892

关于印发上海国际贸易单一窗口建设工作方案的通知

上海口岸工作领导小组成员单位：

《上海国际贸易单一窗口建设工作方案》经2014年上海口岸工作领导小组会议审议通过，并报国家试点工作组同意，现予以印发。

联系人：尚俊松，63292550，18918887767。

上海市口岸服务办公室

2014年12月31日

上海国际贸易单一窗口建设工作方案

建设国际贸易单一窗口，作为贯彻落实十八届三中全会提出“实现口岸管理部门信息互换、监管互认、执法互助”要求的具体措施，是上海自贸区贸易监管制度创新和促进上海口岸通关安全便利的重要内容，也是借鉴国际先进经验、遵循国际通行规则、降低企业成本费用、提高贸易便利化的重要途径。

上海市委市政府把建设国际贸易单一窗口作为一项重点工作，要求全力予以推进。在海关总署、质检总局、公安部、交通运输部及有关部委支持和指导下，上海国际贸易单一窗口建设试点进展顺利，6月18日试点项目正式上线运行。为加快单一窗口建设进程，加强推进工作统筹协调，现提出上海国际贸易单一窗口建设工作方案：

一、总体目标

依托上海地方政府主导的公共信息平台（上海电子口岸），实现贸易和运输企业通过单一窗口平台一点接入、一次性递交满足监管部门要求的格式化单证和电子信息，监管部门处理状态（结果）通过单一窗口平台反馈给申报人。监管部门按照确定的规则，共享监管资源，实施联合监管。

力争用三年左右的时间，基本建成上海国际贸易单一窗口。

二、主要内容

根据联合国及世贸组织相关建议和协定，国际贸易单一窗口是使贸易和运输相关各方在单一登记点递交满足全部进口、出口和转运相关监管规定的标准资料和单证的一项措施。企业提交的单证或电子数据，通过相关政府机构审查后，其结果应通过单一窗口及时通知申请人。政府机构不应该要求企业重复提交相同的单证或数据。

建设单一窗口，应具备以下基本要素，即：一个平台。企业所有申报行为只面对一个平台，相关部门监管信息只通过一个平台反馈申报人，各监管部门通过一个平台实施信息共享；一次递交。企业只需向平台一次递交申报信息及相关材料，已通过单一窗口受理的申报信息，相关机构不应再重复要求企业提交；一个标准。各监管部门要求企业提交的单证和电子数据的格式、种类等，应采用统一的标准规范。

借鉴发达国家和地区建设单一窗口的实践经验，并结合我国国际贸易监管体制实际，上海国际贸易单一窗口建设的主要功能包含以下六个方面：

1、货物进出口。主要包括进出口申报、国际转运申报等。企业使用该平台，一次递交相关申报数据和随附单证，满足海关、检验检疫和海事的监管要求，监管部门将相关监管结果告知申报人和监管场所。监管场所的相关货物移动、查验预约、提离、储运等信息，通过平台告知贸易企业、承运人等相关各方。

2、运输工具。主要包括船舶申报、航空器申报、危险品申报、人员信息申报、舱单信息共享以及相关许可申办等。承运人或代理将各项申报所需内容，一次性录入平台，分别发送各口岸查验单位，查验单位监管结果信息经平台反馈企业。

3、进出口许可。内容包括进口许可、出口许可等。企业通过平台，向国家有关部门申办货物进出口申报所需的各类许可证件、证明等，相关许可证主管部门将处理结果通过平台反馈申请人。

4、支付结算。内容包括关税支付、规费缴纳、外汇结算、出口退税等功能。依托现有税费电子支付系统，通过登陆单一窗口办理海关税费（船舶吨税）、检验检疫规费、海事规费、查验辅助作业收费等电子支付，查询各项缴费信息，办理外汇结算、出口退税手续等。

5、企业资质。内容包括对外贸易经营资格、货物申报资质、运输工具申报资质等。企业办理各类资质，可以在单一窗口平台上提交申请和相关信息，申请信息由平台分发各政府部门进行处理，处理结果反馈到平台。

6、信息查询。各政府部门根据监管需要，按照平台数据共享和应用规则，相互查询和共享各类监管审批状态和结果信息，促进监管互认和执法互助。企业可在平台上依据授权查询检索相关信息。

三、主要步骤

从各国推行单一窗口的经验来看，一般是先实现企业与监管部门之间通关信息的递交和反馈、监管部门信息共享；再不断扩大应用范围，拓展到贸易许可、外汇、税费支付以及有关行政许可和登记事项，实现更多政府部门之间的信息共享。

上海国际贸易单一窗口建设，应遵循国际通行规则，结合口岸管理实际和自贸区监管制度创新的要求，先易后难、先基本框架后拓展完善，分步予以推进。

1、2014 年上半年，单一窗口建设试点项目运行，先选择一般贸易进口货物申报、船舶出口岸联网核放两个试点项目，6 月份上线测试运行。

——进口货物申报，实现企业在单一窗口一次性提交申报信息，分别发送给海关和检验检疫的监管系统，申报结果通过单一窗口反馈。

——船舶出口岸联网核放，实现海事、海关、检验检疫、边检在单一窗口办理船舶放行手续，企业不用再分别到各查验单位办理出口岸联系单盖章手续。

以上两个项目，在测试运行的基础上，逐步扩大试点企业范围，结合企业体验，改进和完善系统功能，提高系统稳定性，试点口岸由自贸区洋山港扩大到上海港。

2、2014 年下半年，重点扩大单一窗口建设的试点项目，实现口岸通关和监管通过单一窗口受理。

——各口岸监管部门共同推进通过单一窗口平台接受贸易企业、运输企业申报，并将监管状态和结果信息反馈申报人。

——研究推动货物申报由进口推广到出口、由海港推广到空港。

——研究推动由船舶出口岸联网核放，扩展到船舶进出口岸手续办理环节。

——研究推动自贸区企业先行先试项目。如保税货物进出区申报。

——研究制定单一窗口运行规则、数据管理办法、操作流程等。

3、2015 年，重点拓展和完善单一窗口应用功能。到 2016 年，基本建成上海国际贸易单一窗口。

——在单一窗口实现海关税费、相关规费以及查验辅助作业服务费用的电子支付。

——实现船舶和贸易许可与证书、外汇、出口退税等业务在单一窗口办理。推进各政府管理部门通过单一窗口平台，受理企业资质相关行政审批和登记等事项。

——监管场所的货物和运输工具相关的移动、查验服务、提离、出运等信息，通过平台发送贸易企业、承运人等相关各方。

——在平台上实现会展物品申报，以及国际转运功能；

——在平台上建立关检一次查验的指令自动比对系统，建立和优化监管互认和执法互助的作业流程。

——实现贸易和运输企业信息管理系统与单一窗口对接。

——推动口岸申报数据统一和标准化。实现各监管部门依照合作协议和规则，共享相应监管状态信息。

四、组织实施

1、建设单一窗口，应充分尊重口岸监管部门的执法主体地位，监管数据由监管部门信息系统处理，以现行监管作业模式为基础，主动适应各部门推进业务改革的要求。

2、建设单一窗口，既要有利于高效监管，又不给企业增加负担。单一窗口各项应用服务项目，区分公共政务类和增值服务类的不同属性，按照相关规定和实际成本，研究提出合理可行的运维资金保障方案。充分发挥现有口岸信息化运维企业的作用，鼓励共同参与平台项目开发和维护。

3、建设单一窗口，依托上海地方政府主导的公共信息平台（上海电子口岸），相关各方信息系统与平台对接。建立平台运维机制和工作规范，明确相关各方共同管理平台数据的存储、交换、共享等事项的规则，确保平台数据的安全可靠和高效利用。研究平台“一卡多证”的实现途径，简化用户平台作业身份认证手续。推进商务贸易和行政审批的全程无纸化，提高商务协议认可和行政审批的工作效率。

4、加强组织保障工作。成立上海国际贸易单一窗口试点推进组，由上海市口岸办、上海海关、上海检验检疫局、上海海事局、上海边检总站、上海市发改委、上海市交通委、上海市商务委、上海市经信委、上海自贸区管委会、上海电子口岸办共同组成。上海推进组按照国家推进单一窗口建设的部署和要求，负责建设方案建议的研究和落实、项目协调推进、平台运行保障、信息化项目建设以及数据安全管理等具体工作，主动与单一窗口建设国家试点工作组做好对接，积极争取国家部委指导和支持，进一步细化推进组任务分工和落实推进进度。

上海市口岸办　上海市发展改革委

上海市交通委　上海市商务委

上海市经济信息化委　中国(上海)自贸区管委会

上海海关　上海检验检疫局

上海海事局　上海边检总站

上海电子口岸办

上海海关关于调整浦东国际机场空运出口货物监管通关作业流程的公告

中华人民共和国上海海关

公　告

2014 年　第 2 号

为支持上海航空枢纽建设，进一步提高空运口岸通关效率，确保海关各项监管要求有效落实，上海海关根据法律、法规及海关相关管理规定，决定自 2014 年 3 月 24 日起，对在上海浦东国际机场海关申报并从浦东国际机场装运出境的空运出口普通货物（以下简称“空运出口货物”）监管通关作业流程进行调整。现将有关事项公告如下：

一、作业模式

（一）对空运出口货物实施“提前申报、运抵验放”模式。出口货物的发货人或其代理人（以下统称“申报人”）在出口货物备齐后，即可提前向海关办理申报手续，货物运抵监管场所后，空运地面代理（以下简称“地面代理”）按规定格式向海关传输运抵报告电子数据，海关凭以办理货物验放手续。

（二）对空运出口货物实施“放行信息电子化”管理模式。地面代理凭海关电子放行信息安排货物出运。

二、作业要求

（一）报关申报

空运出口货物应按照《中华人民共和国海关进出口货物报关单填制规范》（海关总署 2008 年第 52 号公告）要求，在报关单“提运单号”栏填报“总运单号＋‘_’＋分运单号”，无分运单的填报总运单号。

（二）货物过卡

海关完成报关单接单后，货运代理根据所收到的交付通知，打印《载货清单》，将货物运至海关卡口，并根据卡口信息提示进入相应的海关查验区或空运监管场所。

（三）货物查验

海关在货物进入海关卡口时告知货物布控查验信息，申报人应尽快派员配合海关实施查验。

（四）货物运抵

货物运抵监管场所后，地面代理应按规定格式和要求向海关传输运抵报告电子数据。

（五）货物放行

海关完成放行后，向地面代理发送电子放行信息。地面代理应按《上海海关关于实施放行电子信息安全认证规范的公告》（沪关公告〔2013〕4号）要求对电子放行信息进行验签，并核对航班编号、提运单号、重量等信息与实际货物信息一致后，安排货物出运。

对于无电子放行信息或电子放行信息不相符的，地面代理应开具《上海海关空运电子放行信息确认联系单》，海关凭此办理放行确认手续。地面代理应凭加盖海关“放行确认章”的《上海海关空运电子放行信息确认联系单》，安排货物出运。

（六）漏装改配

实施“放行信息电子化”管理模式的空运出口货物申请办理漏装改配的，申请人应提交下列单证，替代原漏装货物的出口查验/放行通知或经海关签章的运单：

1. 地面代理已收到电子放行信息的，提交地面代理出具的《空运出口货物电子放行信息证明》；

2. 地面代理收到海关放行确认凭证的，提交《上海海关空运电子放行信息确认联系单》。

海关审核相关申请材料完备、有效并核实货物符合放行条件后，在《出口漏装改配申请单》上加盖“放行章”，地面代理凭以安排货物出运。

（七）退关及报关单撤销

1.对于海关已放行的报关单，申报人在申请办理退关或报关单撤销时，除按现行规定提供相关申请材料外，还应提交由地面代理出具的《空运出口货物在港证明》。

2.申报人申请办理退关的，应提交《空运出口货物提离海关监管场所申请单》。经审核同意退关的，海关在《空运出口货物提离海关监管场所申请单》上批注意见，地面代理凭此办理货物提离手续。

3.地面代理出具《空运出口货物在港证明》后，不得凭原放行凭证安排货物出运。

（八）其他

地面代理应妥善保存电子放行信息、放行确认凭证及其他各类相关单证，以备海关核查。

三、应急处置

对于因信息化系统发生故障，无法正常接收海关电子放行信息的，地面代理凭加盖海关“放行章”及“放行确认章”的运单安排货物出运。

特此公告。

附件：（略）

上海海关

2014年3月3日

上海海关关于在中国(上海)自由贸易试验区实施境外入区货物“先进区、后报关”作业模式的公告

中华人民共和国上海海关

公　告

2014年　第6号

为推进中国(上海)自由贸易试验区(以下简称“试验区”)进出境货物通关便利化,根据《中华人民共和国海关法》和《国务院关于印发中国(上海)自由贸易试验区总体方案的通知》(国发〔2013〕38号),经海关总署批准,就试验区内实施境外入区货物“先进区、后报关”作业模式(以下简称“先进区、后报关”)相关事宜公告如下:

一、“先进区、后报关”是指在试验区境外入区环节,经海关注册登记的试验区内企业(以下简称“区内企业”)可以凭进境货物的舱单等信息先向海关简要申报,并办理口岸提货和货物进区手续,再在规定时限内向海关办理进境货物正式申报手续的作业模式。

二、开展“先进区、后报关”作业模式的区内企业应当符合以下条件:

(一)企业管理类别为B类及以上;

(二)建立符合海关监管要求的计算机管理系统,能够通过数据交换平台或者其他计算机网络,按照海关规定的认证方式与“中国(上海)自由贸易试验区海关监管信息化系统”(以下简称“信息化系统”)联网,向海关报送能够满足海关监管要求的相关数据。(具体联网条件及办理手续详见上海海关公告2014年第5号)

三、符合条件的区内企业开展“先进区、后报关”作业模式的,应当向试

验区主管海关(以下简称“主管海关”)办理备案手续,并提交以下材料:

(一)《中国(上海)自由贸易试验区“先进区、后报关”业务模式备案表》;

(二)《中华人民共和国海关报关单位注册登记证书》正本及复印件;

(三)海关认为需要提交的其他材料。

主管海关在材料收齐之日起3个工作日内反馈意见。

四、区内企业可以自行选择全部或者部分业务适用“先进区、后报关”作业模式。

企业货物属于国家禁止或者限制进境货物的,不适用“先进区、后报关”作业模式。

五、区内企业应当在信息化系统企业端中根据货物的舱单等信息如实填制“提货申请单”并发送至主管海关;接收到核准信息后前往口岸提货,并在信息化系统企业端打印“提货通知书”;监管场所经营人凭海关电子信息办理货物提离手续。

区内企业应当使用海关监管车辆运输货物,并在提货后的24小时内凭“提货通知书”将货物运入试验区。

区内企业应当自运输工具申报进境之日起14日内向主管海关申报进境备案。

六、在试验区内实施区港一体管理的海关特殊监管区域,对从区内口岸作业区经区内通道运至区内保税作业区的“先进区、后报关”货物,区内企业可以自行运输。

七、区内企业至口岸提货时,因系统设备故障无法正常接收海关电子信息的,可以与主管海关联系后凭加盖海关“放行章”或者“放行确认章”的纸质正本提运单办理提货手续;也可以选择适用现行通关模式办理海关手续。

八、已入区未备案申报的货物不得出区。

已备案申报货物在收发货过程中发生错发、溢短及破损等情况需要退运出区的,按一般退运手续处理。

九、有下列情形之一的,暂停适用相应企业的“先进区、后报关”作业模式：

（一）不符合业务开展条件的；

（二）涉嫌走私或者进出口侵犯知识产权货物，被海关立案调查的；

（三）有其他违法行为，海关认为需要暂停的。

待重新符合业务开展条件或者调查结束后，由主管海关根据实际情况确定是否恢复。

十、本公告所称监管场所经营人包括符合《上海海关关于实施放行电子信息安全认证规范的公告》（上海关公告 2013 年第 4 号）要求的海运口岸监管场所经营人，以及位于试验区内的空运监管场所经营人。

本公告自 2014 年 5 月 1 日起施行。

特此公告。

附件：（略）

上海海关

2014 年 4 月 21 日

上海海关关于开展跨境贸易电子商务进口业务的公告

中华人民共和国上海海关

公　告

2014年　第13号

根据《中华人民共和国海关法》，现就开展跨境贸易电子商务进口业务相关事宜公告如下：

一、参与跨境贸易电子商务企业（以下简称“电商企业”）、第三方支付企业（以下简称“支付企业”）、物流企业、经海关注册登记的中国（上海）自由贸易试验区（以下简称“试验区”）内仓储企业（以下简称“仓储企业”）应当提前通过上海市跨境贸易电子商务服务试点平台（以下简称“服务平台”）向海关进行企业电子信息备案。备案材料包括：

（一）境内企业备案表；

（二）企业法人营业执照、税务登记证、组织机构代码证；

（三）企业法人代表身份证明；

（四）银行开户证明；

（五）境外电商与境内企业的关联合同或者相关证明材料；

（六）海关认为需要提交的其他材料。

开展网购保税进口业务的仓储企业还应当提交海关报关单位注册登记证书。

企业备案信息发生变化的，应当及时向海关办理备案变更手续。

二、电商企业应当提前向海关办理物品备案手续。开展直购进口业务的，向首次进口口岸的口岸海关办理；开展网购保税进口业务的，向试验区主管海关（以下简称“主管海关”）办理。备案信息包括商品名称、规格型号及商品编号等。

电商企业不得经营国家禁止和限制进境的物品，具体物品目录按照《中华人民共和国禁止和限制进境物品表》（海关总署令第43号）执行。

三、参与跨境贸易电子商务的消费者订单生成并支付货款、物品税款等相关费用后，电商企业、支付企业、物流企业、仓储企业应当向服务平台提交物品交易数据、资金结算数据、物流数据。

四、开展直购进口业务，物流企业应当将物品运入物流企业在口岸设立的专用区域（以下简称“专用区域”）进行仓储、分拣等操作，并与普通货物分区放置，将物品贴上二维码标签后，向海关申报。

五、开展网购保税进口业务，仓储企业应当向主管海关办理进出试验区申报，货物、物品运输进出试验区应当通过卡口。

货物运输进试验区后，仓储企业通过中国（上海）自由贸易试验区海关监管信息化系统（以下简称“信息化系统”）核增电子账册。仓储企业将物品贴上二维码标签后，经海关集中监管点办理出试验区手续，通过信息化系统核减电子账册。

六、海关查验应当在专用区域或者海关集中监管点进行。

七、物流企业在收件时应当验视内件，确保单货相符。

八、电商企业、支付企业、物流企业、仓储企业存在下列情形之一的，暂停开展跨境贸易电子商务业务：

（一）不符合业务开展条件的；

（二）发生走私或者进出口侵犯知识产权货物情事的；

（三）有其他违法行为，海关认为需要暂停的。

待重新符合业务开展条件或者经整改验收通过后，由海关根据实际情况确定是否恢复。

九、本公告所称上海市跨境贸易电子商务服务试点平台，是指上海东方电子支付有限公司作为技术承办单位的服务平台，服务平台提供通关、税款网上征缴等基础性服务。电商企业通过该服务平台与上海海关跨境贸易电子商务通关管理系统实现联网。除上述要求外，参与网购保税进口业务的仓储企业还应当与信息化系统联网。

本公告自公布之日起施行。

特此公告。

上海海关

2014年4月21日

上海海关关于在中国（上海）自由贸易试验区实施“批次进出、集中申报”模式的公告

中华人民共和国上海海关

公　告

2014年　第20号

为推进中国（上海）自由贸易试验区（以下简称“试验区”）进出境货物通关便利化，根据《中华人民共和国海关法》和《国务院关于印发中国（上海）自由贸易试验区总体方案的通知》（国发〔2013〕38号），经海关总署批准，现将试验区内实施进出区货物“批次进出、集中申报”作业模式（以下简称“批次进出、集中申报”）相关事宜公告如下：

一、“批次进出、集中申报”，是指允许试验区内企业（以下简称区内企业）与境内区外企业（含区外海关特殊监管区域以及保税监管场所内企业）、区内其他企业之间分批次进出货物的，可以先凭卡口核放单（以下简称“核放单”）办理货物的实际进出区手续，再在规定期限内以备案清单或者报关单集中办理海关报关手续，海关依托“中国（上海）自由贸易试验区海关监管信息化系统”（以下简称“信息化系统”）进行监管的一种通关模式。

“卡口核放单”，是指记录车辆载货信息、报关单证信息及货物过卡信息的单证，用于实现卡口作业的比对、校验、核销和核扣功能，验放货物及承运车辆，记载卡口作业各项数据。

二、区内企业适用“批次进出、集中申报”应当具备以下条件：

（一）企业管理类别为B类及以上；

（二）建立符合海关监管要求的计算机管理系统，能够通过数据交换平

台或者其他计算机网络，按照海关规定的认证方式与信息化系统联网，向海关报送能够满足海关监管要求的相关数据。（具体联网条件及办理手续详见上海海关公告2014年第5号）

三、符合条件的区内企业开展“批次进出、集中申报”的，应当通过信息化系统向试验区主管海关（以下简称“主管海关”）进行备案，主管海关自收到备案申请之日起3个工作日内反馈意见。

四、区内企业在货物分批次进出前，应当通过信息化系统向主管海关备案企业及货物等关联信息，由主管海关进行核准。分批出区进口货物如涉及许可证件管理的，企业应当向主管海关提交相应的许可证件；如涉及税款征收的，企业应当提供足额税款担保。

关联信息经主管海关一次核准后，可以在试验区内持续使用。

五、区内企业根据关联信息通过信息化系统如实填制核放单并发送至主管海关，信息化系统对核放单进行自动判别，对符合条件的予以自动核准并反馈核准信息，对不符合条件的予以自动退回。

六、区内企业凭信息化系统自动审核通过的核放单，办理货物实际进出区手续。核放单数据发送后30日内货物未进出区且未进行撤销的，信息化系统自动停止其“批次进出、集中申报”业务，待货物实际进出区后予以自动恢复。

七、区内企业发送核放单数据后，如发生实际货物与核放单数据不符等情况需要变更或撤销的，可以向主管海关提出申请，经海关核准后予以变更和删除。

八、进出区货物在卡口查验发现异常的，该批货物不得进行集中申报，应当进行一单一报。

九、已进出区货物在集中申报前需要退运的，区内企业可以通过信息化系统向海关申报退运货物的相关信息，凭退运核放单经卡口确认后退运进出区。

十、区内企业应当根据相同供（收）货商、相同账册货物的原则，将自卡口确认放行之日起30日内的核放单，集中向主管海关办理申报手续。

集中申报不得跨年度办理。

十一、区内企业应当通过信息化系统汇总相关核放单生成报关申请单，向主管海关办理集中申报手续，并应当在备案清单“运输工具”栏内填制“分送集报”字样。

报关单（备案清单）中的商品名称、商品编号、商品数量及计量单位应当与汇总的核放单、报关申请单数据一致。

十二、有下列情形之一的，暂停适用相应企业的“批次进出、集中申报”作业模式：

（一）不符合业务开展条件的；

（二）本公历年度内变更和撤销核放单次数累计达到30票的；

（三）涉嫌走私或者进出口侵犯知识产权货物，被海关立案调查的；

（四）有其他违法行为，海关认为需要暂停的。

待调查结束或者经整改海关验收通过后，由主管海关根据实际情况确定是否恢复。

本公告自2014年6月30日起实施。

特此公告。

上海海关

2014年6月6日

上海海关关于在中国(上海)自由贸易试验区开展集中汇总征税业务的公告

中华人民共和国上海海关

公　告

2014 年　第 23 号

为推进中国(上海)自由贸易试验区(以下简称"试验区")进出境货物通关便利化,根据《中华人民共和国海关法》和《国务院关于印发中国(上海)自由贸易试验区总体方案的通知》(国发〔2013〕38 号)的规定,经海关总署批准,就试验区开展集中汇总征税(以下简称"汇总征税")作业模式相关事宜公告如下:

一、适用汇总征税作业模式的企业应当是进出口报关单上的经营单位,同时符合以下条件:

(一)海关税费电子支付系统用户;

(二)注册在试验区内 B 类以上企业、注册在试验区外 A 类以上企业;

(三)3 年内没有违反海关监管规定、进出口侵犯知识产权货物、走私记录,没有欠缴海关税收记录;

(四)遵守海关征税管理规定,积极配合海关的税收征管工作,按期及时纳税,能为海关提供必要的商贸信息。

"3 年内"指企业申请适用汇总征税作业模式之日起倒推 3 年。

二、企业要求适用汇总征税作业模式的,应当向上海海关关税处递交《试验区集中汇总征税企业综合评估表》(以下简称"《评估表》"),并接受税收资信综合评估。

注册在试验区内企业可以向试验区主管海关递交《评估表》。

三、海关在15个工作日内完成企业评估工作，如有特殊情况的，可以延长10个工作日。

完成评估后，上海海关关税处在《评估表》上填写海关意见，加盖单证专用章。

四、符合适用汇总征税作业模式的，企业应当按照海关在《评估表》上批注的意见，及时提交税款总担保。总担保的形式包括保证金、银行保函和非银行金融机构保函。

出具保函的银行、非银行金融机构应具有良好的资信和较大的资产规模，历史上未滞压或拖欠海关税款，能够主动配合海关实施税收保全或税收强制措施。

五、汇总征税企业适用汇总征税作业模式录入报关单时，应当选择“汇总征税”模式。

六、海关确认担保额度扣减成功，且无布控查验等其他海关要求事项，即可进行报关单的电子放行处理。如果额度扣减不成功，可由支付平台通知相关部门补发报文；或者改为正常缴税模式。

七、汇总征税企业应当在办结海关验放手续之日起10日内向试验区主管海关递交纸质报关单证。

八、汇总征税企业应当最晚于次月第5个工作日前通过电子口岸或者支付平台完成当月应缴税款支付的确认，并至试验区主管海关办理已先期放行应税货物集中打印海关税款缴款书（以下简称“税单”）的手续。

九、如有滞报金等其他费用，汇总征税企业应当在放行前缴清。

十、海关在审核过程中，发现申报有误进行改单处理后，若发生超出担保额度情况，企业应当在税单缴款期限内缴纳税款。

十一、汇总征税企业如未按规定办理集中打印税单手续的，海关可以径行打印税单，交企业及时缴税或由其担保机构按照保函条款，在纳税期限届满之前履行担保纳税义务。

十二、汇总征税未缴纳的税款原则上不允许跨年缴纳。

十三、海关将对汇总征税企业在每年年末实施年度评估，主要对企业报关单申报质量、超期办理税单集中打印手续、税款入库、超担保额度等情况进行评估。评估通过的，企业可以继续适用汇总征税作业模式。

十四、有下列情形之一的，暂停或者取消企业适用汇总征税作业模式：

（一）不符合本公告第一条适用汇总征税作业模式条件的，海关取消企业适用汇总征税作业模式；

（二）企业一个自然年度内两次出现未按照规定至海关集中打印汇总征税税单的，海关取消企业适用汇总征税作业模式；

（三）在对企业汇总征税报关单复审中，发现存在涉税问题，且涉税金额较大或者存在重大征管问题的，海关暂停或者取消其适用汇总征税作业模式；

（四）未通过海关年度综合评估的，海关暂停或者取消其适用汇总征税作业模式。

十五、暂停或者取消企业适用汇总征税作业模式的，试验区主管海关向企业制发《暂停/取消适用集中汇总征税作业模式告知书》，并加盖单证专用章。

暂停企业适用汇总征税作业模式的，待重新符合业务开展条件后，由海关根据实际情况确定是否恢复。

本公告自 2014 年 6 月 30 日起施行。

特此公告。

附件：（略）

上海海关

2014 年 6 月 11 日

上海海关关于在中国(上海)自由贸易试验区实施“一次备案、多次使用”模式的公告

中华人民共和国上海海关

公　告

2014 年　第 33 号

为推进中国(上海)自由贸易试验区(以下简称“试验区”)通关便利化,根据《中华人民共和国海关法》和《国务院关于印发中国(上海)自由贸易试验区总体方案的通知》(国发〔2013〕38 号),现将试验区内实施“一次备案、多次使用”作业模式(以下简称“一次备案、多次使用”)相关事宜公告如下:

一、“一次备案、多次使用”是指试验区内企业(以下简称“区内企业”)在账册备案环节通过“中国(上海)自由贸易试验区海关监管信息化系统”(以下简称“信息化系统”)向试验区主管海关一次性备案企业、进出货物等信息,经主管海关核准后,可以在试验区各项海关业务中多次、重复使用的海关监管模式。

二、区内企业经账册备案后,在开展“批次进出、集中申报”、“保税展示交易”、“境内外维修”、“期货保税交割”、“融资租赁”等经海关核准开展的业务中,可以在信息化系统中直接调用已备案的企业和进出货物等信息,无需再向海关重复备案。

三、区内企业适用“一次备案、多次使用”作业模式的,应当建立符合海关监管要求的计算机管理系统,能够通过数据交换平台或者其他计算机网络,按照海关规定的认证方式与信息化系统联网,向海关报送能够满足海关

监管要求的相关数据。(具体联网条件及办理手续详见上海海关公告 2014 年第 5 号)

本公告自发布之日起实施。

特此公告。

上海海关

2014 年 8 月 12 日

上海海关关于复制推广第一批中国（上海）自由贸易试验区海关监管服务创新制度的公告

中华人民共和国上海海关

公　告

2014 年　第 34 号

为最大程度释放中国（上海）自由贸易试验区（以下简称“试验区”）海关监管服务制度创新的改革红利，现就第一批试验区海关监管服务创新制度在上海关区复制推广事宜公告如下：

一、“一线进境货物‘先进区、后报关’”、“区内企业货物流转自行运输”、“融资租赁”、“简化统一进出境备案清单”复制推广到试验区外其他海关特殊监管区域（以下简称“其他特殊区域”）和保税物流中心（B 型）。

二、“对符合条件的加工贸易企业实行工单式核销”复制推广到整个上海关区。

三、“批次进出、集中申报”、“对符合条件的仓储企业实行联网监管”、“保税展示交易”复制推广到其他特殊区域和保税监管场所。

四、“智能化卡口验放”分批复制推广到其他特殊区域和保税物流中心（B 型）、口岸以及其他有卡口设施的监管场所。根据现有业务量等条件，先在松江、漕河泾出口加工区卡口复制推广。

上述 9 项制度所涉的准入条件、操作流程等详见上海海关 2014 年第 6、7、8、9、12、17、18、20、25 号公告。

本公告自 2014 年 8 月 18 日起施行。

特此公告。

上海海关

2014 年 8 月 15 日

上海海关关于在中国(上海)自由贸易试验区实施“自动审放、重点复核”模式的公告

中华人民共和国上海海关

公　告

2014 年　第 36 号

为推进中国(上海)自由贸易试验区(以下简称“试验区”)进出境货物通关便利化,根据《中华人民共和国海关法》和《国务院关于印发中国(上海)自由贸易试验区总体方案的通知》(国发〔2013〕38 号)的规定,经海关总署批准,现将试验区开展“自动审放、重点复核”审单作业模式(以下简称“自动审放、重点复核”)相关事宜公告如下:

一、“自动审放、重点复核”审单作业模式,是指在实时审单环节对少部分报关单加强监管和审核,对大多数报关单由计算机自动审放。

二、企业发送报关单数据后,经计算机审核符合放行条件的,由计算机自动验放。企业收到“放行”回执后,以无纸方式申报的,企业自助打印“放行通知书”,无需再至业务现场办理。以有纸方式申报的,按照现行规定执行。

三、企业发送报关单数据后,经计算机审核不符合放行条件的,转由人工进行审核。

(一)审核后直接放行的,按第二条办理。

(二)需要补充相关资料的,按现行规定递交。适用通关作业无纸化作业方式的企业,可通过 EDI 申报端附件上传功能进行提交。

(三)需要与人工审核关员进一步联系的,按现行规定办理。企业也可

至外高桥保税区海关事务服务中心通过视频审单系统与审单处关员进行联系。

四、如需打印税单,直接至业务现场办理。

五、如需进行报关单修改/撤销、保证金、查验待处理等事项,至现场海关办理相关事项。

本公告自2014年9月1日起施行。

特此公告。

上海海关

2014年8月29日

上海海关关于调整保税仓库及出口监管仓库货物流转审批相关事宜的公告

中华人民共和国上海海关

公　告

2014 年　第 37 号

为推进通关便利化，现就调整上海关区保税仓库及出口监管仓库（以下简称“两仓”）货物流转相关审批及报关事项公告如下：

一、调整下列审批事项

（一）上海关区保税仓库与上海各口岸之间货物流转不按转关运输方式审批。

（二）上海关区“两仓”与上海各海关特殊监管区域、保税监管场所之间货物结转不按转关运输方式审批。

二、调整“两仓”与上海各海关特殊监管区域、保税监管场所之间货物结转的报关手续

（一）“两仓”与海关特殊监管区域、保税物流中心（B 型）之间货物的结转统一在海关特殊监管区域、保税物流中心（B 型）主管海关按照先报进、后报出的顺序办理货物的报关手续。

（二）“两仓”与其他保税监管场所之间货物的结转统一在转入地主管海关按照先报进、后报出的顺序办理报关手续。

（三）转出报关单中“关联报关单号”栏应填写所对应的转入报关单号。转出、转入报关单填写的“关联备案”栏应相互对应，转入报关单“关联备案”栏应填写转出企业备案的账册号，转出报关单“关联备案”栏应填写转入企

业备案的账册号。转出、转入报关单涉及出口监管仓库的“关联备案”栏可不填。

本公告自2014年9月1日起施行。

特此公告。

上海海关

2014年9月2日

上海海关关于复制推广第二批中国(上海)自由贸易试验区海关监管服务创新制度的公告

中华人民共和国上海海关

公　告

2014年　第39号

为最大程度释放中国(上海)自由贸易试验区(以下简称“试验区”)海关监管服务制度创新的改革红利,现就第二批试验区海关监管服务创新制度在上海关区复制推广事宜公告如下:

一、“推进海关AEO互认”复制推广到整个上海关区。

二、“企业信用信息公开”复制推广到整个上海关区。

三、“企业自律管理”复制推广到整个上海关区。

四、“企业协调员”复制推广到整个上海关区符合条件的企业。

五、“一次备案、多次使用”复制推广到试验区外其他海关特殊监管区域(以下简称“其他特殊区域”)和保税物流中心(B型)。

六、“简化无纸通关随附单证”复制推广到其他特殊区域。

七、“集中汇总纳税”复制推广到其他特殊区域。

八、“授权试验区内海关办理企业适用A类管理事项”复制推广到整个上海关区。

上述8项制度所涉的准入条件、操作流程等详见上海海关2014年第27、29、32、26、33、16、23、28号公告。

自贸试验区外企业申请开具《企业信用状况证明》受理机构为上海海关企业管理处,地址:政仁路81号报关大厅,联系电话:021－68892423,

受理时间：上午8：30—11：30，下午13：30—16：30（法定节假日休息）。

本公告自2014年9月16日起施行。

特此公告。

上海海关

2014年9月16日

上海海关关于中国(上海)自由贸易试验区开展海运国际中转集拼业务的公告

中华人民共和国上海海关

公　告

2014 年　第 41 号

为推进中国(上海)自由贸易试验区(以下简称“试验区”)建设,支持上海国际航运中心发展战略,根据《中华人民共和国海关法》和《国务院关于印发中国(上海)自由贸易试验区总体方案的通知》(国发〔2013〕38 号),现就试验区内开展海运国际中转集拼业务相关事宜公告如下:

一、本公告所称“海运国际中转集拼业务”是指在试验区经海关同意设立的国际中转集拼监管仓库(以下简称“集拼仓库”)内,由仓库经营企业将由境外启运,通过海运方式进入集拼仓库且目的地为境外的中转货物(以下简称“境外集拼货物”),根据不同目的地、航线及收货人进行拆箱作业,再与其它进入集拼仓库的保税仓储货物(以下简称“区内集拼货物”)拼装成整箱货物后转运离境的物流业务。

二、仓储企业符合下列条件时,可以向主管海关申请设立集拼仓库:

(一)仓库的经营企业为试验区内注册的第三方仓储企业;

(二)仓库应建立符合海关监管要求的计算机仓储管理系统(WMS),能够通过数据交换平台或者其他计算机网络,按照海关规定的认证方式与“中国(上海)自由贸易试验区海关监管信息化系统”(以下简称“信息化系统”)联网,向海关报送能够满足海关监管要求的相关数据;

(三)仓库内设置专门存放境外集拼货物的独立区域;

(四)仓库主要出入口、拼箱货物存放区域及拆拼箱作业区域安装高清摄像装置并与海关联网。

三、申请设立集拼仓库的企业应向仓库所在地主管海关递交以下书面申请材料:

(一)开展海运国际中转集拼业务申请表;

(二)企业法人营业执照(复印件);

(三)海关进出口货物收发货人注册登记证书(复印件);

(四)仓库平面图(需标注出入口,存放区及拆拼区)。

四、企业在试验区内开展国际中转集拼的货物必须符合国家法律、法规的监管规定,不得有国家法律、法规禁止的货物、物品。

五、海关对境外集拼货物进出境实施账册管理;企业在办理有关商品的账册备案登记时,应在商品名称前添加 * 号。

六、境外集拼货物进出境时,企业应以有纸申报进、出境备案清单方式办理申报手续,不得以任何形式和理由办理运往境内区外的手续;如与其他货物拼箱进出境时,需要单独申报进、出境备案清单;其他相关特殊申报填制要求如下:

(一)贸易方式按"1234"("保税区仓储转口",适用在保税区及保税物流园区申报的货物)及"5034"("海关特殊监管区域与境外之间进出的物流货物",适用在洋山保税港区申报的货物)填报;

(二)填报中文商品名称时,在商品名称前加" * "标志;

(三)备案清单备注栏顶格填报"国际中转集拼";

七、区内集拼货物的国内入区及进出境仍按现行规定操作。

八、境外集拼货物的拆拼箱作业应当在集拼仓库内完成,不得以任何形式出区拼箱,也不得与集拼仓库内的非保税仓储货物进行拼箱操作,且应以整箱状态装运离境。

九、已进入自贸区的境外集拼货物,可以通过海关信息化系统,在海关批准设立的区内集拼仓库之间调拨,但不能改变其国际中转集拼货物的性质。

十、境外集拼货物可按现行“先进区，后报关”规定，办理货物先行入区作业。

十一、集拼仓库经营人开展相关业务及经营活动应符合海关监管要求，如主管海关发现不符监管要求的，责令限期整改。整改仍不符合规定的，主管海关将暂停其从事有关业务，待重新符合业务开展条件后，由主管海关根据实际情况确定是否恢复。

本公告自公布之日起施行。

特此公告。

附件：(略)

上海海关

2014 年 11 月 18 日

上海海关关于实施《中华人民共和国海关企业信用管理暂行办法》相关事项的公告

中华人民共和国上海海关

公　告

2014 年　第 43 号

《中华人民共和国海关企业信用管理暂行办法》(海关总署令第 225 号,以下简称"《信用管理暂行办法》")将于 2014 年 12 月 1 日起施行。现就有关事项公告如下:

一、海关通过"中国海关企业进出口信用信息公示平台"(网址:http://credit.customs.gov.cn),向社会公示在海关注册登记企业的信用信息。在上海海关注册登记的企业信用信息同时也可通过"上海海关企业信用信息公开平台"(网址:http://shanghai.customs.gov.cn)查询。

二、公民、法人或者其他组织对海关公示的企业信用信息提出异议的,应当向企业注册地海关提交《企业信用信息公开异议申请》以及相关书面说明或者证明材料,并按照海关总署 2014 年第 81 号公告规定签名、盖章及交验身份证原件。

经海关复核异议情况属实的,由海关对企业公示信息进行更正。

三、2014 年 12 月 1 日起,按照原《中华人民共和国海关企业分类管理办法》(海关总署令第 197 号)适用 AA 类管理的企业过渡为高级认证企业,适用 A 类管理的企业过渡为一般认证企业,适用 B 类管理的企业过渡为一般信用企业,适用 C 类、D 类管理的企业海关按照《信用管理暂行办法》重新认定企业信用等级。

认证企业可以凭原适用 AA 类、A 类管理的法律文书到上海关区各企业注册地海关申请换领《认证企业证书》。

四、2014 年 12 月 1 起,企业向海关申请成为认证企业的,应当对照海关总署 2014 年第 82 号公告所附《海关认证企业标准》进行自我评估。符合相关认证要求的,向注册地海关提出申请,并提交如下材料(一式两份):

(一)《适用认证企业管理申请书》;

(二)《自我评估报告》;

(三)对于申请高级认证的企业,另需提交会计师事务所出具的上一年度审计报告。

五、实施认证的海关发现企业有不符合《海关认证企业标准》规定情形但可以规范改进的,应当向企业制发《规范改进通知书》,提出具体规范改进的要求;规范改进期限最长不超过 90 日,企业规范改进时间不计入认证时限。

经认证可以适用认证企业管理的,海关应当制发《认证企业证书》;不予适用认证企业管理的,制发《不予适用认证企业管理决定书》。

六、认证企业发生改变但符合继续适用原信用等级条件的,经企业申请,海关为企业换发《认证企业证书》。

七、上海海关按照《信用管理暂行办法》和《海关认证企业标准》对企业信用等级实施动态调整。发现企业不再符合对应认证标准或发生其他应当调整信用等级情形的,将及时对企业的信用等级作出重新认定。

八、企业可登录到上海海关门户网站“在线服务”栏目“表格下载”项下,查询和下载相关申请表格和材料。(网址:http://shanghai.customs.gov.cn)

本公告自 2014 年 12 月 1 日起施行。

特此公告。

上海海关

2014 年 12 月 1 日

上海海关关于在中国(上海)自由贸易试验区开展“自主报税、自助通关、自动审放、重点稽核”改革项目试点的公告

中华人民共和国上海海关

公　告

2014年　第44号

为推进中国(上海)自由贸易试验区(以下简称“试验区”)通关便利化，根据《中华人民共和国海关法》和《国务院关于印发中国(上海)自由贸易试验区总体方案的通知》(国发〔2013〕38号)，上海海关将在试验区开展“自主报税、自助通关、自动审放、重点稽核”作业模式试点，现就试点有关事宜公告如下：

一、“自主报税、自助通关、自动审放、重点稽核”作业模式是指，企业登录关企共用平台预录入客户端，自主如实申报报关单数据，并主动申报税款，海关信息系统对于企业申报数据进行自动审放一体作业。试点初期，该作业模式仅适用于试验区“分送集报”进口业务。

二、适用“自主报税、自助通关、自动审放、重点稽核”作业模式的企业应为进口报关单上的经营单位，同时符合以下条件：

(一)海关税费电子支付系统用户；

(二)注册在试验区内企业信用状况为高级认证的企业；

(三)3年内没有走私、违反海关监管规定、进出口侵犯知识产权货物记录，没有欠缴海关税收记录；

(四)企业申报规范率较高，具备自测、自报税款能力；

（五）遵守海关征税管理规定，积极配合海关稽核、后续补税等工作。

“3 年内”指企业申请适用“自主报税、自助通关、自动审放、重点稽核”模式之日起倒推 3 年。

三、企业要求适用“自主报税、自助通关、自动审放、重点稽核”作业模式的，应当向上海海关关税处递交《试验区“自主报税、自助通关、自动审放、重点稽核”企业综合评估表》（以下简称“《评估表》”），并接受资质综合评估。

注册在试验区内的企业也可以向试验区主管海关递交《评估表》。

四、海关应当在 15 个工作日内完成企业评估工作，如有特殊情况的，可以延长 10 个工作日。海关应当及时通知企业评估结果。

五、企业适用“自主报税、自助通关、自动审放、重点稽核”作业模式录入报关单数据时，应当采取无纸化申报，申报时勾选“自主报税”模式，并在自主报税窗口内填写预估税款总额。

六、企业应当依法承担如实申报的责任，就全部申报数据的真实性和准确性负责。

企业自报税款总额低于海关信息系统核定的应缴税款的，将不予自动审放。

七、“自主报税、自助通关、自动审放、重点稽核”作业模式在通关过程中不再打印纸质税单。如企业需要，可以在货物放行后至相关海关业务现场指定窗口办理税单批量打印手续。待系统完善后，企业可以自行打印完税凭证。

八、海关将对“自主报税、自助通关、自动审放、重点稽核”模式的报关数据不定期地开展后续稽核。海关在稽核过程中，如发现企业申报有误，需要进行改单或者补征税款的，企业应当按规定予以配合。

九、海关将在每年年末对适用“自主报税、自助通关、自动审放、重点稽核”模式的企业实施年度评估。评估通过的，企业可以继续适用“自主报税、自助通关、自动审放、重点稽核”作业模式。

十、企业有下列情形之一的，海关将暂停企业适用“自主报税、自助通关、自动审放、重点稽核”模式：

（一）未依法设置、编制、保存有关薄记、资料或者记录不真实、管理混乱的；

（二）不正当使用报关 IC 卡及企业支付代码的；

（三）资信或者财务状况恶化的；

（四）海关在后续稽核中发现企业“自主报税、自助通关、自动审放、重点稽核”报关单存在较大涉税问题的；

（五）有其他严重影响海关正常监管或者税费缴纳入库的事项。

暂停企业适用“自主报税、自助通关、自动审放、重点稽核”作业模式的，待重新符合业务开展条件后，由海关根据实际情况确定是否恢复。

十一、企业有下列情形之一的，海关取消企业适用“自三报税、自助通关、自动审放、重点稽核”模式：

（一）构成走私犯罪或者走私行为，或者构成违反海关监管规定的行为，情节严重的；

（二）被海关暂停适用“自主报税、自助通关、自动审放、亘点稽核”模式后，未在海关规定期限内对其行为进行纠正的；

（三）有其他严重影响海关正常监管或者税费安全的事项。

自取消之日起一年内，海关不再受理企业提出再次适用“自主报税、自助通关、自动审放、重点稽核”模式的申请。

十二、暂停或者取消企业适用“自主报税、自助通关、自动审放、重点稽核”作业模式的，试验区主管海关向企业制发《暂停/取消适用“自主报税、自助通关、自动审放、重点稽核”模式告知书》，并加盖单证专用章。

本公告自发布之日起施行。

特此公告。

附件：（略）

上海海关

2014 年 12 月 5 日

关于实施《上海检验检疫局中国(上海)自由贸易试验区入出境特殊物品卫生检疫管理规定(试行)》的公告

为支持中国(上海)自由贸易试验区(以下简称"自贸试验区")生物医药产业的发展,贯彻落实国家质检总局支持自贸试验区的改革试点,上海检验检疫局在自贸试验区入出境特殊物品制度创新方面逐步推进,制定了《上海检验检疫局中国(上海)自由贸易试验区入出境特殊物品卫生检疫管理规定(试行)》,现将规定予以公布。

特此公告。

附件:《上海检验检疫局中国(上海)自由贸易试验区入出境特殊物品卫生检疫管理规定(试行)》

上海检验检疫局

2014 年 7 月 14 日

上海检验检疫局中国(上海)自由贸易试验区入出境特殊物品卫生检疫管理规定(试行)

第一章　总　则

第一条　为贯彻落实国家质检总局支持上海自由贸易试验区(以下简称“自贸试验区”)改革试点,大胆突破,创新监管制度的总体要求,促进生物技术产业的发展,规范自贸试验区内企业入出境特殊物品卫生检疫监督管理,根据《中华人民共和国国境卫生检疫法》及其实施细则、《出入境特殊物品卫生检疫管理规定》(国家质检总局第83号令)及其补充规定等有关原则制订本规定。

第二条　本规定所指的入出境特殊物品是指《出入境特殊物品卫生检疫管理规定》(国家质检总局第83号令)规定的医学微生物、人体组织、生物制品、人类血液及其制品等。

第三条　本规定适用于“自贸试验区”内经考核通过的入出境特殊物品单位(以下简称“区内企业”)。

未提出申请的和非“区内企业”,仍按照国家有关规定管理。

第四条　“区内企业”的入出境特殊物品实行企业分类和产品分级的动态监管制度,以缩短审批流程、提高通检速度、降低企业成本,促进生物产业发展。

第五条　检验检疫机构对“区内企业”申请的入出境特殊物品开展年度预审核,按产品生物安全风险等级实施一、二、三、四级分级管理。

第六条　检验检疫机构对“区内企业”按照A、B、C、D级信用等级水平进行登记及分类管理。

第二章 “区内企业”考核

第七条 自贸试验区检验检疫机构受理企业申请，上海检验检疫局组织开展考核。

申请考核的企业应在上海检验检疫局有1年以上的出入境特殊物品监管记录，诚实守信、无违规记录，自愿提出“区内企业”申请。

申请时，企业应提交《自贸试验区入出境特殊物品企业申请表》，以及以下材料：

（一）科研、生产、医疗、检验、医药服务外包企业

1.营业执照、组织机构代码证、企业内部管理体系文件；

2.生产、加工场所或实验室的生物安全等级证明文件；

3.生物安全管理制度以及执行情况自查记录（含突发感染性物质污染的应急处置方案及演练记录）；

4.生物废弃物处理方案以及处置情况记录；

5.入出境特殊物品储藏设施以及领用和使用管理制度；

6.生产、加工场所或实验室内设施设备情况以及调试、校准、保养记录；

7.相关人员生物安全知识培训制度和记录。

（二）销售企业

1.营业执照、组织机构代码证、企业内部管理体系文件；

2.入出境特殊物品进出货记录；

3.涉及有仓储的销售单位应提供生物安全管理制度和执行情况自查记录（含突发感染性物质污染的应急处置方案及演练记录）；

4.涉及有仓储的销售单位提供仓储场所平面图及仓储布局（在平面图上标记出普通产品和特殊物品堆放的区域分布）、储藏设备以及调试、校准、保养记录；

5.生物废弃物处理方案以及情况记录。

第八条 申请“区内企业”的科研、生产、医疗、检验、医药服务外包企业应当具有独立的办公场所和硬件设施良好、生物安全等级与所涉及产品风险等级相匹配的实验室或生产、加工场所，有完善的内部生物安全管理制度且有效运行，入出境特殊物品领用和使用记录完整。申请“区内企业”的销售单位应有完整的进出货记录，涉及仓储的具有独立的仓储环境、仓储设施良好，完善的内部生物安全管理制度且执行情况良好等。

第九条 上海检验检疫局对企业提交的申请材料进行审核，结合企业的检验检疫监管信息（包括企业遵守检验检疫相关管理规定、执行技术规范和标准，有无查验不合格情况等）、社会对企业信用评价信息（包括经查实的政府管理部门情况通报、媒体报道及社会公众举报投诉等情况），并组成考核小组对提出申请的企业按照《实验室生物安全通用要求》（GB19489－2004）以及国家对病原微生物菌（毒）种或样本运输及保存的相关规定等进行现场考核，并填写《自贸试验区入出境特殊物品企业考核表》。

第十条 上海检验检疫局对通过考核的企业实施登记，并按《出入境检验检疫企业信用管理工作规范》对“区内企业”进行A、B、C、D级信用等级评定。上海检验检疫局对“区内企业”的信用等级评定应每年开展一次。

第三章　检疫审批

第十一条 “区内企业”应在特殊物品入出境之前向上海检验检疫局提交全年入出境特殊物品的相关材料，上海检验检疫局卫生处在收到“区内企业”提交的材料后，对申请的特殊物品开展年度预审核，按《自贸试验区入出境特殊物品生物安全风险分级监管要求》进行评估分级，并向申请单位反馈预审核结果。

“区内企业”有新增特殊物品入出境的，应对新增特殊物品按照上述要求重新申请审核。

第十二条 “区内企业”根据预审核结果，按照相关法律法规向上海局卫生处申请办理入/出境特殊物品卫生检疫审批申请。

上海检验检疫局对符合法定要求的申请准予许可，准予许可的，3个工作日内完成行政许可审批流程，签发《入/出境特殊物品卫生检疫审批单》（以下简称"《特殊物品审批单》"）。

采取专家资料审查、现场评估、实验室检测等方式审查的时间不计入审批期限，但应当书面告知申请人所需时间。

第四章　报检与查验

第十三条　入境、出境特殊物品到达口岸后或者离开口岸前，"区内企业"或者其代理人应当依法向自贸试验区检验检疫机构报检，自贸试验区检验检疫机构根据其提交的有效《特殊物品审批单》及其他资料受理报检。

第十四条　受理报检的自贸试验区检验检疫机构应按照相关要求对入出境特殊物品实施现场查验，查验比例根据《自贸试验区入出境特殊物品单位检验检疫监管方式分类表》执行。

"区内企业"应将入出境特殊物品移运到自贸试验区检验检疫机构指定的查验场所接受查验，未经查验的，不得擅自拆卸、使用。

"区内企业"具有专用查验区域、配备视频设备，能够实时记录现场开箱、货证符合等动态画面、具备专人操作的，可向自贸试验区检验检疫机构提出申请，经检验检疫机构审核同意后，可在企业进行查验，企业应将开箱和物品查验的视频存档备查。

入出境特殊物品经查验合格的，方可予以放行。

第十五条　对需抽样检测的入境特殊物品，经自贸试验区检验检疫机构许可，可先运至指定的有储存条件的场所，待检测合格后方可移运或使用。

第五章 监督管理

第十六条 “区内企业”法人为企业生物安全第一负责人，应当依照法律、法规和生物安全标准，对社会和公众负责，保证生物安全，接受社会监督，承担相关责任。

第十七条 自贸试验区检验检疫机构对辖区内的“区内企业”开展日常监管和对一级特殊物品开展后续监管，监管内容应包括对企业使用入出境特殊物品的场所和生物安全管理制度等情况进行符合性检查，并填写《自贸试验区特殊物品企业生物安全管理监督记录表》。

自贸试验区检验检疫机构开展监管的频次参照《自贸试验区入出境特殊物品单位检验检疫监管方式分类表》执行。

第十八条 自贸试验区检验检疫机构在监管过程中发现企业有违法违规行为，情节严重的，需报上海局卫生处，经审核情况属实的按照相应法律法规进行行政处罚，直至取消其“区内企业”资格。

第十九条 自贸试验区检验检疫机构应当将入出境特殊物品的查验、监督管理、企业诚信情况每季度向上海局卫生处报告。

第六章 附 则

第二十条 上海检验检疫局配套建设自贸试验区特殊物品卫生检疫电子监管系统，并接受国家质检总局的监督。

第二十一条 本规定自颁布之日起实施。

第二十二条 本规定由上海局卫生处负责解释。

关于印发《上海海事局污染危害性货物及固体散装货物申报管理程序》的通知

沪海危防[2014]19号

各有关单位：

为加强对海运污染危害性货物及固体散装货物安全的监督管理，保障海上人命和财产安全，根据《中华人民共和国海上交通安全法》、《防治船舶污染海洋环境管理条例》、《中华人民共和国船舶及其有关作业活动污染海洋环境防治管理规定》、《国际海运固体散装货物规则》等国家法律、法规、规章和中华人民共和国缔结或加入的国际公约，以及《关于实施〈中华人民共和国船舶及其有关作业活动污染海洋环境防治管理规定〉有关事项的通知》（海船舶〔2011〕45号）和《关于执行〈国际海运固体散装货物规则〉有关事项的通知》（海船舶〔2010〕662号）等有关文件的要求，我局制定了《上海海事局污染危害性货物及固体散装货物申报管理程序》，现印发给你们，请遵照执行。

附件：上海海事局污染危害性货物及固体散装货物申报管理程序

中华人民共和国上海海事局

2014年1月24日

上海海事局污染危害性货物及固体散装货物申报管理程序

第一章 总 则

第一条 为加强对海运污染危害性货物及固体散装货物安全的监督管理，保障海上人命和财产安全，根据《中华人民共和国海上交通安全法》、《防治船舶污染海洋环境管理条例》、《中华人民共和国船舶及其有关作业活动污染海洋环境防治管理规定》、《国际海运固体散装货物规则》等国家法律、法规、规章和中华人民共和国缔结或加入的国际公约，以及《关于实施〈中华人民共和国船舶及其有关作业活动污染海洋环境防治管理规定〉有关事项的通知》(海船舶〔2011〕45号)和《关于执行〈国际海运固体散装货物规则〉有关事项的通知》(海船舶〔2010〕662号)等有关文件的要求，制定本程序。

第二条 本程序适用于中华人民共和国上海海事局(以下简称"上海海事局")辖区内污染危害性货物及固体散装货物申报活动，以及货物承运人及其代理人、货物托运人及其代理人、有关申报人员等。

第三条 本程序所称的污染危害性货物，是指中华人民共和国海事局发布的《海运污染危险性货物名录》中包括的物质。

本程序所称的固体散装货物，是指除液体和气体外的、直接装入船舶装货处所而不需任何中间容器的、由成分大体一致的微粒、颗粒或者较大块碎片组成的任何物质。

第四条 上海海事局是实施本程序的主管机关。

上海海事局政务中心具体负责外贸污染危害性货物及固体散装货物的申报备案和申报审批工作。

上海海事局各分支海事管理机构具体负责内贸污染危害性货物及固体

散装货物的申报备案和申报审批工作。

第五条 从事污染危害性货物及固体散装货物申报的申报人员应当熟悉相关法律、法规和规章，了解申报相应程序和要求，依法如实向海事管理机构办理申报手续。

第六条 码头作业单位应当严格查验污染危害性货物或者固体散装货物的申报情况，未按照本程序规定办妥相应的申报或者申报备案手续的，不得进行装卸作业。

第二章 污染危害性货物申报

第七条 船舶载运污染危害性货物进出港口，承运人或者其代理人应当在进出港之前提前24小时(航程不足24小时的，在驶离上一港口时)，向本程序第四条规定的海事管理机构办理污染危害性货物船舶适载申报手续。

定船舶、定航线、定货种的船舶可以办理不超过一个月期限的污染危害性货物船舶定期适载申报手续。

第八条 除另有规定外，货物所有人或者其代理人应当在办理污染危害性货物船舶适载申报之前向本程序第四条规定的相应海事管理机构办理货物危害性货物安全适运申报手续。

对于载运中转污染危害性货物出港、载运污染危害性货物过境停留的船舶及经主管机关备案的载运污染危害性货物的“穿梭巴士”，免予办理污染危害性货物安全适运申报手续。

第九条 货物所有人或者其代理人办理污染危害性货物安全适运申报手续的，应当提交下列材料：

(一)污染危害性货物安全适运申报单；

(二)污染危害性货物安全技术说明书；

(三)有效的集装箱装箱证明材料(适用于“使用集装箱载运的污染危害

性货物”)；

(四)添加的抑制剂或者稳定剂的名称、数量、温度要求、有效期及超过有效期时应当采取的措施(适用于“需要添加抑制剂或者稳定剂的污染危害性货物”)；

(五)放射性剂量证明(适用于“具有放射特性的污染危害性货物”)；

(六)货物所有人出具的授权证明(适用于“委托代理人办理货物适运申报手续的情形”)；

(七)其他需要经国家有关主管部门依法批准后方可载运的污染危害性货物的有效批准文件；

交付运输下列污染危害性货物的，还应当提交下列材料：

(一)包装和中型散装容器检验合格证明或者者压力容器检验合格证明(适用于“包装污染危害性货物”)；

(二)罐柜检验合格证明(适用于“使用可移动罐柜装载的污染危害性货物”)；

(三)限量/可免除量证明(适用于“限量或者可免除量污染危害性货物”)；

(四)相关技术机构出具的污染危害性评估报告(适用于“污染危害性不明货物”)。

进港卸载下列污染危害性货物的，还应当提交下列材料：

(一)卸载需落实强制预洗措施的散装液态污染危害性货物的，提交《船舶洗舱水处理确认书》；如需免除强制预洗要求的，提交免予强制预洗申请、下一港同意接受确认书或者通风程序；

(二)卸载Y类散装液态污染危害性货物，如需免除强制预洗要求的，提交该物质“温度一粘度对照表”、经船岸双方确认的卸货温度证明和免于强制预洗申请书。

第十条　承运人或者其代理人办理污染危害性货物船舶适载申报手续的，应当提交下列材料：

（一）船舶载运污染危害性货物申报单；

（二）经海事管理机构批准的污染危害性货物安全适运申报单（适用时）；

（三）承运人出具的有效授权证明（适用于“由其代理人办理船舶适载申报手续的情形”）；

（四）防止油污证书、船舶适载证书、船舶油污损害民事责任保险或者其他财务保证证书（适用时）；

（五）列明实际装载情况的清单、舱单或者积载图；

（六）证明固定船舶在固定航线上运输固定污染危害性货物的有关材料（适用于“办理船舶定期适载申报手续的情形”）。

第十一条 载运污染危害性货物的船舶在运输途中发生过意外情况的，应当在船舶载运污染危害性货物申报单内扼要说明所发生意外情况的原因、已采取的控制措施和目前状况等有关情况，并于抵港后向靠泊码头所属海事管理机构提交详细情况报告。

第十二条 污染危害性货物申报可通过上海海事局船载危险货物及污染危害性货物 EDI 申报系统申请办理。

对于船舶载运既属于危险货物又属于污染危害性货物的，申报单位按规定应当同时办理危险货物申报及污染危害性货物申报的，其相应的申报手续可以通过 EDI 申报系统一次性合并申请办理。

采用 EDI 申报系统申请办理的相关申报手续，主管机关以 EDI 申报电子报文回执号形式告知审批意见。

第十三条 凡拟采用 EDI 申报系统办理污染危害性货物申报的申报单位，应当根据船载污染危害性货物 EDI 申报单位备案须知要求，向我局办理备案手续并安装相应系统实施网上无纸化申报。

申报单位可以通过主管机关门户网站（http://www.shmsa.gov.cn）中信息查询栏目的“污染物 EDI 申报结果查询”系统查询相关电子申报文书办理状态。

第十四条 采用EDI申报系统发送的污染危害性货物电子申报文书格式应当符合“污染危害性货物EDI申报电子报文填写要求”。

第十五条 各有关单位应当严格遵守申报和诚信管理相关规定，如实办理各项申报，申报后应当做好各类申报单证的保存工作，以备海事部门事后检查。对于存在不诚信行为的申报单位和人员，我局将依照诚信管理办法和相关规定予以相应处理。

第三章 固体散装货物申报及备案

第十六条 载运固体散装B组货物的国际运输船舶及沿海运输船舶（包括江海联运）进出上海港水域，承运人或者其代理人应当在船舶进港或者装货前提前24小时，向本程序第四条规定的海事管理机构办理船舶载运固体散装货物申报手续。

第十七条 除散装谷物外，载运固体散装A组或者C组货物的国际运输船舶及沿海运输船舶（包括江海联运）进出上海港水域，承运人或者其代理人应当在船舶进港或者装货前提前24小时向本程序第四条规定的海事管理机构办理船舶载运固体散装货物申报备案手续。

第十八条 除另有规定外，货物所有人或者其代理人应当在办理船舶载运固体散装B组货物申报手续前，向本程序第四条规定的海事管理机构办理固体散装货物安全适运申报手续；在办理船舶载运固体散装A组或者C组货物申报备案手续前，向本程序第四条规定的海事管理机构办理固体散装货物安全适运申报备案手续。

载运固体散装B组货物过境，或者载运固体散装A组或者C组货物进港的，免予办理固体散装货物安全适运申报或者申报备案手续。

第十九条 货物所有人或者其代理办理固体散装货物安全适运申报或者货物申报备案手续时，应当提交以下材料：

（一）固体散装货物安全适运申报单；

(二)相关代理服务资质的证明文件及货物所有人出具的有效授权证明(适用于“委托代理人办理申报手续的情形”);

(三)水分含量证书及适运水分极限证书(适用于“交付运输的A组固体散装货物”)

(四)按照《国际海运固体散装货物规则》附录1货物明细表要求提供相应的证书及资料(适用于“交付运输的B组或者C组固体散装货物”)。

本条第一款第(三)项要求提交水分含量证书及适运水分极限证书,相应的检测数据应当满足下列要求:

(一)货物含水量的检测应当在装货前7日内进行取样和检测,如期间发生可能改变货物含水量的降水等情况,应当予以重新取样和检测;

(二)适运水分极限的检测应当在装货前六个月内进行取样和检测,如期间发生可能改变货物适运水分极限的情况,应当予以重新取样和检测。

第二十条 承运人或者其代理人根据本程序规定,办理船舶载运固体散装货物申报或者申报备案手续时,应当提交以下材料:

1、船舶载运固体散装货物申报单;

2、经海事管理机构批准的固体散装货物安全适运申报单(适用时);

3、相关代理服务资质的证明文件及承运人出具的有效授权证明(适用于“委托代理人办理申报手续的情形”);

4、船舶国籍证书、防止油污证书及相关油污损害民事责任保险证书(适用时);

5、适航(适载)证书(适用于“载运B组固体散装货物船舶,载运MHB物质的除外“)。

第二十一条 拟交付船舶运输的煤炭,如属于国际水路运输的,其货物所有人应当申请对该煤炭的流动性进行检测,正确认定其B组或者“A组和B组”的组别属性。

第二十二条 需分船次装运的整堆易流态化固体散装货物,货物所有人应当将货堆按船次划定范围,分别申请检测。

第二十三条 船舶载运未在《国际海运固体散装货物规则》中列明的固体散装货物，货物所有人应当进行安全适运性评估，明确运输条件。

属于国际水路运输的货物，应当经出口国、进口国和船旗国三方进行安全适运性评估后，由货物所有人或者其代理人持相应的评估证明文件，根据本程序要求办理申报或者申报备案手续。

第二十四条 船舶载运的固体散装货物，如同时属于危险货物或者污染危害性货物的，按照本章相关要求办理申报手续。

对于内河船舶载运的固体散装货物，如同时属于危险货物或者污染危害性货物的，按本条第一款要求办理申报手续。内河船舶载运的固体散装货物如不属于危险货物或者污染危害性货物的，免于办理申报手续。

第四章　附则

第二十五条 本程序所称的“穿梭巴士”，是指在上海市外高桥港区与洋山深水港区之间从事固定时间、固定班次的海运集装箱往返驳运服务的船舶。

第二十六条 本程序自2014年2月1日起实施。原《上海海事局关于实施污染危害性货物及固体散装货物申报有关事项的通知》（沪海危防〔2011〕297号）、《关于载运污染危害性货物试行EDI货申报的通知》（沪海危防〔2011〕487号）及《关于实施船载污染危害性货物无纸化申报的通知》（沪海危防〔2012〕120号）同时废止。

附件：（略）

关于印发《上海海事局安全与防污染诚信管理办法(试行)》的通知

沪海船舶〔2014〕497号

各有关单位：

为鼓励航运公司加强自我管理，推动航运安全文化建设，营造安全、公平、有序、诚信的航运市场环境，根据《中华人民共和国航运公司安全与防污染管理规定》等相关规定，制定《上海海事局安全与防污染诚信管理办法(试行)》，请遵照执行。

中华人民共和国上海海事局

2014年12月8日印发

上海海事局安全与防污染诚信管理办法(试行)

第一章 总 则

第一条 (目的)为鼓励航运公司加强自我管理，推动航运安全文化建设，营造安全、公平、有序、诚信的航运市场环境，根据《中华人民共和国航运公司安全与防污染管理规定》、《航运公司安全诚信管理办法》(海安全〔2013〕142号)、《重点跟踪航运公司安全监督管理规定》(海安全〔2014〕517

号)、《中华人民共和国海事局安全诚信船舶、安全诚信船长评选规定》(海船舶〔2005〕53 号)等相关规定,制定本办法。

第二条 (适用范围)本办法适用于航运公司在上海海事局辖区的安全与防污染活动。

第三条 (主管机关)上海海事局是实施本办法的主管机关(以下简称“主管机关”)。

第四条 (评定原则)公正公开、综合评价、动态跟踪、差异管理。

第二章 诚信等级评定程序和评定标准

第五条 (诚信等级)

航运公司安全与防污染诚信等级(以下简称“诚信等级”)分为 A、B 两个等级:

(一)A 级:管理状况良好;

(二)B 级:管理状况较差。

第六条 (评定方式)航运公司诚信等级评定采用年度扣分累计制,每年的 1 月 1 日至

12 月 31 日为一个诚信等级计分年度。主管机关经诚信等级评定,决定上调或者下调航运公司诚信等级的,将对该公司签发《航运公司安全与防污染诚信等级调整通知书》。

(一)航运公司初次诚信等级评定时,认定为 A 级公司。但如航运公司被中华人民共和国海事局评定为重点跟踪公司的,则初次诚信等级认定为 B 级公司。

(二)航运公司及其所管理船舶在安全与防污染管理活动过程中发生本规定第七条的情形,在一个诚信等级计分年度内扣分累计达到二十分时,主管机关将该公司诚信等级下调为 B 级。

(三)航运公司诚信等级下调为 B 级之日起六个月内未发生本规定第七

条情形的,可向主管机关提出诚信等级上调申请,主管机关综合评定公司整改措施的效果以及公司安全管理状况,并决定是否上调该公司的诚信等级。

(四)航运公司诚信等级下调为B级之日起六个月内再次发生本规定第七条情形的,该公司诚信等级上调时限自最近一次诚信等级扣分之日重新计算,于最近一次扣分之日起六个月后方可向主管机关提出诚信等级上调申请。

(五)航运公司诚信等级在三年内两次及以上被下调为B级的,该公司诚信等级上调申请时限为最后一次诚信等级下调之日起十二个月后。

(六)对于符合下列情形的航运公司,主管机关将对其中强制建立安全管理体系的公司实施附加审核或通报其审核发证机构建议实施附加审核;对非强制建立安全管理体系的公司每月实施一次航运公司日常监督检查。对其中在中华人民共和国境内注册的公司,主管机关还将通报公司注册地行业主管部门及安全生产监督管理部门建议停业整顿:

1.公司诚信等级三年内三次及以上被下调为B级的。

2.诚信等级为B级的公司发生本办法第七条第(一)项情形,被主管机关予以诚信扣二十分的。

3.公司诚信等级下调为B级后,连续十八个月内未能通过主管机关综合评定上调诚信等级的。

第七条 (评定标准)航运公司及其所管理船舶在安全与防污染管理活动中发生以下

情形时,主管机关将予以诚信扣分,并签发《航运公司安全与防污染诚信扣分通知书》:

(一)航运公司及其所管理船舶在安全与防污染管理活动中发生以下情形时,一次扣二十分:

1.公司所管理船舶发生较大事故等级及以上的水上交通事故(不含污染事故),且承担对等及以上责任的。

2.公司所管理船舶发生下列污染责任事故:

(1)发生化学品污染事故;

(2)发生溢油10吨及以上的油类污染事故;

(3)对环境敏感水域造成严重污染的污染事故;

(4)在黄浦江杨浦大桥至卢浦大桥之间等特殊保护水域发生污染事故。

3.公司所管理船舶发生水上交通事故后,不立即向主管机关报告,或在调查过程中弄虚作假,提供虚假信息拒绝或欺骗海事主管机关调查人员的。

4.公司所管理船舶发生水上交通事故后,不立即采取减少事故损失的行动,肇事逃逸的。

5.公司及其所管理船舶发生阻扰海事执法、妨碍海事执行公务等行为的。

6.公司及其所管理船舶在办理各类海事政务受理事项时提供虚假材料,弄虚作假的。

7.公司接受安全管理体系审核时被发现重大不符合规定情况的。

8.公司所管理船舶于三个月内在船旗国监督检查或港口国监督检查中总计被滞留三次及以上。

9.公司及其所管理船舶在被海事部门作出行政强制决定后,拒绝履行行政强制决定要求的。

10.公司被中华人民共和国海事局评定为重点跟踪公司的。

(二)航运公司及其所管理船舶在安全与防污染管理活动中发生以下情形时,一次扣十五分:

1.公司被实施附加审核。

2.公司接受安全管理体系审核时被发现有严重不符合规定情况。

3.公司接受日常监督检查被发现存在严重问题。

4.公司经营资质不符合强制性规定要求。

5.公司所管理船舶发生一般事故等级及以上的水上交通事故(不含污染事故),且承担对等及以上责任的。

6.公司所管理船舶发生溢油5吨及以上的油类污染责任事故。

7.公司所管理船舶违法排放含有毒液体物质洗舱水。

8.公司所管理船舶在无正当理由的情况下，不服从主管机关关于参与海上人命搜救的协调指令。

（三）航运公司及其所管理船舶在安全与防污染管理活动中发生以下情形时，一次扣十分：

1.公司应报告的重大事项出现瞒报、谎报、漏报、延误报告情况。延误报告系指该公司在重大事项发生后，未在五个工作日内向主管机关递交书面报告说明情况。

2.公司所管理船舶从事水上水下活动未按规定取得许可的。

3.公司不具备法定资质而从事船员服务活动的，或者未按规定向海事管理机构报备船员档案等信息的。

4.公司存在恶意拖欠船员工资或扣留船员证书的行为。

5.公司管理资质或者管理人员不符合强制性规定要求。

6.公司所管理船舶发生溢油0.5吨及以上的油类污染事故。

7.公司所管理船舶违法排放含油污水、生活污水和船舶垃圾。

8.公司所管理船舶发生违反海事法律法规的行为，违法情节严重的。

9.公司所管理的船舶在被海事部门做出行政处罚后，不按规定时限交纳罚金的。

（四）航运公司及其所管理船舶在安全与防污染管理活动中发生以下情形时，一次扣五分：

1.公司所管理船舶在船旗国监督检查或港口国监督检查被滞留。

2.公司所管理船舶发生违反海事法律法规的行为，违法情节较重的。

3.公司所管理船舶被处罚次数位列上海海事局辖区单船月度被处罚次数前三名的，或者该公司位列上海海事局辖区航运公司月度被处罚次数前三名的。但公司被处罚两次及以下的，本款不作为评定标准。

4.公司所管理船舶发生溢油0.5吨及以下的油类污染事故。

（五）航运公司及其所管理船舶在安全与防污染管理活动中发生以下情

形时，一次扣两分：

1.公司所管理船舶在船旗国监督检查或港口国监督检查被查出缺陷数超过六项。

2.公司所管理船舶发生违反海事法律法规的行为，违法情节一般的。

3.公司所管理船舶被处罚次数位列上海海事局辖区单船月度被处罚次数前四至六名的，或者该公司位列上海海事局辖区航运公司月度被处罚次数前四至六名的。但公司被处罚两次及以下的，本款不作为评定标准。

4.公司所管理船舶发生小事故等级水上交通事故(不含污染事故)，且承担对等及以上责任的。

第八条 (公司新增船舶的管理)

(一)诚信等级为A级的航运公司新增管理船舶，适用本办法关于A级航运公司所管理船舶的规定。但新增以下船舶例外：

1.新增船舶为中华人民共和国海事局认定的重点跟踪公司所管理船舶，在六个月内仍适用本办法关于B级航运公司所管理船舶的规定。

2.新增船舶为中华人民共和国海事局认定的重点跟踪船舶，在未解除重点跟踪前仍适用本办法关于B级航运公司所管理船舶的规定。

3.新增船舶原为B级航运公司所管理船舶，在六个月内仍适用本办法关于B级航运公司所管理船舶的规定。

(二)诚信等级为B级的航运公司新增管理船舶，适用本办法关于B级航运公司所管理船舶的规定。但如新增船舶符合以下条件，则在六个月内仍适用本办法关于A级航运公司所管理船舶的规定：

1.新增船舶为中华人民共和国海事局认定的诚信公司所管理船舶。

2.新增船舶为中华人民共和国海事局认定的诚信船舶。

3.新增船舶原为A级航运公司所管理船舶。

第九条 (信息公布)

主管机关利用其官方网站、政务微博、政务窗口等方式向社会公告航运公司诚信等级评定结果。航运公司对诚信等级评定结果如有异议，可在公告之日起十五日内向主管机关书面提出。

第三章　分级管理

第十条　(A级公司管理措施)

主管机关在本辖区内对A级航运公司采取以下管理措施:

(一)对公司及其所管理船舶,按海事现有规定实施适度宽松的管理措施。

(二)公司及其所管理船舶享受海事主管机关公布的各项便利措施。

第十一条　(B级公司管理措施)

主管机关在本辖区内对B级航运公司增加以下管理措施:

(一)对公司及其所管理船舶,按海事现有规定实施严格管理措施。

(二)公司及其所管理船舶不享受海事主管机关公布的各项便利措施。

(三)每两个月至少对公司实施一次安全管理日常监督检查。

(四)公司所管理船舶进入上海港作业前,主管机关在锚地或其作业地对其实施船舶日常检查。但如公司所管理船舶为客船的,主管机关在其离港开航前对其实施船舶日常检查。

(五)主管机关对公司所管理船舶实施船舶安全检查,采取缺陷纠正措施时,优先采用船舶缺陷处理指导原则首选处理代码。

(六)主管机关组织对公司实施年度审核和换证审核时,至少安排每一船种的一艘代表船,视情况增加代表船的数量,酌情增加审核人员,对公司实施更为全面严格的审核。

(七)公司所管理船舶在办理进出港口/口岸手续、危险货物申报、防污染作业申报、水工水下活动审批、船舶相关证书、船员证书、拖航检验、海事签证等相关审批或其他确认事项时,不享受网上办理便利,须提供相关证书及材料的原件。

(八)公司所管理的3000总吨及以上海船航经黄浦江交通管制区时,应当按照主管机关的有关规定申请引航服务、航行技术服务或者拖轮伴航等附加安全措施。

（九）同等条件下，公司所管理船舶与A级航运公司所管理船舶申请进出长江口深水航道时，编队于A级公司所管理船舶之后。公司所管理最大宽度大于47米的超规范船舶进出长江口深水航道时，应当采取拖轮伴航等相应安全措施。

（十）主管机关对公司所管理船舶从事油污水接收、供受油等作业实施100％现场检查。

（十一）主管机关对公司所管理船舶违法行为从严查处。

第四章　附　则

第十二条　（有关定义）

（一）航运公司系指：其管理船舶在上海海事局登记，或者安全管理体系审核主管机关为上海海事局的，或者其管理船舶进出上海海事局辖区作业的，或者其所管理船舶航经（含锚泊）上海海事局辖区的承担安全与防污染管理责任和义务的航运公司，包括已建立和未建立安全管理体系的中国籍和外国籍船舶的船舶所有人、经营人、管理人和光船承租人。

（二）水上交通事故等级，系指根据《水上交通事故统计办法》所确定的事故等级。

（三）船舶污染事故等级，系指《防治船舶污染海洋环境管理条例》所确定的事故等级。

（四）航运公司日常监督检查中严重问题系指对人员或者船舶安全构成严重威胁或者对环境造成严重危险，或者未能有效系统地实施公司安全与防污染管理规章制度的要求。

（五）航运公司应报告的重大事项，系指公司所管理船舶发生的事故、重大险情、被滞留情况，公司所管理船舶发生变化，以及公司最高管理层、海机务主管等关键岗位管理人员发生变动等事项。

(六)环境敏感水域:系指依法划定的海洋自然保护区、海滨风景名胜区、重要渔业水域、饮用水水源保护区以及取水口周围1000米水域。

(七)违法情节一般、较重和严重:系根据中华人民共和国海事局《常见海事违法行为行政处罚裁量基准》确定的违反法律法规行为情节。

(八)船舶进出上海港作业,系指船舶在上海海事局辖区从事装卸货物、上下旅客、水上水下施工、供受油、污染物排放与接收、维修保养、物料供给等活动。

第十三条 (惩戒)在航运公司诚信等级评定中违反有关法律、法规、规章、规范和标准要求,导致评定错误或者显失公正,造成不良影响和严重后果的,依照有关规定,对相关责任人追究责任。

第十四条 (解释)本办法由上海海事局负责解释。

第十五条 (实施)

本办法自2015年1月1日起在洋山港海事局辖区施行,2015年3月1日起在上海海事局辖区施行。2009年11月27日上海海事局发布的《上海片区航运公司安全诚信管理办法(试行)》(沪海安全〔2009〕656号)同时废止。上海海事局之前发布的其他规定与本办法不一致的,以本办法为准。

附件:(略)

口岸文集

认真学习贯彻党的十八届四中全会精神 全面加强法治海关建设

李书玉

党的十八届四中全会是在我国全面建成小康社会进入决定性阶段、改革进入攻坚期和深水区的重要关头召开的一次十分重要的会议。会议审议通过的《决定》，明确了全面推进依法治国的总目标，描绘了建设法治中国的总蓝图，作出了加强社会主义法治建设的新部署，是指导我们在新的历史起点上推进依法治国、加快建设社会主义法治国家的纲领性文件。海关作为国家行政执法机关，是法治中国的组成部分，也是实施依法治国方略的主体之一，在学习贯彻全会精神上理应先行一步、做得更好。学习贯彻全会精神，必须从海关实际出发，结合海关执法机关和执法工作特点，以实际行动回答好“建设什么样的法治海关、如何建设法治海关”这两个根本性问题，把全会和《决定》精神落到实处。

一、学习再深入，结合海关法治实践领会会议精神实质、把握《决定》核心要义

四中全会和《决定》，直面我国法治建设领域的突出问题，立足我国社会主义法治建设实际，提出了一系列新思想、新观点、新论断，是指导我们推进法治海关建设的基本依据和重要遵循。

一是必须深刻把握“三个全面”的逻辑联系，从中明确海关建设的重要意义。全面建成小康社会、全面深化改革、全面推进依法治国，是党的十八大同一个战略部署在同一时间轴上的顺序展开。学习贯彻全会精神，要求我们必须从“三个全面”的内在联系上来理解和把握全面推进依法治国的指导思想、总体目标和主要任务，深化对依法治关重要性和紧迫性的认识，在主动融入“三个全面”的战略部署中全面把握和落实好依法治国的各项部署和要求，加快推进法治海关建设，提升海关建设法治化水平。

二是必须深刻把握坚定不移走中国特色社会主义法治道路的核心要求，从中明确法治海关建设的正确方向。《决定》提出，实现全面推进依法治国的总目标，必须坚定不移走中国特色社会主义法治道路。学习贯彻全会精神，要求我们必须坚定不移地沿着中国特色社会主义法治道路依法治关，始终做到法治海关建设坚持党的领导，坚持中国特色社会主义制度，坚持贯彻中国特色社会主义法治理论，更好地反映党和国家意志，符合宪法精神，适应海关改革发展的客观规律，体现“人民海关为人民”的本质要求。

三是必须深刻把握社会主义法治体系建设“五大体系”的总体布局，从中明确法治海关建设的工作重点。四中全会针对我国法治建设面临的突出矛盾和问题，着眼体现各领域改革发展对提高法治水平的迫切要求，围绕全面推进依法治国的总目标，从法律规范体系、法治实施体系、法治监督体系、法治保障体系和党内法规体系等五个方面对法治体系建设进行了总体布局。贯彻落实《决定》精神，必须紧紧围绕这个总体布局来谋划和推进法治海关建设，统筹规划好海关法治理论体系和实践体系建设，抓好海关立法、执法、督法、守法和依规治党的整体部署、联动推进。

四是必须深刻把握“三个共同推进、三个一体建设”的战略部署，从中明确法治海关建设的根本路径。四中全会从“坚持依法治国、依法执政、依法行政共同推进和坚持法治国家、法治政府、法治社会一体建设”方面对法治中国建设作出了战略部署和总体安排。贯彻落实全会精神，既要结合海关实际，不折不扣地落实好“三个共同推进、三个一体建设”的总体部署和要求，又要立足海关特点，深入推进依法行政，按照严格执法、公正执法、文明执法相统一的要求，加快建立“职能科学、权责法定、执法严明、公开公正、廉洁高效”的法治海关。

五是必须深刻把握依法治国新"十六字"方针的基本内涵,从中明确法治海关建设的基本依据。四中全会立足法治实践,提出了"科学立法、严格执法、公正司法、全民守法"的新"十六字"方针。这新"十六字"方针是对原来的"有法可依、有法必依、执法必严、违法必究"十六字方针的发展和提升,明确了新时期全面推进依法治国的重点环节和主要任务。贯彻全会精神,必须坚持用新"十六字"方针指导和推进法治海关建设,始终把科学立法作为全面推进依法治关的前提,着力提高海关立法质量,以良法促善治;始终把严格执法作为全面推进依法治关的关键,着力提升海关执法的规范性、统一性和透明度,打造公正海关、阳光海关、廉洁海关;始终把全员守法作为全面推进依法治关的保障,着力培养关员"明法、守法、执法"意识,提高关员的法治思维和依法办事能力。

二、认识再提高,把握和遵循法治海关建设的基本原则

《决定》围绕实现依法治国的总目标,提出了"五大原则"。这五项原则,是对法治建设历史经验的科学总结,规定了中国特色社会主义法治体系的制度属性,反映了法治建设的客观规律,同时也为我们全面推进法治海关建设指明了前进方向。

一是必须把党的领导作为法治海关建设的根本保证。把党的领导贯彻依法治国的全过程和各方面,是我国社会主义法治建设的一条基本经验,是全面推进依法治国的第一位要求,也是《决定》提出的首要原则。贯彻这条原则,要求海关各级党组织和领导干部毫不动摇地坚持党对法治海关建设的领导,与时俱进地加强和改进党对法治海关建设的领导,真正做到领导立法、保证执法、带头守法,通过准确决策、严格要求、自我约束和自我提升,为法治海关建设提供坚强保障、创造有利条件和明确基本方向。

二是必须把执法为民作为法治海关建设的本质要求。坚持以民为本、法治为民是社会主义法治的本质属性,也是全面推进依法治国的重要原则。坚持以民为本、法治为民的人本法律观,要求我们必须巩固党的群众路线教育实践活动成果,把以人为本、执法为民、便民利企作为依法治关的核心立场，把维护和保障广大进出口企业和管理相对人的根本权益作为法治海关建设的出发点和落脚点。必须把保障人民的权利和自由作为海关立法的第一要义，通过立法提高企业通关便利、降低企业通关成本、扩大企业通关自主权；把保障群众行使监督权作为海关执法的主导原则，通过强化关企协作和社会监督，确保海关执法的严格规范、公平公正。

三是必须把依法行政作为法治海关建设的核心内容。依法行政是全面推进依法治国的基本要求，也是法治状态下政府行为的基本原则和基本方式。海关作为国家行政执法机关，落实全面推进依法治国的总目标及其原则，最根本的是要坚持依法行政。当前，海关依法行政的总体状况是好的，但在实际执法过程中，仍旧存在着决策出台草率、“讲‘政治’不讲法治”；权力职责不清、“讲权力不讲责任”；法治意识薄弱、“按习惯不按规则”，执法自由裁量权过大、“重实体不重程序”等突出问题。坚持依法行政，要求我们必须下决心解决好这些突出问题，以明确法定的职权、程序和责任为重点，在简政放权的基础上划清海关权力的边界；在合法性审查的基础上健全海关决策的机制；在政务公开的基础上规范海关执法的要求；在强化监督的基础上实现责任追究的落实。

四是必须把公平正义作为法治海关建设的价值追求。维护公平正义，是全面推进依法治国的必然要求，也是建设法治海关的应有之义。坚持以法治维护公平正义，要求我们必须把公正、公平、公开原则贯彻穿海关立法、执法全过程，建立一套体现权利公平、机会公平、规则公平的法律制度体系；以提升海关执法的统一性和规范性为重点，大力加强海关统一规范性建设，逐步建立健全执法裁量管理体系、执法资格管理体系和执法程序管理体系；以解决“三难”问题为突破口，深入推进窗口作风建设，树文明高效的执法形象，以实实在在的行动和举措让广大进出口企业和人民群众感受到海关执法的公正文明。

五是必须把深化改革作为法治海关建设的重要基石。习近平总书记强调“在整个改革过程中，都要高度重视运用法治思维和法治方式，发挥法治的引领和推动作用。”这就一语道破了法治与改革的内在关系。当前，海关改革正处在历史发展的关键时期，总署党组出台了《海关全面深化改革总体方案》，对海关改革提出了“四梁八柱”的基础性设计，明确了24个方面重要领域和关键环节的改革。要加快推进重点领域和关键环节的改革，特别是我关承接的中国（上海）自由贸易区海关监管服务制度创新和深化长江角经济带区域通关一体化等两项重大改革，就必须弘扬法治精神，遵循法治原则，用法治方式凝聚改革共识、推进改革进程、破解改革难题、提升改革成效。

三、实践再着力，以法治引领改革稳步推进、以改革推动法治海关建设

党的十八届四中全会通过了全面推进依法治国的决定，与党的十八届三中全会通过的全面深化改革的决定形成了姊妹篇；全面建成小康社会既需要深化改革提供动力，也需要加强法治提供保障。由此可见，改革为表、法治为里，以法治引领改革、以改革推动法治，才能表里如一、才能为全面建成小康社会的战略目标奠定坚实基础。因此，推进法治海关建设，必须把抓法治与促改革统筹起来，实现法治与改革的相辅相成、相得益彰。

（一）立法先行，以良法善治引领海关业务改革、以改革实践推进法律制度体系的完善。

《决定》指出，“实现立法和改革决策相衔接，做到重大改革于法有据、立法主动适应改革和经济社会发展需要。”从我国传统的“先破后立”的思维和方式蜕变为“先立后破”，改革要沿着法治的轨道前行。以上海自贸试验区制度建设为例，其进程就充分体现了这一要求。从国务院提请全国人大常委会在自贸试验区暂停实施相关法律规定，到上海市人大常委会授权上海市政府发布《中国（上海）自由贸易试验区管理办法》，直至上海市人大常委会表决通过《中国（上海）自由贸易试验区条例》。这一系列制度安排，充分体现了自贸试验区的创设是在现有的法制框架下进行的依法创新而非破法创新，成为了中国改革史和立法史上的创举。

海关在自贸试验区监管服务创新改革中，同样始终坚持“先授权、后改革，先动法、后动权”的原则。为确保依法、顺利推进自贸试验区海关各项改革，2014年初总署明确了上海海关的立法事权，即：对已下发的批复、方案中确定的事项，如属于海关立法事权范畴的给惠性措施，由上海海关自行细化和调整相关规定，并就其中涉及相对人权利义务的事项，对外制发公告。上述立法方式在自贸试验区建设初期起到了良好的推动效果。我关陆续出台了23项改革措施，先后发布了40余个公告，并制定了相应的内部操作规程，使得海关的自贸试验区监管服务创新工作，始终在有明确制度要求的情况下稳步推进，获得了社会各方的高度好评。我们认为下一步的工作重点是在扩大参与企业覆盖面的同时，将工作重心调整到如何以正在进行的改革实践推进法制体系的进一步完善，具体包括：

一是进一步深化顶层制度设计工作。自贸试验区成立一年多来，海关在监管服务改革创新方面取得了一定成效，为全面深化改革和扩大开放积累了经验。同时，我们也关注到，最近中央已经决定在全国范围内扩大自贸试验区建设，从上海一地的试验，升华为多点布局的国家战略；“一线放开、二线安全高效管住”贸易监管改革的具体措施仍需要不断深化；自贸试验区在地域范围上虽与海关特殊监管区域完全重叠，但实质上已远远超出了传统海关特殊监管区域的内涵，就其功能来看，在单一的货物贸易监管基础上，叠加了投资、金融开放等功能，并且随着服务业的开放，进出区域的货物、物品、人员的日益复杂。海关如何在“管得住”的前提下确保“放得开”，从而更好地促进扩大开放，这些都迫切需要在法律制度层面加以解决。因此，针对自贸试验区进行立法整合及提升立法位阶的必要性和紧迫性日益突显，而这一顶层设计工作只有在总署层面才能有效推进，需要尽快启动自贸试验区规章以上位阶的立法工作。

二是进一步推进复制推广固化创新制度。复制推广过程中我们应按照风险可控、务求实效的原则，对于实践证明行之有效的制度，能直接“移植”的直接“移植”，不能直接“移植”的，结合实际，因地制宜地进行二次创新，避免简单照搬照套。这些都需要通过制度予以固化，并为建设中国特色的自贸园区法律制度体系奠定基础。

三是进一步修改完善现有制度体系。自贸试验区改革伊始的制度建设,由于立法时间紧迫、且无现成的规律和经验可以遵循,因此不可避免地会存在一些缺乏可操作性、与改革实际存在差异、与社会需求存在差距的情况。对此,必须在先行先试的基础上建立健全制度创新评估和维护机制,要鼓励包括执法者和相对人在内的各方针对制度执行中出现的问题积极提出意见建议,通过顺畅的意见反映机制、快速的反馈说明机制和及时的制度纠偏机制,确保各项制度创新能够真正发挥预期的效果、达到预期的目标。

(二)依法行政,以法治要求引领体制机制改革,以改革实践推进法治实施体系的完善。

《决定》指出,"法律的生命力在于实施,法律的权威也在于实施"。海关要实现法治意义上的"依法行政",就必须从体制机制改革入手,积极推进职能转变,重点抓好三个方面的工作:

一是明权。在巩固已有"清权确权"工作,"晒"出权力的同时,应关注公开权力的运行,力求将权力运行的依据和过程都列入政务公开范畴。当前的工作重点在于:改变海关通关信息化管理系统完全封闭的管理模式,有条件开放部分流程信息,使相对人能够实时了解与自身相关的通关进展情况;尽快全面公开内部工作流程及时限,使相对人能够对执法进程有稳定预期;公开企业自律标准和企业信用信息,营造公开公正透明、他律倒逼自律的良好市场氛围和执法环境。

二是限权。法治的核心要义不是扩权,而是限权;不是治民,而是治官。简政放权、职能转变是新一届中央政府对全国人民作出的庄严承诺,更是依据法治原则限权的最核心内容。"负面清单"制度在投资开放领域的实践,也为行政管理活动提供了思路。除了进一步取消不必要的审批程序等工作外,当前的重点工作包括,一方面进一步实现深化行政执法体制改革。推进跨部门综合执法,完善"三互"工作,对外深化完善国际贸易"单一窗口"建设、关检合作"三个一"、投资准入一口受理制度;对内加大力度推进一体化通关、风险信息、信用信息归集等工作，打通信息共享渠道和海关系统内部的跨部门综合执法。另一方面进一步让渡管理事权。赋予企业更多自主权，充分尊重企业在市场条件下的多元化选择，同时通过行政委托、行政指导、购买服务等方式，进一步扩大引入社会中介机构开展社会化预归类服务和协助海关开展稽查等工作的力度，培育与监督两手抓，并在此基础上进一步以制度形式明确市场化管理模式下多元主体的各自责任，逐步实现海关监管、企业自管与社会共管相结合的进出口管理新局面。

三是规权。在法律实施体系中，政府依法定程序行政是实现公平公正的最重要基础，当前海关依法定程序规范自身执法的要求具体体现在两个层面：一方面严格落实行政决策规范化制度，细化海关行政决策机制，以制度的形式固化和明确海关行政决策程序。对照公众参与、专家论证、风险评估、合法性审查和集体讨论决定的五步要求，当前需要重点突出解决的是公众参与以及合法性审查问题。变“怕”公众参与为“善于邀请”公众参与，以促进行政初始决定纠偏机制、公众知情权和问题导向制度的落实，提前化解、消除公众对海关决定的不理解、误解甚至怨情，确保政令畅通、体现垂直管理、保护合法权益、科学评估风险，从而支持、帮助海关完善各项改革及工作。另一方面要严格按照法定程序进行执法。当前需要重点解决的问题主要是针对海关工作权力下沉的特点，建立健全行政裁量基准制度，尽可能地从条线、区域的统一执法出发，逐步实现全面的执法统一；强化责任追究机制，将不按程序执法的问题作为监督巡查重点，努力培树起每一位关员的程序意识和规范意识。

（三）依法治关，以法治方式引领管理体制改革，以改革实践推进法治队伍的建设。

无论怎样完备的法律体系、怎样科学的制度设计，都需要各级行政领导和每一位关员去执行、去落实。如果没有“有法必依、依法行政、执法必严”的法治思维与法治实践，法治海关的建设将只会是空中楼阁。为此，当前我们必须从重点抓好以下两方面工作入手，强化法治监督、培树法治意识，以依法治关为依法行政提供坚实保障：

一是完善机制、违法必纠，构建严密的海关法治监督体系。必须把强化对权力的监督和制约作为依法行政、规范执法的有力保证，努力做到权力延伸到哪里，监督就跟随到哪里。当前应当重点从以下两个方面入手强化相关工作：一方面，科学建立和落实不能滥用权力的机制。通过推动包括执法内控机制、"三重一大"事项监督管理制度，领导干部"报告廉洁从政有关事项"监督机制等相关体制机制改革，从源头建立健全层级监督机制，发挥各个条线的监督合力，强化专门监督职能，确保审计、监察等部门依法独立行使监督权力，对各级海关的重点部门、重点岗位、尤其是具有较大风险的执法行为进行重点监督、加强预防，逐步实现层级监督的制度化和日常化。另一方面，科学建立和落实不敢滥用权力的机制。不断加大违纪问责和违法惩戒力度，始终做到有案必查，严格落实信访监督、案件查办和"一案双查"等制度，既严肃查办党员干部违纪违法的大案件，也严格处理纪律不严、作风不正的小问题；有腐必惩，对有令不行、有禁不止、随意变通、恶意规避等严重破坏制度行为和执法腐败案件，发现一起、惩处一起；有责必究，严格落实执法过错纠正和责任追究制度，积极推行行政问责和执法绩效管理制度。从而在最大程度上降低违法行使行政权力的几率。

二是培树法治意识、强化法治考核，构建有力的海关法治保障体系。各级海关领导及关员是海关行政权力的行使主体，是海关一切行政执法活动的最终实施者，他们依法行政的观念和能力的强弱，直接决定着海关法治建设的质量和水平。全面提升海关队伍的法治意识，需要重点把握以下两个方面：一方面，完善机制、加强法治宣传教育。从建立普法责任制入手，进一步改革和完善海关法治宣传教育体制，坚持把开展法制宣传贯穿依法治关的全过程，通过组织开展形式多样的法治宣传教育，着力增强广大关员的法律意识和法治观念，让广大关员从内心深处真正拥护和真诚信仰法律。把宪法法律列入各级党组、党委中心组学习内容和领导干部培训的必修课，以领导干部带头学法、模范守法的实际行动示范和带动广大干部职工自觉守法、遇事找法、解决问题靠法。把法治教育纳入精神文明创建内容，广泛开展群众性法治文化活动，使广大干部职工在潜移默化的文化熏陶中养成严格规范公正文明执法的良好习惯。另一方面，强化考评、建立和落实法治GDP激励和惩罚机制。贯彻落实四中全会精神，领导干部是关键，面对经济社会发展的重重考验，领导干部的法治信仰是事业成败的决定因素。因此，领导干部必须带头遵守法律、依法办事，善于运用法治思维和法治方式解决改革、发展、稳定中的难题。对此，《决定》提出，要把法治建设成效纳入政绩考核指标体系，“把善于运用法治思维和法治方式推动工作的人选拔到领导岗位上来”，这就为“法治GDP”的真正落实提供了坚实的保障。为此，当前必须把建立健全法治考核评估机制作为工作重点，通过设计科学的法制指标和考核权重，把能不能遵守法律、依法办事作为考察评估干部的重要依据，充分发挥好考核的指挥棒效应，有效实现对法治海关建设的激励保障作用。

（四）依规治党，以法治理念引领海关党内法规体系的完善，以制度完善推进从严治党的目标。

依规管党治党建设党，既是本次全会的一个最大突破和最新亮点，也是我们依法治关的政治保障。对我关而言，坚持依照党规党纪管党治党建设党，关键是要做到：

一是立好党内规矩。在研究制定并出台《上海海关党组成员深入基层联系群众制度》、《上海海关党组中心组学习规定》、《上海海关党员发展工作细则》等一系列党建工作制度规范的基础上，按制度建党的要求，继续抓好党内法规制度建设，逐步建立一整套系统完备、层次清晰、运行有效的党内法规制度体系，为管党治党建设党提供法规依据。

二是守好党内规矩。有了制度，还必须严格执行，否则，制度就形同虚设，成为“稻草人”。必须不断强化管党治党的主体意识和责任意识，全面落实好党建工作责任制。按照“抓常抓细抓长”的要求，进一步建立完善作风建设长效机制，持之以恒地抓好“四风”整治。坚持用严格的党内生活规制作风建设，严格落实好“三会一课”、民主集中制、党务公开、党内情况通报等各项党内制度。继续做好整顿软弱涣散基层党组织工作，使基层党组织凝聚力、战斗力有一个大的提升。建立健全不合格党员清退机制，从根本上保持党员队伍的先进性和纯洁性。按照述职述党建、评议评党建、考核考党建的要求，建立和落实基层党建工作评议考核制度。围绕有效防控执法、管理和廉政风险，同步落实好党风廉政建设主体责任和监督责任。要规范广大党员领导干部和关警员的执法行为，要求严守政治纪律、组织纪律、财经纪律、廉政纪律，严守廉洁从政的各项规定，正确地行使权力，确保手中的权力不偏向、不变质、不越轨、不出格，加强道德修养，保持高尚的情操和健康的情趣，净化朋友圈、管住生活圈、纯洁社交圈、规范工作圈，时刻把好亲情关、社交关、小节关，时刻自重自省、慎独慎微，始终保持为民务实清廉的政治本色。

（作者系上海海关党组书记、关长）

坚持正确导向　做好四则运算

——全面深化自贸区检验检疫监管制度改革

俞太尉

建立上海自贸试验区，是党中央国务院的重大决策，是深化改革、扩大开放的重大举措。上海自贸试验区建设举世瞩目、全国关注，意义重大、影响深远。

上海自贸试验区正式运营以来，在政府职能转变、贸易便利化、投资自由化等领域取得了重要突破，可以用1234几个数据简单概况一下上海自贸试验区的建设的基本情况。1个一就是国务院为上海自贸试验区专门制定了一个总体方案；2个二就是自贸试验区要紧紧围绕面向世界、服务全国的“两个要求”，做好是扩大开放与体制改革，培育功能与政策创新“两个结合”；3个三就是进一步加快政府职能转变，探索管理模式创新，促进贸易投资便利化“三个使命”，制定负面清单、责任清单、权力清单“三份清单”，明确自贸试验区是改革开放的试验田，制度创新的新高地，复制推广的总苗圃“三个定位”；4个四就是涵盖外高桥保税区、外高桥保税物流园区、洋山保税港区、浦东机场综合保税区“四个区域”，围绕投资贸易便利，货币兑换自由，监管高效便捷，法制环境规范的“四大目标”，遵循先行先试、风险可控、分步推进、逐步完善“四项原则”，取得了“四大成果”，即建立了以负面清单为特色的投资管理制度，以贸易便利化为重点的贸易监管制度，以资本项目可兑换为目标的金融创新制度，以政府职能转变为核心的事中事后监管制度。

一年多来，上海出入境检验检疫局按照国家质检总局的部署，根据上海市的要求，本着“大胆闯、大胆试、自主改”的原则，坚持正确导向，做好四则运算，探索改革创新之路，并取得积极成效。

一、坚持需求导向，认真做好加法

上海自贸试验区建设，中央有要求，上海有需求，上海国检局也有追求。上海国检局坚持需求导向做好加法，为上海自贸试验区建设添砖加瓦。

一是主动请缨，迎接挑战。在自贸试验区建设中，上海国检局积极主动要求承担改革攻坚重任，对此，上海市委市政府充分肯定，并称检验检疫改革措施“超出预期”。近期上海市市长杨雄和副市长艾宝俊分别作出批示，肯定上海国检局的做法，感谢国家质检总局的支持。

二是按需服务，推陈出新。为提高工作的针对性，上海国检局先后召开了80多次座谈会，收集到500多个需求。对此，国家质检总局下发指导意见，上海国检局推出了39项改革创新制度，做到每周有进展、每月有举措，紧锣密鼓推动各项工作。

三是全面参与，及时反映。开设“一站式”服务窗口，共接待咨询18万人次，对反映的1700多个问题逐一加以回复；积极参与国际贸易“单一窗口”建设和上海“电子口岸”建设，助推自贸试验区整体水平提升；编制政策宣传漫画册，建立微信平台，得到了总书记的肯定，称赞上海国检局“很用心、有创意，动了脑筋”。

二、坚持问题导向，认真做好减法

上海自贸试验区建设，中央寄予厚望，上海责无旁贷，百姓拭目以待。上海国检局坚持问题导向做减法，为企业排忧解难。

一是减轻负担，企业受益匪浅。为降低检测费用，对进口汽车、液化天然气、成品油采信第三方，仅38万辆进口汽车就为企业节约检测成本4828万元。为加快审批制度，将进口农产品和食品的检疫审批时间缩短75%，有效期延长一倍；为提高通关效率，全天候接受申报，50多万批货物在入境一线获得免签通关证明，同时将施检时间和仓储时间并联，实施二线预检核销，使进口食品化妆品的施检时间减少了70%，区内1万多家企业的通关时间平均减少40%。

二是降低门槛,行业长足发展。检验检测认证服务是国家鼓励并要求加快发展的生产性服务业。根据国家质检总局授权,给予外商投资认证机构以国民待遇,为行业发展创造更好条件。全国经国家认监委批准的外资认证机构有36家,其中上海就占据半壁江山,有力推动上海经济的转型发展。

三是多管齐下,高效便捷服务。构建了基于物联网的"即查即放"模式,通过手持移动终端实现无纸化信息比对和远程数据传输,完成现场查验,做到货到即查、合格即放,该成果还荣获上海智慧城市十大优秀应用奖。以合格保证为前提,对20多家诚信企业的3400多批货物实施了"快检快放"措施。为方便企业,在城市推行"通报通放",企业自由选择任何一个报检窗口办理相关业务。为使关口前移,进口货物到港就立即实施"申报前检疫",监管面从200多家仓库缩小到7座货站,施检时间和仓储费用出现双降,疫情截获率提高5倍。

三、坚持示范导向,认真做好乘法

上海国检局坚持示范导向做乘法,把可复制推广作为工作的出发点和落脚点,精心呵护上海自贸试验区播下的良种,要把培育良种的经验予以推广。

一是先行先试,率先复制推广。通过对39项创新制度进行试点总结,首批8项制度经专家评审并报请国家质检总局批准同意在全国复制推广。在复制推广中,上海国检局以创新的方法落实创新的制度:主动对接地方平台,扩大第三方采信业务和范围;对进口旧机电产品列出负面清单,与地方联合考核,共同实施监管;制定进出口生物材料制品配套规范,进一步优化和缩短流程;推广中转货物产地来源证管理制度,让企业充分享受到关税优惠;再造流程,实现检验检疫各个环节的全过程无纸化运作;建立进口食品化妆品分类监管,将事前审核备案改为事前告知承诺、事中事后监管;对进口农产品则制定正面清单。当前8项创新制度已率先在上海生根发芽,开花结果。

二是关检携手,全面提升速度。去年12月1日,上海国检局与上海海关签署了全面推进“三个一”的合作协议，在条件具备的查验场所加挂“关检联合查验点”的标牌，全面启动并有力推动“三个一”的各项工作，已实施“三个一”的货物达 50 多万批，通关时间减少 50%，关检合力提效得到充分显现。

三是积极探索，推进区域一体化。自贸试验区改革创新的乘数效应，还体现在对接长江经济带的国家战略上。长江年货运量 20 亿吨，占全国水运总量的 60%，连续九年世界第一。克强总理指出，上海是长江黄金水道的龙头，龙头舞起来，龙身才能摆起来。去年年底，长三角五局已签署一体化合作备忘录，待国家质检总局批准后就将全面付诸实施。在进口环节将引入负面清单理念，清单外的货物可到报关地直接报检；出口将以直通放行为原则，以口岸核查为例外，免去二次申报；参照自贸试验区单一窗口做法，筹建长三角区域审单中心和物流监控中心；借鉴事中事后监管的思路，开展区域内企业信用的统一管理。据估算，长三角一体化可为企业节省 20%的通关成本和 30%的物流成本。

四、坚持变革导向，认真做好除法

改革永无止境，创新永无尽头。上海国检局坚持变革导向做除法，缩小不利发展的分母，做大促进发展的分子，力求改革红利得到最大释放。

一是简政放权，适应政府职能新变化。行政审批制度改革是政府职能转变的重要抓手。通过审批事项减量化，解决审批项目多的问题；通过审批办理智能化，解决审批程序繁的问题；通过审批流程的扁平化，解决审批时间长的问题；通过审批场所的集约化，解决审批窗口散的问题。通过编制权力清单、办事指南、业务规程和监管手册，最终实现全事项网上办理、全流程公开透明、全方位电子监察、全过程动态查询。

二是与时俱进，适应贸易方式新业态。随着互联网的突飞猛进，跨境电子商务在国际贸易中的地位和作用将日益凸显，跨境电商带来的不仅是挑战，也有难得的发展机遇。跨境电商是基于互联网的新业态，集进口商、批发商和零售商于一体。马云提出“互联网打假”的理念，并付诸实施。“互联网国检”的监管模式也应早日成为现实，在深入研究跨境电商的特点和属性的情况下，在职能不弱化、安全有保障的前提下，利用互联网的思维、大数据的资源、云计算的空间、物联网的优势、车联网的追踪、信息化的手段，通过跨境电商平台线上的信息流、资金流和线下的货物流，正确处理好原则性和灵活性、短期性和长期性、特殊性和普遍性的关系，创造性地用好跨境电商大数据的外部性，开创性地构建一种适应跨境电商发展的监管新模式，真正做到进得来、出得去、管得住、放得快。

三是融入地方，适应经济发展新常态。检验检疫的发展壮大不可能脱离地方而独善其身。今天的上海，正按照总书记的要求，加快向具有全球影响力的科技创新中心进军，以自贸试验区为突破口，坚持先行先试，推进制度创新，打造改革新高地，树立开放新标杆。为主动适应新常态，需要打破大一统高度集成的格局。一是干部任免层级化，将科级干部的任免权限下放给各分支机构，树立分支机构领导班子的权威；二是业务分工属地化，理顺纵横交错、错综复杂的业务分工，全面实施属地化管理，提高各分支机构在地方政府中的地位；三是服务地方绩效化，增加绩效考核中服务政企的权重，以企业的投诉举报数量来扣分，以地方政府的支持额度来加分；四是监管资源差别化，实现机关瘦身减权，基层强体增效，将各种资源向自贸区、向基层倾斜，不断激活基层的主观能动性。

目前中央对加快自贸区建设提出了新的要求，上海自贸试验区已经扩大了100平方公里，其它三个自贸区也已箭在弦上，自贸区建设任重道远。上海国检局将在国家质检总局的领导下，根据市委市政府的要求，结合自身实际再接再厉，发挥好上海自贸试验区的先发优势，努力构建四位一体的智慧国检及组建一个全天候无障碍的互联互通中心，打造一支全方位跨专业的综合执法队伍，搭建一个全时空大数据的信息支撑平台，编织一张全地域无盲点的监管服务大网，不断将改革创新和复制推广工作引向深入，力争再出新经验、再推新制度、再开宣讲会、再作新贡献。

（作者系上海出入境检验检疫局局长）

围绕自贸试验区制度创新这一核心 推进新常态下海事改革发展

徐国毅

中国(上海)自由贸易试验区是中央从我国更好应对国际经济贸易和投资规则变化与挑战、提高对外开放水平、以开放促改革促发展提出的一项重大国家战略,挂牌至今已一年有余。在国家各部门支持下,中国(上海)自由贸易试验区紧紧围绕制度创新,获得重大突破,取得重要阶段性成果:以负面清单为核心的投资管理制度基本建立;以贸易便利化为重点的贸易监管制度有效运行;以资本项目可兑换和金融服务开放为目标的金融创新制度有序推进;以政府职能转变为核心的事中事后监管基本制度业已形成。党中央、国务院要求自贸区推进的四个方面制度创新已全面推开,并不同程度取得重要进展,这一探索实践,充分证明中央决策的正确性和科学性。

和过去的开发区、保税区、地方优惠政策特殊发展区等完全不同,中国(上海)自由贸易试验区是国家"试验田",中央要求上海播下良种,精心耕作,精心管护,争取有好的收成。在这块"试验田"里,所有试验的内容,都是国家进一步扩大开放和深化改革、按照新的国际贸易投资规则和国际通行惯例所需要进行探索的。作为一项国家战略,习近平总书记和李克强总理反复强调,自贸试验区的核心任务是制度创新,就是要为国家全面深化改革、扩大开放率先探索突破口和新路子。

回顾一年多来的建设历程,我们对中央这一重大战略安排的认识更加深刻，对上海自贸区未来发展的信心更加坚定，对制度创新是上海自贸区建设核心的理解更加深入。去年底召开的中央经济工作会议提出我国经济发展已进入新常态。在经济发展新常态下，直面现实性挑战，把握趋势性变化，深入推进上海自贸区建设，最需要的就是打破惯性思维，摆脱“安于现状”、“无所作为”；最重要的就是加快制度创新，激发市场自有活力，尤其要着眼于加快政府职能转变这一关键，着力于构建科学有效的海事事中事后监管模式这一目标，更好地履行海事职责和发挥海事作用。

一、深入理解自贸试验区的核心是制度创新

（一）中国改革开放的历史经验证明必须以制度创新为核心。

制度创新的概念在中国改革开放的进程中并非鲜见。回顾三十六年的改革开放历程，以制度创新为核心推动社会主义全面改革，是邓小平改革理论与实践的显著特点。邓小平理论的制度创新思想是建立在对基本制度和具体制度的深入理解之上的，其所主张的制度创新，是对具体制度进行创新，从而更好地坚持社会主义基本制度。在当时的历史背景下，面对中国社会的现实问题和在国际竞争中与资本主义制度的剧烈碰撞，只有把社会主义制度与中国的具体国情结合起来，通过对以高度集权为特征，以计划经济为主体的传统体制进行根本上的制度创新，才能真正发挥社会主义的优越性，才能适应生产力的高速发展和社会关系的重大调整。事实证明，这些制度创新发展了社会主义生产力，提高了社会主义中国的综合国力，改善了人民的生活水平。如今，中国的改革已进入攻坚期和深水区，以制度创新为核心促进社会改革的邓小平理论与实践为中国新一轮的改革开放提供了成功的方法论指导和实践经验。诚然，新的历史背景下，制度创新又有着新的含义。上海自贸试验区作为一项国家战略，其制度创新是立足于政府职能转变下的制度创新，通过理顺政府与市场间的关系，激发经济内在活力，实现可持续发展。

（二）深刻变化的国际国内形势要求必须以制度创新为核心。

建设上海自贸试验区作为一项国家战略，有着深刻的国内背景。当前中国经济、社会、政治、文化、生态等建设进入到新阶段，改革也进入到深水区、攻坚期，第一轮改革开放的红利逐渐消失，改革面临各种既得利益集团的阻碍，面临日益严重的利益固化的挑战。国家需要开辟一块改革试验场，通过“再开放”来倒逼改革红利的释放，这就需要加快政府职能转变和治理模式创新，为其他领域的政策推行就奠定坚实基础，因此必须坚持以制度创新为核心，厘清政府与市场的最优边界，创新监管方式，以市场机制引进民间资本活力、扩大对外市场开放，为改革发展注入内生动力。

建设上海自贸试验区作为一项国家战略，还有着非常深刻的国际背景。全球金融危机以来，全球的产业链、价值链和创新链的变化，正在推动着全球投资规则和贸易规则的重构。这种重构有三个特点：其一，它仍是以美国为首的发达国家为主导的；其二，它是高标准的；其三，它的形成并不是在我们比较熟悉和已经比较深度介入的 WTO 多边贸易体制平台上进行的。我们面临着接受不接受、参与不参与这种重构的问题。其实，答案是肯定的，我们需要利用这种重构趋势，需要通过扩大开放来倒逼深层次改革。“机者如神，难遇易失。”习近平总书记在主持中央政治局第十九次集体学习时强调：要准确把握经济全球化新趋势和我国对外开放新要求。改革开放是我国经济社会发展的动力。不断扩大对外开放、提高对外开放水准，以开放促改革、促发展，是我国发展不断取得新成就的重要法宝。开放带来进步，封闭导致落后，这已为世界和我国发展实践所证明。他指出：加快实施自由贸易区战略，是我国积极参与国际经贸规则制定、争取全球经济治理制度性权力的重要平台，我们不能当旁观者、跟随者，而是要做参与者、引领者，善于通过自由贸易区建设增强我国国际竞争力，在国际规则制定中发出更多中国声音、注入更多中国元素，维护和拓展我国发展利益。因此，要参与和利用这种重构趋势，就意味着我们长期以来形成的监管制度与规则必须打破与重构，以制度创新为核心加快推进自贸试验区建设的重大意义由此更加彰显。

（三）建立中国（上海）自贸试验区的定位决定了必须以制度创新为

核心。

建设中国(上海)自由贸易试验区,区别于传统意义上在特殊监管区内给予特殊政策和优惠政策的自由贸易区,而是我国在改革开放新形势下,顺应全球经贸发展新趋势,实施更加积极主动的对外开放战略的一项重大举措。其改革探索的大背景,也是国家全面深化改革中的核心问题,就是要把党的十八届三中全会提出的处理好政府与市场之间的关系,在自贸试验区里试出一整套管用的制度体系,这是中国(上海)自由贸易试验区的目标定位所在。它突出改革试验功能,强调可复制可推广,重点是要加快政府职能转变,积极探索管理模式创新,促进贸易和投资便利化,为全面深化改革和扩大开放探索新途径、积累新经验。这是一个完整的从经济体制到监管体制再到行政体制改革的综合试验区。因此,从这个角度来理解建设中国(上海)自由贸易试验区的问题,不难理解它既是一个改革的问题,又是一个开放的问题;既是一个区域的发展问题,又是一个国家的发展问题;既是经济问题,又是制度问题。正因如此,我们就必须以制度创新为核心,转变监管模式,释放市场活力,稳步推进市场经济体制和行政管理体制改革。

二、经济发展新常态下进行制度创新的现实意义

(一)制度创新是适应经济发展新常态的必然要求。

当前,我国经济正在向形态更高级、分工更复杂、结构更合理的阶段演化,正从高速增长转向中高速增长,经济发展方式正从规模速度型粗放增长转向质量效率型集约增长,经济结构正从增量扩能为主转向调整存量、做优增量并存的深度调整,经济发展动力正从传统增长点转向新的增长点,无论是速度、结构、方式都呈现出经济发展新的常态。中央经济工作会议分析了当前国内外经济形势,对 2015 年经济工作的总体要求和主要任务作了战略部署,尤其是对如何历史地、辩证地认识我国经济发展的阶段性特征,如何准确把握经济发展的新常态,做了战略高度的阐述。习近平总书记指出,中国经济发展的新常态呈现出几个特点:速度——“从高速增长转为中高速增长”,结构——“经济结构不断优化升级”,动力——“从要素驱动、投资驱动转向创新驱动”。无论是经济发展速度的“换挡期”、经济结构调整的“阵痛期”,还是之前单纯依靠加大投入、前期刺激政策的“消化期”,新常态下中国经济、社会、政治发展都面临转型挑战。而制度创新恰恰能发挥出速度换挡“润滑剂”、结构优化“调整器”、动力驱动“发动机”的作用,能够及时解决经济发展中面临的突出问题,使中国经济发展在新常态下效率更加优化、结构更加合理、驱动更加有力。可以说制度创新在中国经济从一个状态迈上新台阶的过程中,扮演者从“量变”到“质变”的关键角色,使我们积累的资源转变为有效生产力,进而使整个经济发展形势呈现新的局面。唯有紧紧把握制度创新这一核心,让制度创新成为驱动发展的新引擎,才能更好认识新常态,适应新常态,引领新常态。

(二)制度创新是自贸试验区肩负的使命所在。

建设自贸试验区是经济发展新常态下新一轮改革发展的开放高地,融适应性和创造性于一体,无论是改变过度依赖要素投入的低成本比较优势发展路径,实现内涵式发展的现代化转型,还是激发市场活力,促进开放型经济的发展,都离不开制度创新及其所产生的核心推动力,都需要依靠制度创新来形成新型先发优势,新型核心竞争力,新型可持续发展态势。虽然中国(上海)自由贸易试验区经过一年多的发展,以负面清单为核心的投资管理制度已经建立,以贸易便利化为重点的贸易监管制度平稳运行,以资本项目可兑换和金融服务业开放为目标的金融创新制度基本确立,以政府职能转变为导向的事中事后监管制度基本形成,但是离自贸试验区的目标定位,离开放型经济的发展要求,离市场在资源配置中决定性的作月发挥,离社会大众的热切期盼,还有很长的路要走。伴随着自贸试验区的扩区增容,自贸试验区的未来发展也呈现出新的常态,如何在自贸试验区继续深化改革、继续扩大开放,营造国际化、法制化、市场化,与国际通行规则相衔接的营商环境,都需要继续牢牢扭住“制度创新”这一牛耳,通过持续不断的制度创新激发市场活力,累积发展动力,增强中国在世界经济舞台上的竞争力、影响力和引领力。

（三）制度创新是推动海事改革发展的现实需要。

当前，无论是外部环境还是内部生态，海事都面临着发展阶段的新常态，正从单一“主观行政”到航运多元化“客观需求”的理念转变，从事前审批转向以诚信管理作为支撑的事中事后监管，从传统人力、物力、财力粗放投入转向依托信息智能支撑的现代科学治理模式，从审批信息闭塞、随意执法转向许可全过程透明化、依法行政。面对海事发展的新常态，我们更需强调制度创新的意义，更需依托制度创新转变监管模式，促进依法行政，规范内部管理，提升行政效能，以投制度创新之“石”，起海事改革发展之“涟漪”。

处于改革、转型、发展关键期的海事部门，必须紧紧把握自贸区建设提供的改革舞台和发展契机，深入思考海事的发展空间、目标定位，尤其是解决好以下几个关系：第一，是“收”与“放”的关系。即管与放的问题。之前海事监管方式主要依靠提高准入门槛，注重事前审批，而对于动态跟踪、后续监管力度不够，需要建立基于诚信管理的事中事后监管机制。第二，是集权与分权的关系。集权过多，矛盾也会越多；而分权过大，整体控制力就会缺失。既要消除过分集权的行政行为，加大简政放权力度，瘦上强下，也要消除不合理的分权行为，避免分散执法、信息孤立等现象。第三，是效率与安全的关系。在安全的前提下，最大限度的便利港航企业，尽量避免让政府之手干预市场，发挥市场自身作用，但同时要切实把控安全风险。在保障安全底线与实现航运企业利益最大化中找到平衡是我们想要达到的理想状态。第四，是合法性与合理性的关系。依法行政就要坚持以法律为标准，公开、公平、公正处事。现在，社会不仅关注行政执法的合法性问题，更加关注行政执法的合理性问题，依法行政不能再简单意义上追求法律效果的实现，也须高度重视社会效果的体现，这对我们海事依法行政能力提出了更高要求。海事提升科学管理能力面对新的考验。处理好以上四种关系，需要我们注重顶层设计，推进制度创新。

总之，制度创新是自贸试验区建设的核心，是自贸试验区建设的生命力所在和成败关键。自贸试验区的制度创新是全方位的，将随着改革试验的推进而不断延伸和拓展。作为驻区职能机构，海事部门紧紧依托自贸试验区，着眼于制度创新这一核心，进一步解放思想，坚持先行先试，加快海事监管服务模式改革创新，为促进贸易便利化，全面提升海事安全治理能力与海事公共服务水平而努力。

（作者系上海海事局局长）

服务上海自贸区建设推进边检管理创新

施　健

党的十八届三中全会提出“必须切实转变政府职能,深化行政体制改革,创新行政管理方式,增强政府公信力和执行力,建设法治政府和服务型政府”,这对边检机关如何更好地适应和服务好全面深化改革的发展大局提出了更高要求。自2013年中国(上海)自由贸易试验区获批建设后,特别是十八届四中全会以来,上海出入境边防检查总站在公安部和上海市委市政府的领导下,深入贯彻落实习近平总书记系列重要讲话精神,紧紧围绕基础信息化、警务实战化、执法规范化、队伍正规化这“四项建设”,以改革创新为动力,在严密管控、提升服务、创新管理、夯实基础上下功夫,努力为服务上海口岸和经济社会发展,服务国家安全和社会稳定作出新贡献。随着上海自贸区扩区和对外开放程度加大,上海出入境边防检查总站如何适应口岸发展新常态?如何增强口岸管控能力?如何更好地服务上海自贸区和“四个中心”建设?如何优化边检机关管理职能,提高口岸管理的科学化水平?这些成为深化边检改革创新中需要准确把握的问题导向。

一、主动作为,积极适应上海口岸发展新常态

随着上海“四个中心”建设的持续推进以及上海自贸区、建设具有全球影响力的科技创新中心等战略实施,上海国际综合竞争力提升的同时,上海口岸也迎来了大发展的时期。综合各类数据分析,近年来,上海口岸呈现出了三大特点:

一是出入境人员数量持续增加。1998年上海口岸出入境人员有467.5万人次,到了2002年,上海口岸出入境人员突破1000万人次,5年不到总数

翻倍;而2010年达到了2000万,8年又增加1000万;2014年则一举突破3000万大关,4年增加1000万。出入境人员大进大出、快进快出、持续大幅增加的趋势日益明显。

二是出入境中国内地居民数量占比持续攀升,外国人数量占比呈下降趋势。2008年以前,上海口岸外国人出入境数量始终占出入境人员总数的50%以上,但自2009年开始,中国内地居民出入境数量首次超过外国人,至2014年,出入境中国内地居民达1821.2万人次,占出入境人员总数55.2%;外国籍人员1135.6万人次,占出入境人员总数的34.4%。

三是查获边控人员数量逐年上升,查获偷渡人员逐年下降。随着国家打击恐怖活动和反腐败斗争力度的不断加大,近年来口岸查获边控人员数量呈逐年上升趋势。而随着人民生活水平的提高和口岸管控能力的增强,近年来上海口岸查获的偷渡人员数量呈逐年下降趋势。

这些口岸发展出现的新常态,也要求上海边检机关在减政放权、精细化管理、管控模式、队伍管理上主动作为,大力推进边检管理创新。上海出入境边防检查总站始终把准边检管理创新在服务全面深化改革发展大局中的重要职责定位,狠抓通关效率提升和管理机制创新,全力推进专业化、法治化、信息化建设,切实保障口岸畅通,展现"阳光国门"良好形象。

二、先行先试,争取推动便利通关环境新举措

一是实施24小时直接过境免办边检手续政策。2012年3月15日起,上海浦东机场在全国率先试行24小时直接过境旅客免办边检手续政策。上海出入境边防检查总站协调航空公司、机场集团开辟专门区域,对持有联程客票、24小时内转乘其他国际航班、不出口岸限定区域的旅客免办边检手续直接过境,简化了国际中转旅客过境手续办理流程,缩短了等候时间,为上海国际航空枢纽港建设起到了重要作用。

二是率先实行72小时过境免签政策。2013年1月1日起,上海浦东、虹桥机场作为全国首批口岸实行72小时过境免签政策。上海出入境边防检查总站制定《72小时过境免签政策实施办法》,明确手续办理操作流程、处理权限和工作要求，在机场口岸入境现场设置引导标识，为过境旅客提供优质、高效的通关服务。

三是争取邮轮旅客免签及公海游相关政策。上海出入境边防检查总站积极配合上海市政府开展随邮轮来沪外国籍旅客入境免签政策和邮轮无目的地航线的研究论证工作，争取中央赋予上海先行先试政策，吸引更多游客乘邮轮来沪观光旅游，推动上海邮轮产业发展和世界著名旅游城市建设。同时，积极配合市政府有关部门争取公海游政策率先在上海落地实施。

三、勇于创新，努力创造口岸顺畅通关新经验

随着上海创新驱动发展战略的推进，上海出入境边防检查总站坚持立足管理创新，狠抓通关效率，不断提升口岸综合服务和管理水平，创造了提高通关效率的新经验。

一是创新信息化应用，积极应对机场出入境大客流。上海出入境边防检查总站通过实行出入境联动勤务、备勤力量支援模式，充分运用国际航班旅客预报系统（API）、机场航班动态显示系统（FQS）、执勤现场视讯监控系统，研发启用自助通关系统、中国公民出境游团队名单申报系统、登机牌航班信息自动提取录入系统功能，有效提高出入境旅客通关效率，提高用警效能，避免口岸出现拥堵，切实保证了 95％以上的旅客等候办理边检手续时间不超过 25 分钟。2014 年，4 个承担旅客检查任务的边检站旅客电子评价系统满意度一直保持在 99.94％以上。

二是创新查验模式，简化货机和邮轮检查手续。在机场提供 24 小时货机检查全天候服务，进一步简化班机转港手续办理程序，为从国内机场经上海中转出境和从国外经上海转往国内其他地区的连飞机组提供便利，有效提高人员、货物通关效率。在邮轮口岸，自主研发邮轮管控系统，通过二维码将旅客信息与管控系统相关联，上下邮轮仅需读取二维码信息进行人像对照即可放行，既能实现精确管控，又能有效提高邮轮旅客、船员的通关速度。此外，对乘母港邮轮入境的内地居民免盖入境验讫章，对乘访问港邮轮入境的外国籍及台湾旅客免盖出境验讫章，旅客到港即可登陆观光。2014

年7月，公安部将简化邮轮通关措施及邮轮管控系统在全国进行推广。

三是升级出入境人员自助通关系统。上海出入境边防检查总站根据公安部便民服务措施，不断扩大享受自助查验通关旅客的适用范围，对浦东机场自助查验通道的证件阅读设备进行改造升级，使其能够读写电子芯片，查验各类电子出入境证件。2014年，通过自助通关方式入境的旅客超过43万人次，同比增长149.8%，创历史新高。

上海自贸区建设带来投资和贸易便利化的同时，也推动行政机关管理理念和方式上的深刻变革，下一步，上海出入境边防检查总站将积极跟进“单一窗口”建设，逐步实现“单一窗口”和边检内部查验系统的无缝衔接，将船舶出入境边检手续的办理全面纳入“单一窗口”体系，试行“合作查验、一次放行”边检通关新模式，实现信息交互，管理流程的优化。

（作者系上海出入境边防检查总站总站长）

在服务航运中发展航运服务业

张　页

航运业经过多年的沉寂，总算开始热闹起来。国际船舶大单不断涌现，几家大型公司纷纷开始盈利。在国内更是顶层设计、政策引导接连出台。前有“丝绸之路经济带”和“21世纪海上丝绸之路”的国际布局，后有长江经济带的战略考虑。才见国务院《关于促进海运业健康发展的若干意见》，又闻国务院下发《关于依托黄金水道推动长江经济带发展的指导意见》。看来，航运业重整旗鼓的大好良机已经到来。那我们应该如何把握时机，以怎样的态度和尺度，来迎接新的航运形势，让我国的航运事业更上一层楼?

国家战略，宝剑出鞘

在全球贸易一体化，以及世界航运中心东移的带动下，伴随着我国海运业逐步走向国际化、市场化，航运服务业的发展也驶入了快车道，产业规模不断扩大，附加值不断提升，在产业链中的连接作用日益显著。

但航运服务业在快速发展中，也面临着诸多的问题与瓶颈，制约了进一步发展的空间。如:制度、标准设计不能适应市场日新月异、快速扩大的需求。粗放式发展中的遗留问题，包括运力结构性过剩、无序竞争、调查处罚的体制机制、诚信建设、环保压力等等，需要顶层设计和有序引导。

国务院发布的《促进海运业健康发展的若干意见》(以下简称《意见》)正逢其时，为加快我国航运服务业转型升级指明方向、意义深远。《意见》首次从国家层面提出‘现代航运服务业’的概念，有利于推动‘传统航运服务业’加快结构调整、实现转型升级，为行业通过产业集聚、融合、创新，实现跨越式发展创造了良好的条件与环境。

首先，文件从国家层面提出了支持“现代航运服务业”发展的这一目标，将服务业上升到国家战略的高度来进行顶层设计、总体布局、协调推进。

其二，从航运服务业的三大特性：资本和知识含量高、黏合度高、开放度高的角度出发，明确了重点支持航运服务业发展的重点领域在于航运金融、航运交易、信息服务、科技研发、海事仲裁等，对于增强我国航运服务业在国际航运市场的地位和竞争力，提升我国航运业在国际航运市场的影响力和话语权具有重要的指导意义。

其三，围绕着重点任务，部署了政策措施和保障机制，并要求各部委、地方政府积极制定落实方案，体现了国家级文件既有“顶层设计”也能“脚踩大地”的“平民化”风格。

逆水行舟，不进则退

航运主业的发达和集聚有效地带动了航运服务业的快速发展。例如，港口服务水平有了很大的提高；船舶代理和货运代理行业的国际化进程加快；船舶修造业发展势头强劲；船舶检验、船员劳务、船舶供应、口岸电子平台供应等能力均取得了极大的提升。但同时要注意到，这些业务基本上都是传统的航运辅助服务业，而非现代航运服务业。

航运服务业，顾名思义，就是为航运服务的产业。国家科技部对现代服务业的定义，“现代服务业是指以现代科学技术特别是信息网络技术为主要支撑，建立在新的商业模式、服务方式和管理方法基础上的服务产业。它既包括随着技术发展而产生的新兴服务业态，也包括运用现代技术对传统服务业的改造和提升”，现代航运服务业就是为传统航运业提供增值服务的产业，它可以是新的服务业态，也可以是对传统航运业的技术改造和升级。

根据英国经济学家克拉克和美国经济学家库兹涅茨对产业结构演变的三个阶段的研究成果，服务业结构演变同样具有规律性。即，从传统的满足个人生活需求的服务业，发展到与商品生产有关的生产性服务业，包括交通运输、通信业、金融、保险和流通服务业等；再到生产和生活互动发展的服务业，如广告、咨询中介、房地产、旅游、娱乐等服务业；直到科研、信息、教育等

现代知识型服务业。笔者认为,航运服务业也有类似的三个发展阶段:

第一个阶段,是传统的由运输生产刚性需求驱动的航运服务业。过去,人们需要进行货物贸易,于是就有了对运输的需求,船舶建造、买卖等为运输服务的产业应运而生;货物到了港口,需要装卸,码头装卸、仓储、理货、拖船、船舶代理、货运代理等为航运服务的业态开始发展;船舶到港后,需要燃料补给、船员配备,于是船舶燃料供应、设备修理、船员劳务、船舶检验等航运服务业也迅速发展。

第二个阶段,是由运输服务弹性需求驱动的航运服务业。在传统的航运服务业发展壮大后,为航运服务的产业业态需要被融合、升级,造船、买船需要钱,于是船舶融资、租赁等服务产业出现了;船货双方出现贸易纠纷,海事法律、海事仲裁等服务产业出现了;船货双方觉得海上运输有很大的风险,于是航运保险也出现了。

第三个阶段,是由运输衍生创新驱动的航运服务业。随着信息技术和知识经济的发展,以及航运产业集群的成形和转移,航运业内外人士对航运服务业也有了需求,即为航运服务的产业业态需要新型业态,需要衍生型的融合业态。人们在签订贸易条款、运输条款前,想要了解、把握市场行情,于是有了航运指数的开发;人们不但想要减少运输成本变化带来的风险,还想要一劳永逸地锁定成本,于是有了套期保值的运价衍生品交易;人们不但想要规避运输价格带来的风险,还想要分摊运输货损、船舶灭失等经营性风险,于是有了航运公估、再保险;人们不但想要规避贸易纠纷,还想要从源头上杜绝风险,于是有了标准合同的制定;人们还想要掌握航运市场的走势,于是有了信息咨询机构、航运媒体等……

由此可以看出,航运服务业都是在服务航运中慢慢发展起来的,只不过第一个阶段是被动形成的,第二个阶段是自发形成的,而第三个阶段则是自觉创新形成的。并且后两个阶段中出现的航运服务业,就是现代航运服务业,具有“两新四高”的特征:新的领域、新的模式,高技术含量、高增值服务、高知识结构、高精神享受。

传统航运服务业务的发展既奠定了产业向高端衍生的基础，也使得发展壮大那些初具雏形的现代服务业变得更加紧迫——蓬勃发展的同时，制约行业进一步发展的问题也在逐渐暴露：

比如，我们有航运金融和保险，但产品创新难；我们有海事仲裁和法律咨询，但与国际接轨不够；我们拥有众多信息服务者，但能够引导市场的国际权威性媒体和专业研究机构不多。

再比如，同场竞技，中国在发展，国际竞争也更强。无法忽视的一点就是来自市场和政策的障碍——从市场方面来看，首先是与境外周边港口相比，我们的港口综合商务成本偏高，对船公司的吸引力不够；同时，包括港口服务业在内的一些航运辅助服务的行业经营主体尚未实现多元化，没有形成一定的竞争机制；加之行业自律机制尚未有效形成，在市场开放程度逐步加大的同时，准入门槛低直接导致了市场的过度竞争；我国在金融法律体系方面与国际通行做法有明显的不同，例如对资本流动有所限制、人民币不可自由兑换、税收政策存在差异，这些都对吸引包括船东、船舶管理公司以及航运金融业等境外优质资源聚集造成了困难。

这些问题如果不能及时解决，未来航运服务业的发展就将如逆水行舟，不进则退。因此，笔者提出“在服务航运中发展航运服务业”的理念，供读者参考。

四度驰水，理念创新

传统航运业的发展和集聚可以带动港口发展，却未必能对航运服务业产生足够的刺激。而现代航运服务业，尤其是金融、信息资源在全球流动转移的成本低、快捷方便，可以形成全球性辐射，因此发展现代航运服务业，需要有突破性的观念，以及有针对性的清除政策障碍。

令人欣慰的是，深化改革、创新发展、政策松绑、接轨国际，这样的趋势正在形成。除了《意见》所明确的发展框架外，一份《加快促进现代航运服务业发展的实施意见》已经在广泛征求意见。据悉，这份意见已经过近两年的调查研究，进一步在行业上下广泛征求意见后，细化完善后即将发布。

笔者认为，我们应该把握四个度，来迎接新的航运形势，让我国的航运事业得以驰骋。

一曰提高透明度。凡是产能过剩的行业，通常是信息不透明的行业。我们既不能再因为信息不对称而获利，也不能为信息不对称而埋单，更不能因不透明而失去效率和公平。比如规则的明确，政出的同门，执法的统一；比如标准的量化，门坎的高低，处罚的尺度；比如税费的统一，激励的公平，投入的量级；再比如数据的真实，信息的全面，渠道的公开。

二曰扩大普及度。发展航运我们既要“顶层设计”又要“脚踩大地”。航运业的社会性，物流业的全球化，理应得到充分的理解。从社会需求中吸取发展动力，从服务贸易中树立地位，从造福人类中获得支持。所以笔者曾经多场合、多渠道地提出“航运中心需要平民化”。只有广大公民的充分理解踊跃参与，才能大力推进和发展现代航运服务业。因为正如之前所述，服务社会是服务业出现的基础和前提。比如穿衣吃粮，用煤用油，出行旅游，无不舟楫之利；比如航海文化，依水而居，是民族的传存，人类的追求；再比如航运金融，参与交易，是为普及航运的新渠道。

三曰注重黏合度。经历长达6年的低迷期，高傲的航运企业也不得不放下身段。现实是货主为王，模式为王，成本为王。航运服务业也进展到了第三阶段，也许不是充分需要，却是必要实现，发展关键点就是要注重产业链的黏合。比如海运条款与贸易条款的黏合；比如多种运输方式的黏合；再比如不同企业之间的黏合；还比如不同产业之间的黏合，新技术、新模式与传统观念的黏合。

四曰控制开放度。在我们固有的或现实的认识和理解中，似乎一提开放度，就自觉不自觉地想到进一步开放。而笔者这里所提的开放度是指“开放有度”。且不说国际惯例各国对海运权及海运业的保护。如果是针对我国特别的国情而言，我们就更应该加以重视。我国是贸易大国，经济离不开对外出口，资源离不开国际进口，航运企业众多，人口世界第一……无论哪一条都有足够的理由：“以我为主，开放有度”。比如涉及水上安全的不开放；比如涉及主权的区域不开放；比如涉及国家经济战略的不开放；再比如涉及国民就业的不开放。

平台之路，金融之道

平台之路。航运业发展至今几百年，之所以还会担心谁会垄断市场，谁会操纵价格，甚至整个产业链上几个环节同时出现产能过剩，就是因为还没形成有效的“大数据”。“大数据”已经成为当今所有产业领域的核心议题，传统型的管理者往往纠结于大数据的“生成”和“占有”，然而实际上数据不是“天然”形成的，纷繁的人类活动产生的数据其本质是孤立数据，“多数据”不代表“大数据”。数据的有效“处理”和充分“使用”，才是所有企业实现转型、占领未来产业制高点的新捷径。目前的航运企业，还处于传统的管理模式之下，尽管产生海量数据，却保持着一种数据上的“三无”状态：标准涣散，条块割据，目标缺失。数据收集和解析模式还停留在每日或者每周甚至每月交换几张统计表格上，而且在很大程度上，这些表格仍然神神秘秘、藏藏掩掩。诚然，市场上有很多的航运数据机构，国内的国外的，新兴的传统的，但如果是基于静态数据库以及基于静态数据的市场报告作为拳头产品的，都不是现代意义上的“信息数据”。因此，必须要借助互联网技术，建立一个公共平台，将航运数据通过处理、解析变成真正的实时、公开的“大数据”和“信息”。

金融之道。如前所述，航运服务业进入了第三阶段，人们关心的已经不仅仅是规避风险，而是掌控风险，杜绝风险，甚至是从风险中获利。金融能够成为牵引的表现是方方面面的，当前形势下金融突破的重点应聚焦在航运金融衍生品交易的创新，以及船舶融资租赁模式的创新。其一，发展航运金融能够促进相关实体经济的发展，例如，发展金融租赁，能够将工业、贸易、金融三个领域紧密结合，以融物代替融资，保证资金直接进入实体经济，实现促进要素流动、市场优化、产业转移的政策要求，包括内河船型标准化、装备制造业等均有望从中受益。其二，发展航运金融衍生品，既能够提高相关企业风险管理能力，促进整个航运产业的转型升级，又有利于提高国际航运话语权。运价指数远期交易能在规避航运价格波动、促进航运产业要素聚集、树立上海国际航运中心地位和增强上海国际航运中心辐射能力等方面发挥积极效应。因此，创新船舶融资租赁模式，能够带动和促进我国航运企业整体步入“大船时代”，充分参与国际竞争；创新衍生品交易能够为航运企业提供多种对冲风险工具，从而发现价格，提升航运资源的配置能力，掌握话语权。

“顺应天地人之自然”，把握“道”和“度”，顺势而为，才能有效落实国家战略，更好地发展航运服务业。（作者系上海航运交易所总裁）

附　　录

2014年1—12月上海口岸主要数据统计表

1月

大类	项目	当月	同比(%)	年累计	同比(%)
货物	上海口岸进出口货物总值(亿美元)	1025.8	16.9		
	出口	620.6	16.7		
	进口	405.2	17.1		
	上海关区进出口货物总值	808.0	18.2		
	出口	501.2	16.2		
	进口	306.8	21.7		
	上海市进出口货物总值	424.3	16.5		
	出口	195.8	9.8		
	进口	228.5	22.8		
	上海口岸货物吞吐量(万吨)	3577	5.0		
	航空口岸货邮量	22.2	19.7		
	水运口岸货物量	3554.8	4.9		
	上海口岸集装箱吞吐量(万标箱)	259.7	3.4		
	出口	120.0	8.7		
	进口	102.0	0.2		
	内支线	37.7	−2.1		
人员	上海口岸出入境人员总数(人次)	2566986	22.8		
	旅客总数	2332590	23.1		
	航空口岸出入境人员	2468756	21.5		
	旅客	2292881	21.9		
	水运口岸出入境人员	85093	89.6		
	旅客	27395	2724.2		
	铁路口岸出入境人员	13137	−0.2		
	旅客	12314	−0.2		
交通工具	上海口岸出入境交通工具总数	18515	10.6		
	飞机(架次)	16247	11.4		
	船舶(艘次)	2238	5.2		
	列车(车次)	30	−6.3		
	进出上海口岸国际航行船舶(艘次)	3710	5.3		
	货船	3677	4.9		
	邮(客)船	33	94.1		

2 月

大类	项　目	当月	同比(%)	年累计	同比(%)
货物	上海口岸进出口货物总值(亿美元)	667.2	1.2	1692.9	10.2
	出口	345.9	−14.5	966.5	3.2
	进口	321.3	26.2	726.4	21.0
	上海关区进出口货物总值	490.5	−4.0	1298.9	8.7
	出口	254.8	−20.9	756.0	0.3
	进口	253.7	24.9	542.9	23.0
	上海市进出口货物总值	287.5	0.8	712.1	9.6
	出口	113.1	20.4	309.0	−3.6
	进口	174.4	21.7	403.1	22.5
	上海口岸货物吞吐量(万吨)	2686.5	8.4	6262.9	6.4
	航空口岸货邮量	15.1	−9.5	36.7	0.0
	水运口岸货物量	2671.4	8.5	6226.2	6.4
	上海口岸集装箱吞吐量(万标箱)	195.4	4.8	455.1	6.3
	出口	75.1	5.0	195.1	7.3
	进口	89.7	15.0	191.7	6.6
	内支线	30.6	9.7	68.3	2.9
人员	上海口岸出入境人员总数(人次)	2368588	8.2	4935574	15.3
	旅客总数	2162996	7.8	4496586	15.3
	航空口岸出入境人员	2273910	6.9	4742666	14.0
	旅客	2115893	6.7	4409774	14.1
	水运口岸出入境人员	82287	67.7	167380	78.2
	旅客	35471	232.6	62866	440.4
	铁路口岸出入境人员	12391	−3.6	25528	−1.8
	旅客	11632	−3.9	23946	−2.0
交通工具	上海口岸出入境交通工具总数	16023	4.3	34538	7.6
	飞机(架次)	14344	4.9	30591	8.2
	船舶(艘次)	1651	0.0	3889	2.9
	列车(车次)	28	0.0	58	−3.3
	进出上海口岸国际航行船舶(艘次)	2654	−6.3	6364	0.1
	货船	2628	−6.7	6305	−0.3
	邮(客)船	26	62.5	59	78.8

3月

大类	项　目	当月	同比(%)	年累计	同比(%)
货物	上海口岸进出口货物总值(亿美元)	925.2	7.8	2617.9	9.3
	出口	531.4	6.4	1497.9	4.3
	进口	393.7	9.9	1119.9	16.8
	上海关区进出口货物总值	698.5	7.8	1997.4	8.4
	出口	408.0	5.7	1164.0	2.1
	进口	290.5	11.2	833.4	18.6
	上海市进出口货物总值	383.3	5.7	1095.4	8.2
	出口	166.9	1.1	475.9	−1.9
	进口	216.4	9.4	619.5	17.5
	上海口岸货物吞吐量(万吨)	3372.8	3.6	9636.6	5.4
	航空口岸货邮量	23.6	2.6	61.2	4.5
	水运口岸货物量	3349.2	3.6	9575.4	5.4
	上海口岸集装箱吞吐量(万标箱)	252.6	4.9	707.6	5.8
	出口	111.0	7.8	306.2	7.5
	进口	102.4	2.1	293.9	4.9
	内支线	39.2	4.8	107.5	3.6
人员	上海口岸出入境人员总数(人次)	2827840	18.8	7763414	16.6
	旅客总数	2560384	18.7	7056970	16.5
	航空口岸出入境人员	2647728	17.5	7390394	15.3
	旅客	2460669	17.3	6870443	15.2
	水运口岸出入境人员	166331	44.9	333711	22.6
	旅客	86731	84.5	149597	155.1
	铁路口岸出入境人员	13781	6.2	39309	0.8
	旅客	12984	6.0	36930	0.6
交通工具	上海口岸出入境交通工具总数	18422	5.8	52960	6.9
	飞机(架次)	16196	6.8	46787	7.7
	船舶(艘次)	2194	−1.5	6083	1.3
	列车(车次)	32	6.7	90	0.0
	进出上海口岸国际航行船舶(艘次)	3603	−1.3	9967	−0.4
	货船	3537	−1.5	9842	−0.7
	邮(客)船	66	8.2	125	32.9

4月

大类	项　目	当月	同比(%)	年累计	同比(%)
货物	上海口岸进出口货物总值(亿美元)	969.8	11.2	3587.4	9.8
	出口	566.7	10.6	2064.6	6.0
	进口	403.1	12.2	1522.8	15.5
	上海关区进出口货物总值	734.2	12,9	2731.6	9.6
	出口	444.8	11.9	1608.8	4.6
	进口	289.4	14.7	1122.8	17.6
	上海市进出口货物总值	394.0	14.7	1489.5	9.8
	出口	177.3	13.1	653.3	1.7
	进口	216.7	16.1	836.2	17.1
	上海口岸货物吞吐量(万吨)	3473	9.5	13111.4	6.5
	航空口岸货邮量	23.4	4.2	86.4	6.5
	水运口岸货物量	3449.6	9.5	13025.0	6.5
	上海口岸集装箱吞吐量(万标箱)	259.3	8.5	966.9	6.6
	出口	118.3	13.1	424.5	9.0
	进口	99.4	4.9	393.3	4.9
	内支线	41.6	5.1	149.1	4.0
人员	上海口岸出入境人员总数(人次)	2764115	14.8	10527529	16.1
	旅客总数	2492605	15.2	9549575	16.2
	航空口岸出入境人员	2527584	13.9	9917978	14.9
	旅客	2350647	13.9	9221090	14.9
	水运口岸出入境人员	223314	27.2	557025	44.9
	旅客	129493	45.7	279090	89.2
	铁路口岸出入境人员	13217	6.4	52526	2.2
	旅客	12465	6.8	49395	2.1
交通工具	上海口岸出入境交通工具总数	18633	7.9	71593	7.2
	飞机(架次)	16467	8.9	63254	8.0
	船舶(艘次)	2136	1.3	8219	1.0
	列车(车次)	30	0.0	120	0.0
	进出上海口岸国际航行船舶(艘次)	3525	1.4	13492	0.0
	货船	3342	−1.9	13184	−1.0
	邮(客)船	183	169.1	308	90.1

5 月

大类	项　目	当月	同比(%)	年累计	同比(%)
货物	上海口岸进出口货物总值(亿美元)	964.4	6.7	4550.8	9.1
	出口	583.5	9.1	2647.8	6.6
	进口	380.9	3.3	1903.0	12.8
	上海关区进出口货物总值	725.4	6.9	3457.2	9.0
	出口	452.4	8.6	2061.5	5.5
	进口	272.9	4.2	1395.7	14.7
	上海市进出口货物总值	382.8	4.3	1872.3	8.6
	出口	177.4	8.6	830.6	3.1
	进口	205.4	0.8	1041.6	13.5
	上海口岸货物吞吐量(万吨)	3307.1	－2.5	16418.8	4.6
	航空口岸货邮量	23.5	3.4	110.2	7.5
	水运口岸货物量	3283.6	－2.5	16308.6	4.5
	上海口岸集装箱吞吐量(万标箱)	259.0	2.6	1225.9	5.7
	出口	119.0	6.6	543.5	8.5
	进口	99.6	－0.3	492.9	3.8
	内支线	40.4	－1.2	189.5	2.8
人员	上海口岸出入境人员总数(人次)	2694386	19.5	13221915	16.8
	旅客总数	2421454	19.7	11971029	16.9
	航空口岸出入境人员	2478015	16.2	12395993	15.2
	旅客	2295194	16.3	11516284	15.2
	水运口岸出入境人员	203999	87.5	761024	54.3
	旅客	114649	209.4	393739	113.3
	铁路口岸出入境人员	12372	－2.8	64898	1.2
	旅客	11611	－2.7	61006	1.2
交通工具	上海口岸出入境交通工具总数	19066	8.5	90659	7.5
	飞机(架次)	16832	9.7	80086	8.4
	船舶(艘次)	2204	0.3	10423	1.1
	列车(车次)	30	－6.3	150	－1.3
	进出上海口岸国际航行船舶(艘次)	3535	－3.3	17027	－0.7
	货船	3469	－4.1	16653	－1.7
	邮(客)船	66	73.7	374	87.0

6 月

大类	项　目	当月	同比(%)	年累计	同比(%)
货物	上海口岸进出口货物总值(亿美元)	927.4	6.6	5478.2	8.7
	出口	558.6	6.0	3206.5	6.5
	进口	368.7	7.5	2271.7	11.9
	上海关区进出口货物总值	698.8	6.4	4155.8	8.6
	出口	432.9	4.7	2492.2	5.3
	进口	265.9	10.5	1661.6	14.0
	上海市进出口货物总值	365.1	6.4	2237.3	8.2
	出口	170.3	7.0	1000.9	3.7
	进口	194.8	6.1	1236.4	12.2
	上海口岸货物吞吐量(万吨)	3308.3	6.3	19727.5	4.9
	航空口岸货邮量	22.6	6.7	133.1	8.5
	水运口岸货物量	3285.7	6.3	19594.4	4.8
	上海口岸集装箱吞吐量(万标箱)	262.9	10.6	1488.8	6.5
	出口	117.0	10.1	660.4	8.7
	进口	105.1	10.2	598.1	4.9
	内支线	40.8	13.3	230.3	4.5
人员	上海口岸出入境人员总数(人次)	2770290	11.3	15992215	15.8
	旅客总数	2493426	11.2	14464455	15.8
	航空口岸出入境人员	2514067	9.7	14910060	14.2
	旅客	2337988	9.6	13854272	14.2
	水运口岸出入境人员	244425	31.3	1005449	48.0
	旅客	144408	48.5	538147	90.9
	铁路口岸出入境人员	11798	−8.2	76706	−0.3
	旅客	11030	−8.8	72036	−0.5
交通工具	上海口岸出入境交通工具总数	18570	7.7	109229	7.5
	飞机(架次)	16320	7.8	96406	8.3
	船舶(艘次)	2220	6.7	12643	2.0
	列车(车次)	30	0.0	180	−1.1
	进出上海口岸国际航行船舶(艘次)	3596	4.0	20623	0.1
	货船	3523	3.8	20176	−0.8
	邮(客)船	73	15.9	447	70.0

7月

大类	项　目	当月	同比(%)	年累计	同比(%)
货物	上海口岸进出口货物总值(亿美元)	1029.3	6.8	6506.2	8.4
	出口	625.8	11.7	3831.5	7.3
	进口	403.4	0.0	2674.7	9.9
	上海关区进出口货物总值	767.2	4.8	4923.3	8.0
	出口	476.5	6.9	2970.9	5.6
	进口	290.7	1.4	1952.3	11.9
	上海市进出口货物总值	401.9	1.3	2639.3	7.1
	出口	185.7	5.4	1186.7	3.9
	进口	216.2	−2.1	1452.7	9.8
	上海口岸货物吞吐量(万吨)	3217.6	−3.5	22945.7	3.6
	航空口岸货邮量	24.5	9.2	158.2	8.7
	水运口岸货物量	3193.1	−3.6	22787.5	3.6
	上海口岸集装箱吞吐量(万标箱)	263.7	2.6	1752.5	5.9
	出口	117.6	1.6	778.0	7.6
	进口	104.7	1.4	702.8	4.4
	内支线	41.4	8.9	271.7	5.1
人员	上海口岸出入境人员总数(人次)	3079650	11.6	13864807	13.9
	旅客总数	2795201	11.7	17067215	13.9
	航空口岸出入境人员	2814170	10.4	17517209	12.3
	旅客	2627666	10.3	15289495	12.2
	水运口岸出入境人员	250891	27.4	1256313	43.4
	旅客	153763	42.3	691912	77.4
	铁路口岸出入境人员	14589	5.9	91285	1.7
	旅客	13772	5.7	85808	1.6
交通工具	上海口岸出入境交通工具总数	19393	7.3	128651	7.5
	飞机(架次)	17237	8.8	113673	8.4
	船舶(艘次)	2124	−3.4	14765	1.2
	列车(车次)	32	6.7	213	0.5
	进出上海口岸国际航行船舶(艘次)	3491	−3.5	24114	−0.4
	货船	3415	−3.9	23591	−1.2
	邮(客)船	76	24.6	523	61.4

8月

大类	项　目	当月	同比(%)	年累计	同比(%)
货物	上海口岸进出口货物总值(亿美元)	982.2	4.8	7487.4	7.9
	出口	606.8	7.9	4437.8	7.4
	进口	375.4	0.1	3049.5	8.6
	上海关区进出口货物总值	744.6	4.6	5667.9	7.6
	出口	470.1	5.1	3441.1	5.5
	进口	274.5	3.7	2226.8	10.9
	上海市进出口货物总值	383.9	1.3	3023.2	6.3
	出口	178.9	0.6	1365.5	3.5
	进口	205.0	1.9	1657.7	8.8
	上海口岸货物吞吐量(万吨)	3312.6	3.8	26258.6	3.6
	航空口岸货邮量	24.4	11.8	182.9	9.7
	水运口岸货物量	3288.2	3.7	26075.7	3.6
	上海口岸集装箱吞吐量(万标箱)	268.5	6.3	2021.0	5.9
	出口	123.3	9.2	901.3	7.8
	进口	106.4	3.8	809.2	4.3
	内支线	38.8	4.3	310.5	5.1
人员	上海口岸出入境人员总数(人次)	3142121	11.7	22006928	13.6
	旅客总数	2850413	11.5	19917628	13.5
	航空口岸出入境人员	2857518	9.7	20374727	11.9
	旅客	2669056	9.5	18958551	11.8
	水运口岸出入境人员	271549	41.2	1527862	16.6
	旅客	169069	58.4	860981	73.3
	铁路口岸出入境人员	13054	−7.3	104339	0.5
	旅客	12288	−7.7	98096	−0.6
交通工具	上海口岸出入境交通工具总数	19747	8.8	148398	7.7
	飞机(架次)	17530	9.7	131203	8.6
	船舶(艘次)	2187	2.2	16952	1.3
	列车(车次)	30	−6.3	243	−0.4
	进出上海口岸国际航行船舶(艘次)	3502	−0.5	27616	−0.4
	货船	3424	−1.0	27015	−1.2
	邮(客)船	78	30.0	601	56.5

9月

大类	项　目	当月	同比(%)	年累计	同比(%)
货物	上海口岸进出口货物总值(亿美元)	986.6	2.3	8473.6	7.2
	出口	562.2	0.0	4999.8	6.5
	进口	424.4	5.5	3473.7	8.2
	上海关区进出口货物总值	740.3	1.4	6407.9	6.8
	出口	434.9	−2.2	3875.7	4.6
	进口	305.4	6.9	2532.2	10.4
	上海市进出口货物总值	407.8	2.2	3431.0	5.9
	出口	174.9	−5.1	1540.5	2.5
	进口	232.9	8.4	1890.5	8.9
	上海口岸货物吞吐量(万吨)	3056.5	−2.4	29315.3	2.9
	航空口岸货邮量	23.7	3.8	206.8	9.2
	水运口岸货物量	3032.8	−2.4	29108.5	2.9
	上海口岸集装箱吞吐量(万标箱)	259.1	4.0	2280.2	5.7
	出口	114.8	3.5	1016.1	7.3
	进口	110.5	7.9	919.8	4.7
	内支线	33.8	−5.6	344.3	3.9
人员	上海口岸出入境人员总数(人次)	2773760	6.2	24780688	12.7
	旅客总数	2510302	6.3	22427930	12.7
	航空口岸出入境人员	2557917	5.7	22932644	11.2
	旅客	2377932	5.4	21336483	11.1
	水运口岸出入境人员	203868	12.7	1731730	38.6
	旅客	121172	28.2	982153	66.1
	铁路口岸出入境人员	11975	−7.6	116314	−0.4
	旅客	11198	−8.3	109294	−0.6
交通工具	上海口岸出入境交通工具总数	18978	7.6	167376	7.7
	飞机(架次)	16927	9.7	148130	8.7
	船舶(艘次)	2021	−7.3	18973	0.3
	列车(车次)	30	0.0	273	0.0
	进出上海口岸国际航行船舶(艘次)	3292	−5.1	30908	−0.9
	货船	3229	−5.2	30244	−1.7
	邮(客)船	63	1.6	664	48.9

10月

大类	项　目	当月	同比(%)	年累计	同比(%)
货物	上海口岸进出口货物总值(亿美元)	957.1	4.6	9429.6	6.9
	出口	580.5	7.6	5580.2	6.6
	进口	376.7	0.4	3849.4	7.4
	上海关区进出口货物总值	724.9	6.5	7133.1	6.8
	出口	443.3	6.7	4319.3	4.8
	进口	281.6	6.2	2813.8	9.9
	上海市进出口货物总值	397.9	6.5	3828.9	5.9
	出口	182.9	6.3	1723.3	2.8
	进口	215.0	6.8	2105.6	8.5
	上海口岸货物吞吐量(万吨)	3075	2.5	32391.1	2.9
	航空口岸货邮量	24.9	20.9	232.5	11.1
	水运口岸货物量	3050.1	2.4	32158.6	2.9
	上海口岸集装箱吞吐量(万标箱)	260.6	8.2	2540.8	6.0
	出口	111.9	9.9	1128.0	7.6
	进口	110.2	6.5	1030.0	4.9
	内支线	38.5	8.5	382.8	4.4
人员	上海口岸出入境人员总数(人次)	2866367	13.0	27647055	12.7
	旅客总数	2598754	13.7	25026684	12.8
	航空口岸出入境人员	2676526	14.2	25609170	11.5
	旅客	2488462	14.4	23824945	11.4
	水运口岸出入境人员	177685	−1.3	1909415	33.6
	旅客	98937	0.7	1081090	56.8
	铁路口岸出入境人员	12156	5.4	128470	2.6
	旅客	11355	5.2	120649	0.0
交通工具	上海口岸出入境交通工具总数	19545	9.1	186921	7.8
	飞机(架次)	17517	10.6	165647	8.9
	船舶(艘次)	1996	−2.9	20969	0.0
	列车(车次)	32	6.7	305	0.3
	进出上海口岸国际航行船舶(艘次)	3284	−1.6	34192	−1.0
	货船	3222	−1.3	33466	−1.6
	邮(客)船	62	−12.7	726	40.4

11 月

大类	项　目	当月	同比(%)	年累计	同比(%)
货物	上海口岸进出口货物总值(亿美元)	966.7	0.0	10395.9	6.2
	出口	595.5	2.7	6175.5	6.2
	进口	371.2	−4.0	4220.5	6.3
	上海关区进出口货物总值	729.1	0.7	7862.2	6.2
	出口	454.9	1.6	4774.2	4.5
	进口	274.2	−0.9	3088.0	8.9
	上海市进出口货物总值	406.1	1.2	4235.1	5.5
	出口	192.2	0.8	1915.5	2.6
	进口	214.0	1.5	2319.6	8.0
	上海口岸货物吞吐量(万吨)	2984.2	−8.3	35375.2	1.9
	航空口岸货邮量	25.9	8.9	258.3	9.8
	水运口岸货物量	2958.3	−8.5	35116.9	1.8
	上海口岸集装箱吞吐量(万标箱)	249.3	−1.8	2709.1	5.2
	出口	105.7	−2.3	1233.8	6.6
	进口	103.6	−2.4	1133.5	4.2
	内支线	40.0	1.3	422.8	2.0
人员	上海口岸出入境人员总数(人次)	2663748	15.1	30310803	12.9
	旅客总数	2415810	15.3	27442494	13.0
	航空口岸出入境人员	2512804	13.4	28121974	11.6
	旅客	2333833	13.6	26158778	11.6
	水运口岸出入境人员	140715	62.7	2050130	35.2
	旅客	72448	138.6	1153538	60.2
	铁路口岸出入境人员	10229	−13.2	138699	−1.0
	旅客	9529	−13.5	130178	−1.2
交通工具	上海口岸出入境交通工具总数	19216	23.5	206137	7.8
	飞机(架次)	17148	10.2	182795	9.0
	船舶(艘次)	2038	−3.3	23007	−0.3
	列车(车次)	30	0.0	335	0.3
	进出上海口岸国际航行船舶(艘次)	3348	−3.4	37540	−1.2
	货船	3297	−3.9	36763	−1.8
	邮(客)船	51	50.0	777	41.0

12 月

大类	项　目	当月	同比(%)	年累计	同比(%)
货物	上海口岸进出口货物总值(亿美元)	1019.1	7.1	11413.7	6.3
	出口	597.3	9.2	6772.6	6.5
	进口	421.8	4.2	4641.1	6.0
	上海关区进出口货物总值	772.4	7.2	8634.5	6.3
	出口	458.0	8.4	5232.1	4.8
	进口	314.4	5.4	3402.4	8.6
	上海市进出口货物总值	431.1	7.9	4666.2	5.7
	出口	187.3	6.3	2102.8	3.0
	进口	243.8	9.1	2563.5	8.1
	上海口岸货物吞吐量(万吨)	3139.9	−2.9	38516.1	1.5
	航空口岸货邮量	24.9	13.1	284.2	10.1
	水运口岸货物量	3115.0	−3.1	38231.9	1.4
	上海口岸集装箱吞吐量(万标箱)	249.6	7.4	3039.6	5.4
	出口	105.9	6.6	1339.7	6.6
	进口	102.3	4.4	1235.7	4.2
	内支线	41.4	17.9	464.2	5.2
人员	上海口岸出入境人员总数(人次)	2653701	12.6	32966476	12.9
	旅客总数	2401491	12.7	29845874	13.0
	航空口岸出入境人员	2513895	11.4	30637365	11.6
	旅客	2331147	11.6	28491326	11.6
	水运口岸出入境人员	128872	48.8	2179478	35.8
	旅客	60163	105.3	1214189	62.1
	铁路口岸出入境人员	10934	22.9	149633	−3.2
	旅客	10181	−19.4	140359	−3.5
交通工具	上海口岸出入境交通工具总数	19512	8.2	225647	7.9
	飞机(架次)	17353	9.6	200148	9.1
	船舶(艘次)	2129	−1.7	25135	−0.4
	列车(车次)	30	−6.3	364	0.0
	进出上海口岸国际航行船舶(艘次)	3490	−0.7	41030	−1.2
	货船	3435	−1.3	40198	−1.8
	邮(客)船	55	66.7	832	42.5

2014年全国主要港口货物吞吐量统计表

单位:万吨、%

港口	2013年吞吐量	2014年吞吐量	同比
宁波一舟山	80978	87347	7.9
(宁波港域)	49592	52646	6.2
(舟山港域)	31387	34700	10.6
上海	77575	75529	-2.6
天津(本港)	50067	54002	7.9
广州	45517	50097	6.0
唐山	44620	50075	12.2
苏州	45435	47792	9.9
张家港港域(本港))	6463	4990	-22.8
(太仓港域)	13003	15721	32.5
青岛	45003	46802	4.0
大连	40746	42337	3.9
日照	30937	33502	8.3
营口	32013	33073	3.3

2014年全国主要港口集装箱吞吐量统计表

单位:万 TEU、%

港口	2013年吞吐量	2014年吞吐量	同比
上海	3362	3529	5.0
深圳	2328	2404	3.3
宁波一舟山	1735	1945	12.1
(宁波港域)	1677	1870	11.5
青岛	1552	1670	7.6
广州	1531	1663	7.2
天津(本港)	1301	1406	8.1
大连	1002	1013	1.2
厦门	801	857	7.1
营口	530	561	5.9
连云港	549	501	-8.8

2014年全国民航机场客货吞吐量统计表

机场	旅客吞吐量(人)				货邮吞吐量(吨)				起降架次(次)			
	名次	本期完成	上年同期	比上年增减%	名次	本期完成	上年同期	比上年增减%	名次	本期完成	上年同期	比上年增减%
合计		831,533,051	754,308,682	10.2		13,560,841	12,585,175.1	7.8		7,933,110	7,315,440	8.4
北京/首都	1	86,128,313	83,712,355	2.9	2	1,848,251.5	1843681.1	0.2	1	581,952	567,757	2.5
广州/白云	2	54,780,346	52,450,262	4.4	3	1,454,043.8	1,309,746	11.0	2	412,210	394,403.0	4.5
上海/浦东	3	51,687,894	47,189,849	9.5	1	3,181,654.1	2,928,527	8.6	3	402,105	371,190.0	8.3
上海/虹桥	4	37,971,135	35,599,643	6.7	6	432,176.4	435,116	−0.7	7	253,325	243,916.0	3.9
成都/双流	5	37,675,232	33,444,618	12.6	5	545,011.2	501,391	8.7	6	270,054	250,532.0	7.8
深圳/宝安	6	36,272,701	32,268,457	12.4	4	963,871.2	913,472	5.5	4	286,346	257,446.0	11.2
昆明/长水	7	32,230,883	29,688,297	8.6	9	316,672.4	293,628	7.8	5	270,529	255,546.0	5.9
重庆/江北	8	29,264,363	25,272,039	15.8	12	302,335.8	280,150	7.9	9	238,085	214,574.0	11.0
西安/咸阳	9	29,260,755	26,044,673	12.3	15	186,412.6	178,858	4.2	8	245,971	226,041.0	8.8
杭州/萧山	10	25,525,862	22,114,103	15.4	7	398,557.6	368,095	8.3	11	213,268	190,639.0	11.9
厦门/高崎	11	20,863,786	19,753,016	5.6	10	306,385.0	299,491	2.3	12	174,315	166,837.0	4.5
长沙/黄花	12	18,020,501	16,007,212	12.6	20	125,037.8	117,589	6.3	14	152,359	137,843.0	10.5
武汉/天河	13	17,277,104	15,706,063	10.0	17	143,029.6	129,450	10.5	13	157,596	148,524.0	6.1
青岛/流亭	14	16,411,789	14,516,669	13.1	14	204,419.4	186,196	9.8	18	142,452	129,751.0	9.8
乌鲁木齐/地窝堡	15	16,311,140	15,359,170	6.2	16	162,711.3	153,275	6.2	19	142,266	135,874.0	4.7
南京/禄口	16	16,283,816	15,011,792	8.5	11	304,324.8	255,789	19.0	16	144,278	134,913.0	6.9

续表

机场	旅客吞吐量(人)				货邮吞吐量(吨)				起降架次(次)			
	名次	本期完成	上年同期	比上年增减%	名次	本期完成	上年同期	比上年增减%	名次	本期完成	上年同期	比上年增减%
郑州/新郑	17	15,805,443	13,139,994	20.3	8	370,420.7	255,713	44.9	15	147,696	127,835.0	15.5
三亚/凤凰	18	14,942,356	12,866,869	16.1	29	75,645.8	62,946	20.2	24	102,074	90,748.0	12.5
海口/美兰	19	13,853,859	11,935,470	16.1	22	121,131.4	111,814	8.3	23	105,861	94,436.0	12.1
大连/周水子	20	13,551,223	14,083,131	—3.8	19	133,490.0	132,330	0.9	20	115,284	107,709.0	7.0
沈阳/桃仙	21	12,800,272	12,106,952	5.7	18	138,318.4	136,066	1.7	26	97,172	92,300.0	5.3
贵阳/龙洞堡	22	12,525,537	10,472,589	19.6	26	82,063.4	77,425	6.0	22	113,424	93,646.0	21.1
哈尔滨/太平	23	12,239,026	10,259,908	19.3	23	106,559.8	92,310	15.4	25	97,746	84,532.0	15.6
天津/滨海	24	12,073,041	10,035,833	20.3	13	233,358.6	214,420	8.8	21	114,557	100,729.0	13.7
南宁/吴圩	25	9,412,246	8,157,331	15.4	25	90,353.2	86,950	3.9	29	80,496	71,408.0	12.7
福州/长乐	26	9,353,414	8,925,923	4.8	21	121,383.4	110,239	10.1	27	86,944	83,406.0	4.2
济南/遥墙	27	8,708,950	8,139,087	7.0	27	80,503.1	72,561	10.9	28	83,551	80,746.0	3.5
太原/武宿	28	7,931,902	7,803,574	1.6	36	44,863.9	44,354	1.1	32	73,211	76,546.0	—4.4
长春/龙嘉	29	7,421,726	6,733,076	10.2	30	73,560.9	68,032	8.1	36	60,751	56,850.0	6.9
南昌/昌北	30	7,240,861	6,811,028	6.3	34	46,066.4	40,389	14.1	34	65,402	64,029.0	2.1
桂林/两江	31	6,897,741	5,875,327	17.4	41	35,841.5	32,986	8.7	35	60,804	50,696.0	19.9
温州/永强	32	6,802,179	6,595,929	3.1	31	68,828.4	59,787	15.1	37	59,135	58,867.0	0.5
兰州/中川	33	6,588,862	5,649,605	16.6	32	46,967.0	41,752	12.5	38	57,481	51,799.0	11.0
呼和浩特/白塔	34	6,469,632	6,150,282	5.2	40	36,752.3	32,600	12.7	33	65,690	62,799.0	4.6
宁波/栎社	35	6,359,139	5,459,333	16.5	28	78,024.5	64,247	21.4	42	53,897	46,468.0	16.0
合肥/新桥	36	5,974,599	5,628,013	6.2	33	46,426.0	39,984	16.1	43	53,056	52,872.0	0.3
石家庄/正定	37	5,601,017	5,110,536	9.6	35	45,554.5	42,976	6.0	41	56,216	51,980.0	8.1

续表

机场	旅客吞吐量(人)				货邮吞吐量(吨)				起降架次(次)			
	名次	本期完成	上年同期	比上年增减%	名次	本期完成	上年同期	比上年增减%	名次	本期完成	上年同期	比上年增减%
北京/南苑	38	4,929,241	4,455,263	10.6	39	37,249.9	37,092	0.4	49	42,638	38,661.0	10.3
丽江/三义	39	4,852,284	3,999,422	21.3	53	7,037.7	6,356	10.7	48	42,710	37,015.0	15.4
银川/河东	40	4,663,809	4,247,843	9.8	42	31,132.6	29,105	7.0	47	43,025	39,230.0	9.7
烟台/莱山	41	4,305,822	3,635,467	18.4	38	38,603.3	45,319	−14.8	46	43,091	38,252.0	12.7
无锡/硕放	42	4,180,038	3,590,188	16.4	24	96,120.4	87,642	9.7	52	35,781	31,844.0	12.4
珠海/三灶	43	4,075,918	2,894,357	40.8	45	22,128.2	22,667	−2.4	44	50,939	44,725.0	13.9
西宁/曹家堡	44	3,852,528	3,236,417	19.0	46	20,256.8	19,940	1.6	54	33,753	28,792.0	17.2
西双版纳/嘎洒	45	3,360,505	3,050,170	10.2	58	6,123.7	6,581	−6.9	57	30,924	29,164.0	6.0
揭阳/潮汕	46	2,870,252	2,686,007	6.9	48	18,569.3	17,304	7.3	53	34,900	32,391.0	7.7
泉州/晋江	47	2,784,207	2,634,423	5.7	37	41,232.8	38,772	6.3	60	27,105	25,102.0	8.0
拉萨/贡嘎	48	2,563,204	2,296,958	11.6	44	22,211.1	20,968	5.9	64	24,079	21,035.0	14.5
常州/奔牛	49	1,860,944	1,526,605	21.9	49	18,241.1	15,251	19.6	67	22,438	19,348.0	16.0
包头/二里半	50	1,829,990	1,708,846	7.1	50	10,139.1	10,012	1.3	71	17,105	14,965.0	14.3
九寨/黄龙	51	1,702,527	1,350,872	26.0	115	890.3			73	15,960	13,592.0	17.4
鄂尔多斯/伊金霍洛	52	1,503,065	1,731,882	−13.2	54	6,610.4	9,456	−30.1	58	29,009	29,584.0	−1.9
海拉尔/东山	53	1,494,499	1,287,483	16.1	57	6,135.9	5,591	9.7	77	14,597	12,685.0	15.1
喀什	54	1,428,586	1,149,428	24.3	51	7,595.2	6,281	20.9	81	13,094	10,862.0	20.5
榆林/榆阳	55	1,386,483	1,191,031	16.4	70	3,112.3	2,875	8.2	76	15,543	13,924.0	11.6
徐州/观音	56	1,267,548	1,112,811	13.9	55	6,432.1	6,298	2.1	55	31,400	37,822.0	−17.0
延吉/朝阳川	57	1,242,164	1,114,829	11.4	56	6,315.9	5,788	9.1	86	10,369	9,060.0	14.4
义乌	58	1,204,542	1,161,463	3.7	62	5,292.0	3,453	53.3	83	10,749	10,632.0	1.1

续表

机场	旅客吞吐量(人)				货邮吞吐量(吨)				起降架次(次)			
	名次	本期完成	上年同期	比上年增减%	名次	本期完成	上年同期	比上年增减%	名次	本期完成	上年同期	比上年增减%
宜昌/三峡	59	1,127,093	900,076	25.2	65	4,294.0	4,628	−7.2	50	40,400	39,444.0	2.4
张家界/荷花	60	1,091,559	1,006,334	8.5	98	1,404.4	2,302	−39.0	90	9,872	8,557.0	15.4
绵阳/南郊	61	1,084,998	917,325	18.3	61	5,464.0	4,856	12.5	10	214,558	201,022.0	6.7
德宏/芒市	62	1,060,650	929,540	14.1	59	5,669.4	4,438	27.8	88	10,136	9,248.0	9.6
北海/福成	63	1,003,038	848,338	18.2	66	4,011.0	4,813	−16.7	78	14,138	11,412.0	23.9
库尔勒	64	1,001,541	731,522	36.9	67	3,954.8	3,067	29.0	87	10,284	8,097.0	27.0
湛江	65	983,519	691,443	42.2	69	3,412.4	2,663	28.1	75	15,655	12,180.0	28.5
临沂/沭埠岭	66	949,300	767,844	23.6	64	4,662.7	4,100	13.7	85	10,388	8,539.0	21.7
运城/张孝	67	935,895	1,010,070	−7.3	81	2,556.1	2,819	−9.3	82	12,028	9,507.0	26.5
南通/兴东	68	932,368	675,660	38.0	43	28,030.0	21,593	29.8	62	26,104	30,749.0	−15.1
赤峰/玉龙	69	881,293	660,704	33.4	75	2,707.7	1,801	50.3	89	10,049	7,533.0	33.4
赣州/黄金	70	787,400	626,849	25.6	60	5,543.0	3,796	46.0	96	7,881	7,038.0	12.0
武夷山	71	785,527	787,455	−0.2	90	2,115.9	2,392	−11.5	94	8,213	8,094.0	1.5
大理	72	749,993	501,128	49.7	106	1,202.8	569	111.4	92	8,407	5,923.0	41.9
阿克苏	73	748,654	631,843	18.5	72	3,065.0	1,802	70.1	93	8,250	7,554.0	9.2
泸州/蓝田	74	710,510	439,626	61.6	73	2,916.1	2,400	21.5	97	7,880	5,124.0	53.8
通辽	75	709,072	572,719	23.8	71	3,106.2	1,811	71.5	91	9,577	8,722.0	9.8
扬州/泰州	76	705,879	612,899	15.2	63	4,792.5	3,076	55.8	66	22,956	15,943.0	44.0
伊宁	77	698,994	581,589	20.2	79	2,587.0	2,001	29.3	95	8,068	7,340.0	9.9
襄阳/刘集	78	677,041	601,029	12.6	83	2,388.3	2,152	11.0	40	56,306	55,014.0	2.3
遵义	79	669,726	309,531	116.4	141	205.5	0	83,097.6	100	7,509	3,444.0	118.0

续表

机场	旅客吞吐量(人)				货邮吞吐量(吨)				起降架次(次)			
	名次	本期完成	上年同期	比上年增减%	名次	本期完成	上年同期	比上年增减%	名次	本期完成	上年同期	比上年增减%
和田	80	669,575	494,824	35.3	94	1,903.1	1,544	23.2	103	6,428	4,816.0	33.5
台州/路桥	81	664,663	610,844	8.8	52	7,410.2	6,912	7.2	108	5,660	5,208.0	8.7
黄山/屯溪	82	637,044	552,359	15.3	77	2,636.7	2,521	4.6	99	7,574	6,508.0	16.4
长治/王村	83	620,665	574,080	8.1	105	1,253.1	920	36.3	98	7,799	7,230.0	7.9
柳州/白莲	84	606,572	733,774	−17.3	74	2,787.8	4,577	−39.1	102	6,908	10,706.0	−35.5
洛阳/北郊	85	588,717	594,781	−1.0	97	1,507.8	1,422	6.1	17	144,046	180,126.0	−20.0
宜宾/菜坝	86	574,883	434,022	32.5	78	2,608.8	2,498	4.4	105	6,111	4,506.0	35.6
连云港/白塔埠	87	568,642	563,584	0.9	96	1,612.4	1,463	10.2	101	6,978	8,668.0	−19.5
威海/大水泊	88	548,306	1,145,846	−52.1	76	2,656.0	5,684	−53.3	104	6,231	13,263.0	−53.0
牡丹江/海浪	89	543,361	446,644	21.7	102	1,368.5	1,231	11.2	119	4,580	4,716.0	−2.9
舟山/普陀山	90	538,414	479,138	12.4	140	254.9	286	−11.0	74	15,697	12,839.0	22.3
盐城/南洋	91	528,749	354,251	49.3	88	2,162.1	3,035	−28.8	109	5,536	3,668.0	50.9
大庆/萨尔图	92	525,319	541,420	−3.0	87	2,164.8	2,593	−16.5	114	5,000	5,596.0	−10.7
淮安/涟水	93	516,106	404,776	27.5	68	3,420.9	2,529	35.3	84	10,546	40,594.0	−74.0
腾冲/驼峰	94	509,628	556,769	−8.5	116	820.6	410	100.0	106	6,044	6,254.0	−3.4
佳木斯/东郊	95	470,131	416,926	12.8	118	776.3	742	4.6	113	5,143	4,767.0	7.9
南阳/姜营	96	464,512	405,929	14.4	110	1,069.3	821	30.2	51	36,500	33,328.0	9.5
景德镇/罗家	97	463,562	405,021	14.5	95	1,808.6	631	186.6	124	4,048	3,604.0	12.3
乌海	98	458,873	470,152	−2.4	92	2,017.8	1,439	40.3	110	5,352	5,864.0	−8.7
迪庆/香格里拉	99	453,604	501,754	−9.6	117	788.5	686	14.9	112	5,190	5,606.0	−7.4
济宁/曲阜	100	451,974	334,598	35.1	108	1,137.6	935	21.6	118	4,612	3,634.0	26.9

续表

机场	旅客吞吐量(人)				货邮吞吐量(吨)				起降架次(次)			
	名次	本期完成	上年同期	比上年增减%	名次	本期完成	上年同期	比上年增减%	名次	本期完成	上年同期	比上年增减%
南充/高坪	101	429,360	319,384	34.4	80	2,584.7	2,102	23.0	63	25,424	27,764.0	-8.4
井冈山	102	428,555	444,378	-3.6	82	2,532.1	1,831	38.3	115	4,982	4,870.0	2.3
白山/长白山	103	423,690	316,465	33.9	164	40.9	76	-46.2	117	4,745	3,954.0	20.0
锡林浩特	104	421,141	465,949	-9.6	89	2,136.9	2,074	3.0	72	15,997	18,086.0	-11.6
大同/倍加皂	105	409,137	358,910	14.0	91	2,068.5	1,965	5.3	69	19,712	14,121.0	39.6
满洲里/西郊	106	405,833	303,226	33.8	86	2,195.1	2,314	-5.2	116	4,762	3,617.0	31.7
潍坊	107	394,293	133,815	194.7	47	18,670.9	16,579	12.6	111	5,300	3,611.0	46.8
恩施/许家坪	108	381,114	288,449	32.1	100	1,376.2	624	120.6	134	3,242	2,652.0	22.2
毕节/飞雄	109	373,406	75,679	393.4	126	506.2			107	5,908	1,056.0	459.5
常德/桃花源	110	350,301	282,885	23.8	143	179.9	185	-2.9	30	79,187	80,554.0	-1.7
西昌/青山	111	349,337	317,745	9.9	101	1,369.3	1,503	-8.9	123	4,139	3,658.0	13.1
万县/五桥	112	348,702	318,835	9.4	85	2,281.1	1,791	27.4	121	4,448	4,902.0	-9.3
敦煌	113	325,858	348,734	-6.6	130	431.7	466	-7.3	122	4,216	5,155.0	-18.2
齐齐哈尔/三家子	114	323,626	257,289	25.8	113	919.1	931	-1.3	144	2,824	2,150.0	31.3
林芝/米林	115	314,803	258,645	21.7	99	1,377.1	803	71.5	126	3,614	2,970.0	21.7
嘉峪关	116	314,501	353,505	-11.0	107	1,194.0	1,000	19.4	125	3,731	4,429.0	-15.8
阜阳	117	298,539	352,329	-15.3	133	389.4	317	23.0	70	17,266	11,427.0	51.1
达州/河市	118	296,119	248,727	19.1	84	2,361.9	1,598	47.8	132	3,346	2,874.0	16.4
临沧	119	287,550	199,651	44.0	119	768.8	820	-6.2	140	3,066	2,066.0	48.4
东营	120	285,114	165,606	72.2	124	563.9	570	-1.1	65	23,306	15,850.0	47.0
保山/云端	121	273,020	238,265	14.6	132	420.4	354	18.7	142	3,028	2,822.0	7.3

续表

机场	旅客吞吐量(人)				货邮吞吐量(吨)				起降架次(次)			
	名次	本期完成	上年同期	比上年增减%	名次	本期完成	上年同期	比上年增减%	名次	本期完成	上年同期	比上年增减%
邯郸	122	270,170	230,087	17.4	142	201.2	66	203.1	68	22,044	8,534.0	158.3
乌兰浩特	123	267,378	266,262	0.4	93	1,987.2	1,649	20.5	136	3,108	3,532.0	−12.0
宜春/明月山	124	265,450	83,110	219.4	145	160.6	20	707.8	141	3,032	1,044.0	190.4
库车	125	237,459	213,325	11.3	135	348.4	268	30.1	135	3,226	2,988.0	8.0
哈密	126	235,404	180,614	30.3	131	424.2	219	94.1	128	3,450	2,676.0	28.9
普洱/思茅	127	225,411	220,043	2.4	127	469.5	634	−25.9	137	3,104	2,817.0	10.2
池州/九华山	128	221,876	62,337	255.9	181	2.1			146	2,792	800.0	249.0
衢州	129	220,714	222,071	−0.6	122	629.8	771	−18.4	163	1,748	1,782.0	−1.9
怀化/芷江	130	211,545	133,584	58.4	162	48.1	18	173.5	120	4,501	2,818.0	59.7
唐山/三女河	131	210,797	180,660	16.7	114	905.1	1,213	−25.4	145	2,807	1,967.0	42.7
鸡西/兴凯湖	132	208,603	145,634	43.2	139	260.3	269	−3.4	143	2,956	2,385.0	23.9
昌都/邦达	133	201,981	148,178	36.3	112	920.9	526	75.1	154	2,102	1,592.0	32.0
秦皇岛/山海关	134	201,247	207,947	−3.2	120	694.9	920	−24.4	133	3,268	3,014.0	8.4
巴彦淖尔/天吉泰	135	199,338	189,622	5.1	103	1,285.2	987	30.2	139	3,081	2,804.0	9.9
丹东/浪头	136	194,493	170,632	14.0	104	1,276.6	1,031	23.8	160	1,923	1,482.0	29.8
延安/二十里堡	137	193,682	180,664	7.2	138	264.0	154	71.3	150	2,412	2,456.0	−1.8
铜仁/凤凰	138	183,915	141,787	29.7	174	14.8	44	−66.2	129	3,437	2,542.0	35.2
阿勒泰	139	177,139	188,154	−5.9	137	304.5	247	23.2	151	2,356	2,860.0	−17.6
兴义	140	174,068	122,938	41.6	146	148.5	53	181.1	131	3,370	3,176.0	6.1
广元/盘龙	141	168,505	122,858	37.2	136	314.9	166	90.1	159	1,950	1,482.0	31.6
昭通	142	166,083	72,051	130.5	144	175.3	104	68.0	155	2,080	886.0	134.8

续表

机场	旅客吞吐量(人)				货邮吞吐量(吨)				起降架次(次)			
	名次	本期完成	上年同期	比上年增减%	名次	本期完成	上年同期	比上年增减%	名次	本期完成	上年同期	比上年增减%
攀枝花/保安营	143	158,021	63,823	147.6	111	1,003.4	193	420.0	161	1,848	744.0	148.4
庆阳	144	150,911	81,476	85.2	175	13.3	4	245.2	79	13,899	7,442.0	86.8
稻城/亚丁	145	145,262	25,900	460.9	152	95.3			164	1,678	272.0	516.9
张家口/宁远	146	144,278	24,021	500.6	171	27.2	1	4,011.9	152	2,254	544.0	314.3
锦州/小岭子	147	143,262	190,521	−24.8	109	1,127.6	1,339	−15.8	170	1,438	2,142.0	−32.9
梅县/长岗岌	148	136,685	84,150	62.4	160	53.1	63	−15.9	138	3,092	2,774.0	11.5
格尔木	149	125,204	101,321	23.6	121	693.6	511	35.7	166	1,623	1,265.0	28.3
鞍山	150	121,699	6,361	1,813.2	179	3.3			165	1,628	134.0	1,114.9
佛山/沙堤	151	120,214	161,953	−25.8	123	578.1	1,614	−64.2	181	1,081	1,238.0	−12.7
黔江/武陵山	152	119,557	95,602	25.1	156	75.9	59	27.7	156	2,070	1,774.0	16.7
玉树/巴塘	153	118,205	112,998	4.6	128	468.0	756	−38.1	172	1,346	1,274.0	5.7
加格达奇	154	117,963	101,864	15.8	173	15.0	7	115.2	127	3,527	2,826.0	24.8
九江/庐山	155	116,363	118,353	−1.7	125	522.3	578	−9.6	162	1,836	1,848.0	−0.6
安顺/黄果树	156	116,105	62,478	85.8	154	88.9	42	112.0	147	2,769	2,058.0	34.5
黑河	157	112,728	94,956	18.7	129	464.7	422	10.2	148	2,488	2,035.0	22.3
安庆	158	103,142	117,563	−12.3	153	89.7	128	−29.8	153	2,138	2,720.0	−21.4
吕梁	159	101,729			178	6.5			167	1,584		
朝阳	160	100,086	72,855	37.4	148	133.4	9	1,352.9	31	77,436	63,841.0	21.3
塔城	161	97,300	55,351	75.8	177	7.7	8	−1.0	169	1,540	1,392.0	10.6
漠河/古莲	162	95,916	118,435	−19.0	147	141.9	219	−35.1	149	2,464	2,426.0	1.6

续表

机场	旅客吞吐量(人)				货邮吞吐量(吨)				起降架次(次)			
	名次	本期完成	上年同期	比上年增减%	名次	本期完成	上年同期	比上年增减%	名次	本期完成	上年同期	比上年增减%
文山/普者黑	163	91,580	48,199	90.0	149	116.0	64	81.3	168	1,552	882.0	76.0
中卫/香山	164	91,466	71,390	28.1	158	60.5	70	−13.5	39	56,358	46,520.0	21.1
克拉玛依	165	90,880	63,960	42.1	150	113.1	58	94.8	56	31,204	25,675.0	21.5
二连浩特/赛乌苏	166	88,088	98,102	−10.2	134	383.0	295	29.7	158	1,956	2,321.0	−15.7
博乐	167	77,471	48,672	59.2	170	32.5	27	19.8	61	26,989	2,954.0	813.6
阿拉善左旗/巴彦浩特	168	76,886	2,053	3,645.1	186	0.1			130	3,434	106.0	3,139.6
布尔津/喀纳斯	169	73,075	100,208	−27.1	183	0.8	2	−56.7	185	884	1,330.0	−33.5
金昌/金川	170	71,398	55,602	28.4	159	55.4	6	840.0	157	1,986	1,910.0	4.0
那拉提	171	66,126	61,016	8.4	167	35.9	31	17.2	182	1,058	1,016.0	4.1
伊春/林都	172	65,193	80,624	−19.1	166	36.8	48	−23.9	183	928	1,726.0	−46.2
百色/田阳	173	62,628	42,234	48.3	190	0.0	0	25.0	179	1,126	808.0	39.4
凯里/黄平	174	62,475	7,650	716.7	184	0.2	0	302.3	171	1,368	156.0	776.9
阿尔山/伊尔施	175	62,350	56,022	11.3	151	112.3	74	50.9	178	1,164	852.0	36.6
张掖/甘州	176	55,513	41,976	32.2	161	50.4	36	39.8	177	1,214	945.0	28.5
永州/零陵	177	52,413	29,301	78.9	165	38.7	10	294.0	176	1,266	694.0	82.4
黎平	178	52,156	44,324	17.7	169	33.1	18	84.8	175	1,292	1,038.0	24.5
甘孜/康定	179	50,126	38,317	30.8	191				187	670	646.0	3.7
黔南州/荔波	180	46,632	17,661	164.0	188	0.0			180	1,086	334.0	225.1
梧州/长州岛	181	42,990	50,589	−15.0	172	23.1	40	−42.1	45	48,527	19,049.0	154.7
阿里/昆莎	182	41,345	27,852	48.4	163	41.2	71	−42.0	186	744	558.0	33.3

续表

机场	旅客吞吐量(人)				货邮吞吐量(吨)				起降架次(次)			
	名次	本期完成	上年同期	比上年增减%	名次	本期完成	上年同期	比上年增减%	名次	本期完成	上年同期	比上年增减%
固原/六盘山	183	35,464	25,633	38.4	192				59	27,224	25,037.0	8.7
连城/冠豸山	184	33,575	43,928	−23.6	157	68.4			191	422	538.0	−21.6
汉中/西关	185	32,825			182	2.0			193	397		
日喀则	186	30,074	27,322	10.1	155	86.5	62	40.0	194	386	358.0	7.8
额济纳旗/桃来	187	26,370	897	2,839.8	187	0.0			173	1,322	48.0	2,654.2
通化	188	25,968			185	0.2			189	515		
天水/麦积山	189	23,925	15,062	58.8	176	7.9	10	−23.5	184	916	647.0	41.6
甘南/夏河	190	22,533	736	2,961.5	168	34.6	0	7,866.6	188	566	52.0	988.5
阿拉善右旗/巴丹吉林	191	21,458	879	2,341.2	193				174	1,320	74.0	1,683.8
神农架	192	20,852			180	3.2			190	468		
抚远/东极	193	20,500			189	0.0			196	314		
吐鲁番	194	9,011	18,876	−52.3	194		0	−100.0	195	342	599.0	−42.9
河池/金城江	195	8,632			195				197	220		
德令哈	196	5,410			196				198	140		
长海/大长山岛	197	3,466	3,798	−8.7	197				192	405	489.0	−17.2
六盘水/月照	198	2,771			198				199	56		
衡阳	199	968			199				200	18		
阿坝/红原	200	420			201				201	8		
安康	201				200				80	13,126	230.0	5,607.0
且末	202				202				202		17.0	−100.0

2014 年全球主要港口货物吞吐量统计表

单位:万吨、%

港口	国家/地区	2013 年吞吐量	2014 年吞吐量	同比
宁波一舟山	中国	80978	87348	7.9
上海	中国	77575	75529	−2.6
新加坡	新加坡	56089	58127	3.6
天津	中国	50067	54002	7.9
广州	中国	45517	50097	6.0
唐山	中国	44620	50075	12
苏州	中国	45435	47792	9.9
鹿特丹	荷兰	44150	44500	0.8
青岛	中国	45003	46802	4.0
大连	中国	40746	42337	3.9
黑德兰	澳大利亚	32597	40375	24
釜山	韩国	32486	34610	6.5
秦皇岛	中国	26432	26613	0.7
香港	中国香港	27606	29774	7.9
南路易斯安那	美国	24166	26480	9.6

2014年全球主要港口集装箱吞吐量统计表

单位:万 TEU、%

港口	国家/地区	2013年吞吐量	2014年吞吐量	同比
上海	中国	3361.7	3528.5	5.0
新加坡	新加坡	3257.9	3386.9	4.0
深圳	中国	2327.9	2403.7	3.3
香港	中国香港	2235.2	2222.6	−0.6
宁波—舟山	中国	1735.2	1845.3	12
釜山	韩国	1769	1865.2	5.5
青岛	中国	1552.2	1669.6	7.6
广州	中国	1531.1	1662.6	7.2
迪拜	阿联酋	1364	1525	11.4
天津	中国	1301.2	1406.1	8.1
鹿特丹	荷兰	1166	1234	5.8
巴生	马来西亚	1035	1094	5.8
高雄	中国台湾	994	1059	6.5
汉堡	德国	925.8	973	5.1
安特卫普	比利时	857.8	896	4.5
洛杉矶	美国	786.9	834.1	6.0
长滩	美国	677.3	682.2	0.7

上海口岸主要数据统计资料(2010—2014年)

2010年上海口岸主要数据统计表

大类	项　目	2010年	同比(%)
货物	上海口岸进出口货物总额(亿美元)	9085.0	33.1
	出口	5329.1	30.1
	进口	3755.8	37.6
	上海关区进出口货物总额	6846.5	32.8
	出口	4233.4	30.2
	进口	2613.1	37.3
	上海市进出口货物总额	3688.7	32.8
	出口	1807.8	27.4
	进口	1880.9	38.5
	上海口岸货物吞吐量(万吨)	30509.4	18.3
	航空口岸货邮量	284.2	31.2
	水运口岸货运量	30225.2	17.1
	上海口岸集装箱吞吐量(万标箱)	2529.8	16.4
	出口	1120.8	18.5
	进口	1079.6	17.3
	内支线	329.4	7.1
人员	上海口岸出入境人员总数(人次)	23743759	26.4
	航空口岸出入境人员	22751252	21.6
	旅客	21074154	27.9
	水运口岸出入境人员	832720	19.2
	旅客	263485	82.3
	铁路口岸出入境人员	159787	33.9
	旅客	150186	36.5
交通工具	上海口岸出入境交通工具总数	186052	13.7
	飞机(架次)	160403	15.5
	船舶(艘次)	25283	3.7
	列车(车次)	366	0.5
	进出上海口岸国际航行船舶(艘次)	40663	6.3
	货船	40246	6.1
	邮(客)船	417	19.1

2011年上海口岸主要数据统计表

大类	项目	2011年	同比(%)
货物	上海口岸进出口货物总额(亿美元)	10654.9	17.3
	出口	6249.6	17.3
	进口	4405.3	17.3
	上海关区进出口货物总额	8123.1	18.6
	出口	4999.6	18.1
	进口	3123.5	19.5
	上海市进出口货物总额	4374.4	18.6
	出口	2097.9	16.0
	进口	2276.5	21.0
	上海口岸货物吞吐量(万吨)	34052.6	11.6
	航空口岸货邮量	275.0	−3.2
	水运口岸货运量	33777.6	11.8
	上海口岸集装箱吞吐量(万标箱)	2759.3	9.1
	出口	1212.0	8.1
	进口	1141.5	5.7
	内支线	405.8	23.2
人员	上海口岸出入境人员总数(人次)	25278658	6.2
	旅客总数	22869184	6.4
	航空口岸出入境人员	24259874	6.6
	旅客	22508474	6.8
	水运口岸出入境人员	858564	3.1
	旅客	210044	−20.2
	铁路口岸出入境人员	160220	0.3
	旅客	150666	0.3
交通工具	上海口岸出入境交通工具总数	198871	6.9
	飞机(架次)	171884	7.2
	船舶(艘次)	26623	5.3
	列车(车次)	364	−0.5
	进出上海口岸国际航行船舶(艘次)	43222	6.3
	货船	42800	6.3
	邮(客)船	422	1.2

2012年上海口岸主要数据统计表

大类	项　目	2012年	同比(%)
货物	上海口岸进出口货物总额(亿美元)	10577.9	−0.7
	出口	6273.5	0.4
	进口	4304.4	−2.3
	上海关区进出口货物总额	8013.1	−1.4
	出口	4911.6	−1.8
	进口	3101.5	−0.7
	上海市进出口货物总额	4367.6	−0.2
	出口	2068.1	−1.4
	进口	2299.5	1.0
	上海口岸货物吞吐量(万吨)	36086.6	5.9
	航空口岸货邮量	261.6	−4.9
	水运口岸货运量	35825	6.1
	上海口岸集装箱吞吐量(万标箱)	2815.9	2.1
	出口	1218.6	0.5
	进口	1170.8	2.6
	内支线	426.5	5.1
人员	上海口岸出入境人员总数(人次)	26822194	6.1
	旅客总数(人次)	24370910	6.6
	航空口岸出入境人员	25658909	5.8
	旅客	23869244	6.0
	水运口岸出入境人员	1003007	16.8
	旅客	350822	67.0
	铁路临时口岸出入境人员	160278	0.03
	旅客	150844	0.1
交通工具	上海口岸出入境交通工具总数	200146	0.6
	飞机(架次)	174376	1.4
	船舶(艘次)	25404	−4.6
	列车(车次)	366	0.5
	进出上海口岸国际航行船舶(艘次)	42061	−2.7
	货船	41620	−2.8
	邮(客)船	441	4.5

2013年上海口岸主要数据统计表

大类	项　目	2013年	同比(%)
货物	上海口岸进出口货物总额(亿美元)	10738.7	1.5
	出口	6362.2	1.4
	进口	4376.5	1.7
	上海关区进出口货物总额	8121.4	1.4
	出口	4991.3	1.6
	进口	3130.1	0.9
	上海市进出口货物总额	4413.9	1.1
	出口	2042.4	−1.2
	进口	2371.5	3.1
	上海口岸货物吞吐量(万吨)	37963.8	5.2
	航空口岸货邮量	258.2	−1.3
	水运口岸货运量	37705.6	5.2
	上海口岸集装箱吞吐量(万标箱)	2883.6	2.4
	出口	1256.4	3.1
	进口	1185.8	1.3
	内支线	441.4	3.5
人员	上海口岸出入境人员总数(人次)	29203921	8.9
	旅客总数(人次)	26420565	8.4
	航空口岸出入境人员	27444899	7.0
	旅客	25526021	6.9
	水运口岸出入境人员	1604439	59.8
	旅客	749148	113.5
	铁路临时口岸出入境人员	154583	−4.2
	旅客	145396	−4.3
交通工具	上海口岸出入境交通工具总数	209219	4.5
	飞机(架次)	183516	5.2
	船舶(艘次)	25337	−0.6
	列车(车次)	366	0.0
	进出上海口岸国际航行船舶(艘次)	41517	−1.3
	货船	40933	−1.7
	邮(客)船	584	32.4

2014年上海口岸主要数据统计表

大类	项　目	2014年	同比(%)
货物	上海口岸进出口货物总额(亿美元)	11,413.7	6.3
	出口	6,772.6	6.5
	进口	4,641.1	6.0
	上海关区进出口货物总额	8,634.5	6.3
	出口	5,232.1	4.8
	进口	3,402.4	8.6
	上海市进出口货物总额	4,666.2	5.7
	出口	2,102.8	3.0
	进口	2,563.5	8.1
	上海口岸货物吞吐量(万吨)	38,516.1	1.5
	航空口岸货邮量	284.2	10.1
	水运口岸货运量	38,231.9	1.4
	上海口岸集装箱吞吐量(万标箱)	3,039.6	5.4
	出口	1,339.7	6.6
	进口	1,235.7	4.2
	内支线	464.2	5.2
人员	上海口岸出入境人员总数(人次)	32,966,476	12.9
	旅客总数(人次)	29,845,874	13.0
	航空口岸出入境人员	30,637,365	11.6
	旅客	28,491,326	11.6
	水运口岸出入境人员	2,179,478	35.8
	旅客	1,214,189	62.1
	铁路临时口岸出入境人员	149,633	−3.2
	旅客	140,359	−3.5
交通工具	上海口岸出入境交通工具总数	225,647	7.9
	飞机(架次)	200,148	9.1
	船舶(艘次)	25,135	−0.4
	列车(车次)	364	0.0
	进出上海口岸国际航行船舶(艘次)	41,030	−1.2
	货船	40,198	−1.8
	邮(客)船	832	42.5

编　后　记

《上海口岸年鉴》是由上海市口岸服务办公室主管，上海市口岸服务办公室和上海口岸联合会与上海市政府相关部门、口岸查验单位、运营单位及其他有关单位共同编纂的专业类年鉴，是一部全面、翔实记录上海口岸工作，系统汇辑上海口岸各种数据，按年度公开出版的资料性工具书。

《上海口岸年鉴》(2014 年版)是《上海口岸年鉴》创刊以来的第 15 部年鉴，主要反映 2014 年上海口岸工作的新进展，有少量条目及数据涉及到 2013 年度的情况，以求内容的完整和查阅的方便。

本年鉴的顺利出版，得到了全体编委成员单位和其他参编单位的大力支持，尤其是各单位撰供稿人为之付出了辛勤劳动，在此一并表示衷心感谢！限于编辑水平，本年鉴中难免有疏漏或不足之处，敬请批评指正。

《上海口岸年鉴》编辑部

2015 年 7 月

图书在版编目(CIP)数据

上海口岸年鉴. 2014 / 上海市口岸服务办公室,上海口岸联合会.
—上海:文汇出版社,2015.7
ISBN 978-5496-1532-2

Ⅰ.①上… Ⅱ.①上… ②上… Ⅲ.①通商口岸—上海市—2014—年鉴 Ⅳ.F752.851-54

中国版本图书馆 CIP 数据核字(2015)第 164433 号

上海口岸年鉴＜2014 年版＞

编　　者/上海市口岸服务办公室
　　　　　上海口岸联合会

责任编辑/甘　棠
封面装帧/常国伟
责任校对/吴昌华

出版发行/文匯出版社
　　　　　上海市威海路 755 号
　　　　　(邮政编码 200041)
照　　排/上海康城印务有限公司
印　　刷/上海康城印务有限公司
版　　次/2015 年 7 月第 1 版
印　　次/2015 年 7 月第 1 次印刷
开　　本/787×1092　1/16
字　　数/630 千字
印　　张/33.5

ISBN 978-7-5496-1532-2
定价 300 元

上海中远国际货运有限公司

上海中远国际货运有限公司（简称上海中货），成立于1996年8月20日，是上海口岸服务功能最齐全、生产设施最先进、综合实力最雄厚的国际货代企业之一。公司在上海及江浙皖三省一市拥有多家货运代理机构及船舶代理机构，除拥有中远集装箱运输有限公司各大主干国际航线外，也在长江沿线、内河支线、沿海支线、公路直通、海铁联运等领域代理集装箱班轮业务。上海中货在上海市及江苏、浙江、安徽三省一市所设立的地区公司、分公司、货运部及其遍布三省城乡的分支机构多达79余家，构建起以上海口岸为龙头、以华东三省和长江沿线等内陆城市为业务覆盖面的、集海运、陆运、空运和多式联运为一体的、全方位、多功能的国际货运网络体系。

国家海洋局东海分局

East China Sea Branch of S.O.A

国家海洋局东海分局于1965年3月18日经国务院批准在东海之滨成立。

五十年来，东海分局忠实履职、辛勤耕耘，与时代同行，朝梦想奋进，工作内容实现了从传统单一的海洋调查、海滨观测到立体化海洋综合监测、海陆空全方位执法监察的跨跃；工作重心实现了由海洋观测调查向海洋综合管理的转变。

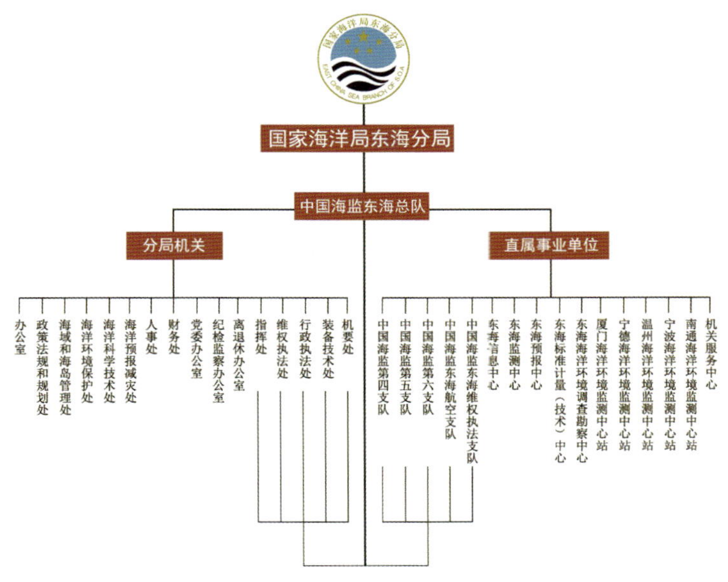

东海分局作为国家海洋局派驻东海区的国家海洋行政管理机构，履行北起江苏连云港赣榆南至福建漳州东山我国管辖海域的海洋行政管理、海洋执法监察、海洋公益服务和海洋科研调查四大核心职能。海洋行政管理包括海域使用、海岛保护利用和海洋环境管理。海洋执法监察包括海洋行政执法和海洋维权执法。海洋公益服务包括海洋生态环境监测与评价、海洋观测预报与灾害预警和海洋技术服务。海洋科研调查包括中近海常规调查，中近海和远洋专项调查和应用性海洋科技研究。

截止2014年底，东海分局行政管理、执法监察、专业技术、船员和后勤队伍的干部职工总数1665人，其中，管理人员322人、专业技术人员535人（含184名管理与技术双肩挑人员），硕士165人、博士20人。所属海洋执法监察、海区业务中心和监测中心站和保障类处级事业单位16个；分局（总队）机关内设机构16个。

截止2014年底，东海分局拥有海洋调查和公务执法船舶36艘，其中，千吨级以上17艘；海监飞机3架，其中，固定翼2架、直升机1架；执法车40多辆、移动应急观测监测车6辆；大型海洋观测浮标7套、高频地波雷达3对、X波段测波雷达10套，以及包括深海多波束测深系统、CPT静力触探系统、高精度浅地层剖面仪、液相色谱-质谱联用仪、电感耦合等离子体质谱仪(ICP-MS)、高纯锗γ谱仪系统等一批先进的海洋外业调查勘察和室内测试分析设备。

目前，东海区纳入国家海洋观测网的海洋观测站点54个，观测的海洋水文气象要素有：海水潮汐、海浪，温度、盐度和风、气压、气温、湿度、能见度和降水等。为适应东海区海洋环境保护工作需要，目前，有7个海洋站承担开展了14个测点的海水质量和3个测点大气环境监测，监测的要素有：海水PH、溶解氧、浊度、叶绿素、营养盐、化学需氧量和大气总悬浮物颗粒等。

上海奉贤联运有限公司

董事长兼总经理：邹元放

上海奉贤联运有限公司座落于奉贤区南桥镇南桥路466号，地处奉贤区南桥镇中心地段，汽车30分钟经A4高速公路即可直达市中心，交通十分便捷。

公司始建于1992年，是奉贤区成立较早并具有相当规模和实力的专业运输企业。主要经营：水、陆、空联运、长途客运、液化气销售与充装、汽车修理（一类）、旅游服务、钢瓶检验、危险品车辆运输、代售汽车、火车、轮船票、码头、仓储等运输服务项目。

多年来，公司领导抓住机遇，乘势而上、深化改革、锐意进取，凭借良好的经营信誉，广泛的市场网络，成熟的管理经验，优质的规范服务，使企业走上良性发展的轨道。

目前，公司下属有6家企业：上海浦江汽车运输有限公司、上海奉贤交通液化气有限公司、上海银星汽车维修有限公司、上海远方气瓶检验有限公司、上海凤舞汽车运输有限公司、上海远方旅行社有限公司。各公司之间相互依托、互相支持，形成具有一定实力的经济联合体，为振兴奉贤经济发展创建和谐社会而努力奋斗。

地址：上海市奉贤区南桥镇南桥路466号　电话：021-57425001　传真：021-57425130

上海铁路集装箱中心站

一、概况

上海铁路集装箱中心站发展有限公司（以下简称中心站公司）是由铁道部和上海市人民政府合资，由中铁集装箱运输有限公司和申铁投资有限公司作为铁道部和上海市的出资者代表。中心站公司负责建设和经营上海铁路芦潮港中心站（以下简称芦潮港中心站），作为全国第一个开通运营的集装箱中心站，芦潮港中心站总投资额为人民币13.96亿元，于2005年12月1日对外正式运行和经营，是上海国际航运中心——洋山深水港的重要配套项目，也是洋山深水港至内地集装箱物流的重要运输通道和主要接续点。

二、站内设施

1、一流的现代化硬件设施

芦潮港中心站占地1018亩，约67万平方米。铁路专用线全长正线铺轨7.61千米，为国铁II级铁路，完全满足双层集装箱运输条件。

中心站站场拥有4个线束8条装卸线，具备每天26对的列车到发能力。铁路装卸场两边主箱场4条，拥有13万平方米的主箱区场地。辅助箱区包括：13万平方米的空箱堆场，可同时堆存36000标准箱；.6万平方米的冷藏箱区；空箱区，特种箱区；1.1万平方米维修、清洗箱区。同时，还有洗车台、维修车间、海关监管仓库及拆装箱仓库。中心站拥有现代化机械设备，包括4台A8工作级别国内先进水平轨道式龙门吊；额定起重量吊具下40.5吨；作业效率≥30箱次/小时，平均1分50秒可以装卸一只集装箱。还配备的正面吊、空箱堆高机、叉车、站内牵引车和集卡等。

2、一流的现代化软件设施

集装箱中心站拥有与现代化的港口码头一致的高度现代化管理系统，包括箱号识别、智能卡口、场站监控、信息管理等。

手持及车载无线终端，通过无线数据网络，对整个场站现场操作人员、机械设备等生产元素进行实时指令、调度、监控，合理调配人力和机械资源。提高作业效率，确保生产安全。

24小时场站闭路视频监控系统，用于进出卡口监控集装箱进出站，对站内所有作业场所进行监视和安全防范，监控集装箱在箱场内的位移、集装箱运输装卸作业情况、集装箱箱位变化情况等。并与防火、防盗等传感信号联动，自动聚焦和记录现场视频图像。

芦潮港中心站拥有智能卡口系统，由电子地磅、箱号识别、车牌识别、电子挡杆、信号灯等设备集成安装而成。同时支持EDI国际标准代码，可利用上海港信息平台，通过EDI报文，远程为客户提供所需要的物流信息，实现了引进系统与铁路现有系统间的数据交换，充分实现了信息共享。

3、完善的运输服务

位于上海最东端的芦潮港中心站是这个大通道网络上最靠近洋山深水港的铁路车站。集装箱列车在芦潮港中心站可通往全国各地铁路，覆盖全国各主要城市。

芦潮港中心站除了为客户提供传统意义上的一般集装箱铁路运输模式外，还大力推行铁路“五定班列”运输的全新理念，将货物运输客车化。现每周有上海开往合肥、南昌、苏州等地班列，还将陆续开行上海往芜湖、长沙、南京、成都等地班列运输。

以中心站为责任主体，为中海船公司提供港到站（内陆铁路车站）和站（内陆）到港的全程一体化服务，为船公司代理了港口提、送箱和办理铁路运输的一切服务。

4、中心站主要经营业务

在运输服务项目中，中心站严格按照现代物流与国际接轨的要求为船公司及客户提供功能齐全的综合服务，构建洋山深水港与芦潮港中心站之间大通关的格局，形成海铁联运的中转平台，实现港口与中心站的无缝对接。提供包括港到站、站到门、门到站、门到门、站到港和站到站的全方位现代运输模式，可以满足不同客户的需求。

上海亚瀚船舶代理有限公司

SHANGHAI JOHNASIA SHIPPING AGENCY LTD.

上海亚瀚船舶代理有限公司（SHANGHAI JOHNASIA SHIPPING AGENCY LTD.）是于2004年12月由中华人民共和国交通部批准成立的一家中外合资的国际船舶代理有限公司。上海公司由新加坡投资方JOHNASIA SHIPPING PTE. LTD. 直接经营管理，而新加坡JOHNASIA SHIPPING (S) PTE. LTD.是一家从事国际船舶代理有二十多年经验的航运公司，具有高标准的服务理念和优越的管理经验及广泛的客源市场。目前公司在上海、青岛、厦门和香港各设有独立经营管理的代理公司，主要从事欧洲各大船公司在中国的船舶总代理，燃油经纪，修船买卖船经纪，船员经纪等业务。公司员工全面贯彻由公司创始人P.H.NG.先生提出的“ONCE JOHNASIA,ALWAYS JOHNASIA”的经营服务理念，竭诚为新老客户服务。

网址：www.johnasia.com

ZPMC SHIPPING

上海振华船运有限公司由中国交通建设股份有限公司（CCCC）和上海振华重工（集团）股份有限公司（ZPMC）于1996年投资成立，现拥有一支26艘远洋重大件运输船队，其中有8艘可半潜作业船舶（其中3艘在建）。公司主要负责大型设备和超大件远洋运输业务，可承运各种重大型甲板货物、浮装浮卸货物，并提供自装港到卸港的一体化运输服务。

公司于1999年12月29日获得上海海事局颁发的DOC证书，2005年11月17日获得中国船级社颁发的DOC证书。

振华船运拥有专业的海运设计团队和船舶管理队伍、遍布全球的物流网络，可以为客户提供详细、经济的物流方案。

26条超大型特种工程船队，含5条半潜
世界一流的海运设计团
专业的船舶管理队
承接重大件远洋运输业

上海振华船运有限公司

地址：上海市东方方路3261号A座20层

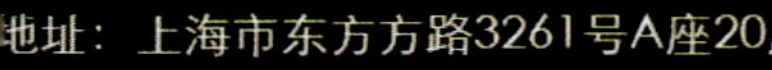

电话：021 58396666　传真：021 58398178　Email: zhs@zpmc.net　http://shipping.zpmc.com

上海中海船务代理有限公司

上海中海船务代理有限公司成立于1993年9月，前身为上海金辉国际船务代理公司。2000年9月，经交通部批准更名为上海中海船务代理有限公司。

公司主要从事中外籍国际船舶代理业务：缮制单证，代签提单、运输合同、速遣滞期协议，代收代付款项；办理船舶进出港手续，联系安排引水、靠泊、装卸；报关，办理货物的托运和中转；揽货和组织客源，洽定舱位；联系水上救助，协助处理海商海事；代为处理船舶、船员、旅客或货物的有关事项，陆路国际货运代理，海上国际货运代理，航空国际货运代理，在上海海关关区各口岸或监管业务集中地从事报关业务等。

公司成立以来，始终坚持"开拓为先、服务为本"的理念，紧随中国海运集团的发展战略，坚持创新驱动，转型发展，围绕船舶代理、海运、货运代理主业积极开拓市场和延伸服务。二十年间，公司依靠船货并举、多元发展的经营理念与大量的国内外相关行业客户开展业务往来，并与上海港检查、检验单位及港口企业建立了良好的业务联系，跻身于上海口岸船代同行前茅。

公司拥有多名经验丰富的高级管理人员及一批业务精湛的优秀员工，秉承"诚信、专业、增值、责任"的服务理念，建立覆盖全业务的信息化工作机制，为客户提供安全、快速、全方位、多层次的代理服务。

公司全体员工竭诚欢迎社会各界同仁，友好合作，共同发展。

上海振华国际船务代理有限公司

Shanghai Zhenhua International Shipping Agency Co.,Ltd.

上海振华国际船务代理有限公司成立于2003年5月，是由天津振华国际船舶代理有限公司同天津振华国际货运有限公司共同出资在上海注册的独立法人公司，投资总额1000万元。

基于我司良好的信誉及专业的服务，我们同港口当局和相关政府部门，如海事局、海关、边防、检验检疫局、上海港务集团及引航站等建立了长期的紧密的关系。同时，也拥有了一批合作稳定、关系密切的客户。现有的集装箱客户有：澳航（中国）有限公司(ANL)、兴亚海运（中国）有限公司(Heung-A)、泛洲海运株式会社.(PANCON)、东进商船株式会社.(DONGJIN)、天敬海运株式会社（CK LINE）、日本安通海运有限公司(ON-TO)、大通航运有限公司（EAS），赫伯罗特船务（中国）有限公司。

上海振华国际船务代理有限公司和振华物流集团有限公司上海分公司作为一个整体，充分发挥集团经营的优势，可以在货物和船代业务方面全方位的为客户提供解决方案；经验与技术交织相融，使上海振华船代成为上海口岸颇具实力的国际船舶代理。

地址：上海市延安东路700号港泰广场21楼

上海航道工程总承包有限责任公司

上海航道工程总承包有限责任公司成立于1992年，是具有独立法人资格的施工总承包企业，注册资金为人民币12000万元。公司持有建设部颁发的“港口与航道工程施工总承包壹级”资质，通过了中国船级社“质量、安全、职业健康”三标认证与交通运输企业安全生产标准化一级达标企业的认证，并获得“企业信誉AAA”与“企业合同信用AAA”单位等称号。

公司经营范围涉及各类港口与航道工程的施工，工程内容包括码头、防波堤、护岸、堆场道路和陆域构筑物、筒仓、船坞、船台、滑道、船闸、升船机、水下地基及基础、土石方、海上灯塔、航标、栈桥、人工岛及平台、海岸与近海工程、港口装卸设备安装、通航建筑设备安装、河海航道整治与渠化工程、疏浚与吹填造地、水下开挖与清障、水下炸礁等。

公司自成立以来，培养了一批优秀的管理和技术人才，多人获得全国工程建设优秀项目经理。公司始终奉行“精心施工、顾客至上，保护环境、预防污染，以人为本、保障安康，诚信守法、与时俱进”的经营宗旨和管理理念，先后承担了多项国家和上海市重点建设工程的施工总承包任务，并获得了国家、省部级优质工程多项殊荣。公司荣获2013年度全国水运工程建设优秀施工企业。

公司依托中交上海航道局有限公司的雄厚实力与中交上海航道勘察设计研究院有限公司的技术优势，努力服务国内外港口航道的建设事业，开拓创新，锐意进取，打造自己的企业品牌。

地址：上海市浦东新区源深路92号航科大厦22楼

电话：021-58871456

邮箱：shhdzcb@126.com

网址：www.shiw.com.cn

支持单位

（排名不分先后）

上海嘉定出口加工区发展有限公司

昌硕科技（上海）有限公司

上海市工业综合开发区有限公司

上海上实国际贸易（集团）有限公司

上海外轮理货有限公司

上海铁路局上海站

上海江南长兴造船有限责任公司

上海出入境边防检查总站

中国船级社上海分社

上海外高桥发电有限责任公司

上海上电漕泾发电有限公司

上海长兴岛第二发电厂

上海新瓯海运有限公司

上海外高桥第二发电有限责任公司

上海吉祥航空股份有限公司

上海国际航运中心洋山深水港区四期工程建设指挥部